무역역군을 꿈꾸는 대학생과 수출초보기업을 위한

실무해외시장조사론

조기창

박영사

머리말

지금 이 시간에도 우리 수출기업들은 날로 치열해져가는 해외 비즈니스 환경 속에서 조금이라도 더 많은 시장을 확대하기 위해 총성 없는 전쟁을 벌이고 있습니다. 우리 수출기업인들은 기존 진출시장 확대뿐 아니라 신시장 개척을 위해 테러와 질병의 위험에 노출되어 있는 중동·아프리카를 비롯하여 비행기를 타더라도 삼십 시간이 넘게 걸리는 지구 끝이라 할 수 있는 남미대륙 최남단까지 안 찾아가는 곳이 없을 정도입니다.

이렇게 시장 확대를 위해 불철주야 불굴의 투지를 보이고 있는 우리 기업들 중에는 해외마케팅이라는 의욕만 앞선 채 철저한 사전 조사 없이 해외시장에 뛰어들었다가 소기의 성과를 거두지 못하고 중간에 접어야만 하는 적지 않은 사례를 목격하면서 시장조사의 중요성을 절감하게 되었습니다. 대표적으로 중동지역에서 많이 팔리는 문양의 원단을 미국 전시회에 출품한 기업, 현지 생산 공장 부재로 수요가 없는 원자재 및 부품을 수출하겠다고 찾아온 기업 그리고 현지에 많은 수요가 있지만 그곳 소득수준으로는 도저히 살 수 없는 고가 제품을 수출하려고 출장 온 기업들도 있었습니다.

물론 요즘은 과거와 달리 인터넷의 발달과 보급으로 국내에서도 쉽고 편하게 많은 해외시장정보를 얻을 수 있지만 여전히 해외시장은 국내시장과 달리 지리적으로도 멀리 떨어져 있고 언어, 문화, 법률 및 제도 등 이질적인 면이 너무 많아 보다 신중하고 철저한 조사가 요구됩니다.

다행히 최근 들어 많은 국내 수출기업들도 본격적인 해외마케팅에 앞서 해외시장조사의 중요성을 인식하고 그 방법을 찾고 있으나 시중에 나와 있는 해외시장조사 관련 서적들을 살펴보면 그 수도 많지 않거니와 그나마 너무 이론에 치우친 면이 강하고 어려운 통계기법이 제시되는 등 현실과 다소 동떨어진 면이 있어 누구나 쉽게 실무에 바로 적용할 수 있는 해외시장조사 안내서가 필요하겠다는 생각이 들었습니다.

지금까지 저자는 15년이 넘는 기간 동안 유럽, 북미, 중동 및 아프리카 등 여러 곳의 무역관 근무를 하면서 Kotra의 3대 기본업무인 조사, 마케팅 및 투자 관련 업무를 두루 섭렵하였습니다. 이러한 경험을 바탕으로 저자는 성공적인 해외시장 진출을 위해 우리나라 중소수출기업, 특히 수출 초보기업과 미래의 수출역군이 될 대학생들이 꼭 알아두어야 할 해외시장개척에 필요한 조사항목과 조사요령을 제시하고자 본 책자를 출간하게 되었습니다.

이 책자는 우리나라 대표적 수출지원 기관인 Kotra와 무역협회의 해외조사사업을 중심으로 기술하였으며 그 외 국내외 유명 해외시장 조사기관들의 활용방안에 대해서도 설명하였습니다. 그리고 해외정보를 얻을 수 있는 다양한 방안과 보도자료 작성법, 글을 잘 쓰기 위해 알아두어야 10가지 요령도 제시하였습니다. 아울러 독자들의 이해를 돕기 위해 풍부한 조사사례와 사진을 곁들였으며 참고용으로 Kotra 우수 조사보고서들도 첨부하였습니다.

아무쪼록 이 책자가 해외시장 진출을 기획하고 있는 중소수출기업 및 무역에 관심이 있는 대학생들에게 많은 도움이 되기를 바라며 바쁘신 와중에도 본 졸저(拙著)에 대해 감수와 조언을 해주신 김문영 코트라 정보전략팀장님 그리고 편집 및 교정에서 많은 도움을 아끼지 않은 아내에게 이 자리를 빌려 감사의 뜻을 전합니다.

2018년 4월

조 기 창

차 례

C•H•A•P•T•E•R

01

해외시장조사에 대한 이해

실 무 해 외 시 장 조 사 론

CHAPTER

01

해외시장조사에 대한 이해

1 해외시장조사의 정의

일반적으로 해외시장조사란 어느 한 기업이 특정시장을 목표로 본격적인 마케팅 활동을 수행하기 전에 판매 또는 수출하려는 제품에 대한 현지 수요동향, 생산동향, 경쟁동향, 유통경로, 적정 거래처, 진출방안 및 유의사항, 인증요구 여부, 관세 및 비관세장벽 등 관련 정보를 사전 파악하여 목표시장을 선택하고 시장진입 가능성 및 그 방법을 도출함으로써 부정확한 정보나 불확실성으로 인해 잘못된 판단을 하거나 결정하는 오류를 최소화하고 성과를 극대화하기 위한 사전 대비책이라 할 수 있다. 그러나 해외시장조사는 이와 같은 특정국가로의 상품수출을 위해서만 필요한 것이 아니라 대형 프로젝트 수주, 해외로의 생산시설 이전을 포함하여 해외직접투자와 현지법인, 지사 및 사무소 설치, 외국기업과의 합작 및 제3시장으로의 공동 진출 등 비즈니스 영역 확대를 위해 목표국가의 정치, 경제, 사회 등 제반 여건과 정책, 법령 및 제도, 산업 전체를 파악하려는 조사도 포함한다.

이와 같이 개별기업의 필요에 따라 특정상품, 프로젝트에 대해 실시하는 조사를 『협의의 해외시장조사』라고 한다면 Kotra, 한국무역보험공사, 한국무역협회 등 수출지원기관과 산업연구원, 삼성경제연구소 및 중소기업연구원과 같은 경제연구단체들이 단일국가가 아닌 전 세계국가 또는 다수국가들을 대상으로 경제전망과 동향, 국가정책 및 제도, 진출전략과 같이 특정 주제를 설정하여 실시하는 조사를 『광의의 해외시장조사』라 한다.

표 1 『협의의 해외시장조사』와 『광의의 해외시장조사』예	
협의의 해외시장조사	▪ 러시아 임플란트 시장동향 ▪ 캐나다 헤어케어 시장동향 ▪ 중국의 지역별 온라인 소비동향 분석 ▪ 요르단 선력산업 현황 및 우리기업 참여방안 ▪ 홍콩의 유기농제품 인증절차 및 진출 사례
광의의 해외시장조사	▪ 대양주 유통시장 현황 및 진출가이드 ▪ 권역별 한류 활용 마케팅 ▪ 세계시장의 히트 환경상품 ▪ 유가하락에 따른 산유국 시장동향 분석 및 시사점 ▪ 아세안 역내 경제 통합에 따른 주요국 동향 및 시사점

성공적인 해외시장 진출을 위해 해외시장조사는 이제 더 이상 선택이 아닌 반드시 수행해야 하는 필수과정이 되었다. 국내에서 소규모 식당이나 상점을 개점하려고 해도 사전에 주변 거주민들의 생활수준, 유동인구, 영업 중인 경쟁식당이나 상점 수, 매장위치, 적정 매장규모 등 상권에 영향을 미칠 만한 여러 변수들을 조사한 후, 개업 여부를 결정하게 된다. 하물며 국내가 아닌 해외가 사업 활동의 주 무대인 경우, 충분한 사전정보 없이 사업에 뛰어들었다가 예상치 못한 상황에 직면하거나 현지시장 변화에 제대로 대처하지 못한다면 사업에서 성공하기 힘들다. 해외는 국내에 비해 지리적으로도 멀리 떨어져 있을 뿐 아니라 정부정책, 법령, 제도, 문화, 언어, 산업의 발달 정도 등 우리나라와 상이한 점이 너무 많아 국내보다 사업 환경이 훨씬 어려운 경우가 일반적이다. 물론 과거에 비해 인터넷 등 통신수단의 발달로 국내에서도 해외시장정보를 쉽게 취득할 수 있지만 현지에 지사를 두고 있지 않는 한, 기업이 적시에 원하는 정확하고 구체적인 현지정보를 국내에서 취득하기란 용이하지 않다.

예를 들어 한국에서도 인터넷을 통해 요르단 언론에 보도된 한국(중고) 자동차의 수요가 급증하고 있다는 기사를 실시간으로 쉽게 찾아볼 수 있다. 그러나 이 기사만으로는 현지인들이 선호하는 연식, 배기량, 가격대 및 구입조건, 향후 시장 전망 및 시장 확대를 위한 마케팅 방안 등 구체적인 정보는 알 수 없다. 따라서 단편적인 신문기사만 보고 현지시장을 정확히 파악하기란 불가능하다. 제대로 된 현지정보를 파악하지 않고 진출했다가 실패하고 국내로 철수한 사례, 현지 시장을 정확히 알지 못하고 해외전시회에 참가하거나[1] 해외세일즈 출장을 실시한 후 별 성과

1 실제 많은 예산을 투입하여 해외전시회에 참가하는 기업들 중에서 현지 시장과 맞지 않는 상품을 출품하여 성과 없이 돌아오는 경우도 자주 목격하게 된다. 예를 들어 Kotra가 매년 뉴욕에서 개최하

없이 돌아오는 사례, 심지어는 출장을 가려는 국가의 입국비자를 한국 주재 방문국 대사관에 신청하여 출국 전 받아두어야 하는데 현지공항에 도착해서 받아도 되는 줄 알고 사전 비자를 신청하지 않았다가 출장을 취소할 수밖에 없었던 사례, 바이어에 대한 확실한 정보 없이 거래했다가 수출대금을 회수하지 못하는 경우 등 현지 정보에 대한 무지로 피해를 보는 사례는 비일비재하다.

그림 1 한국차로 거리가 넘쳐난다는 요르단 현지 신문기사

Korean cars dominate local market

Imports from Japan come in second position on the list

by Omar Obeidat | Dec 26, 2011 | 23:17 A- A+

좋아요 rate 30 공유 0 Tweet 0 Share 1 Email Print

Most cars on Amman streets are Korean-made (Photo by Muath Freij)

AMMAN — Korean-made cars are still taking the largest share of Jordan's imported autos, beating Japan, Germany and the US, official figures showed Monday.

Since the beginning of this year until the end of November, according to the Jordan Customs Department (JCD), a total of 50,942 cars manufactured in South Korea entered the domestic market, representing over 75 per cent of the overall number of vehicles imported from 32 countries.

During the first 11 months of 2010 Jordan imported 43,873 cars from South Korea.

The JCD report, sent to The Jordan Times yesterday, showed that Jordan imported a total of 67,638 cars at a value of JD438.7million during the first 11 months of this year, a slight increase over the same period of 2010 when a total of 67,524 cars were imported to the domestic market at a value of JD518.9 million.

The value of cars brought from Korea exceeded JD224.9 million by the end of November this year compared to JD182 million last year.

The JCD figures showed a sharp decline in the number of cars imported from Japan, which came in the second position on the list of exporters to the Kingdom, with 6,005 cars compared to over 11,000 vehicles imported during the first 11 months of 2010.

Experts attribute the drop in car imports from Japan to the fact that Jordanian motorists prefer affordable Korean-manufactured cars.

Korean cars are affordable to the middle-class people who represent the majority of the population, Nabil Rumman, president of the Jordan Free Zone Investors Association told The Jordan Times in previous interview, indicating that the average price of a Korean car in the local market ranges between JD6,000 to JD8,000.

Germany came third, swapping place with the US, with a total of 3,856 cars while the number of cars from the US stood at 3,261 followed by France with 1,164 vehicles, the JCD figures indicated.

는 섬유전시회인 『Preview in New York』에 중동 소비자들이 좋아하는 디자인으로 제작된 원단을 주로 출품한 업체 부스로는 바이어들이 거의 들어가지 않아 실망하고 돌아간 국내업체도 있었다.

그럼에도 불구하고 많은 중소기업, 특히 해외진출이나 수출경험이 적은 수출초보기업들은 해외바이어로부터 오더를 받겠다는 의욕만 앞서서 철저한 해외시장조사를 등한시 하는 경우가 많다. 해외시장조사에 대한 인식이 부족한 기업들은 해외시장조사를 하려면 많은 시간과 비용이 투입되어야 하는데 굳이 이러한 조사가 필요하겠느냐고 쉽게 생각한다. 바이어를 만나 거래하다 보면 자연스럽게 그 시장을 알게 될 것으로 기대하거나 공신력 있는 전문기관을 통하지 않고 제3자를 통해 어설프게 취득한 정보를 기초로 해외시장의 문을 두드리기도 하고 설사 해외시장에 대한 조사가 필요하다고 인식하고 있더라도 그 방법을 몰라 망설이는 기업들도 있다. 그러나 최근 들어 위험을 최소화하면서 가시적인 마케팅 활동성과를 올리기 위해 시장조사의 의미와 중요성을 인식하고 있는 기업들이 늘어나고 있는 점은 다행이라 할 수 있다.

2 해외시장조사의 목적

시장은 항상 변화한다. 해외시장 변화의 흐름에 뒤쳐져 이미 철 지난(유행에 뒤떨어진) 제품을 수출하려고 한다든가 해외 경쟁기업에 비해 지나치게 높은 가격으로 오퍼한다든가 현지시장의 구매자들이 구입하기 어려운 조건으로 바이어와의 상담에 임하게 되면 그 성과를 기대할 수 없기 때문에 지속적인 시장모니터링은 필수적이다. 새로운 시장뿐 아니라 기존시장에서도 현지상황을 파악하여 적절히 대처하기 위해서는 어떤 신제품이 출시되고 있는지 수요, 가격, 유통망, 정부정책, 경쟁사들의 마케팅 전략 등에 어떠한 변화가 있는지를 주시하여야 한다. 또한 수출하려는 상품에 대한 현지정보뿐만 아니라 수출 대상 국가, 더 나아가 주변국들[2]의 경제정책 변화, 경기변동은 물론이고 시장에 영향을 미치는 정치, 사회적인 변화에도 주목해야 한다. 충분한 시장조사 없이 뛰어든 해외진출 및 마케팅 활동은 실패로 이어지기 쉽다. 무작정 해외시장에 뛰어들 것이 아니라 사전 철저한 시장조사를 통해 가능성 있는 국가(지역)를 선정하고 현지에 맞는 진출 전략을 수립하여 효율적인 마케팅 활동을 전개해야 한다. 이런 과정을 통해 바이어들을 발굴하여 진지한 상담을 하게 되면

2 환율변동, 중동 민주화 사태, IS의 출몰, 남유럽국가들의 재정위기, 우크라이나 사태, 유가 하락으로 인한 중동 산유국들의 시장위축, 미국 쿠바 간 외교정상화, 영국의 EU 탈퇴, 지진/화산폭발/쓰나미와 같은 자연 재해 등 시장에 영향을 미치는 내·외부 요인도 면밀히 주시하여야 한다.

성약으로까지 이어질 가능성이 훨씬 높아진다. 물론 첫 거래 바이어라면 계약에 앞서 바이어 신용조사도 의뢰한다.

또한 수출기업이라면 대외교역 관련 우리 정부정책은 물론이고 Kotra, 무역협회 등 수출지원 기관과 단체에서 발표하는 최신 시장정보도 꾸준히 모니터링하여야 한다. 아울러 언론에 보도되는 경제 및 수출 환경에 관한 국내외 뉴스도 꼼꼼히 살펴야 한다.

그림 2 환율 전망 관련 언론기사(2016. 8. 11 헤럴드경제)

심리적 저지선 1100원대 붕괴 … 숫자로 보는 원화환율

원·달러 환율이 '심리적 저지선'인 1100원대 밑으로 떨어지면서 향후 전망에 대한 관심이 높아지고 있다. 전문가들은 한국은행의 8월 기준금리 동결로 원·달러 환율이 단기적으로 1070원선까지 떨어질 수 있지만, 8~9월께 상승세로 바뀌어 달러당 1140~1150원 사이를 오갈 것으로 관측하고 있다.

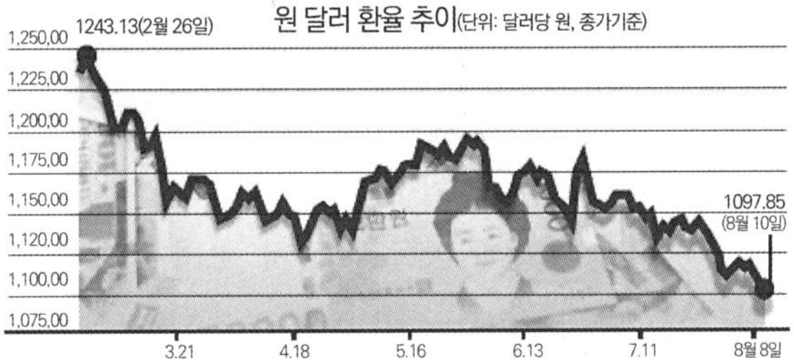

7.4% 원화가치상승(원·달러 환율 하락)률은 올해 들어 거셌다. 올해 각국 통화가치 변동폭만 보면 원화값 상승이 두드러진다. 11일 블룸버그에 따르면 올들어 달러대비 원화가치는 7.4% 상승했다. 이는 최근 투자자가 몰린 다른 신흥국보다도 거셌다. 원화가치상승률은 말레이시아 링깃화(7.3%)나 싱가포르 달러화(5.7%), 대만 달러화(5.5%)보다 높았다.

86원 90전 브렉시트는 한국의 원·달러 환율 하락에 기름을 부었다. 10일 원·달러 환율(1095원40전)은 브렉시트 결정 직후인 6월27일(1182원30전) 이후 86원90전 하락했다. 원화는 이 기간 3.5%가 절상돼 절상률 3위를 차지했다. 1위는 같은 기간 5% 오른 브라질 헤알화가 차지했고 이어 남아공의 랜드화가 4.8%로 2위에 올랐다. 대만과 인도네시아, 인도도 통화가치가 각각 1.7%, 1%, 0.7% 올랐다.

20% 부국증권 등에 따르면 지난 2005년 이후 10년간 달러-원 레벨에 따른 외국인 주식 순매수 규모를 분석한 결과, 1100~1150원 구간에서 가장 적극적으로 한국주식을 사들였다. 반면, 1050~1100원에서는 순매수 규모가 약 20% 가량으로 급감한 것으로 나타났다. 실제로 외국인은 지난달 7일부터 전일까지 단 하루(8월3일)를 제외하고는 매일 코스피를 순매수하며 한국대표주를 4조원이상 쓸어 담았다. 하지만 환율이 1100원선 아래로 떨어진 이날은 장초반 부터 소폭의 순매도로 돌아섰다. 한 자산운용사 매니저는 "통계적으로 달러-원이 1100원선 밑에 위치할 경우 추가적인 하락 여지도 상대적으로 줄어든다는 인식으로 외국인의 환베팅이 많이 줄어들었다"며 "이번에도 외국인은 환율 추이를 보며 일단 관망세로 돌아설 가능성이 있다"고 설명했다.
전문가들은 당분간 원화강세(원·달러 환율하락)가 이어질 것으로 전망했다. 한국은행이 8월 기준금리를 동결한 만큼 원·달러 환율은 1070원선까지 하락할 수 있다고 보고 있다. 정성윤 현대선물 연

> **1070~1185원** 구원은 "과거 흐름을 보면 1100원대 밑으로 내려가면 1080원, 1070원대까지 추가 하락하는 경우가 많았다"며 "한동안은 원·달러 환율 하락 쪽으로 방향을 잡고 대비해야 한다"고 말했다. 반면, 미국의 금리인상 가능성 등 글로벌 불안요인이 불거지면 원·달러환율이 반등할 수 있다는 분석도 나왔다. 이창선 LG경제연구원 수석연구위원은 "미국 금리인상과 브렉시트 이후 유럽의 불확실성, 중국 경제 등 불안요인이 불거지면 또 반등할 수 있다"고 내다봤다. 박정우 한국투자증권 수석연구원은 "원·달러 환율은 1차적으로 1150원선까지 회복되고 연말까지 1185원선까지 올라갈 것"이라고 말했다.

해외시장조사의 목적을 구체적으로 제시하자면 첫째, 신시장을 개척할 수 있는 가능성을 타진할 수 있다는 점이다. 어떤 해외시장에서는 지금 당장 수요가 없거나 적더라도 구매자들의 소득수준, 생활방식, 자연조건, 산업의 발달 정도 등에 따라 향후 얼마든지 수요를 창출할 수 있기 때문이다. 예를 들어 2010년을 전후해서, 당시 1인당 국민소득이 5천 달러가량 되었던 요르단 소비자들은 신차를 구입할 형편은 안 되었지만 소득수준 향상에 따라 값싸고 연비 좋은 한국산 중고차를 많이 구입하였을 뿐 아니라 요르단은 인근국들로의 재수출 통로 역할을 하고 있었기 때문에 한때 우리나라 전체 중고차 수출량의 1/3 가량이 요르단으로 팔려나간 적이 있었다. 특히 신차보다 부품 교체율이 높은 중고차의 경우, 더 많은 자동차부품을 찾게 되어 국산자동차부품 수출이 크게 늘어났으며 이는 한국산 배터리, 타이어 구입으로 이어졌다. 또한 한국산 중고차에 만족한 현지 소비자들 중에는 이어서 우리나라 신차를 구입하는 경우도 많이 있었다. 따라서 꾸준한 해외시장조사를 통해 이와 같은 시장 트랜드를 파악하고 현지 마케팅을 강화함으로써 시장을 선점할 수 있게 된다.

둘째, 시장개척 가능성이 있을 것으로 전망된다면 보다 심도 깊은 시장조사를 통해 적절한 현지진출 방법을 찾아낼 수 있다. 직접수출을 할 것인지, 에이전트를 선정하여 판매를 대행토록 할 것인지, 우회수출을 할 것인지 아니면 현지에 생산기지를 건설할 것인지 등이 결정된다. 경우에 따라서는 우리기업이 직접 유통망을 구축하여 현지 판매를 시도할 수도 있다.

셋째, 다양한 현지 마케팅 수단을 결정할 수 있다. 지역마다 해외전시회, 무역사절단, 해외세일즈 출장, Kotra 지사화사업 및 인큐베이터사업 참여 등 여러 가지 마케팅 수단을 조합하여 마케팅 전략을 수립할 수 있다. 해외시장개척을 위한 다양한 수단이 있지만 지역 특성에 맞는 마케팅 수단을 강구하여야 효과적인 성과를 올릴 수 있기 때문이다.

넷째, 기존시장을 확대하기 위해 각 시장에서 자사 제품에 대한 경쟁력을 끊임없이 모니터링하고 마케팅 성과와 구매자 반응을 측정할 수 있다는 점이다. 현재 잘 나가고 있는 제품이라 하더라도 새로운 경쟁기업들이 출현할 수 있고 시장상황 급변으로 수요가 격감할 수도 있다. 시장 변화에 대한 지속적인 모니터링과 바이어 설문을 통해 소비자들이 원하는 기능 및 디자인 개발과 함께 가격경쟁력과 A/S 확충 방안뿐 아니라 자사 제품에 대한 소비자들의 인식을 파악할 수 있게 된다.

다섯째, 현지 사업파트너 및 바이어 신용상태, 영업 및 재정능력 등을 파악할 수 있다. 첫 거래 바이어의 경우, 신용조사를 통해 바이어 신용도, 회사 재무상태 등을 파악하면 우려 없이 선적에 전념할 수 있을 뿐 아니라 이러한 정보는 수출보험 가입 시에도 필요하다. 특히, 에이전트 선정 시 현지조사를 통해 에이전트의 신뢰도, 제품에 대한 전문지식 보유 여부, 마케팅능력(유통망/판매망, 디스트리뷰터 확보 및 시장개척능력, A/S능력 등), 재정능력, 현지 홍보능력, 현지 정부·언론·유력인사와의 네트워킹능력, 정보수집능력, 현지평판 등을 파악함으로써 부적격 에이전트 선정이라는 위험을 미연에 방지할 수 있다.

결국 해외시장조사란 목표시장에서 현지생산·수요 및 소비·수출입·경쟁동향, 유통구조, 진출 시 유의사항 및 마케팅 확대방안, 자사제품에 대한 현지바이어들의 평가, 바이어 정보, 관세 및 비관세장벽 그리고 통상관련 정보(국가의 정책이나 규제 등)를 취합하여 효과적인 진출전략을 수립하기 위해 반드시 필요한 과정이며 성과 담보를 위해 바이어 신용조사도 반드시 해외시장조사 범주에 포함시켜야 할 항목이라 할 수 있다.

3 해외시장조사 절차와 당위성

대부분의 수출기업들은 전 세계 모든 국가들을 자사 제품 대상시장으로 상정하고 해외마케팅을 추진하지 않는다. 인력과 예산의 제한 때문에 가장 경쟁력이 있고 수요가 있을 것으로 판단되는 특정국가들을 목표로 수출을 시도하는 기업들이 훨씬 많다. 이들 기업들은 선택과 집중이라는 전략을 구사한다. 따라서 어느 국가를 목표시장으로 정해 기업의 마케팅 역량을 집중해야 할 것인가를 결정해야 한다.

그러나 목표시장 선정에 앞서 자사제품에 대한 정확하고 객관적인 자기평가가 반드시 선행되어야 한다. 즉 과연 자사제품이 기존 출시된 타사 제품과 비교했을 때

경쟁력이 있는지를 평가해야 한다. 기존제품과 비교하여 ① 가격이 저렴한지, ② 품질이 우수한지, ③ 새로운 디자인, 성능을 보유하고 있는지, ④ 보다 탄력적으로 최소주문량을 수용할 수 있는지, ⑤ 납기를 단축시킬 수 있는지, ⑥ 보다 효율적인 A/S가 가능한지, ⑦ 탄력적인 지불조건을 수용할 수 있는지 ⑧ 현재 다른 공급업체들과 거래하고 있는 바이어들에게 보다 나은 이점(advantage)들을 제공할 수 있는지 등이 자사제품의 경쟁력을 결정하는 주요인들이라 할 수 있다. 따라서 이러한 경쟁력 결정요인들을 냉정하게 평가하여야 하며 만일 기존공급업체들과 특별한 차별성이 없다면 새로운 시장을 개척하기란 쉽지 않다는 점을 유념해야 한다. 예를 들어 해외 유명전시회에 많은 비용을 투입하여 참가한 국내기업들 중에 상당 기업들은 전시회 참가 후 성과가 좋지 않을 때 그 원인을 참가했던 전시회 주최자나 파견기관 탓으로 돌리기도 한다. 물론 전시회를 잘못 선정했거나 전시회 파견기관의 지원 부족으로 성과가 저조할 수도 있겠지만 대부분 성과부진 원인은 참가 전시회에 대한 준비 부족 또는 자사제품의 경쟁력이 떨어지기 때문이다. 따라서 신시장 개척에 앞서 자사제품의 경쟁력을 확보하는 것이 최우선적으로 해야 할 일이다.

그림 3 해외마케팅에서의 일반적인 시장조사 프로세스

다음은 목표시장 후보군을 선정한다. 수출하려고 하는 상품과 유사한 상품이 많이 수출되는 국가들을 후보군으로 선정하여 시장조사를 실시한다. 이들 국가들의 해당상품 수입액, 소득수준, 인구구성, 산업구조, 문화 및 자연환경, 생활관습 등을 후보군 국가선정의 기준으로 삼는다. 따라서 목표시장 후보군을 선정할 때 Kotra가 제공하는 『국가정보』를 참고하면 많은 도움이 된다.

표 2 목표시장 후보군 선정 시 고려사항

지리·자연적 조건	정치·경제적 조건	사회적 조건
▪ 면적 ▪ 기후 ▪ 지형 ▪ 도시화 정도 ▪ 자연재해 및 빈도 ▪ 인근국가들 분포	▪ 자원 분포상황 ▪ 정치, 사회 안정성 ▪ 경제, 재정, 금융(외환) 상황 ▪ 소득수준 및 분포 ▪ 비즈니스 환경 ▪ 산업보호정책 및 수입 관리제도 ▪ 주요산업 및 경쟁기업 상황 ▪ 수출입 실적 등 ▪ 주변국들로의 진입 전진기지로서의 가능성 ▪ 한국과의 관계	▪ 총인구 및 구성 ▪ 종교, 언어 ▪ 생활상황 ▪ 여가발달 정도 ▪ 관광산업 발달 정도 ▪ 민족성 ▪ 소비습관 ▪ 상관습 ▪ 시장특성 ▪ 구매시기

후보군 목표시장이 선정되었으면 최종 목표시장 확정을 위해 각 국가별로 구체적이고 세부적인 시장조사를 실시한다. 이때 필요한 것이 ▲ 시장규모 및 추이 ▲ 목표국가에서 자체생산을 통한 조달과 수입추이 ▲ 경쟁동향 ▲ 소비자(제품 구입자)들의 특징 및 구입 시 고려사항 ▲ 유통구조 ▲ 정부정책 및 규제 ▲ 자사제품이 해당시장 진입 시 마케팅 가능성 ▲ 진출방안 등이며 이들 항목을 종합적으로 분석하여 목표시장들을 확정한다.

표 3 목표시장 확정하기 전 조사사항

조사항목	조사세부항목
시장수요	▪ 취급상품의 수급현황 - 자체생산 및 국가별 수입규모 - 시장규모 추이 ▪ 시장형태 - 완전경쟁, 독점, 과점, 독점적 과점 등 ▪ 시장발전단계 - 초기단계시장, 성장시장, 성숙시장, 쇠퇴시장
소비자조사	▪ 주요 수요층(연령, 성별, 직업, 소득별) ▪ 구매동기, 구매장소, 구매방법, 구매시기 ▪ 구입할 때 우선 고려순위 ▪ 선호제품 및 브랜드 ▪ 한국 또는 한국제품에 대한 인지도
경쟁사조사	▪ 경쟁사별 시장점유율 ▪ 경쟁사별 제품 특성 ▪ 경쟁사별 마케팅 차별화 정책
제품조사	▪ 주요상품의 품종, 품질 및 규격 ▪ 시판중인 제품의 색상, 디자인, 성능, 포장 및 특이점
가격조사	▪ 현지생산품과 수입품간의 가격 비교

	▪ 계절 등에 따른 가격변동 추이
유통경로조사	▪ 유통구조 및 형태 ▪ 유통단계별 마진율 ▪ 주요 유통지역
정부정책 및 규제	▪ 관세 및 비관세 장벽 ▪ 인증요구 ▪ 수입허가제
진출방안	▪ 현지 광고, 판촉, 홍보 방안 ▪ 에이전트 및 대리점 활용 방안 ▪ 인근국가들을 경유한 우회수출 방안

목표시장이 확정되었으면 이들 시장에 진입하기 위한 구체적인 전략과 액션플랜을 수립한다. 직접 이들 시장으로 세일즈 출장을 떠나거나 무역사절단이나 해외전시회에 참가할 수도 있고 Kotra 지사화사업 등 다양한 마케팅 방안을 활용하여 바이어들을 발굴한다. 적격 바이어 발굴 후, 정식 오더를 받게 되면 마지막으로 확실한 수출대금 담보를 위해 바이어에 대한 신용조사를 실시하고 한국무역보험공사를 통해 수출보험에 가입한다.

특정 목표시장을 설정한 후, 액션플랜의 일환으로 처음 해외출장을 실시하는 경우라면 최소한 방문 국가의 시장특성, 상관습과 비즈니스 시 유의사항 및 에티켓 정도는 파악하고 가야 하는데 사전 정보 없이 출장 가는 기업들도 있다. 단순히 해외여행을 가는 경우에도 대부분의 관광객들은 그 나라에서 무엇을 보고 어디를 방문할 것인지 사전조사를 한다. 또한 단체관광이 아니라면 숙박시설은 물론이고 물가수준, 치안상태 등도 미리 알아보고 간다. 하물며 비즈니스 목적으로 떠나는 출장이라면 자사상품에 대한 현지 시장정보뿐만 아니라 그 국가의 일반적인 상황은 물론이고 경제, 무역 그리고 비즈니스 환경 및 상관습에 대한 충분한 파악이 선행되어야 한다.

더구나 일회성 출장이 아니라 특정국가로 생산기지를 이전시키거나 법인, 지사, 유통망 설립 등 대규모 투자를 할 경우에는 훨씬 더 정교한 시장조사가 요구된다. 투자환경, 투자인센티브, 투자법, 투자진출 형태 및 절차는 물론이고 조세제도, 노무관리제도, 금융제도, 외환관리 및 자금조달을 포함하여 투자법인 철수 및 청산 관련 조사도 사전에 이루어져야 한다.

그림 4 출장 전 방문국가에 대한 기본 정보를 알고 가야 한다.

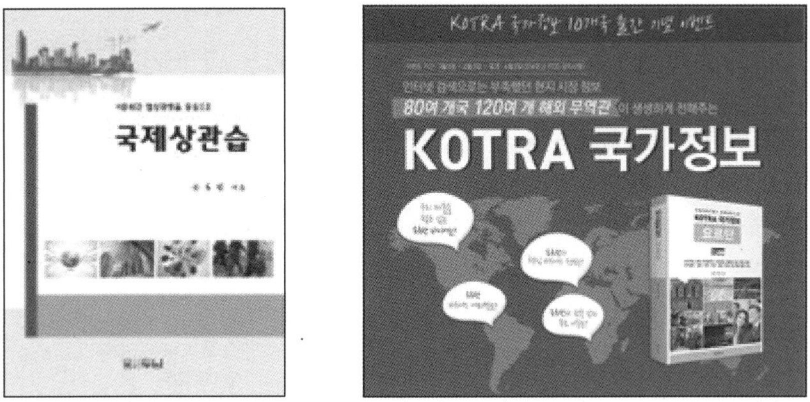

수출지원 공기관인 Kotra는 해외시장조사의 중요성을 잘 인식하고 있다. 따라서 Kotra는 국내 중소기업들이 많이 활용하는 무역사절단, 해외전시회 및 지사화사업 참가기업 모집 시, 희망기업들이 참가신청을 했다고 해서 모든 기업들을 해당 사업에 참여시키지 않는다. 바이어 정보 발굴 신청기업의 경우에도 해당 품목의 시장성이 떨어질 것으로 판단되면 조사의뢰를 거부하기도 한다. 지원을 요청받은 무역관에서도 신청기업 제품에 대한 철저한 시장조사를 통해 시장성을 충분히 검토한 후, 그 기업의 사업 참여 여부를 결정한다. 현재 수요가 아무리 많아도 신청기업 제품의 경쟁력이 뒷받침되지 않는다고 판단되면 수용하지 않는다. 반대로 현재 수요가 크지 않더라도 잠재수요가 있을 것으로 조사되면 사업 참가를 적극 권유한다. 시장조사 결과, 성과가 기대되지 않는 기업들을 무리하게 사업에 참여시킴으로써 추후 참가기업들의 불만을 야기시킬 수도 있고 가능성이 없거나 기대에 미치지 못할 것으로 예상되는 시장에 그 기업의 역량을 투입하게 할 필요가 없기 때문이다.

표 4 지사화사업 신청업체에 대한 관련 무역관 검토 의견(예)

- 신청업체명 : ㈜ XXX
- 품목 : 내의류(HS 코드 610990)
- 미선정 사유 :
  - 현지의 높은 관세율(30%), 현지 제조업체 다수, 치열한 가격경쟁을 벌이고 있는 제품으로 바이어 발굴에 어려움이 예상됨.
  - 제품 수요는 있는 편이나 주로 저가제품 위주로 구입함.
  - 최근 유사품목 국내수출기업이 현지에서 세일즈 활동을 하였으나 현지산 및 중국산, 이집트산에 밀려 만족할 만한 성과를 올리지 못했음.

표 5 Kotra 시장조사대행 시장성 검토 의견서

Description									Evaluation
Product Market Ability	Market Volume		2012		2013		2014		
			Quantity million KG	Amount million $	Quantity million KG	Amount million $	Quantity million KG	Amount million $	
		Production	DATA not available	DATA not available	DATA not available	DATA not available	DATA not available	DATA not available	No production
		Import	1.58	19.3	1.53	19.1	1.73	38.2	Increase
		Import from Korea	0.01	0.08	0.01	0.14	0.1	7.6	Increase
		Top importers	1)	China	2)	South Korea		3)	Germany
	Buyer's Opinion	Company or Buyer	SARL ENERGY FRERE BOUCETTA						High
		Organization or Experts	Mr. HAMADI Boucetta Director						High
		Main Opinion from them	According to expert Renewable energy sector is very emerging sector in Algeria it has been given so much importance these recent years. Solar street panel is very interesting mainly because several tenders are published by government so, the demand is high.						High
Product Competitiveness	Import Restriction	Custom Tariff V.A.T							17%
		Non-tariff Barrier							N/A
		Custom duty							5%
	Standard Certification	- Necessary( ) or Unnecessary(0) - If it's necessary, the name of the certification:							
	Market share	There is no top three brands due to the presence of various manufacturers and brands which are almost in the same level with each other				/			/
	Market entrance difficulties	Price Sensitivity							Middle
		Quality Sensitivity							Middle
Overall Opinion		Algerian Market of Solar street panel is a positive and potential market because the country is developing that sector and the demand is increasing.							

World Trade Atlas
Algeria - Imports
842121 Water Filter/Purify
Millions of US Dollars
January - December

Rank	Country	2012	2013	2014	% Share 2012	2013	2014	% Change - 14/13 -
0	-- World --	97.264623	66.265139	87.728452	100	100	100	32.39
1	France	12.007907	12.086905	22.026822	12.35	18.24	25.11	82.24
2	United States	1.88596	1.642181	17.196038	1.94	2.48	19.6	947.15
3	Italy	5.614856	21.908921	9.987944	5.77	33.06	11.39	-54.41
4	Spain	6.011581	8.223705	9.028534	6.18	12.41	10.29	9.79
5	Japan	25.130887	2.023222	8.380721	25.84	3.05	9.55	314.23
6	Korea, South	2.595931	0.643586	4.119904	2.67	0.97	4.7	540.15
7	Germany	2.847409	3.135258	3.656312	2.93	4.73	4.17	16.62
8	China	1.041457	1.719437	2.021981	1.07	2.6	2.31	17.6
9	United Kingdom	1.255734	3.023692	2.01079	1.29	4.56	2.29	-33.5
10	Belgium	1.862928	0.904084	1.821274	1.92	1.36	2.08	101.45

KOTRA-Korea Trade Investment Promotion Agency
Section Commerciale de l'Ambassade de la République de Corée
01, Rue Hamdani Lahcéne les crêtes « A », Hydra 16016 Alger Algérie
☎ +213 21 69 37 65 / +213 21 69 41 94 / +213 21 69 42 03 Fax : +213 21 69 42 09

MARKET ABILITY ON ALKALINE WATER IONIZER

ABC CO., LTD

HS Code 842121

From the interview we have had with some main companies in the business, the water purifier is still not a popular product in Algeria. There are steadily imports and the major country exporter to Algeria is France. Despite the fact that Algerian customers are very much interested in this product, it will be a good opportunity to introduce it to some local companies.

Finally, the business of alkaline water ionizer is a partial market in Algeria.

Searcher:

Lilia Issad
Kotra, Alger
Marketing Responsible.

많은 수출기업들이 자사제품을 수출하기 위해 적격 바이어를 찾는 데 모든 역량을 쏟고 있다. 실제 Kotra 해외시장조사사업을 이용하는 중소기업들이 가장 많이 찾는 서비스가 바이어 정보이다. 바이어 정보는 수출에서 가장 기본이 되는 출발선이라 할 수 있다. 따라서 수출기업들은 수출하려고 하는 품목이 잘 팔릴 것으로 판단되는 지역은 어디이며 또 어떤 바이어들을 대상으로 마케팅 활동을 해야 할지가 가장 큰 관심사일 수밖에 없다. 또한 적격 바이어를 찾았다 하더라도 해외마케팅을 통해 처음 발굴된 바이어와 첫 거래를 할 때 가장 어려운 점은 그 바이어의 신용상태와 수입능력에 대해 정확히 알지 못한다는 점이다. 따라서 바이어에 대한 신용조사 역시 수출과정에서 반드시 필요한 정보이다. 이와 같이 수출기업이나 해외로 진출하려고 하는 기업들은 지속적으로 새로운 정보를 취득하고 이에 맞추어 마케팅 전략을 수립하여야 한다. 해외마케팅 경험이 많은 기업일수록 생산 공장 이전이나 지사 설치 등 현지진출 시는 물론이고 해외전시회, 무역사절단, 개별 해외세일즈 출장 시에도 사전에 철저한 시장조사를 실시한다. [표 6]은 해외시장 진출에서 사전에 철저한 시장조사 후 성공한 사례와 미흡한 조사로 인한 실패사례를 보여준다.

표 6 해외시장조사와 현지 진출 성공 및 실패 사례

구분	사례
성공사례	▪ 요거트 과일빙수 태국 진출 성공[3] 요거트 과일빙수와 수박, 포도주스 생산업체인 R사는 태국 진출을 위해 1년 반에 걸쳐 준비를 했고 제품 출시 전에 1,000그릇 이상을 한국에서 공수해 반응 테스트를 하는 등 사전 시장조사를 통해 성공적으로 태국시장에 진출함.
	▪ 델리만쥬 베트남 진출 성공[4] H사는 델리만쥬의 베트남 진출 전, 현지 EXPO에 참가해 현지 소비자의 반응을 먼저 파악한 후 국내 D사와 베트남 진출을 위한 프랜차이즈 계약을 체결하였고, Kotra 무역관과의 공동조사를 통해 매장 개설을 추진하는 등 시장조사를 철저히 해 실패 가능성을 최소화하였으며 이로 인해 매장별 월 4만달러 매출을 올리는 성공을 거두고 있음.
	▪ 미용기기 페루 진출 성공[5] G사는 현지 시장조사를 통하여 페루 여성들의 모발 특성과 그 굵기에 대한 정보를 토대로 현지에 적합한 제품을 생산하였고 관련업체들에게 사전에 카탈로그를 전달, 상담을 통해 관심 품목을 파악한 후, 이들 품목 위주로 광고를 통해 페루 진출에 성공할 수 있었음.

3 2009 아세안 유망시장 진출전략설명회, Kotra.
4 아세안 주요국 프랜차이즈 산업 분석과 진출 전략, Kotra.
5 글로벌 시장개척의 숨은 비법, Kotra.

	▪ 화장품 일본 진출 성공[6] F사는 30-40대 일본 소비자가 고품질 기능성 화장품을 선호한다는 사실을 시장조사를 통해 파악한 후 각 제품마다 한국 특허증을 소개해 여성 소비자에게 큰 호응을 얻는 한편, TV 프로그램 등 현지 매스미디어를 통한 홍보에 주력함으로써 취향이 까다로운 일본 잠재소비자들의 관심을 끄는 데 성공하여 일본에 본격 진출할 수 있었음.
실패사례	▪ 음료회사의 베트남 진출 실패[7] 1990년도 후반부터 불어온 한류 붐을 타고 베트남 현지에 건강음료 공장을 건설하여 베트남 진출을 시도하였으나 시장조사 소홀로 ① 다른 외국기업 제품이 이미 베트남 시장을 선점하고 있어 음료시장의 경쟁이 치열하다는 점과 ② 베트남 소비자들이 이미 다른 제품들에 길들여져 있어 이를 바꾸기가 역부족이라는 사실을 간과함으로써 현지 진출에 실패
	▪ 벽돌 생산업체의 중국 진출 실패[8] 중국 업체와 합작형태로 진출하였으나 벽돌생산의 수주가능성과 사업파트너인 중국 업체의 능력에 대한 사전 조사가 부족해 실패
	▪ 방화벽 설치업체의 일본 진출 실패[9] 치밀한 시장조사에 기인한 수출전략 수립 없이 막연히 일본시장이 유망할 것으로 판단해 진출을 시도하다 실패
	▪ 멕시코 노동법 인지 부족으로 인한 진출 실패[10] 멕시코는 노동자들의 노동조합 결성이 헌법상의 권리로 보장되어 있는데 A사는 이런 관행을 전면 무시하고 노동조합을 인정하지 않는 사업 경영으로 시민 단체들의 조직적인 반발까지 불러일으켜 진출에 실패

6 일본시장 투자진출 유망분야 및 전략, Kotra.
7 사전시장조사 부족으로 인한 실패 사례, Kotra.
8 사전시장조사 부족으로 인한 중국에서 실패사례(1), Kotra.
9 일본시장 투자진출 유망분야 및 전략, Kotra.
10 멕시코 투자진출 실패사례－노동법 인지부족, Kotra.

C•H•A•P•T•E•R

02

해외시장정보 유형과 관련 사이트

01 국가정보
02 통상정보
03 경제 · 무역동향정보
04 상품정보
05 산업정보
06 심층(연구)보고서
07 전시정보
08 해외투자진출정보
09 해외건설정보
10 국제입찰 및 조달정보
11 바이어 신용정보
12 해외인증정보
13 무역통계정보
14 관세율정보
15 기타 해외시장 관련 정보

실 무 해 외 시 장 조 사 론

CHAPTER

02

해외시장정보 유형과 관련 사이트

전장에서 기술한 바와 같이 해외시장조사의 유형은 『광의의 조사』와 『협의의 조사』로 분류할 수 있다. 『광의의 조사』는 특정국가 또는 다수국가의 정치·경제동향, 정책 및 통상정보, 투자정보 등을 포함하는 국가정보와 산업정보 등이 해당되며 『협의의 조사』로는 특정 상품의 현지 시장동향 및 진출방안, 특정 프로젝트 관련 정보, 바이어 정보 및 전시정보 등이 속한다. 『광의의 조사』는 국가기관이나 대기업체 및 연구소 등에서 주로 필요로 하며 『협의의 조사』는 개별기업들이 주로 찾는 유형이다. 일반적으로 수출기업들이 필요로 하는 해외정보 유형으로는 진출하려는 시장의 국가정보, 통상정보, 경제·무역관련 정보, 상품 및 산업정보, 입찰관련정보, 해외투자정보, 전시정보 및 바이어 정보 등이 있다. 이 장에서는 기업들이 필요로 하는 유형별 시장정보들의 개념 정립과 함께 이들 정보를 제공하는 국내외 유명사이트를 소개하고자 한다. 특히, 수출기업들에게 필요한 각종 해외시장정보를 종합적으로 제공하는 국내 대표 사이트인 Kotra 해외시장뉴스 사이트와 무역협회 사이트를 중심으로 설명한다.

그림 1 Kotra 해외시장뉴스 http://news.Kotra.or.kr

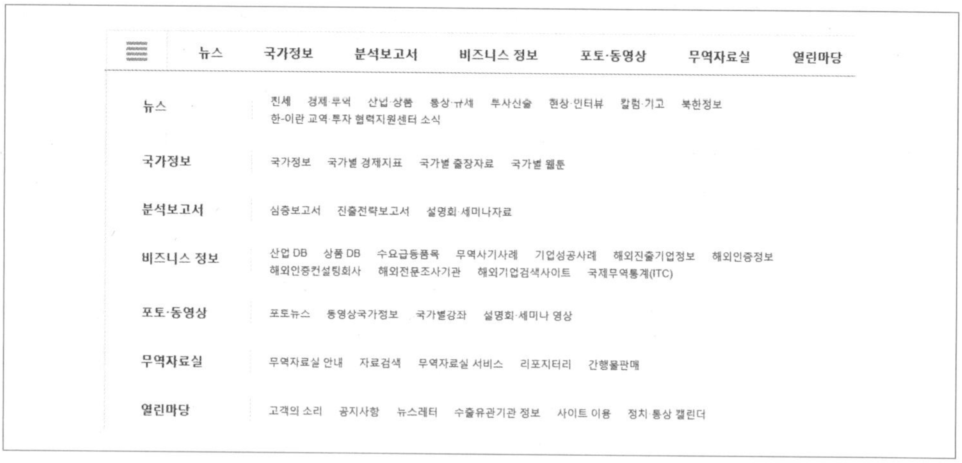

그림 2 무역협회 사이트(무역정보 및 무역통계) www.kita.net

1 국가정보

국가정보는 각 국가별 경제, 무역, 투자 및 비즈니스 관련 정보를 포함한다. 따라서 시중에서 판매되고 있는 여행관련 소개 책자와는 성격이 크게 다르다. 대부분 특정상품에 대한 세부 시장정보는 수록되어 있지 않으나 그 나라의 정치 및 거시경제현황과 전망, 경제정책 및 규제사항, 투자환경 및 제도, 비즈니스 관련 정보, 각종 통계 자료를 얻기 위해서는 반드시 파악해야 할 내용이다. 종전에는 책자 형태로 국가정보를 제공하였으나 최근에는 인터넷을 통해 쉽게 접근할 수 있다. 국가정보 사이트를 운영하고 있는 대표적인 국내기관 또는 단체로는 Kotra와 무역협회가 있으며 한국수출입은행에서도 사이트 운영과 함께 정기간행물 형태로 각국 경제 관련 정보를 제공하고 있다. 이외 민간 경제연구소에서는 비정기적으로 특정 주제를 정해 국가정보를 생산하고 있다. 해외에서는 EIU와 IHS가 정기적으로 전 세계 대부분의 국가정보를 인터넷으로 제공하고 있으며 World Bank, IMF, OECD 등 경제 관련 국제기구에서도 이들 정보를 생산하고 있다.

표 1 국가정보가 필요한 경우
▪ 그 국가의 정치, 경제 현황 및 전망을 파악하고자 할 경우
▪ 그 국가의 주요 경제지표 및 관련통계를 파악하고자 할 경우
▪ 그 국가와 우리나라간의 교역현황을 파악하고자 할 경우
▪ 그 국가로 수출, 투자 진출, 프로젝트 수주를 하려고 할 경우
▪ 그 국가에 법인, 지사, 사무소를 개설하려고 할 경우
▪ 그 국가로 처음 출장가려고 할 경우
▪ 그 국가로 부임하거나 취업을 희망하는 경우
▪ 그 국가의 상관습, 시장특성 등을 파악하고자 할 경우
▪ 그 국가의 무역, 투자 유관기관을 찾고자 할 경우

(1) Kotra 국가정보(http://news.Kotra.or.kr)

우리나라에서 세계 주요국의 국가정보를 가장 쉽게 파악할 수 있는 사이트로는 Kotra가 운영하고 있는 시장정보 사이트인 Kotra 해외시장뉴스(http://news.Kotra.or.kr)가 있으며 모바일(m.news.Kotra.or.kr)로도 검색이 가능하다.

그림 3 Kotra 해외시장뉴스 모바일웹 서비스

Kotra 국가정보는 각국별 비즈니스 정보를 총망라하여 인터넷상에서 누구나 무료로 열람할 수 있으며 현재 Kotra 해외시장뉴스를 통해 총 95 개국의 국가정보가 제공되고 있다. 또한 이와 별도로 책자형태 구입도 가능하며 교보문고 인터넷 서점에서는 POD[1](Publish on Demand) 형태로도 만나볼 수 있다. 이들 정보는 각 무역관에서 정기적으로 항목별 업데이팅하고 있으며 최근에는 영상물로도 각국의 주요 정보를 제공하고 있다. Kotra 국가정보는 국가일반, 경제, 무역, 투자, 비즈니스 참고사항 등 5개 항목으로 구분되며, 대항목 아래 50개 세부목차로 분류된다.

---

1 POD(Publish on Demand) 서비스는 고객의 주문 후 제작 및 배송되는 시스템. www.kyobobook. co.kr을 방문하여 검색창에 『Kotra 국가정보』으로 검색.

그림 4 Kotra 해외시장뉴스가 제공하고 있는 국가정보

이들 목차 중 특히, 처음 비즈니스를 시작하는 국가라면 『한국과의 교역동향 및 특징』, 『시장특성』, 『상관습 및 거래 시 유의사항』,『비즈니스 에티켓』과 『출장

시 유의 및 참고사항』 등은 반드시 숙지할 필요가 있다. 「국가정보 전문보기」를 클릭하면 e-book형태로 자료를 열람할 수 있으며 세부목차 정보들은 항목별 pdf 화일 형태로 출력도 가능하다.

그림 5 Kotra 국가정보는 e-book형태로 볼 수 있다.

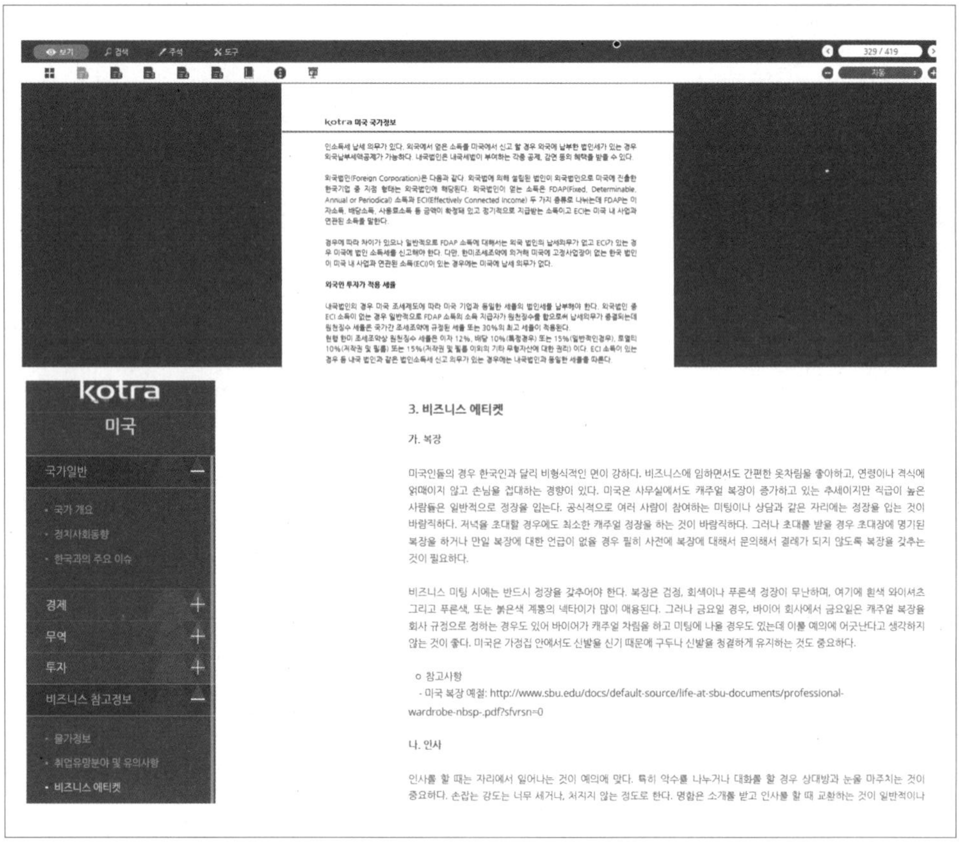

그림 6 Kotra 해외시장뉴스를 통해 제공되고 있는 국가정보 수록 국가

아시아 대양주	뉴질랜드, 대만, 라오스, 말레이시아, 몽골, 미얀마, 방글라데시, 베트남, 북한, 스리랑카, 싱가포르, 인도, 인도네시아, 일본, 중국, 캄보디아, 태국, 파키스탄, 필리핀, 호주, 홍콩
유럽	그리스, 네덜란드, 덴마크, 독일, 루마니아, 리투아니아, 벨기에, 불가리아, 세르비아, 스웨덴, 스위스, 스페인, 슬로바키아, 영국, 오스트리아, 이탈리아, 체코, 크로아티아, 폴란드, 프랑스, 핀란드, 헝가리
북미	미국, 캐나다
중동	리비아, 모로코, 사우디아라비아, 시리아, 아랍에미리트, 알제리, 오만, 요르단, 이라크, 이란, 이스라엘, 이집트, 카타르, 쿠웨이트, 터키, 튀니지
아프리카	가나, 나이지리아, 남아프리카공화국, 모잠비크, 수단, 에티오피아, 우간다, 잠비아, 짐바브웨, 카메룬, 케냐, 코트디부아르, 콩고민주공화국, 탄자니아
중남미	과테말라, 도미니카공화국, 멕시코, 베네수엘라, 브라질, 아르헨티나, 에콰도르, 칠레, 콜롬비아, 쿠바, 파나마, 파라과이, 페루
러시아 / CIS	러시아, 벨라루스, 아제르바이잔, 우즈베키스탄, 우크라이나, 카자흐스탄, 키르기스스탄

표 2 Kotra 국가정보 항목

분류	항목		
I. 국가일반	▪ 국가개요	▪ 정치사회동향	▪ 한국과의 주요이슈
II. 경제	▪ 경제지표 DB	▪ 경제동향 및 전망	▪ 주요산업동향
	▪ 지역무역협정 체결현황		
III. 무역	▪ 수출입동향 ▪ 대한수입규제동향 ▪ 지적재산권 ▪ 시장특성 ▪ 주요 전시회 개최일정	▪ 한국과의 교역동향 및 특징 ▪ 관세제도 ▪ 통관절차 및 운송 ▪ 바이어 발굴 ▪ 수출 성공 실패 사례	▪ 수입규제제도 ▪ 주요인증제도 ▪ 수출유망품목 ▪ 상관습 및 거래 시 유의사항 ▪ 수출 시 애로사항
IV. 투자	▪ 투자환경 ▪ 한국기업투자동향 ▪ 주요 투자법 내용 ▪ 진출형태별 절차 ▪ 투자진출 시 애로사항 ▪ 금융제도	▪ 투자 인센티브 제도 ▪ 한국기업 진출현황 ▪ 투자방식 ▪ 투자법인 철수 및 청산 ▪ 노무관리제도 ▪ 외환관리 및 자금조달	▪ 외국인 투자동향 ▪ 투자진출 성공실패사례 ▪ 투자진출형태 ▪ 투자입지여건 ▪ 조세제도
V. Business 참고정보	▪ 물가정보 ▪ 이주정착 가이드 ▪ 출입국 및 비자제도 ▪ 유관기관웹사이트	▪ 취업유망분야 및 유의사항 ▪ 생활여건 ▪ 관광/호텔/식당/통역 ▪ Kotra 무역관 안내	▪ 비즈니스 에티켓 ▪ 취항정보 ▪ 출장 시 유의 및 참고사항

표 3 Kotra 국가정보 세부내용

구분	목록	항목	목차별 세부내용
I. 국가일반	1	국가개요	일반사항(위치, 면적, 기후, 수도, 인구, 주요도시, 인종, 언어, 종교, 국가형태, 국가원수, 국회 등), 경제지표(주요거시경제지표, 교역규모, 교역품 등), 우리나라와의 관계(체결협정, 교역규모, 투자교류, 교민현황 등)
	2	정치사회동향	가. 정치약사 나. 국가조직 구성 및 제도 다. 주요인사 라. 외교관계 마. 최신정보(분기) - 정치동향 - 사회동향
	3	한국과의 주요 이슈	가. 개관 - 무역/통상 - 정무/문화 - 경제협력 - 한국과의 주요 인사교류 현황 나. 최신동향 - 무역/통상 - 정무/문화 - 경제협력

II. 경제	4	경제지표 D/B	최근 5년 동안 주요 거시경제 지표 제시
	5	경제동향 및 전망	연도별 GDP(증감률 포함), 1인당 GDP, 경제성장률, 물가지수, 이자율, 실업률, 환율 등
	6	주요 산업동향	가. 최신 산업동향(분기) 나. 핵심산업 개요 다. 전체 산업구조 개요 라. 산업별 비중(그래프, 표 작성)
	7	지역무역협정 체결현황	가. WTO, RTA, FTA/기타협정 가입 및 체결 현황 나. 최근 제도 변경사항 다. 무역 보완협정 체결 내용 등
	8	수출입동향	가. 주재국 무역수지(수출, 수입) 나. 주재국 국가별 수출입(상위 10개국) 다. 주재국 품목별 수출입(상위 10개품목) 라. 최신 동향정보(분기)
III. 무역	9	한국과의 교역동향 및 특징	가. 한-주재국 교역현황 나. 한국과의 무역통계 총괄표(수출, 수입, 수지) 다. 한국과의 무역통계 특징 - 최근 10년간 교역추이 - 수출입/품목별 상위 10개 품목 - 한국의 주요 수출품목 - 對 주재국 주요 수입품목 라. 한국의 주요 수출입 특징
	10	수입규제제도	가. 수입규제제도 개요 나. 수입금지 품목 다. 수입규제 품목 라. 기타 수입제한 법규 마. 수입쿼터 바. 비관세장벽 사. 참고사항 아. 최신정보(분기기준)
	11	대한 수입규제	가. 한국산에 대한 수입규제 현황 나. 최신정보(분기)
	12	관세제도	가. 개요 나. 관세율 종류(NTR, GSP, MFN) 관세 및 비관세 다. 관세율 알아보는 법 등 라. 원산지 결정 기준
	13	주요인증제도	가. 정부 및 유관기관들에서 요구하는 각종 인증검사제도 나. 인증 획득을 위한 필수 절차
	14	지식재산권	가. 특허, 상표, 저작권 디자인 등 보호대상 및 보호제도 나. 최신정보(분기)
	15	통관 및 운송	가. 일반 통관절차 개요 나. 통관의 종류

			- 약식통관 - 정식통관 - 우편통관 - 방치된 화물 - 통관본드
			다. 물품검사 및 보류, 압류 라. 통관절차 흐름도 마. 통관에 필요한 선적서류 - 상업송장 - 포장리스트 - 세관의 검사항목 - 통관경비 - 통관절차 안내 및 문의 바. 무역항 및 공항 개황 사. 운송절차 및 흐름도 아. 운송비용 - 도로사정, 운송수단, 거리, 기간, 비용, 횟수 자. 주요 운송회사 및 통관서비스 회사 리스트
	16	수출유망품목	가. 우리 중소기업의 수출유망품목
	17	시장특성	가. 소비자 특성 - 소비자성향 및 관습 - 소비자 구매선호도 나. 한국상품 인지도 다. 한류동향 라. 유통채널 - 유통구조 - 유통채널별 특성 및 유통마진 - 유통채널별 매출채권 회수 - 판가결정체계(Cost Structure) 마. 유망상품 등
	18	바이어 발굴	가. 각종 협회, 매체, 전시회, 기타 나. 각종 홈페이지 다. 온·오프라인 바이어 발굴방법 라. Kotra 바이어 발굴 소개
	19	상관습 및 거래 시 유의사항	가. 상담/계약 체결 시 유의할 점 나. 바이어 상담 시 유의사항 다. 기업문화 라. 무역관 에피소드 소개
	20	주요 전시회 개최일정	가. 국가별 주요전시회 일정 나. Kotra 주최 전시일정
	21	수출 성공실패 사례	가. 세계일류상품 및 히든챔피언 등 나. 주재국 진출 한국기업 수출성공사례 다. 주재국 진출 한국기업 및 외국기업 실패사례 등
	22	수출 시 애로사항	가. 일반적인 애로사항 나. 분쟁해결절차 다. 유형별 분쟁사례

IV. 투자	23	투자환경	가. 일반환경 - 투자국의 지리적 이점 - 투자 매력도 - 사업여건 - 정부의 투자정책 및 외국인 우대 정책 - 정부의 외자기업에 대한 열의 및 지원 - 세관, 세무, 노동관청의 행정 투명도 - 국가투자위험도 나. 투자유치 기관 다. 투자장려분야 라. 제한분야 및 금지분야 마. 투자유치정책 및 전망
	24	투자인센티브 제도	가. 정부의 투자인센티브 지급내역 - 조세감면 - 고용보조금 - 국책 R&D 지원사업 선정 등 나. 정부의 인센티브 지급기준 및 이유 (일정한 지원기준과 명분 제시) 다. 투자 인센티브 지급절차 라. 투자인센티브 적용사례(최근 기준) - 한국투자기업 사례(투자규모, 투자기업, 투자지역, 투자시기) - 외국투자기업 사례
	25	외국인 투자동향	가. 외국인 투자 통계 나. 지역별 투자동향 다. 국별 투자효과 라. 주요 외국 투자기업 소개
	26	한국기업 투자동향	가. 일반 현황 및 특징 나. 우리 기업 투자 통계현황 다. 업종별 직접투자 동향 라. 지역별 투자 동향
	27	한국기업 진출현황	우리 주요 투자기업 리스트 (회사명, 모기업, 업종, 제품명, 합작비율, 종업원 수, 투자 진출시기)
	28	투자진출 성공실패사례	가. 성공사례 나. 성공사례(상품위주 사례)
	29	주요 투자법 내용	가. 투자법 개요 나. 외국인 투자제한 다. 외국인 투자유치법 라. 최신 동향
	30	투자방식	가. 개요 나. 법인, 지사, 지점, 연락사무소 다. 장·단점
	31	투자진출형태	가. 현지법인 나. 지사 및 연락사무소 설립 다. 공장설립

			라. 인수합병(M&A) 마. 구비서류
	32	진출형태별 절차	가. 사전조사 나. 일반절차 다. 회사설립절차 - 연락사무소 - 지사 - 법인 라. 공장설립 - 부지확보 - 임대계약 - 건축절차 마. 관련기관 및 세부절차
	33	투자법인 철수 및 청산	가. 개요 나. 법인 철수 및 절차 다. 철수 관련 법령 라. 법인청산 및 절차 마. 청산 관련 법령
	34	투자입지 여건	가. 특별경제구역 소개 나. 지역별 투자여건 다. 주요 지역별 입지조건 라. 산업단지 리스트 마. 투자입지 선정을 위한 고려사항 및 특이사항 바. 체크포인트 등
	35	투자진출 시 애로사항	가. 일반적인 애로사항 나. 분쟁해결 절차 다. 유형별 분쟁사례 라. 구별 투자위험도
	36	노무관리제도	가. 연도별, 직종별, 지역별 평균임금 나. 노무관리 - 임금 - 근로시간 - 휴일과 휴가 - 해고 - 퇴직급여(퇴직급, 퇴직연금제도) - 노사협의회 - 사회보험제도(고용보험, 산재보험) 다. 노무관리 유의사항
	37	조세제도	가. 현지 조세제도 - 법인세 - 개인소득세 - 부가가치세 - 특별소비세 - 종업원 사회보장세 등 나. 외국투자기업을 위한 적용 조세제도 - 외국인 투자가 적용세율

			- 납세방법 - 과실송금보장 - 한국과 체결된 각종 협정 · 이중과세방지협정 · 사회보장협정 · 투자보장협정 등
	38	금융제도	가. 금융제도 개요 나. 금융서비스 다. 과실송금
	39	외환제도 및 자금조달	가. 외환제도 나. 현지 자금조달 개요
	39	외환제도 및 자금조달	다. 현지 금융조달 방법(대출) 등
V. 비즈니스참고 정보	40	물가정보	가. 주요 생활 물가
	41	취업 유망분야 및 유의사항	가. 인력수요 현황 나. 한국인 취업 수요 다. 취업 유망분야 등 라. 취업환경(현지 취업 시 비자요건, 필요자격증 등 Kotra 해외취업 지원의 사전환경 여건조사 내용)
	42	비즈니스 에티켓	가. 복장 나. 인사 다. 선물 라. 약속 마. 식사 바. 문화적 금기사항
	43	이주정착 가이드	가. 전화 신청 나. 정부 등록 다. 자동차 구입 라. 운전면허 취득 마. 은행 계좌, 병원 등 바. 주요쇼핑센터, 특산물 등
	44	생활여건	가. 주거 여건 나. 교육 여건 다. 의료 여건 라. 교통 및 통신 여건 마. 여가 여건 바. 기타 여건
	45	취항정보	가. 직항 및 3국 경유 나. 취항 항공사 리스트 다. 공항에서 시내까지 가는 방법
	46	출입국 및 비자	가. 출입국 나. 비자(사증) - 입국방법 - 사증발급 및 체류절차

			- 기업투자(D-8)사증 - 동반(D-3) 사증 다. 체류 - 개요 - 체류자격 변경 허가 - 외국인 등록 - 체류기간 연장 - 재입국 허가 - 체류지 변경신고 - 외국인 등록사항 변경신고 라. 출입국 수속 및 세관신고
	47	관광, 호텔, 식당, 통역	가. 추천 관광명소 안내(사진) 나. 호텔 소개 다. 주요 식당 소개(위치, 주소, 가격대) 라. 통역 정보
	48	출장 시 유의사항	가. 기후, 시차, 근무시간, 도량형 나. 환율 및 환전, 신용카드 사용 다. 여행경보단계 경보 등 주의사항 라. 위험지역 마. 팁 제도 등 바. 교통 및 통신 사. 관공서 관행 아. 간단한 현지어
	49	유관기관 웹사이트	가. 정부단체 및 기관 나. 언론단체 다. 한국기관 및 한인단체 라. 비즈니스 관련 현지기관 등
	50	Kotra 무역관 안내	가. 무역관 개설에서 현재까지 나. 위치 및 연락처 다. 인원현황 라. 사업 안내 등

Kotra 해외시장뉴스의 국가정보에서는 각국 통계청 및 IMF, World Bank에서 발표하는 「국가별경제지표」[2]를 실시간으로 제공하고 있다.

2 GDP증가율, 명목GDP(달러), 실질GDP(현지통화), 실질GDP(달러), 1인당 GDP, 소비자물가상승률, 수출실적, 수입실적, 무역수지, 대외부채, 외환보유고, 투자유치액(FDI), 해외투자액(ODI), 환율, 이자율, 실업률 등 주요 거시경제지표를 제공한다.

그림 7 Kotra 국가정보 하부메뉴인「국가별경제지표」

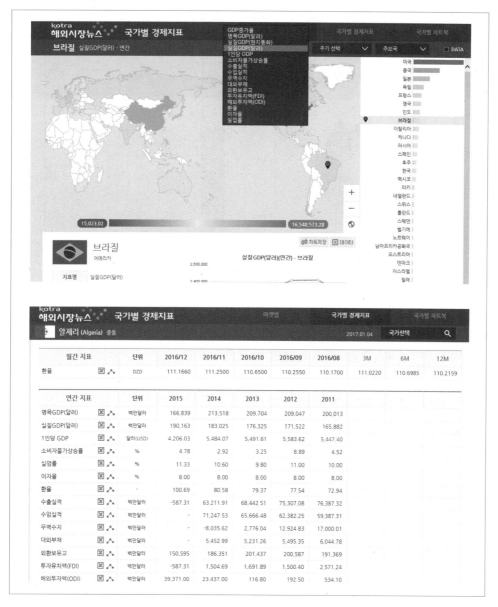

월간 지표	단위	2016/12	2016/11	2016/10	2016/09	2016/08	3M	6M	12M
환율	DZD	111.1660	111.2500	110.6500	110.2550	110.1700	111.0220	110.6985	110.2159

연간 지표	단위	2015	2014	2013	2012	2011
명목GDP(달러)	백만달러	166.839	213.518	209.704	209.047	200.013
실질GDP(달러)	백만달러	190,163	183.025	176.325	171.522	165.882
1인당 GDP	달러(USD)	4.206.03	5.484.07	5,491.61	5.583.62	5.447.40
소비자물가상승률	%	4.78	2.92	3.25	8.89	4.52
실업률	%	11.33	10.60	9.80	11.00	10.00
이자율	%	8.00	8.00	8.00	8.00	8.00
환율	-	100.69	80.58	79.37	77.54	72.94
수출실적	백만달러	-587.31	63,211.91	68,442.51	75,307.08	76,387.32
수입실적	백만달러	-	71,247.53	65,666.48	62,382.25	59,387.31
무역수지	백만달러	-	-8,035.62	2,776.04	12,924.83	17,000.01
대외부채	백만달러	-	5,452.99	5,231.26	5,495.35	6,044.78
외환보유고	백만달러	150,595	186,351	201,437	200,587	191,369
투자유치액(FDI)	백만달러	-587.31	1,504.69	1,691.89	1,500.40	2,571.24
해외투자액(ODI)	백만달러	39,371.00	23,437.00	116.80	192.50	534.10

kotra 국가정보 사이트 내에는「국가별출장자료」를 별도 편집하여 업로드 해두었으며 pdf 파일과 아래한글 파일로도 출력할 수 있다. 여기에는 주요 연락처, 국가개요, 한국과의 관계, 경제동향 및 전망, 유용한 정보 및 참고사항들이 수록되어 있다.

그림 8 알제리 출장자료

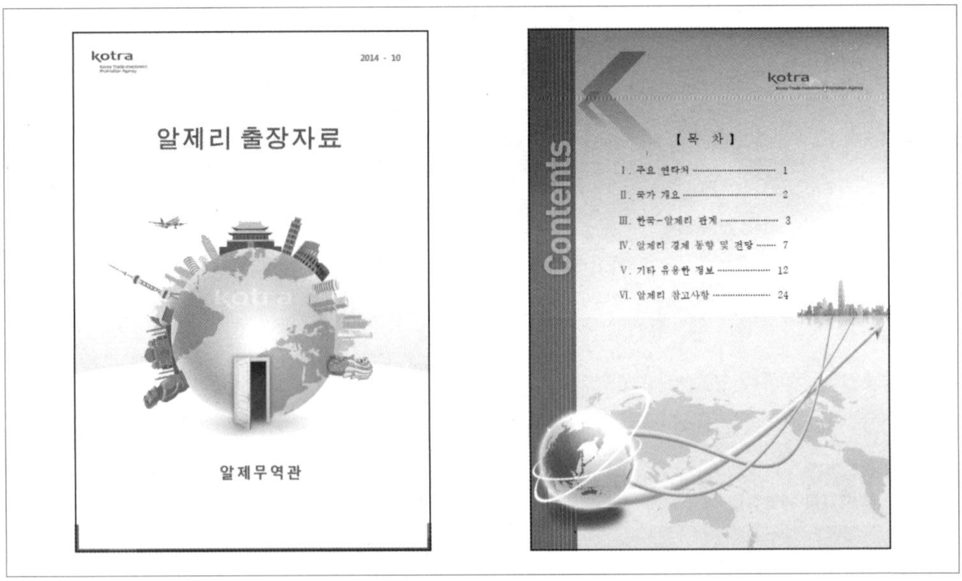

또한 각국별 유의해야 할 비즈니스 에티켓, 문화적 특성, 금기사항 등을 소개하는 30여 개국 「국가웹툰」 메뉴도 제공하고 있다.

그림 9 Kotra 국가정보 국가웹툰

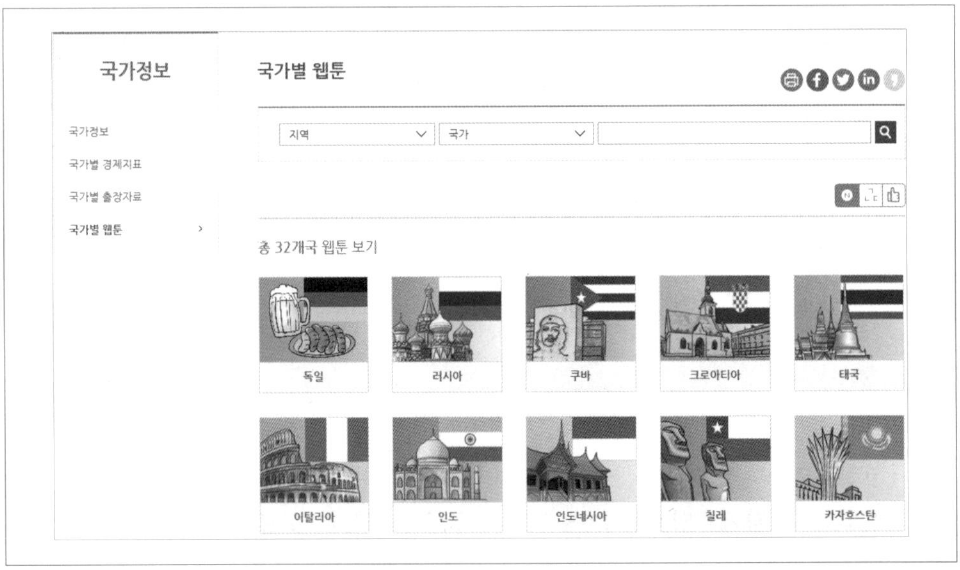

그림 10 Kotra 동영상국가정보

Kotra 해외시장뉴스는 「동영상국가정보」와 「국가별강좌」도 포스트하고 있다.

(2) 무역협회 국가정보(www.kita.net)

무역협회에서도 홈페이지를 통해 90개국에 대한 국가정보를 제공하고 있다. 동 사이트에는 각국별 일반개황, 경제무역개황, 무역 관련제도, 외국인 투자제도/현황, 수출입통계, 주요품목별 수출입 통계, 무역상담, 출장정보 및 신용도평가리포트 정보가 수록되어 있다. 제공 항목 대부분은 도표나 개조식으로 간단하게 요약되어 있으며 각국의 수출입통계는 무역협회의 무역통계 사이트와 연동하여 상세한 최신 정보를 제공하고 있다. 이 점이 이 사이트의 가장 큰 강점이다.

그림 11 무역협회 국가정보 메인화면

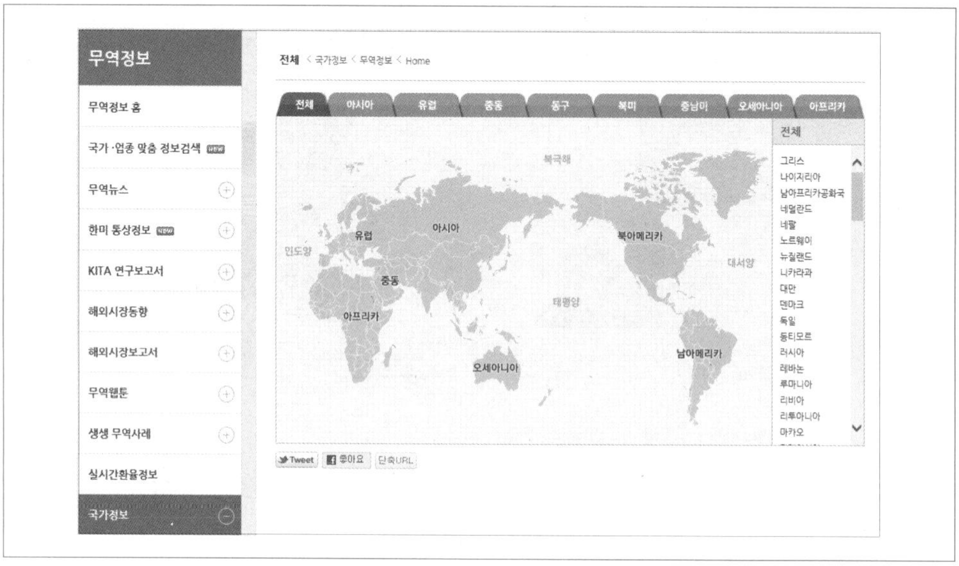

표 4 무역협회 국가정보 수록국가

대만	스리랑카	아일랜드	러시아	과테말라
동티모르	아프카니스탄	포르투칼	루마니아	니카라과
말레이시아	캄보디아	오스트리아	리투아니아	베네수엘라
미얀마	파키스탄	이스라엘	불가리아	아르헨티나
베트남	벨기에	이란	슬로바키아	에콰도로
싱가포르	스페인	사우디아라비아	슬로베니아	우루과이
인도	프랑스	레바논	우즈베키스탄	코스타리카
인도네시아	터키	바레인	우크라이나	콜롬비아
일본	스웨덴	시리아	체코	파나마
태국	네덜란드	UAE	카자흐스탄	파라과이
필리핀	이탈리아	알제리	크로아티아	페루
홍콩	영국	예멘	투르크메니스탄	호주
중국	핀란드	오만	헝가리	뉴질랜드
네팔	독일	요르단	캐나다	나이지리아
마카오	그리스	이라크	미국	남아공
몽골	노르웨이	카타르	브라질	리비아
방글라데시	덴마크	쿠웨이트	칠레	이집트
부르나이	스위스	폴란드	멕시코	케냐

그림 12 무역협회 국가정보

표 5 무역협회 국가정보 항목	
분류	항목
일반개황	일반사항, 정치현황, 경제현황, 주요역사
경제무역현황	경제지표, 수출입통계, 교역현황, 교역품목현황, 투자현황
무역관련제도	수출입제도, 관세통관제도, 관세 · 비관세장벽과 표준규격제도, 금융 및 외환제도
외국인 투자제도/현황	기본정책과 투자현황, 투자법규절차와 투자우대제도, 외국인투자규제와 외환규제, 현지법인 설립과 산업재산권 보호, 투자환경
수출입통계	수출입통계(무역협회 통계 사이트와 연동)
주요품목별 수출입통계	주요품목별 수출입통계(무역협회 통계 사이트와 연동)
무역상담	무역상담
출장정보	시차, 환전, 교통수단, 날씨, 전화, 전기, 기타 주의사항, 비상시 연락처 및 조치방법
신용도 평가리포트	신용도 평가리포트

(3) 한국수출입은행 해외경제연구소(http://keri.koreaexim.go.kr)

한국수출입은행 해외경제연구소 사이트에서도 전 세계 228개국의 각국별 국가개황, 국가신용도평가, 국가동향 및 투자환경위험평가정보를 검색 및 출력할 수 있다.

그림 13 한국수출입은행 해외경제연구소 사이트 수록내용

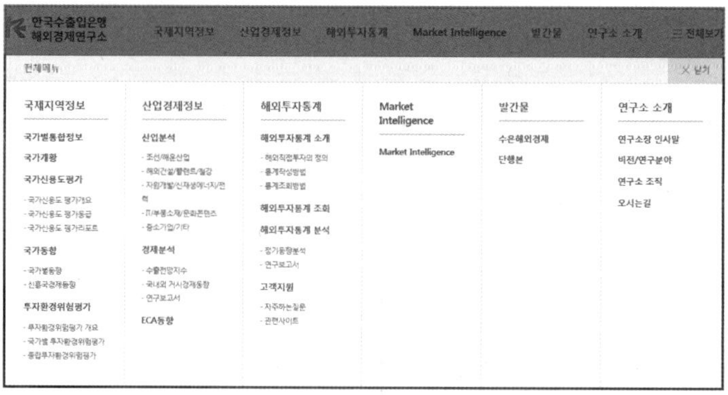

그림 14 한국수출입은행 해외경제연구소 알제리 관련 정보

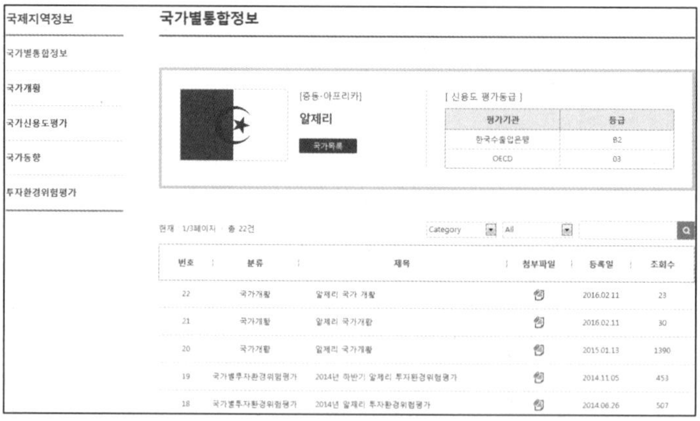

한국수출입은행 해외경제연구소 사이트에 등재되어 있는 국가개황의 경우, Kotra나 무역협회 사이트와 같이 정형화된 항목별 국가정보가 수록되어 있는 것이 아니라 매년 간행물 형태로 발간하는 「세계국가편람」을 국별로 분류하여 아래 한글이나 pdf 첨부파일 형태로 수록하고 있다. 국가동향 역시 수시로 정보를 입수하여 사이트에 등재하고 있으며 그 밖에 산업경제정보, 해외투자통계에 관한 자세한 분석 자료도 살펴볼 수 있다. 특히 이 사이트에는 국가신용도평가, 투자환경위험평가 정보가 수록되어 있다는 점이 가장 큰 특징이다.

이 밖에 한국수출입은행 해외경제연구소에서는 세계 각국에 대한 집약적인 정

보를 제공하기 위해 2004년부터 「세계국가편람」[3]을 발간하고 있다. 이 자료에는 국가개황, 주요사회 개발지표, 주요경제지표, 우리나라와의 관계, 정치상황 및 국제관계, 국내경제 및 대외거래 동향이 국가별로 축약 수록되어 있다. 이외 이 연구소에서는 『국가신용도평가리포트』와 『국내외거시경제동향』도 정기적으로 발간하고 있다.

그림 15 한국수출입은행 해외경제연구소 발간 『세계국가편람』

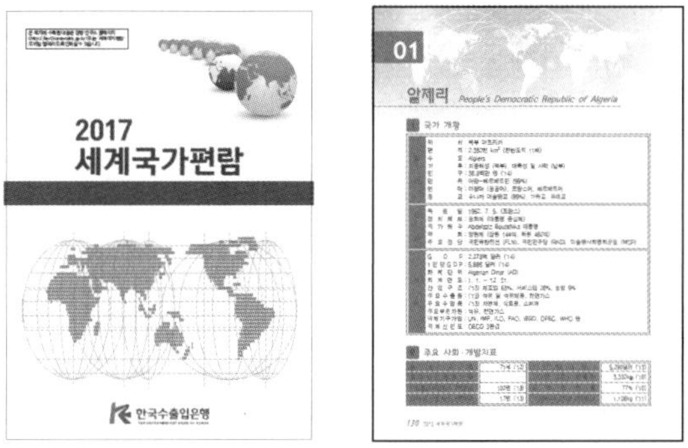

(4) 신흥지역정보 종합지식포탈(www.emerics.org)

대외경제정책연구원에서는 ▲ 신흥지역에 대한 최신 뉴스를 수집, 요약하여 제공 ▲ 신흥지역 최신 비즈니스, 연구 자료 제공 ▲ 신흥지역 관련 주요 전문가 정보 제공을 통한 네트워크 활성화 ▲ 주요 통계기관의 통계데이터 및 세미나 정보 제공 ▲ 신흥지역 최신 동향에 대한 전문가의 심층분석 자료 제공을 위해 신흥시장정보 종합지식포탈을 운영하고 있다. 이 포탈을 통해 인도·남아시아, 동남아시아, 러시아·유라시아, 아프리카·중동, 중남미, 중동부유럽 및 중국 등 7개 지역 73개 신흥지역에 대해 뉴스브리핑(경제/비즈니스/정치/사회), 이슈분석(경제/경영, 정치/정책, 사회/문화), 비즈니스정보, 국가정보(일반현황/역사/정치/외교/경제/산업) 및 연구보고서 등이 제공되고 있다. 또한 '중국전문가포럼(CSF, http://csf.kiep.go.kr)'에서 제공하는 최신 중국정보도 EMERiCs를 통해서 정보를 얻을 수 있다.

3 1. 각국의 주요 경제지표 순위, 2. 국민소득 및 지역에 의한 국가분류, 3. 각국의 주요 광물자원별 매장량 및 점유율, 4. 각국의 원유 및 천연가스 매장·생산·소비현황, 5. 각국의 신재생에너지 발전 현황, 6. 각국의 기업경영여건 및 글로벌경쟁력지수 순위, 7. 각국의 부패인식지수 순위, 8. 각국의 인간개발지수 순위, 9. 각국의 FDI 유출입 통계 등이 부록으로 수록되어 있다.

표 6 신흥지역정보 종합지식포탈 대상국가	
대륙	대상국가
인도·남아시아 (8)	인도, 네팔, 몰디브, 방글라데시, 부탄, 스리랑카, 아프카니스탄, 파키스탄
동남아시아 (10)	라오스, 말레이시아, 미얀마, 베트남, 브루나이, 싱가포르, 인도네시아, 캄보디아, 태국, 필리핀
러시아·유라시아 (13)	러시아, 몰도바, 몽골, 벨라루스, 아르메니아, 아제르바이잔, 우즈베키스탄, 조지아, 우크라이나, 카자흐스탄, 키르기스스탄, 타지키스탄, 투르크메니스탄
아프리카·중동 (18)	가나, 나이지리아, 남아프리카공화국, 리비아, 모잠비크, 사우디아라비아, 알제리, 아랍에미리트, 에티오피아, 이란, 이스라엘, 이집트, 잠비아, 짐바브웨, 카타르, 케냐, 콩고민주공화국, 쿠웨이트
중남미 (12)	과테말라, 멕시코, 베네수엘라, 볼리비아, 브라질, 아르헨티나, 에콰도르, 우루과이, 칠레, 콜롬비아, 파라과이, 페루,
중동부유럽 (12)	라트비아, 루마니아, 리투아니아, 불가리아, 세르비아, 슬로바키아, 에스토니아, 체코, 크로아티아, 터키, 폴란드, 헝가리
중국(1)	중국

그림 16 신흥지역정보 종합지식포탈「아프리카·중동」 메인화면

뉴스브리핑은 주로 각국의 현지 언론에 보도된 최신 경제, 비즈니스, 정치, 사회의 주요 기사들을 번역 요약하여 등재하고 있으며 이슈분석에서는 빅데이터 분석을 통해 해당지역의 핵심이슈를 선정하여 국내외 지역전문가들의 기고문 형식으로 심층적인 시사점을 제공한다. 비즈니스정보는 신흥국 현지 진출에 관심이 있는 기업들에게 투자정보일반, 기업진출전략, 수출, 수입으로 구분하여 Kotra 해외시장뉴스에 올라와 있는 정보와 연동해서 업로드하고 있다.

한편 국가정보는 일반현황, 역사, 정치, 외교, 경제, 산업으로 구분하여 요약정

보를 등재하고 있는데 주로 외교통상부 공식 홈페이지, 각국에 나가 있는 우리나라 대사관 홈페이지, 한국수출입은행 해외경제연구소, CIA－The world factbook, World Bank, 유네스코 한국위원회 자료 등을 참고하여 작성되나 개요 정도만 제시되고 있다. 연구동향에서는 국내 및 현지 주요기관에서 발표한 각 지역의 다양한 학술 정보를 수집하여 초록과 함께 제공하며 주요 통계 등도 검색할 수 있다. 또한 신흥지역정보 종합지식포탈 메인화면 하단 「뉴스레터 신청하기」를 통해 매주 '주간뉴스레터'를 받아볼 수 있다.

그림 17 신흥지역정보 종합지식포탈 주간뉴스레터

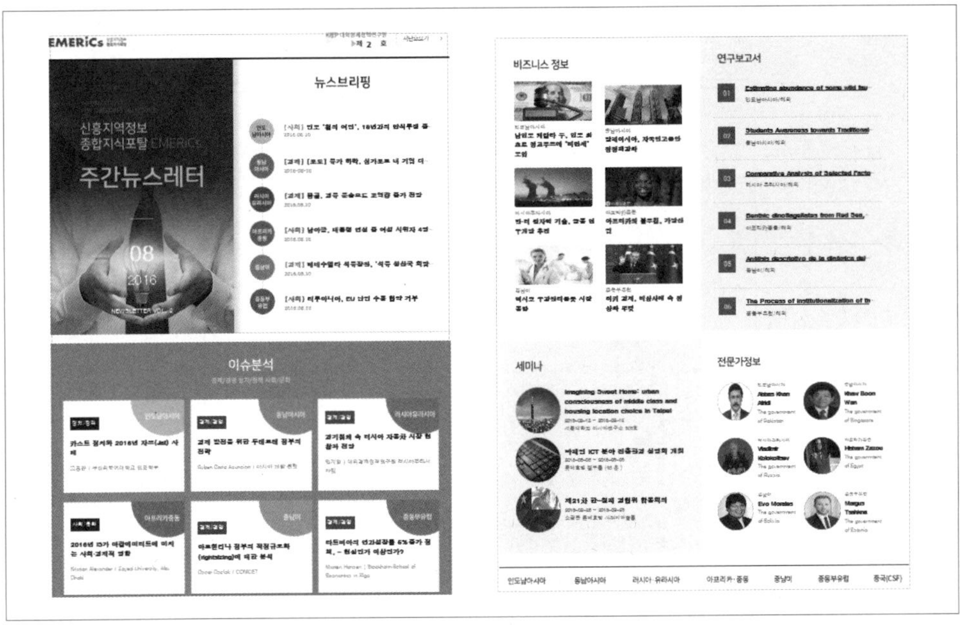

(5) 국내 경제연구소 국가정보

이 밖에 국내에서 운영되고 있는 국가정보, 세계경제 관련 사이트는 [표 7]과 같다. 그러나 이들 사이트는 국가별로 구분하여 정형화된 항목에 따라 정보를 수록하지 않고 주로 특정 주제를 중심으로 단행본 형태의 보고서로 제공하고 있다. 예를 들어 삼성경제연구소에서는 경영, 경제, 산업, 정책별로 연구보고서를 비정기적으로 발표하고 있다.

표 7 국내 경제연구소 명단

연구소명	홈페이지
삼성경제연구소	www.seri.org
현대경제연구원	www.hri.co.kr
LG경제연구원	www.lgeri.com
포스코경영연구소	www.posri.re.kr
한국경제연구원	www.keri.org
대외경제정책연구원	www.kiep.go.kr
중소기업연구원	www.kosbi.re.kr
선대인 경제연구소	www.sdinomics.com
김광수 경제연구소	www.kseri.co.kr

그림 18 삼성경제연구소『중국경제의 새로운 패러다임, 리코노믹스』

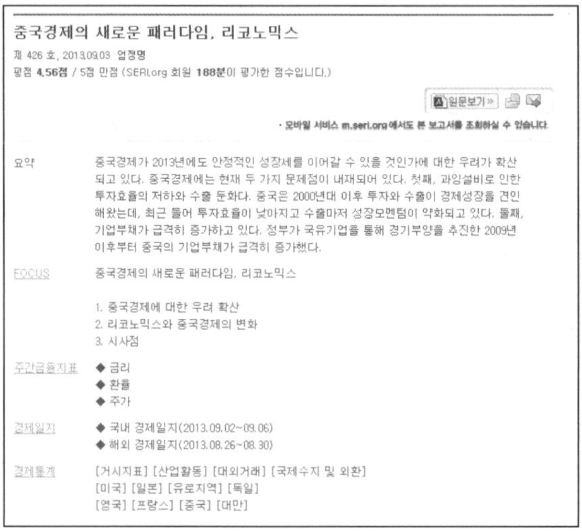

중국경제의 새로운 패러다임, 리코노믹스

제 426 호, 2013.09.03 엄정명

평점 **4.56점** / 5점 만점 (SERI.org 회원 **188분**이 평가한 점수입니다.)

원문보기»

· 모바일 서비스 m.seri.org에서도 본 보고서를 조회하실 수 있습니다

요약 중국경제가 2013년에도 안정적인 성장세를 이어갈 수 있을 것인가에 대한 우려가 확산되고 있다. 중국경제에는 현재 두 가지 문제점이 내재되어 있다. 첫째, 과잉설비로 인한 투자효율의 저하와 수출 둔화다. 중국은 2000년대 이후 투자와 수출이 경제성장을 견인해왔는데, 최근 들어 투자효율이 낮아지고 수출마저 성장모멘텀이 약화되고 있다. 둘째, 기업부채가 급격히 증가하고 있다. 정부가 국유기업을 통해 경기부양을 추진한 2009년 이후부터 중국의 기업부채가 급격히 증가했다.

FOCUS 중국경제의 새로운 패러다임, 리코노믹스

1. 중국경제에 대한 우려 확산
2. 리코노믹스와 중국경제의 변화
3. 시사점

주간금융지표
◆ 금리
◆ 환율
◆ 주가

경제일지
◆ 국내 경제일지(2013.09.02~09.06)
◆ 해외 경제일지(2013.08.26~08.30)

경제통계
[거시지표] [산업활동] [대외거래] [국제수지 및 외환]
[미국] [일본] [유로지역] [독일]
[영국] [프랑스] [중국] [대만]

(6) 국가정보 해외 전문사이트

1) EIU(www.eiu.com)

국가정보 관련 해외 사이트를 살펴보면 EIU는 150여개 국가들을 대상으로 정치, 경제, 위험도, 규정, 주요산업, 환경 및 비즈니스 관련 정보를 인터넷을 통해 제공하고 있으며 이와 별도로 매달 Country Report를 업데이팅하여 인터넷(www.eiu.com)으로 유료 제공하고 있다. Country Report 수록내용은 [그림 23]과 같이 월별로 정치, 사회뿐 아니라 주요산업 이슈, 거시경제분석 및 전망 그리고 주요 경제

통계 등을 포함하고 있다. 한편 EIU는 약 60개 국가에 대한 Country Commerce를 통해 비즈니스(무역 및 투자)환경 정보도 연 단위로 업데이트하여 서비스하고 있다. 내용은 html과 pdf형태로 이용 가능하며 출력할 수도 있다. 또한 한국어로 언어 선택을 할 수 있으나 번역이 매우 어색한 편이다. 정보검색 방법은 EIU 메인 화면에서 국가명으로 검색하여 국가별 페이지로 이동한다. 최신 업데이트 정보를 포함한 보고서 형태로의 출력은 [Report]탭에서 가능하다.

그림 19 EIU 메인 화면

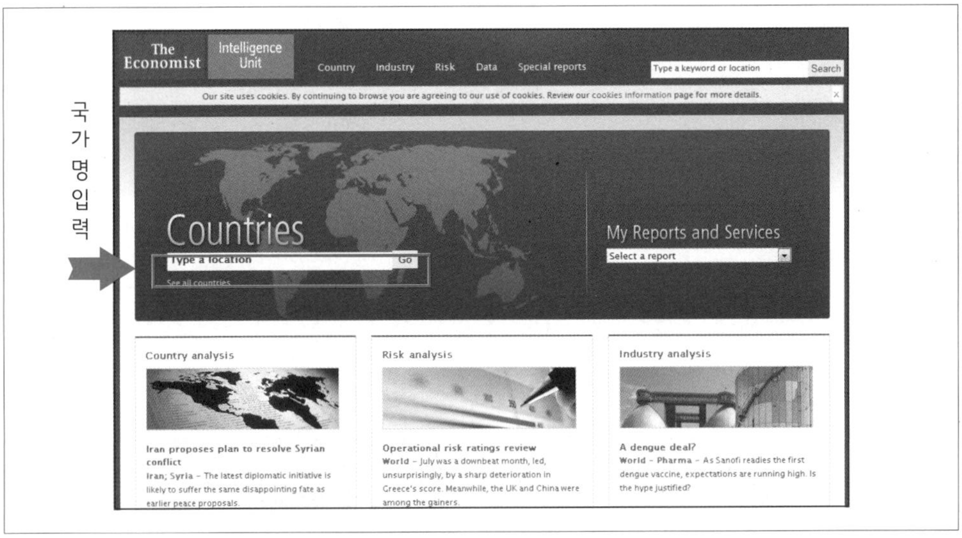

그림 20 EIU 메인 화면

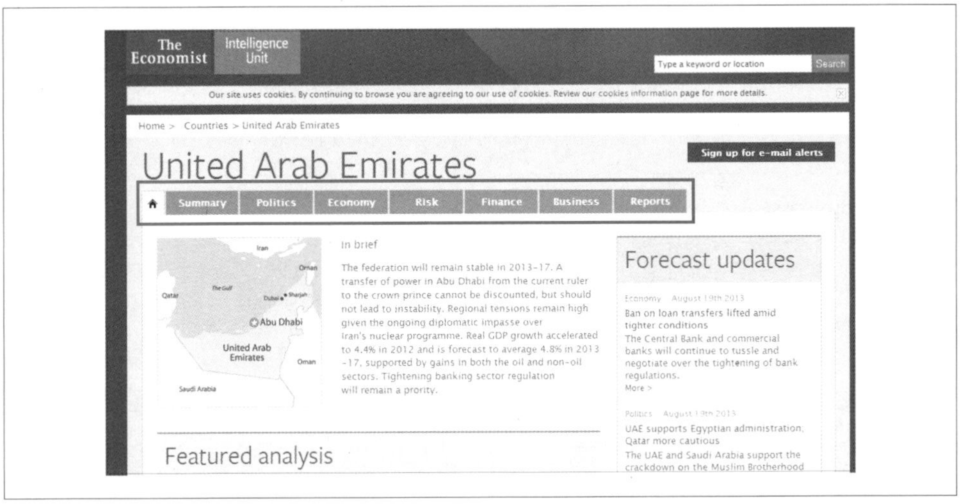

국가별 페이지 화면에는 요약, 정치, 경제, 위험도, 재정, 비즈니스로 구분된 하부메뉴가 있으며 각 하부메뉴별 수록내용은 [표 8]과 같다. 「Reports」에서는 최근에 업데이팅된 Country Report와 Country Commerce를 출력할 수 있다.

표 8 EIU Country Report 인터넷 수록내용

대분류	소분류
Summary	Highlights Basic data Face sheet Political Structure Political forces at a glance
Politics	Forecast updates Analysis Forecast
Economy	Forecast updates Analysis Forecast Long-term outlook Charts and tables
Risk	Credit risk Charts and tables
Regulation	Regulation/market assessment Regulation/market watch Global position Organizing an investment Human Resources National incentives Corporate taxes Competition Policy Exchange controls Trade policy Intellectual Property and e-commerce Key Contact
Business	Market opportunities Business environment
Industry	Automotive Consumer goods Energy Financial services Healthcare Telecommunications
Report	Report

그림 21 EIU 국가별 페이지 화면(EIU 예)

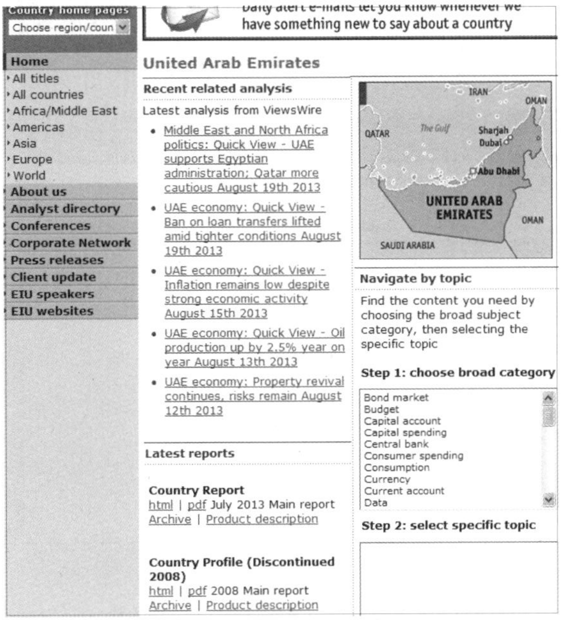

■ 보고서 형태의 Country Report

그림 22 Country Report & Country Commerce 메인 화면

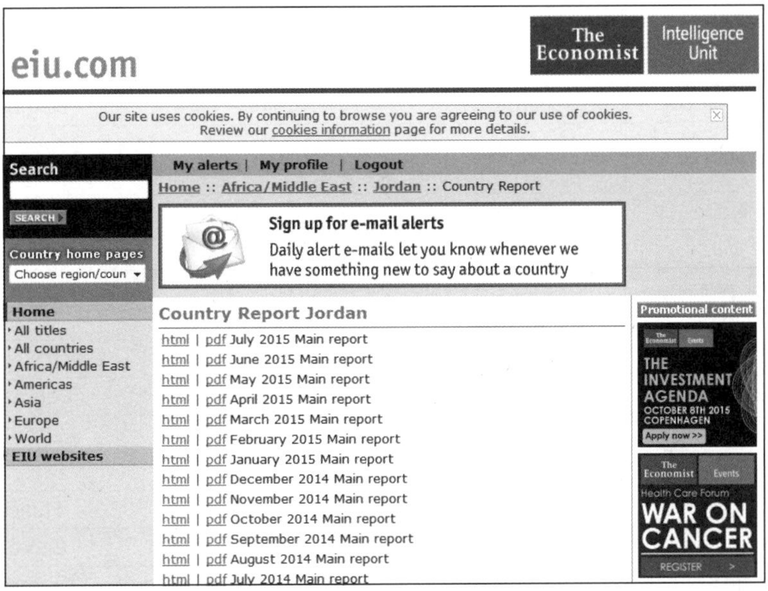

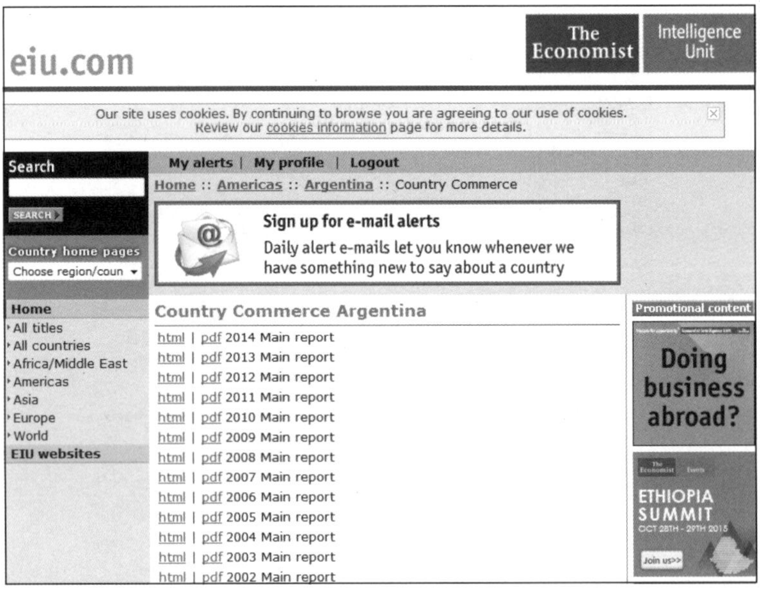

표 9 EIU Country Report 수록국가

아프리카/중동	미주	아시아주	유럽
Algeria	Argentina	Afghanistan	Albania
Angola	Aruba	Australia	Armenia
Bahrain	Bahamas	Bangladesh	Austria
Benin	Barbados	Brunei	Azerbaijan
Botswana	Belize	Cambodia	Belarus
Burkina Faso	Bermuda	China	Belgium
Burundi	Bolivia	Fiji	Bosnia and Hercegovina
Cameroon	Canada	Hong Kong	Bulgaria
Cape Verde	Cayman Islands	India	Croatia
Central African Republic	Chile	Japan	Cyprus
Chard	Colombia	Laos	Czech Republic
Congo	Costa Rica	Macau	Denmark
Core d'lvoire	Cuba	Malaysia	Estonia
Djibouti	Dominica Republic	Mongolia	Finland
Egypt	Ecuador	Myanmar	France
Equatorial Guinea	El Salvador	Nepal	Georgia
Eritrea	Guatemala	New Caledonia	Germany
Ethiopia	Guyana	New Zealand	Greece

Gabon	Haiti	North Korea	Hungary
Gambia	Honduras	Pakistan	Iceland
Ghana	Jamaica	Papua New Guinea	Ireland
Guinea	Mexico	Philippines	Italy
Guinea-Bissau	Panama	Samoa	Kazakhstan
Iran	Paraguay	Singapore	Kyrgyz Republic
Iraq	Peru	Solomon Islands	Latvia
Israel	Puerto Rico	South Korea	Lithuania
Jordan	Sint Maarten	Sri Lanka	Macedonia
Kenya	Suriname	Taiwan	Malta
Kuwait	Trinidad and Tobago	Thailand	Moldova
Lebanon	Turks and Caicos Islands	Timor-Leste	Montenegro
Lesotho	Uruguay	Tonga	Netherlands
Liberia	USA	Vanuatu	Norway
Madagascar	Venezuela	Vietnam	Poland
Malawi	Virgin Islands		Portugal
Mali			Romania
Mauritania			Russia
Mauritius			Serbia
Morocco			Slovakia
Mozambique			Slovenia
Namibia			Spain
Niger			Sweden
Nigeria			Switzerland
Oman			Tajikistan
Palestinian Territories			Turkey
Qatar			Turkmenistan
Rwanda			UK
Sao Tome and Principe			Ukraine
Saudi Arabia			Uzbekistan
Senegal			
Seychelles			
Sierra Leone			
Somalia			
Swaziland			
Syria			
Tanzania			

Togo			
Tunisia			
Uganda			
UAE			
Yemen			
Zambia			
Zimbabwe			

그림 23 EIU Country Report(월간리포트) 표지 및 목차

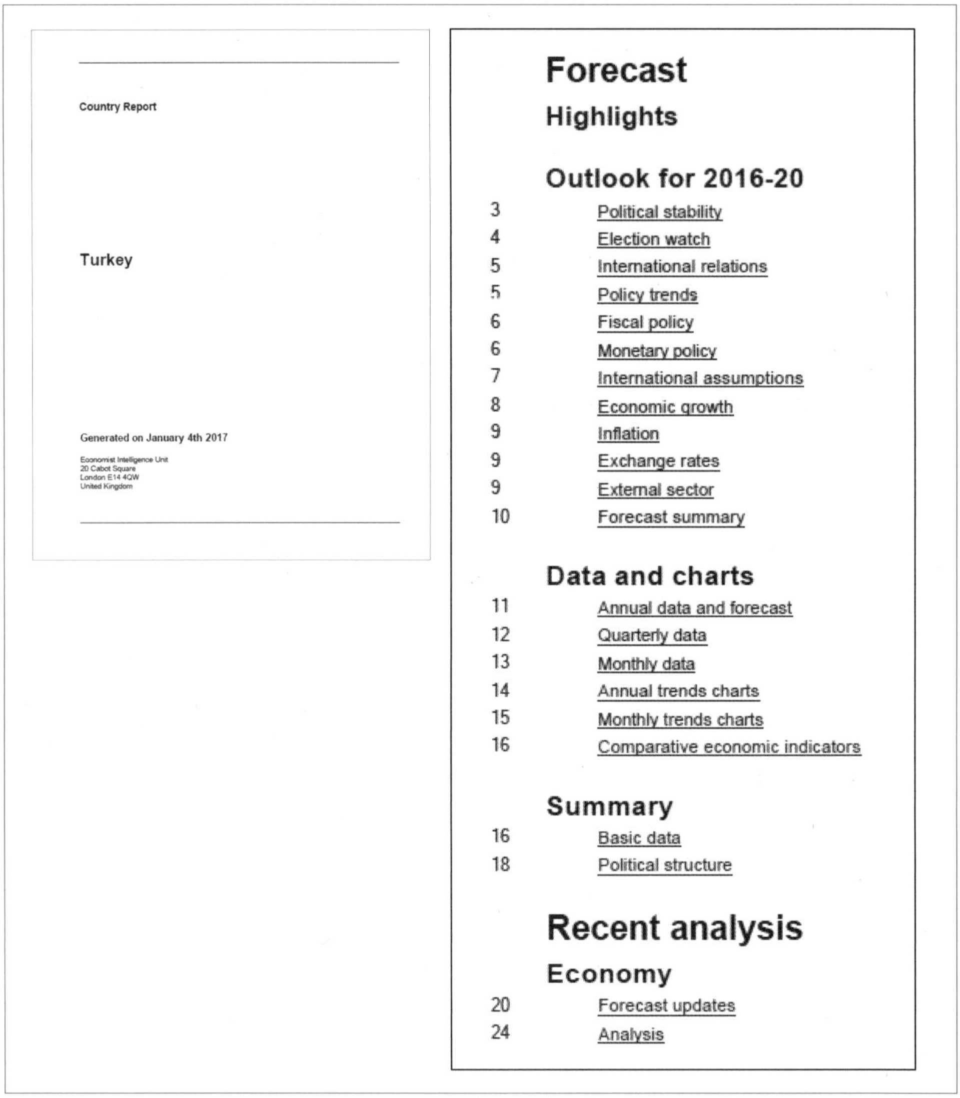

Country Report

Turkey

Generated on January 4th 2017

Economist Intelligence Unit
20 Cabot Square
London E14 4QW
United Kingdom

Forecast

Highlights

Outlook for 2016-20

3 Political stability
4 Election watch
5 International relations
5 Policy trends
6 Fiscal policy
6 Monetary policy
7 International assumptions
8 Economic growth
9 Inflation
9 Exchange rates
9 External sector
10 Forecast summary

Data and charts

11 Annual data and forecast
12 Quarterly data
13 Monthly data
14 Annual trends charts
15 Monthly trends charts
16 Comparative economic indicators

Summary

16 Basic data
18 Political structure

Recent analysis

Economy

20 Forecast updates
24 Analysis

그림 24 Country Report의 국가 전망 요약

Highlights

Editor: **Bjorn Dahlin van Wees**

Forecast Closing Date: **October 6, 2015**

Outlook for 2015-19

- We expect the president, Abdelaziz Bouteflika, and his allies to remain in power throughout the forecast period. However, doubts over Mr Bouteflika's health and capacity to serve out another term will weigh on political stability.
- The underlying threat to security from militant Islamism will persist during the forecast period, but we do not expect it to threaten the regime's hold on power.
- The government will seek to diversify the economy away from oil and gas and into other heavy industries, but will have limited success. The private sector will stay relatively small because of a difficult business climate.
- An ambitious public investment programme, coupled with a drop in oil prices, will cause the fiscal deficit to widen sharply in 2015. The deficit will then narrow as oil prices recover and the authorities rein in capital spending.
- The economy will grow by 2.7% a year on average in real terms in 2015-19 as low oil prices weigh on public investment execution. Rising gas production and high public-sector wages will be the main drivers of growth.
- The current-account deficit will widen from 4.4% of GDP in 2014 to 14.1% of GDP in 2015 as oil prices fall. Growing gas production and recovering oil prices will cause the deficit to narrow to 6.3% of GDP in 2019.

Review

- Mr Bouteflika has replaced Mohamed Mediène, the long-standing head of the security services, the Département du renseignement et de la sécurité, and widely considered one of the most powerful men in the country.
- The removal of Mr Mediène was the culmination of the president's efforts to limit the security forces' influence on politics. At least two senior ex-members of the security services have been detained in recent weeks.
- Madani Mezrag, an ex-leader of the military arm of the Front islamique du salut, Algeria's militant Islamist opposition, has declared his intention to form an Islamist political party but is unlikely to get the authorities' approval.
- Reserves in the government's oil savings fund, the Fonds de régulation des recettes (FRR), dropped by one-third in the year to end-June according to the central bank, Banque d'Algérie.
- Falling oil prices caused government revenue to drop by one-third year-on-year in the first half of 2015. Spending rose by 8% over the same period, forcing the government to use FRR savings to fund the large shortfall.
- Algeria has pledged to cut energy consumption by 9%, generate 27% of its power from renewable sources and reduce greenhouse gas emissions by 7% compared with business-as-usual levels by 2030.

그림 25 Country Report의 주요 통계 및 도표

Forecast summary

Forecast summary
(% unless otherwise indicated)

	2014[a]	2015[b]	2016[b]	2017[b]	2018[b]	2019[b]
Real GDP growth	4.1	2.7	1.8	2.6	3.0	3.3
Crude oil ('000 b/d)	1,119	1,118	1,110	1,090	1,020	970
Natural gas production (bn cu metres)	83	85	86	89	92	97
Hydrocarbon exports (US$ bn)	58.4	35.0	37.9	42.4	47.1	51.2
Unemployment rate (av)	10.6	11.0	11.3	11.4	11.2	11.0
Consumer price inflation (av)	2.9	5.1	4.9	5.2	5.5	5.3
Consumer price inflation (end-period)	5.3	4.9	5.2	5.3	5.6	5.1
Government balance (% of GDP)	-7.3	-11.4	-7.6	-6.0	-4.2	-3.8
Exports of goods fob (US$ bn)	60.0	36.3	39.5	44.4	49.6	53.9
Imports of goods fob (US$ bn)	59.7	52.7	49.2	52.4	56.4	61.2
Current-account balance (US$ bn)	-9.4	-24.2	-14.7	-13.2	-12.4	-13.0
Current-account balance (% of GDP)	-4.4	-14.1	-8.4	-7.2	-6.4	-6.3
External debt (end-period; US$ bn)	4.8[c]	4.3	4.2	4.6	5.1	5.5
Exchange rate AD:US$ (av)	80.58	100.59	107.39	110.93	112.51	115.82
Exchange rate AD:US$ (end-period)	87.90	106.99	109.96	111.92	113.87	117.18
Exchange rate AD:¥100 (av)	76.12	82.50	85.92	89.46	92.22	96.52
Exchange rate AD:€ (av)	107.08	104.81	106.59	118.42	129.67	138.55

[a] Actual. [b] Economist Intelligence Unit forecasts. [c] Economist Intelligence Unit estimates.

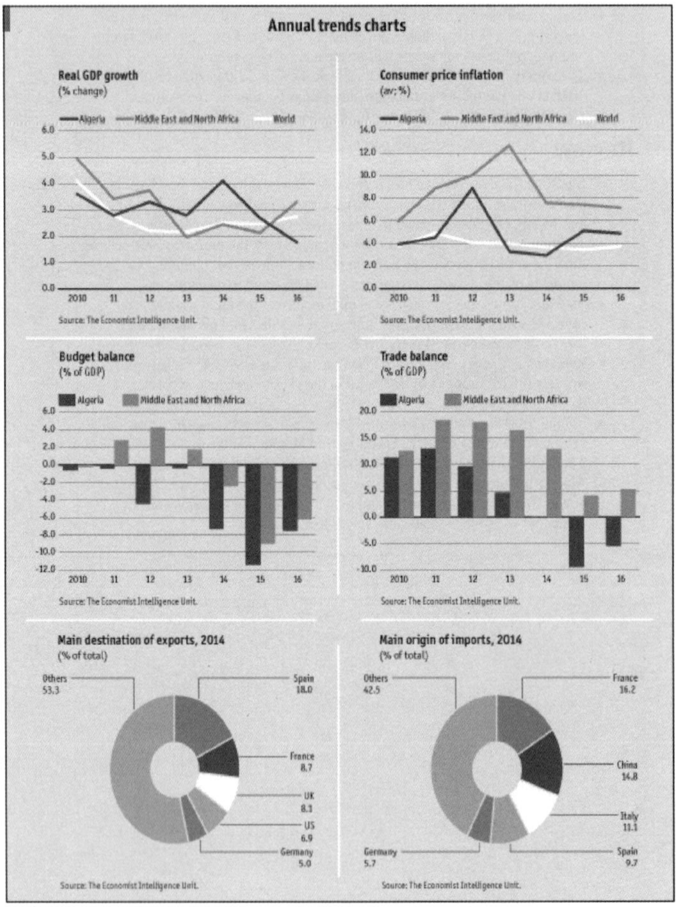

그림 26 Country Report의 주요 경제 지표

Algeria 10

Data and charts

Annual data and forecast

	2010[a]	2011[a]	2012[a]	2013[a]	2014[a]	2015[b]	2016[b]
GDP							
Nominal GDP (US$ bn)	161.2	200.0	209.0	209.7	213.5	171.7	174.9
Nominal GDP (AD bn)	11,992	14,589	16,209	16,644	17,205	17,273	18,788
Real GDP growth (%)	3.6	2.8	3.3	2.8	4.1	2.7	1.8
Expenditure on GDP (% real change)							
Private consumption	5.6[c]	6.0[c]	5.0[c]	5.0[c]	4.4[c]	2.4	1.8
Government consumption	5.8[c]	9.8[c]	2.8[c]	0.8[c]	1.1[c]	0.9	-0.4
Gross fixed investment	7.0[c]	2.9[c]	7.2[c]	8.6[c]	6.4[c]	2.7	1.9
Exports of goods & services	0.0[c]	-2.7[c]	-3.8[c]	-5.7[c]	0.2[c]	0.3	0.9
Imports of goods & services	4.5[c]	-4.6[c]	13.9[c]	10.0[c]	8.4[c]	2.2	-5.8
Origin of GDP (% real change)							
Agriculture	4.9	10.3	7.2[c]	8.8[c]	-1.8[c]	5.4	2.0
Industry	3.6	2.6	3.3	2.3	3.1[c]	0.4	1.1
Services	3.1	-0.2	1.7[c]	-0.5[c]	8.1[c]	4.6	2.3
Population and income							
Population (m)	36.0	36.7	37.5	38.3	39.1	40.0	40.8
GDP per head (US$ at PPP)	12,603	13,033	13,657	13,606	14,067[c]	14,121	14,319
Recorded unemployment (av; %)	10.0	10.0	11.0	9.8	10.6	11.0	11.3
Fiscal indicators (% of GDP)							
Public-sector balance	-0.6	-0.4	-4.4	-0.4	-7.3	-11.4	-7.6
Public-sector debt interest payments	0.3	0.3	0.3	0.3	0.2	0.2	0.3
Public debt	9.2	8.3	8.1	7.0	7.2	9.3	10.8
Prices and financial indicators							
Exchange rate AD:US$ (av)	74.39	72.94	77.54	79.37	80.58	100.59	107.39
Exchange rate AD:€ (av)	98.70	101.51	99.68	105.41	107.08	113.66	113.84
Consumer prices (av; %)	3.9	4.5	8.9	3.3	2.9	5.1	4.9
Stock of money M1 (% change)	14.6	24.1	7.6	7.4	16.1	0.4	5.1
Stock of money M2 (% change)	13.5	19.9	10.9	8.4	14.4	3.0	6.2
Lending interest rate (end-period; %)	8.0	8.0	8.0	8.0	8.0	8.0	8.0
Current account (US$ m)							
Trade balance	18,205	25,961	20,167	9,727	326	-16,355	-9,684
Goods: exports fob	57,090	72,888	71,736	64,714	59,996	36,295	39,490
Goods: imports fob	-38,885	-46,927	-51,569	-54,987	-59,670	-52,651	-49,174
Services balance	-8,340	-8,805	-7,006	-6,999	-8,159	-6,757	-5,636
Primary income balance	-366	-2,039	-3,906	-4,521	-4,883	-3,812	-2,409
Secondary income balance	2,650	2,649	3,163	2,792	3,282	2,759	2,985
Current-account balance	12,149	17,766	12,418	999	-9,434	-24,166	-14,743
External debt (US$ m)							
Debt stock	7,246	6,045	5,495	5,231	4,839[c]	4,335	4,241
Debt service paid	676	639	865	532	487[c]	413	396
Principal repayments	557	536	742	459	411[c]	340	333
Interest	119	104	123	73	76[c]	73	63
Debt service due	676	639	865	532	487[c]	413	396
International reserves (US$ m)							
Total international reserves	162,915	183,122	191,597	195,013	179,901	155,658	141,988

[a] Actual. [b] Economist Intelligence Unit forecasts. [c] Economist Intelligence Unit estimates.

Sources: IMF, International Financial Statistics; Banque d'Algérie.

■ 보고서 형태의 Country Commerce

표 10 EIU Country Commerce 수록국가

아르헨티나	호주	벨기에	브라질	캐나다
칠레	중국	콜롬비아	코스타리카	체코
에콰도르	이집트	엘살바도르	프랑스	독일
그리스	과테말라	온두라스	홍콩	헝가리
인도	인도네시아	이라크	아일랜드	이스라엘
이탈리아	일본	케냐	말레이시아	멕시코
네덜란드	뉴질랜드	니카라과	나이지리아	노르웨이
파키스탄	파나마	페루	필리핀	폴란드
러시아	사우디아라비아	싱가포르	남아공	한국
스페인	스웨덴	스위스	타이완	태국
터키	영국	UAE	미국	우루과이
베네수엘라	베트남			

그림 27 EIU Country Commerce(연간리포트) 표지 및 목차

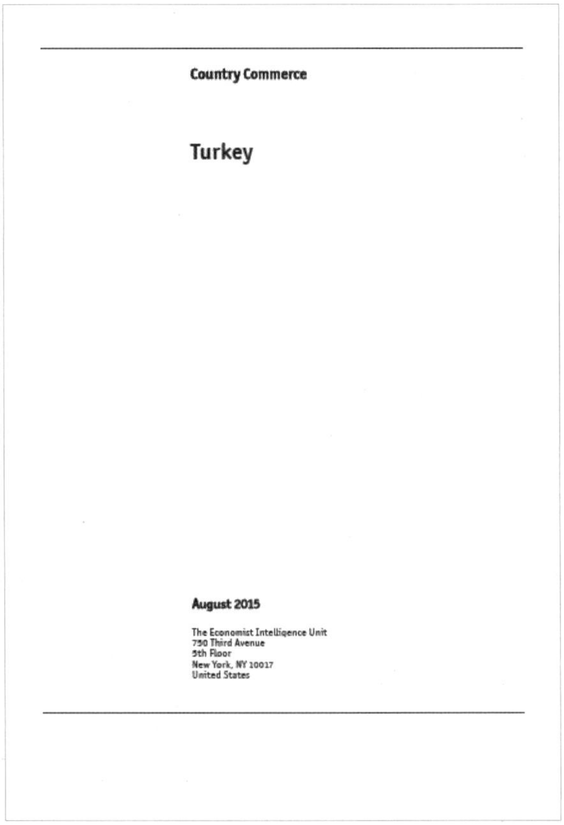
Country Commerce

Turkey

August 2015

The Economist Intelligence Unit
750 Third Avenue
5th Floor
New York, NY 10017
United States

Turkey 1

Contents

Charts

Country Commerce 2015 www.eiu.com

표 11 EIU Country Commerce(연간) 수록내용

수록내용	수록내용
1. 규정 및 시장평가 2. 규징 및 유의사항 3. 세계경제에서 해당국의 지위 4. 정치 및 사업 배경 - 정치상황 - 시장상황 - 통화 - 경제에서 국가역할 - 외국인 투자 - 국제협약 5. 투자실행 - 기초투자승인 - 기존기업합병 - 건물 및 관련허가 - 환경법 - 부동산 취득 - 법인설립 - 지사설립 6. 인적자원 - 개요 - 노동법 - 산업법 - 임금 및 복리후생 - 근로시간 - 파트타임 및 임시직 채용 - 고용해지 - 외국인 고용 7. 국가 인센티브 - 일반 인센티브 - 산업/특별 인센티브 - 지방 인센티브 - 수출 인센티브 및 지역 8. 법인세 - 개요 - 법인세율 - 과세소득 - 감가상각비 - 자본세 - 이익금 처리 - 투자 및 배당세 - 로얄티 및 수수료에 대한 과세 - 이중과세방지	- 내부거래 - 매출, 판매 및 소비세 - 기타 세금 9. 개인세 - 개요 - 소득세 과세결정 - 개인세율 - 자본세 10. 경쟁정책 - 개요 - 독점 및 시장지배 - 합병 - 매각자유도 - 가격통제 11. 외환관리 - 개요 - 자본본국송금 - 과실송금 - 차입금 유입 및 상환 - 로얄티 및 수수료 송금 - 교역관련 지급 제약 12. 교역정책 - 개요 - 관세 및 수입세 - 수입제한 - 수출세 - 자유항 및 지역 - 수출제한 - 수출보험 및 신용 13. 지적재산권 및 e-commerce - 지적재산권 개요 - 지적재산권 보호 - 재산권 등록 - 라이센스 교섭 - 행정 제약 - e-commerce 형태 - e-commerce 성장 - 전자정부 트랜드 - 소비자 보호 - 계약법 및 분쟁 해결 14. 주요 관련 기관

그림 28 EIU Country Commerce 내용 실물

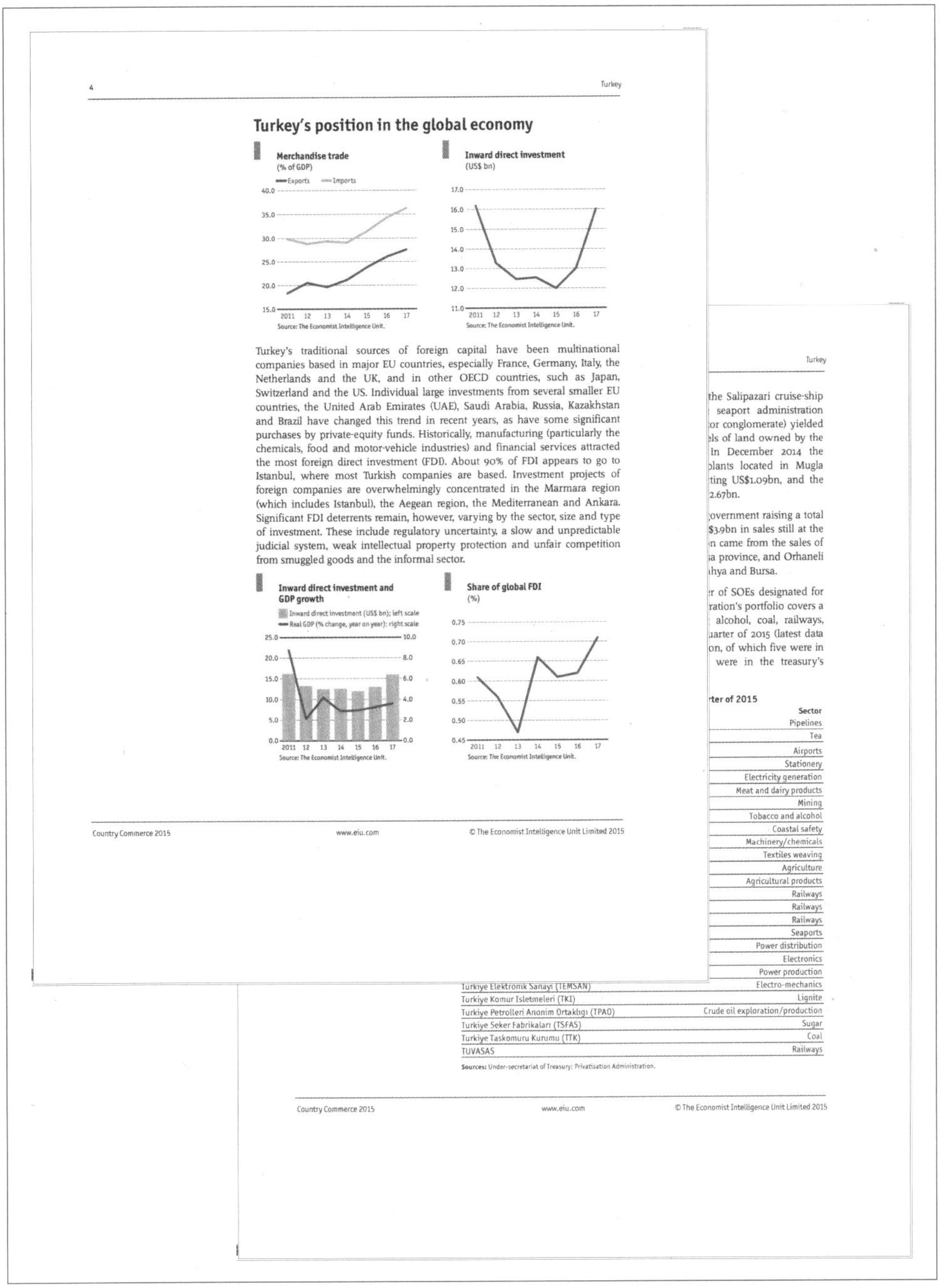

4 Turkey

Turkey's position in the global economy

Merchandise trade (% of GDP) — Exports, Imports. Source: The Economist Intelligence Unit.

Inward direct investment (US$ bn). Source: The Economist Intelligence Unit.

Turkey's traditional sources of foreign capital have been multinational companies based in major EU countries, especially France, Germany, Italy, the Netherlands and the UK, and in other OECD countries, such as Japan, Switzerland and the US. Individual large investments from several smaller EU countries, the United Arab Emirates (UAE), Saudi Arabia, Russia, Kazakhstan and Brazil have changed this trend in recent years, as have some significant purchases by private-equity funds. Historically, manufacturing (particularly the chemicals, food and motor-vehicle industries) and financial services attracted the most foreign direct investment (FDI). About 90% of FDI appears to go to Istanbul, where most Turkish companies are based. Investment projects of foreign companies are overwhelmingly concentrated in the Marmara region (which includes Istanbul), the Aegean region, the Mediterranean and Ankara. Significant FDI deterrents remain, however, varying by the sector, size and type of investment. These include regulatory uncertainty, a slow and unpredictable judicial system, weak intellectual property protection and unfair competition from smuggled goods and the informal sector.

Inward direct investment and GDP growth — Inward direct investment (US$ bn); left scale; Real GDP (% change, year on year); right scale. Source: The Economist Intelligence Unit.

Share of global FDI (%). Source: The Economist Intelligence Unit.

Country Commerce 2015 www.eiu.com © The Economist Intelligence Unit Limited 2015

Turkey

the Salipazari cruise-ship
seaport administration
or conglomerate) yielded
els of land owned by the
In December 2014 the
plants located in Mugla
ting US$1.09bn, and the
2.67bn.

overnment raising a total
$3.9bn in sales still at the
n came from the sales of
a province, and Orhaneli
hya and Bursa.

r of SOEs designated for
ration's portfolio covers a
alcohol, coal, railways,
uarter of 2015 (latest data
on, of which five were in
were in the treasury's

ter of 2015

	Sector
	Pipelines
	Tea
	Airports
	Stationery
	Electricity generation
	Meat and dairy products
	Mining
	Tobacco and alcohol
	Coastal safety
	Machinery/chemicals
	Textiles weaving
	Agriculture
	Agricultural products
	Railways
	Railways
	Railways
	Seaports
	Power distribution
	Electronics
	Power production
Turkiye Elektronik Sanayi (TEMSAN)	Electro-mechanics
Turkiye Komur Isletmeleri (TKI)	Lignite
Turkiye Petrolleri Anonim Ortaklıgı (TPAO)	Crude oil exploration/production
Turkiye Seker Fabrikaları (TSFAS)	Sugar
Turkiye Taskomuru Kurumu (TTK)	Coal
TUVASAS	Railways

Sources: Under-secretariat of Treasury; Privatisation Administration.

Country Commerce 2015 www.eiu.com © The Economist Intelligence Unit Limited 2015

2) IHS Advanced Country Analysis & Forecast (http://connect.ihs.com/home)

IHS 자료에는 206개국 국별 경제지표, 리스크 정보 및 경제전망 등 국가정보가 수록되어 있으며 각종 데이터의 그래프, 차트 등을 간편하게 만들 수 있다. 특히 이 사이트의 가장 큰 특징은 각국별로 자세한 리스크 정보가 수록되어 있다는 점이다.

■ Country Report

그림 29 IHS Geography 화면

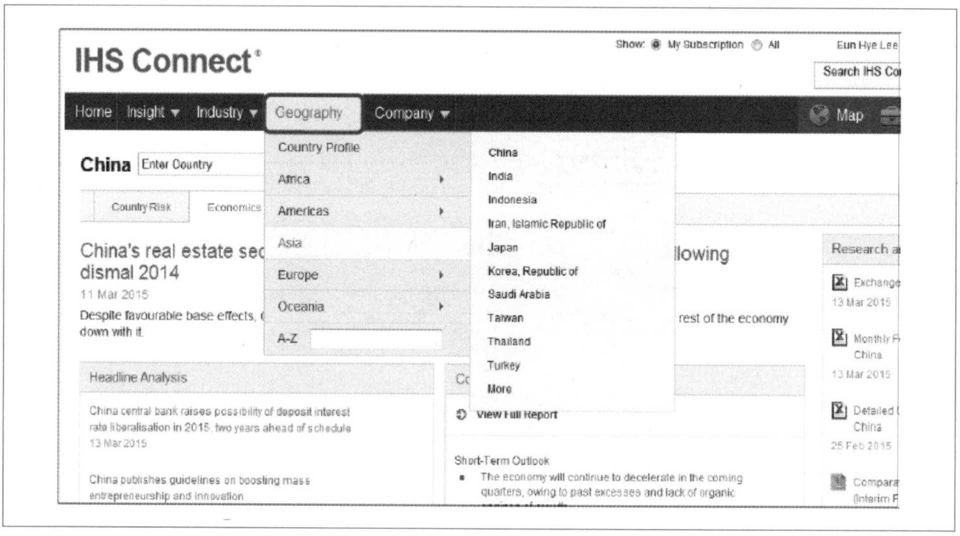

IHS 홈페이지로 들어가 로그인한 후 『Geography』를 클릭하면 특정 국가를 선정할 수 있다. 원하는 국가를 선정하여 클릭하면 각국별 Country Risk, Economics, Energy로 세분하여 관련 기사, 보고서, 통계 데이터 등을 검색할 수 있다. 해당 화면상에서 [Country Report>View Full Report]를 클릭하면 Country Report 전체 및 요약본을 다운로드할 수 있으며 이 보고서는 매분기, 요약본은 매월 업데이팅되고 있다.

그림 30 Country Report 화면

Report에 수록되어 있는 도표 상단의 버튼 [Browse the Data]를 클릭하여 전체 데이터를 확인할 수 있으며, 해당 Data Browser 페이지로 이동하여 Excel, Power Point로도 도표를 다운로드 받을 수 있다.

그림 31 Country Report 도표 화면

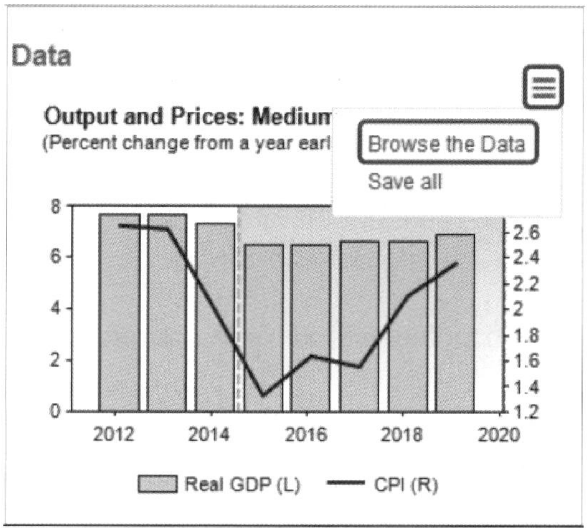

IHS가 제공하는 Country Report의 주요 수록내용은 [표 12]와 같다.

표 12 IHS 국가정보 수록내용		
Executive summary Country outlook Political Government stability Policy direction and predictability Opposition prospects and programme Economic Short-term outlook Medium- and long-term outlook Growth GDP Consumer demand Labor markets Inflation Exchange rates Policy Monetary policy Fiscal policy External sector Key indicators and forecasts Business environment Legal Tax Operational	Security War risks Terrorism risks Social stability and unrest risks Risks to individuals Country context Key facts and demographics Political system and players Parties and key figures Civil society State institutions External relations Bilateral Multilateral External trade Economic development Labor markets Monetary system Financial system Natural resources Key sectors Business environment Business regulation Dispute resolution Company law and corporate	governance Bankruptcy Competition Employment Environmental Intellectual property Financial crime Land Foreign exchange and profit repatriation Investment protection Privatisation Procurement Major international agreements Taxes Corporate Individual Indirect Infrastructure Security Crime Trafficking Weapons proliferation and procurement Global Risk Service

■ 지역별 경제 분석 및 전망 보고서(Review and Outlook)

그림 32 IHS의 Research and Data Center 접속 경로

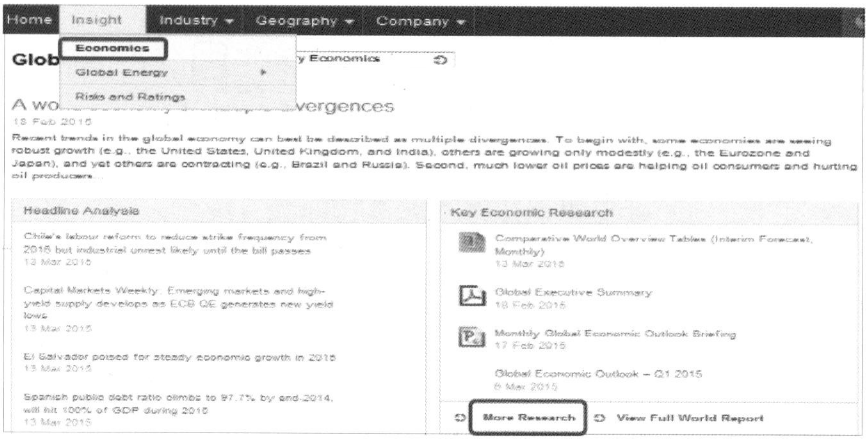

또한 [Insight > Economist] 접속 후 [Key Economic Research > More Research]를 클릭하면 「Research and Data Center」 페이지로 이동하며 매분기/매월 발행되는 지역별 경제 분석과 전망 보고서를 볼 수 있으며 「Archive」에서 과거자료 조회도

가능하다.

■ Country Risk

[Insight > Risk and Ratings]를 접속하면 Political, Economic, Legal, Tax, Operational, Security 등 6개 항목에 따른 Country Risk 정보를 검색할 수 있다. IHS는 국가 전반에 걸친 위험도, 분야별 위험도 및 세부분야별 위험도를 0에서 10 사이로(수치가 클수록 위험도가 높음) 각각 평가하여 발표하고 있는데 평가 세부분야는 [표 13]과 같다.

표 13 IHS 국가위험도 세부분야

분야	세부분야
전반	
정치	정부안정성, 정책안정성, 국가실패
경제	불황, 인플레이션, 통화절하, 자본이동, 지불불능, 저개발
법률	몰수, 국가계약변경, 계약이행
조세	중세, 조세비일관성
운영	부패, 규제부담, 인프라 붕괴, 파업
치안	항의 및 폭동, 테러, 주(州)에 국한된 내란, 내란

그림 33 Country Risk 화면

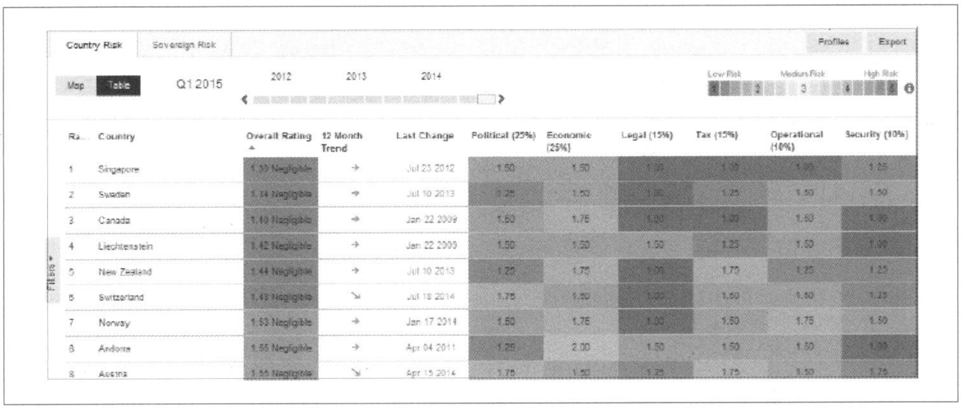

그림 34 IHS 알제리 분야별 평점(2016)

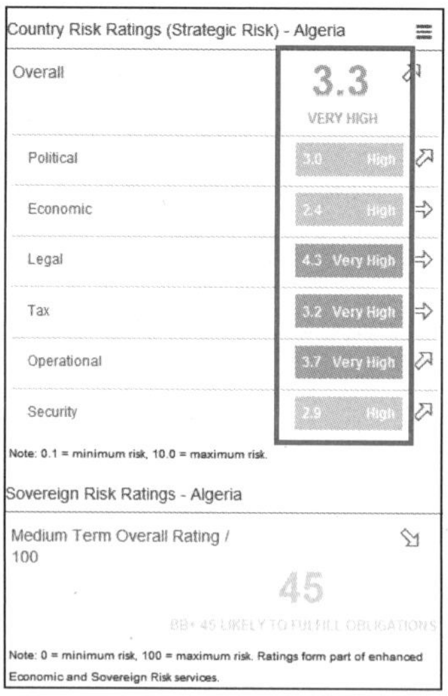

3) STAT-USA(www.export.gov)

미국 상무성 산하 국가통상정보관리 기구인 STAT－USA는 미국 기업들의 수출을 지원하기 위해 전 세계 125개국의 주요 산업과 제품 시장, 비즈니스 환경(Market Research, Doing Business) 등에 대한 최신 정보를 제공하고 있어 이 사이트를 방문하면 신뢰할 수 있는 유용한 정보들을 얻을 수 있다. 아울러 각종 산업분석보고서를 국가별, 산업별로 구분하여 검색할 수 있다. 메인화면 상단 [Market Intelligence > Find Market Intelligence]를 접속하여 125개국 중 조사 희망국을 선정하면 「Country Commercial Guides」를 검색할 수 있다. 수록 세부항목은 해당국가에서의 Doing Business, Political and Economic Environment, Selling US Products & Services, Leading Sectors for US Exports & Investments, Trade Regulations/Customs & Standards, Trade & Project Financing, Business Travel 등인데 미국 수출기업들을 위해 작성된 자료들이므로 우리 기업들에게 참고할 만한 항목만 선별하여 검색토록 한다. 비교적 정확하고 상세한 정보로 업데이팅이 되어 있으며 무료로 이용할 수 있는 영문사이트이다.

그림 35 STAT-USA 사이트에서 소개된 한국 시장진출 전략

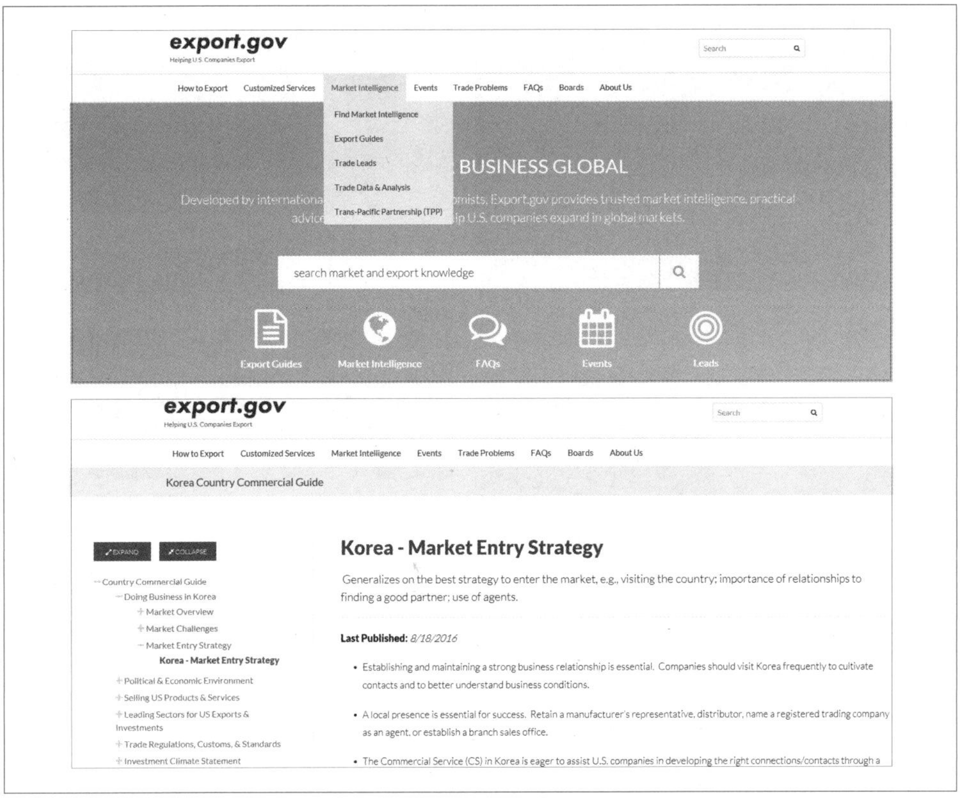

그 외에도 Proquest ABI Inform, EINNEWS, UNCTAD, OECD, WTO, IMF 및 World Bank 등을 통해 국가정보 및 각종 경제 및 무역, 투자통계를 얻을 수 있다.

표 14 국가정보를 제공하는 해외전문사이트

주요 기관	홈페이지
Proquest ABI Inform	www.proquest.com
EINNEWS	www.einnews.com
IMD(국가경쟁력보고서)	www.imd.org
UNCTAD	www.unctad.org
OECD	www.oecd.org
WTO	www.wto.org
IMF	www.imf.org
World Bank	www.worldbank.org
FITA	www.fita.org
Country Watch	www.countrywatch.com
Europage	www.europages.com

그림 36 국가정보를 검색할 수 있는 해외전문사이트

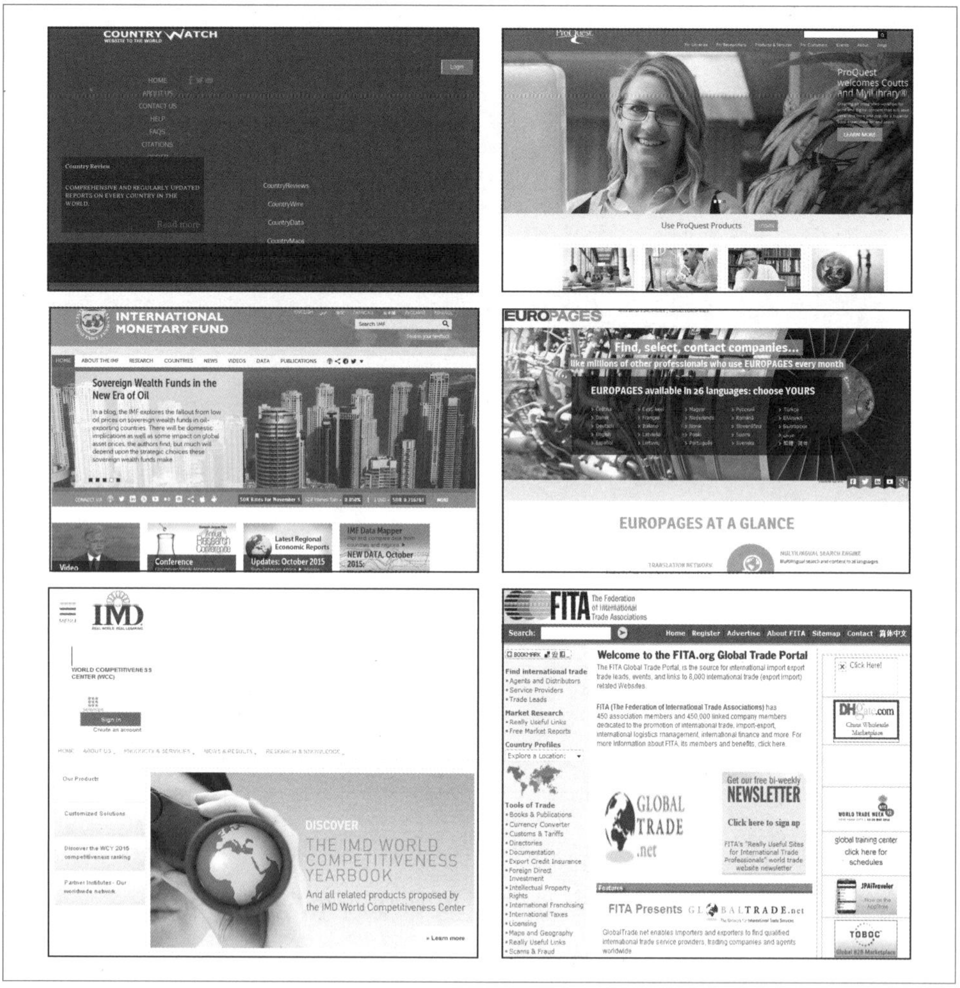

2 통상정보

국가 간 교역과 관련된 통상정책, 통관 및 수입규제, 기술 및 환경장벽과 각종 무역장벽을 다루는 정보이다. 특히 최근 우리나라가 많은 국가들과 FTA를 체결함으로써 FTA와 관련된 각종 정보 수요가 크게 늘어나고 있다. 통상정보는 Kotra, 무역협회, 각 사설연구단체 홈페이지를 방문하면 취득할 수 있다. 일부 중소수출기업들의 경우, 평소 통상정보에 대해 무관심하다가 나중에서야 변경된 상황을 알고 뒤늦게 대처하는 바람에 피해를 보는 사례가 자주 발생하고 있다. 통상정보는 시의성이 있는 만큼 기존 거래국가나 신규로 진출을 희망하는 국가와 관련된 이들 정보를 수시로 확인하도록 해야 한다.

표 15 통상정보 유형

	통상유형	세부유형
FTA · 통상정보	FTA · 통상정책	▪ FTA 등 지역협정 ▪ 무역 · 산업정책
	통관 · 수입규제	▪ 통관절차 ▪ 수입규제 ▪ 원산지규정 ▪ 세이프가드 ▪ 반덤핑/상계관세
	TBT[4]	▪ 기술장벽 ▪ 환경
	기타 무역장벽	▪ 서비스장벽 ▪ 투자장벽 ▪ 정부조달 ▪ 지식재산권 ▪ 반경쟁적관행 ▪ 전자상거래

(1) Kotra 해외시장뉴스 통상정보

『Kotra 해외시장뉴스 홈페이지>뉴스>통상규제』를 방문한다.

그림 37 Kotra 해외시장뉴스의 통상 · 규제

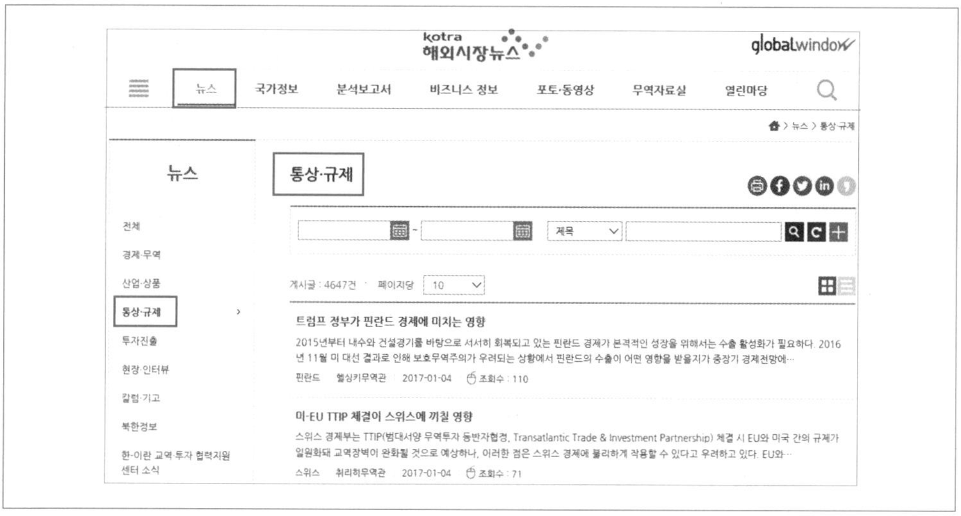

4 TBT : Technical Barriers to Trade－무역 상 기술장벽협정. 자유롭고 호혜적인 무역거래에 영향을 미치는 시험검사, 인증제도, 각종 규격 등을 새로 제정하거나 개정할 때 국제기준이나 관행을 따르도록 의무화하려는 취지로 UR협상에서 마련된 협정이며 선진 공업국들의 이익을 대변할 우려가 있다.

(2) 무역협회(www.kita.net) 통상정보

『무역협회 홈페이지 > 무역통상정보 > KITA 통상정보』를 방문한다.

표 16 무역협회 무역정보 분류

		세부유형
무역통상정보	KITA 통상정보	▪ KITA 통상리포트 ▪ 지역별 통상정보 - 미국 통상정보 - EU 통상정보 - 통상뉴스 - EU 블랙시트 동향 ▪ 수입규제 통합지원센터

그림 38 무역협회 『한미 통상정보』화면

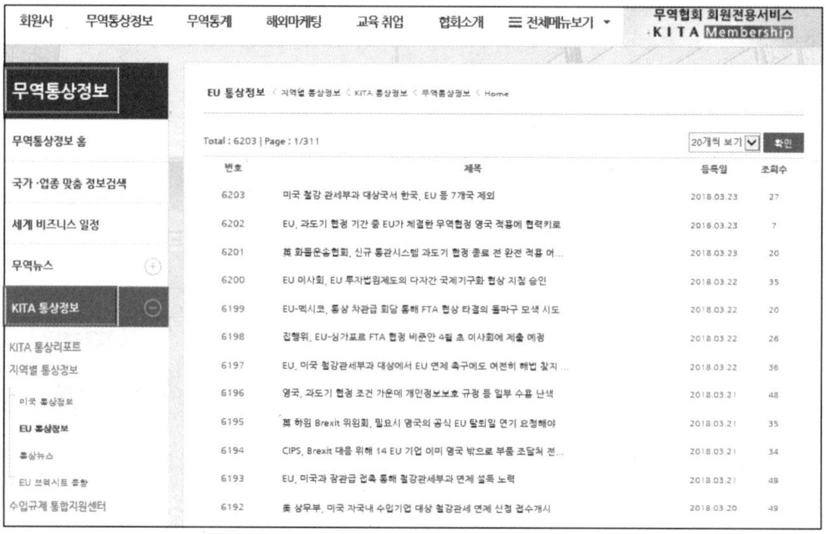

(3) 비관세장벽/수입규제 포털(www.ntb-portal.or.kr)

『비관세장벽/수입규제 포털 > 수입규제(비관세장벽)』으로 방문한다.

그림 39 비관세장벽/수입규제포털(www.ntb-portal.or.kr) 메인 화면

그림 40 「비관세장벽/수입규제포털」 주요 수록 내용

소개	비관세장벽	수입규제	분쟁광물규제
통상산업포럼 구성 및 운영 구성원 소개 **비관세장벽협의회** 구성 및 운영 구성원 소개 **수입규제 대응센터** 소개 및 주요업무 **분쟁광물규제 대응센터** 소개 및 주요업무 **공지사항** 공지사항	**비관세장벽 현황** 비관세장벽이란? 비관세장벽 해소사례 비관세장벽 신고센터 **비관세장벽 안내** 국가별 비관세장벽 현황 비관세장벽 관리카드 비관세장벽 DB **TBT 통보문** TBT 통보문 안내 TBT 통보문 **인증 정보** 인증 정보 안내 인증 정보 **환경규제** 환경규제 안내 환경규제 정보 **규격 정보** 규격 정보 안내 **자료실** 자료실	**수입규제 현황** 對韓 수입규제 월간동향 국가별 수입규제 현황 수입규제 DB 수입규제 관리카드 국가별 제소 연혁 **수입규제 대응 안내** 수입규제 대응 실무가이드 **자료실** 세계의 무역구제기관 WTO 수입규제 보고서	**분쟁광물규제 안내** 분쟁광물규제란? 美 SEC 시행령 EICC 템플릿 분쟁광물 free 인증 제련소 분쟁광물규제 대응 자가진단 분쟁광물규제 길라잡이 **분쟁광물규제 대응현황** 국내 대응현황 주요국 대응현황 자주하는 질문 **자료실** 자료실

그림 41 「비관세장벽/수입규제 포털」의 수입규제 관리카드

「비관세장벽」을 클릭하면 비관세장벽에 관한 자세한 설명이 나와 있으며 「수입규제」 하부항목 중 「국가별수입규제현황」은 반덤핑, 상계관세, 반덤핑/상계관세, 세이프가드로 구분하여 국가별 수입규제 현황을 설명하고 있다. 「수입규제DB」에는 국가별, 품목별, 연도별로 관련 정보를 검색할 수 있으며 「수입규제관리카드」를 클릭하면 규제국, HS 코드, 품목명, 규제내용 및 조사개시일 등을 파악할 수 있다.

3 경제 · 무역동향정보

(1) Kotra 경제 · 무역동향정보(http://news.kotra.or.kr)

Kotra 해외시장뉴스의 『해외시장뉴스>뉴스>경제 · 무역』을 방문하면 각국별 경제동향 관련 최신 정보를 입수할 수 있다. 이 항목에서는 해당국가의 경제 전망, 동향, 정책 관련 최신 정보를 제공한다. Kotra 해외시장뉴스에 수록되는 각국별 경제 · 무역동향 정보는 정기적으로 업데이팅되고 있는 국가정보에 수록된 경제동향정보보다는 더 심도 깊고 시의성이 있는 속보성 정보라 할 수 있다.

그림 42 Kotra 해외시장뉴스의 「경제 · 무역」

(2) 무역협회 경제 · 무역동향정보(www.kita.net)

『무역협회>무역정보>무역뉴스』를 방문하면 주간무역, 뉴시스 등이 보도한 최근 국내외 무역관련 뉴스를 열람할 수 있다.

그림 43 무역협회의 「무역뉴스」

(3) 대외경제정책연구원의 세계경제(www.kiep.go.kr)

그림 44 대외경제정책연구원의 「오늘의 세계경제」

『대외경제정책연구원>발간물>오늘의 세계경제』를 방문하면 연구원에서 발간하는 세계경제 관련 정보를 다운로드 받을 수 있다.

그림 45 EMERiCs의 「뉴스브리핑(경제)」

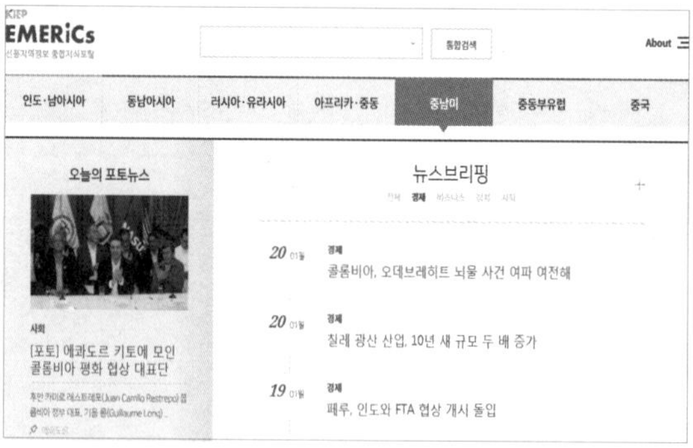

이외 『EMERiCs(www.emerics.org)>뉴스 브리핑>뉴스브리핑(경제, 정치, 사회, 비즈니스)』를 방문하면 신흥시장 현지에서 발행되는 최신 뉴스를 요약 번역한 서비스

를 받아 볼 수 있다.

(4) 국제기구의 경제·무역동향정보

그 외 IMF(www.imf.org), World Bank(www.worldbank.org), OECD(www.oecd.org), The World Economic Forum(www.weform.org) 홈페이지에서도 세계 또는 각국의 경제 관련 정보를 검색할 수 있다. 전술한 바와 같이 IHS Global Insight에서도 206 개국의 국별 지표, 리스크 정보 및 전망자료 등을 제공하고 있다.

그림 46 IMF, World Bank, OECD, World Economic Forum 국가경제정보

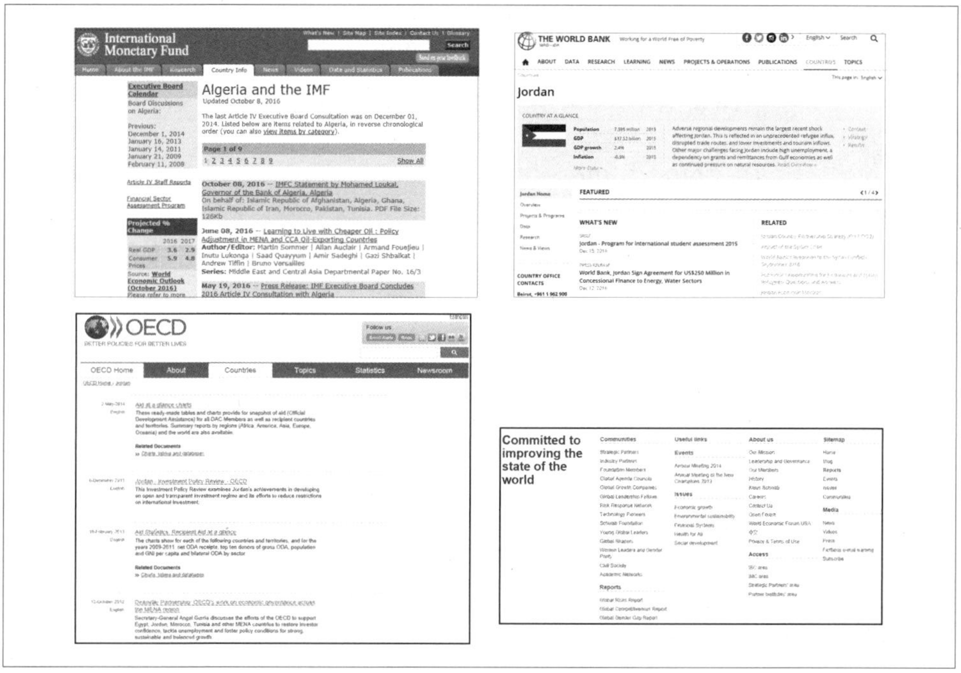

4 상품정보

상품정보는 중소수출기업들이 가장 많이 요구하는 시장정보이다. 일반적으로 Kotra가 생산하는 상품정보에 포함되는 항목과 양식은 [표 17]과 같다. Kotra는 이들 정보를 DB화하여 『Kotra 해외시장뉴스>비즈니스 정보>상품 DB』로 들어가 품목별로 검색할 수 있도록 운영하고 있다. 그러나 해외시장 상황은 수시로 변동하기

때문에 생산된 지 1년 이상된 정보는 여전히 유효한 정보인지 별도 확인이 필요하다.

표 17 상품정보 조사항목

[예시]

중국의 혈당측정기 시장동향 및 진출전략

- 당뇨병 환자 급증 및 정부의 의료분야 투자 확대로 시장 폭발 -

1. 시장동향
   - □ 시장동향
     (시장규모/추이, 시장수요 동향, 소비자 구매 패턴, 제품 트랜드, 정부정책 등)
   - □ 시장전망

2. 수입동향
   - □ 최근 3년간 수입규모 및 동향
   - □ 최근 3년간 상위 10개국의 수입통계(한국 수입통계 포함)

《국명, 품목명 주요 수입국 현황(HS 코드 : 0000 기준)》

순위	국가	금액			점유율			증감율
		2015	2016	2017	2015	2016	2017	16 / 17
0	World							
1								
2								
10								

   - □ 수입관세 및 관련 제도
     (관세율 / 부가세 / 소비세 등 세제, 통관 시 유의사항, 제품인증 등)
   - □ 한국제품에 대한 기회, 위협 요소

3. 경쟁동향
   - □ 경쟁사 및 경쟁제품 분석
     (현지업체 및 해외업체 동향, 브랜드별 시장점유율 등)
   - □ 한국제품에 대한 현지 인지도 및 선호 브랜드 현황

4. 유통 및 시장구조
   (유통경로, 유통단계별 마진, 유통단계별 거래관행)

5. 관련 전시회 정보
   전시회명(현지어명)
   전시회명(한국어)
   전시품목
   개최국가 / 도시
   개최주기
   개최시기
   전시장 주소
   전시장 홈페이지

전년 참가업체수
전년 참관객수
한국관 참가여부
주최기관명
- 담당자 / 직위
- 주소
- TEL
- FAX
- 이메일
- 홈페이지
참고사항
* 자료원

6. 효과적인 현지시장 진출전략

(1) Kotra 상품정보(http://news.kotra.or.kr)

그림 47 Kotra 해외시장뉴스 상품DB

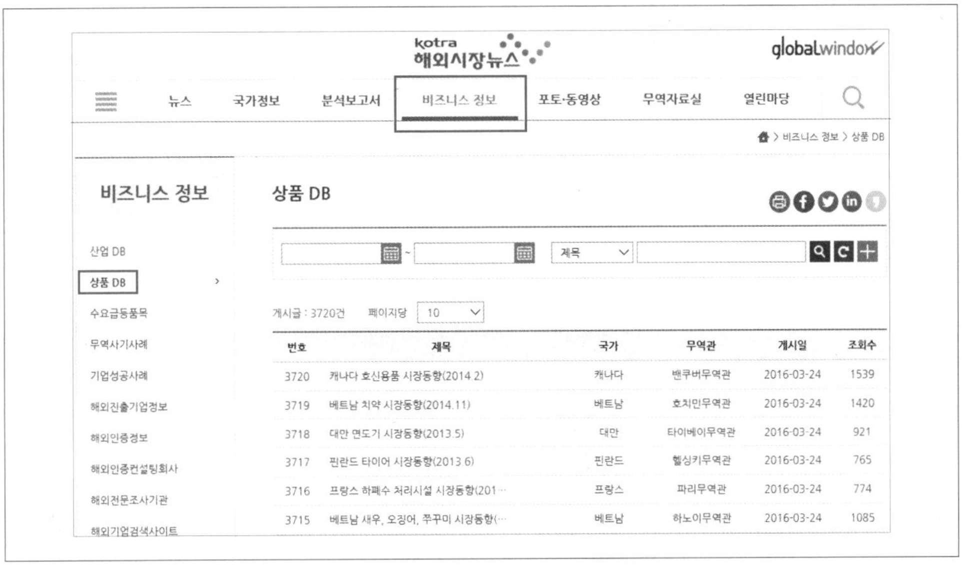

그림 48 인도 정수기 시장조사(Kotra 방갈로르무역관)

1. 시장현황

□ 시장규모

○ 국제무역정보 WTA 통계자료에 의하면 인도 정수기 시장규모는 2014년 1895만 달러로 전년 대비 26. 85%가량 상승함.

최근 3년간 인도 정수기 시장규모 및 시장점유율

(단위: US$ 만, %)

구분	2012		2013		2014	
	시장규모	시장점유율	시장규모	시장점유율	시장규모	시장점유율
시장규모 및 점유율	1,819	9.75	1,895	7.49	1,895	11.17

자료원: WTA(World Trade Atlas)

○ 인도의 펀자브 주에 있는 모든 가구 중 97.6%가 정수를 마시며 델리 97.2%, 마하라슈트라 주 90.2% 순임.
- 미조람, 마니푸르, 자르칸드 주는 각각 36%, 38%, 42.2%로 정수된 물을 마시는 가정 수가 적은 것으로 나타남.

인도 주별 정수된 식수 이용 가구(%)

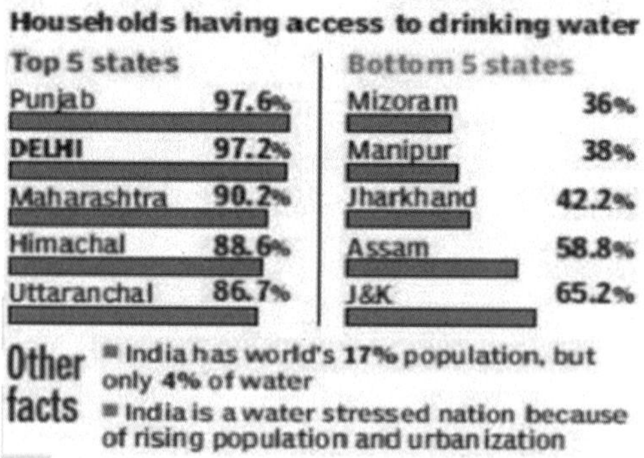

자료원: Census of India

□ 시장 전망

○ 현재 인도 내에는 2억2000만 가구가 있으며, 이 중 5%인 1000만 가구만이 가정용 정수기를 이용하며 2015년도에 12.7%까지 상승될 전망임.
- 유니세프 조사보고서에 의하면 인도 내 67% 이상의 가구가 정수된 식수를 마시지 못하며 주요 식수는 강이나 지하수를 통해 얻는 등 안전식수에 대한 개념이 부족함.
- 수질문제로 발생된 수인성 전염병으로 5세 미만 어린이가 연간 50만 명 이상 사망하고 인도 지방 인구 중 75% 이상이 오염된 식수를 마시며, 그중 33%가 오염된 식수로 인해 사망하는 등 식수 안전에 대한 중요도가 확산되는 추세임.

○ 인도 정수시장(가정용+산업용) 총 규모는 5억6000만 달러로 연 누적 성장률 25%를 보이며, 2011년도 판매된 정수기는 710만 대로 2015년까지 12억3000만 달러에 이를 것으로 기대
- 인도 정수기 전체 시장진입률은 1.85%로 저조한 수준이나 주별 시장진입률은 뉴델리 24.59%, 뭄바이 14.93%로 주로 뉴델리와 뭄바이에서 많이 이용되나 타밀나두, 하리아나 등 주요 도시에서 초기 시장진입임에도 불구하고 2~3%가량 차지해 앞으로 지속적으로 상승될 전망임.

□ 주요 소비자 및 구매 패턴

○ 인도 정부는 국민건강관리 개선에 관심을 보이며 이에 따라 정수된 물을 사용하도록 범정부적인 노력을 실행할 가능성이 높음.
- 병원, 호텔, 도서관 등과 같은 공공장소와 중산층 이상의 가정에서 수요가 증가될 것이며 저가형 혹은 탭(Tap) 형을 중심으로 지방까지 확대될 수 있을 것으로 예상됨.
- 주기적으로 필터를 교환해야 하는 경우를 들면 일반 생수보다 비용이 비싸 일반가정보다는 대형업소를 주로 공략하는 것이 필요할 듯

○ 일반적으로 식수 내에 석회질이 많이 함유돼 판매되는 일반 생수로 100% 깨끗한 것이 아닌 것으로 알려짐. 일부 상류층과 외국인의 경우 현지 생산 생수에 대한 신뢰도가 낮은 편임.
- 소득 증가와 함께 생활수준이 높아져 건강에 대한 관심이 높아지며 수질안전에 대한 소비자 인식 변화로 정수기 구매율이 증가

□ 수입동향

○ 인도의 정수기 수입은 2014년도 기준 1895만 달러로 전년 대비 26.85% 성장했고 주요 성장 원인은 현지의 수질 안전 개선에 따라 수요가 증가된 것으로 보임.
- 주요 수입대상 국가 중 점유율 1위는 미국으로 약 26.62%를 점유하며 독일, 중국 이탈리아 순임.
- 깨끗하고 청결한 이미지를 주는 유럽국에서 수요가 급격히 증가하며 특히 독일, 스웨덴은 전년 대비 각각 139%, 703%씩 상승

□ 최근 3년간 수입규모 및 상위 10개국의 수입 동향

인도 정수기 수입현황(HS Code 842121 기준)

(단위: US$ 백만, %)

순위	국가	금액			점유율			증감률
		2012	2013	2014	2012	2013	2014	14/13
	총계	18.19	14.94	18.95	100	100	100	26.85
1	미국	4.42	3.93	5.04	24.31	26.35	26.62	28.12
2	독일	2.67	1.17	2.80	14.7	7.83	14.8	139.75
3	중국	4.70	2.19	1.92	25.85	14.69	10.18	-12.07
4	이탈리아	0.99	1.88	1.41	5.45	12.64	7.47	-25.09
5	스웨덴	0.16	0.13	1.10	0.89	0.92	5.82	703.57
6	아랍에미리트	0.31	0.01	1.07	1.72	0.12	5.67	5,948.77
7	프랑스	0.72	1.44	0.94	3.97	9.67	4.97	-34.82
8	헝가리	0.72	0.90	0.57	3.98	6.06	3.02	-36.92
9	한국	0.49	0.35	0.46	2.74	2.36	2.46	32.04
10	남아공	0.01	0.10	0.45	0.03	0.71	2.39	328.86

자료원: WTA(World Trade Atlas)

2. 수입제도, 관세율 및 유통구조

□ 수입규제제도

○ 인도 정부로부터 BIS 인증을 받아야 함.
- 첨부 파일 확인 바람.

□ 관세율

○ 인도의 정수기(HS Code 842121)는 FTA 협정에 의거 기본세율 10%, CEPA 세율 7.8%(RED)임.

□ 주요 유통채널(온라인시장, 현지 딜러망, 대형 유통업체 등)

○ 수입·유통업체가 국외 제조사와의 딜러망을 통해 인도 내에 유통하거나 직접 소비자에게 대상 판매를 하거나 대리점을 통해 소비자에게 판매됨.

HUL(힌두스탄 유니레버) 업체 정수기 판매유통과정

자료원: HUL report

3. 경쟁동향

□ 경쟁제품

○ 현지 업체인 Kent가 현재 인도 정수기시장에서 시장성 1위로 평가되며 인도 기업인 바자지(Bajaji), 켄스타(Kenstar), 힌두스탄 유니레버(HUL) 등이 5위 이내로 좋은 평을 받음.

정수기 기업별 평가 및 순위

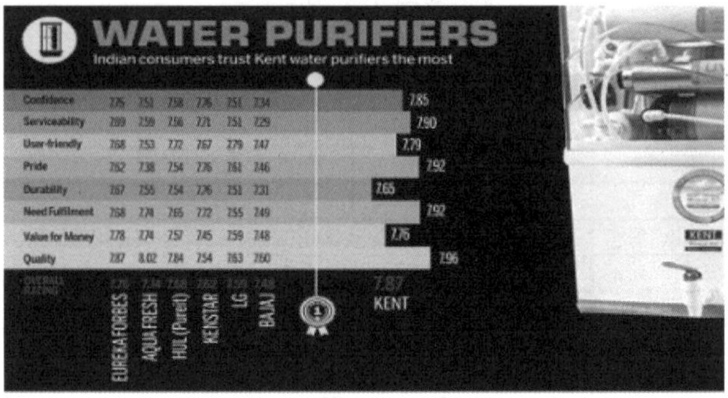

자료원: indiatoday

주요 경쟁제품 현황

제조업체명	제품이미지	제품명	가격(소비자가격)	원산지(수출국)
켄트	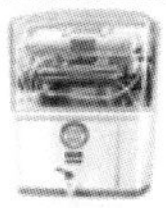	Kent Grand Plus	15,500루피	인도
유레카 포브스		Eureka Forbes Aquaguard Reviva	13,990루피	인도
타타		TATA Swach	1,150루피	인도
유레카 포브스		Eureka Forbes Aquaguard Total SENSA	18,990루피	인도

□ 한국 제품에 대한 인지도 및 선호브랜드

○ 현재 LG가 인도 정수기시장에 진출했으며 최저가 2만2900루피부터 시작해 4만 루피대의 정수기를 판매
- 고가형으로 진출해 인도시장에서는 크게 판매가 되지 않으나 일반적으로 LG에 대한 이미지가 좋으며 최근 LG 역시 인도 내 정수기 판매 유통망 증가 계획을 발표함.

4. 마케팅 활동 참고사항

□ 전문 전시회 정보

○ 전문 전시회 정보

전시회명(현지어명)	WATER EXPO 2015
전시회명(한국어)	인도 수자원 엑스포 2015
전시품목	물 관련 제품 및 기술 등
개최국가/도시/개최주기	인도/첸나이/1년
규모(참가업체 수)	370개 업체
개최기간	2015년 2월 26~28일
웹사이트	http://waterexpo.biz/

□ 현지 바이어 특성 및 구매 시 고려사항

○ 인도 바이어가 가장 중요하게 고려하는 사항은 가격 경쟁력이며, 특히 정수기 관련 제품은 인도 현지 업체의 시장성이 높은 편이라 이와 차별할 수 있는 전략이 필요할 것

○ 바이어는 제품 수입 후 사후관리서비스(AS)에도 관심을 보여 이러한 사항을 중요하게 여길 현지에 사무실을 설립하거나 지속적인 커뮤니케이션이 필요할 것

□ 마케팅 방안 및 타깃 고객층

○ 정수기시장은 매년 개최되는 물 관련 전시회 및 상담회에 참가해 인도 정수기 수입업체 및 제조업체와 연락 가능할 것이며 바이어 발굴 지원 사이트 혹은 기업 홈페이지를 통해 바이어와 접촉이 가능할 것

Kotra는 이와 별도로 급변하는 현지시장에서의 산업(상품)·기술트렌드를 『Kotra 해외시장뉴스>뉴스>산업·상품』으로도 검색할 수 있다.

그림 49 Kotra 해외시장뉴스 산업·상품

(2) 무역협회 상품정보(www.kita.net)

한편 무역협회 사이트에서도 『무역협회 홈페이지>무역정보>국가·업종 맞춤 정보검색』을 방문하면 대륙, 국가, 업종, 대륙+업종, 국가+업종별로 상품, 산업관련 해외시장동향을 검색할 수 있다. 이 사이트에 올라와 있는 업종별 정보들은 무역협회에서 자체적으로 생산한 정보도 있지만 상당수 정보는 Kotra 해외시장뉴스로부터 인용된 것들이다. 또한 『무역협회 홈페이지>무역정보>글로벌시장리포트>해외시장리포트』에서도 각 상품정보를 포함한 각종 무역정보를 파악할 수 있으나 제목과 정보가 등재된 기간으로만 검색이 가능하다. 이외 무역협회에서는 맞춤 정보서비스 신청제도를 통해 KITA 해외지부, 마케팅오피스 등에서 수집한 해외시장 동향 및 최신 뉴스, 기타 무역 관련 정보(예 : 국가정보, 무역통계, 관세율 정보, 바이어 정보 등)를 제공하고 있다. 이 밖에 상품 또는 산업정보는 해당 조합이나 협회 사이트를 방문하면 관련 정보를 얻을 수 있으나 부실하게 관리되는 사이트도 있다는 점에 유의해야 한다.

그림 50 무역협회 국가·업종 맞춤 정보 검색(예 : 알제리 생활용품 정보)

(3) 해외 전문 조사기관 상품정보

상품정보 관련 대표적인 해외사이트로는 Mintel[5](www.portal.euromonitor.com)과 Passport(www.passport.com)가 있다. 그러나 이들 사이트는 민간 상품조사 전문기업이 운영하기 때문에 유료로 정보가 제공되며 이용료는 매우 비싼 편이지만 양질의 정보를 서비스한다.

그림 51 해외 상품정보 전문사이트

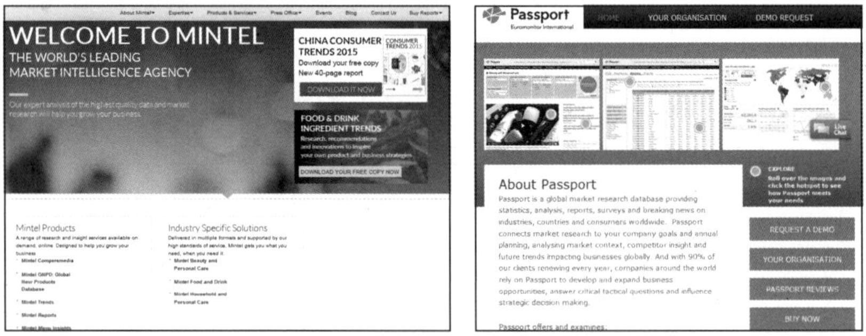

5 Mintel was founded 40 years ago in London providing food and drink research to businesses in the UK. Since then, we have expanded our independent award-winning research and

5 산업정보

상품정보가 특정 개별상품에 대한 정보라면 산업정보는 그 상품이 속한 산업의 포괄적인 정보를 다룬다. 예를 들어 X-Ray기 시장동향은 상품정보에 속하지만 X-Ray를 포함하여 전체 의료기기 관련 동향은 산업정보로 분류된다. 현재 우리나라에서 산업정보를 제공하는 대표적인 기관으로는 Kotra, 산업연구원 및 대외경제정책연구원 등이 있다.

(1) Kotra 산업정보(http://news.kotra.or.kr)

Kotra는 고객들이 산업정보를 손쉽게 검색할 수 있도록 94개국 800여 건이 축적되어 있는 Kotra 해외시장뉴스 『해외산업 DB』를 통해 동 정보를 제공하고 있다. 『Kotra 해외시장뉴스>비즈니스 정보>산업DB』로 들어간다. 해외시장뉴스에서는 ① 농림수산식품, ② 광물/에너지, ③ 화학, ④ 섬유/패션, ⑤ 생활소비재, ⑥ 철강/금속, ⑦ 기계류, ⑧ 자동차/수송기기, ⑨ 전자/전기, ⑩ 의료바이오, ⑪ 환경, ⑫ 건설/인프라/플랜트, ⑬ 유통/물류, ⑭ IT, ⑮ 문화콘텐츠, ⑯ 금융, ⑰ 관광/교육/서비스, ⑱ 기타로 산업을 분류하여 정보를 제공하며 각 산업별 세부내용은 [표 18]과 같다.

표 18 Kotra 해외시장뉴스 산업 DB 세부내용

구분	세부내용
산업개요	산업규모, 연혁, 지역소재, 자국 내 비중, 교역동향, 세계시장에서의 주재국 경쟁력 등
시장동향	주요기업, 경쟁동향, 소비(기술) 트랜드 등
시장전망	정책변화, 리스크, 연관 산업동향, 수급전망 등
진출전략	유망분야, 진출 성공사례, 마케팅 포인트, 진출 시 유의사항, 관련 현지 유망 전시회 및 무역관 사업 등 진출전략

---

market intelligence reports across a range of industries and sectors including FMCG, financial services, media, retail, leisure and education.(Mintel 홈페이지에서)

그림 52 Kotra 해외시장뉴스 해외산업 DB 산업별 세부내용

이용방법은 관심 산업을 먼저 선택하고 지도에 표시된 국가를 클릭하면 해당국가의 산업 정보를 열람할 수 있다.

표 19 알제리 자동차/운송장비 산업정보(Kotra, 알제무역관)

알제리 자동차/운송장비 산업

□ 산업 개요

2011년 '아랍의 봄' 이후 2012년 들어 알제리 정부의 공공부문 급여 인상이 대대적으로 단행되자 알제리 국민들의 가처분 소득이 증가하였으며, 이에 따라 자동차 판매가 2011년도 28만대 수준에서 2012년도에는 42만대를 넘어섰고 이후 2014년까지 매년 40만대 이상의 수입이 꾸준히 이루어져 왔다. 2012년까지 높은 수입 증가세를 기록하였지만 이러한 추세는 2013년 다소 꺾이는 상황을 보이다가 2014년에는 크게 감소되었는데 동년 한 해 동안 알제리에서는 대형 상용차량과 버스를 제외한 총 33만 9,094대의 신차가 판매되었다. 이중 승용차는 27만 4,628대가 그리고 상용차는 6만 4,466

대가 판매되어 총 판매량은 전년대비 19.65%나 감소하였다. 더구나 2015년부터는 4월에 도입된 신규차량수입규정6에 따라 알제리 완성차(수입)딜러 사업 활동을 규제하면서부터 관련 조건을 충족하지 못한 차량들의 수입이 금지되어 시장에서는 신차 부족 현상이 심화되는 등 수입시장은 더욱 위축되고 있다. 또한 알제리 정부는 무역수지 안정을 위해 연간 자동차 수입 대수를 40만대로 제한할 의지를 내비침에 따라 완성차 수입은 감소될 것으로 예상된다(2015년 6월 한달 동안 승용차 및 경상용차 판매 대수는 28,045대로 전년동월 대비 49.8%나 감소하였다). 심지어 새로운 관련 규정으로 인해 현재 4만대 가량의 차량이 통관을 하지 못하고 항구에 계류 중인 것으로 보도되고 있어 앞으로 몇 달 동안 신차 시장은 더욱 침체될 것으로 보인다. 연초 BMI 보고서는 2015년도 신차 판매량이 전년대비 8% 감소할 것으로 전망하였으나 새로운 수입 규정과 유가하락에 따른 경제 침체로 인해 20%까지 떨어질 것으로 수정 전망하고 있다.

알제리 승용차 판매 전망

구분	2015f	2016f	2017f	2018f	2019f
승용차 판매대수	272,000	280,160	289,965	301,564	315,134
전년대비 증감율(%)	-20.0	3.0	3.5	4.0	4.5
1천명당 승용차 수	88.4	92.1	95.7	99.8	104.0

* 자료원 : ONS, BMI(f는 전망치)

□ 시장 동향

알제리 정부의 신차수입규정 도입과 수입 대수 제한 의지 표명에 따라 신차 시장은 극도로 위축되어 2015년에는 전년대비 20%나 신차 판매가 감소될 것으로 전망된다. 특히 현지화인 디나르화의 약세에 따라 수입차 현지 판매 가격이 크게 상승하고 있다. 또한 국제유가 하락에 따른 경기 침체로 인해 2015년 이후 신차 수요가 크게 감소하고 있으며 교통 혼잡과 주차시설 부족 등도 차량 판매 증가의 걸림돌이 되고 있다. 그동안 알제리 자동차 시장은 외국 자동차 기업들에 의해 지배되어 왔다. 많은 수의 외국 자동차 기업들은 알제리에 에어전트나 딜러를 두고 마케팅 활동을 하고 있다. 반면 2014년 11월부터 가동된 연간 2만 5,000대를 조립하는 르노자동차 현지 공장7의 본격 생산 및 이에 대한 정부의 감세 조치로 인해 2015년부터 알제리 국내산 승용차 제품 판매세가 점차 두드러지고 있으며 특히 알제리 정부는 앞으로 국내 조립 생산 차량에 대해서는 할부구입이 가능하도록 혜택을 부여할 예정이다. 2015년 상반기 동안 르노자동차는 전년 동기 대비 0.5% 늘어난 26,653대의 차량을 판매하여 시장점유율 18.8%로 1위를 기록하였다. 2위는 Dacia가 21,265대(시장점유율 15% - 전년대비 20.6% 증가), 3위는 Peugeot는 20,201대(시장점유율 14.3% - 전년대비 2.2% 증가)를 판매하였다.

2014년 브랜드별 차량 판매대수 및 시장점유율

순위	제조사	판매 대수	점유율	순위	제조사	판매 대수	점유율(%)
1위	Renault	52,059	15.4	6위	Kia	25,200	7.4
2위	Peugeot	41,802	12.3	7위	Toyota	23,658	7.0
3위	Dacia	39,741	11.7	8위	Seat	17,806	5.3
4위	Hyundai	39,333	11.6	9위	Suzuki	12,877	3.8
5위	Volkswagen	26,686	7.9	10위	Chevrolet	11,540	3.4

* 자료원 : Auto Algerie

6 2015년 4월부터 도입된 알제리 신차수입규정(new vehicles import regulations)에 의하면 알제리로 수입되는 모든 차량은 anti-lock wheel ABS, electronic stability control(ESC, ESP), speed

□ 시장 전망

알제리 자동차 시장은 2015년 도입된 신차수입규정 및 완성차(수입)딜러 사업활동조건을 규제하는 법령 발표 그리고 연간 수입자동차 대수 40만대 제한 의지 표명에 따라 수입차 시장은 크게 위축될 것으로 전망되며 내년 부터 신차 부족 심화에 따라 매년 3 - 4% 정도 신장될 것으로 전망된다. 특히 외국자동차 회사들의 알제리 현지 자동차 조립공장 건립과 알제리 국내산 승용차에 대한 각종 감세 및 특혜(할부구입 혜택 등) 부여로 알제리 국내산 승용차의 판매세가 두드러질 것으로 예상된다.

□ 진출 전략

최근 알제리는 국내 제조업 육성을 위해 자동차를 중심으로 외국기업의 현지 공장 건설을 적극 유치하고 있다. 이미 르노자동차 현지공장이 가동 중이며 2012년 Daimler사의 Mercedes-Benx 상용차도 알제리 SNVI사 및 알제리 국방부와 합작으로 상용차 및 엔진 생사 신설을 만들기로 협의, 2014년부터 일부 제품을 생산하기 시작하였으며 2015년 1월부터 전지형(All-Terrain-Vehicle, ATV) 군경용 전술차량을 생산, 현지 군경에 납품을 시작하였다. Daimler Benz사는 동 합작법인을 통해 2019년까지 연간 15,000대의 트럭과 1,500대의 대형 차량, 8000대 가량의 전지형차 및 경상용차를 생산할 예정이다. 이와 같은 사례에 자극받아 프랑스 Peogeot & Citroen사도 알제리 생산 공장 건설을 추진 중이며 이탈리아 Iveco사도 연간 1천대 - 1천 500대 가량의 상용차를 생산할 수 있는 공장을 건설하기로 알제리와 합의하였다. 현재와 같은 알제리 정부의 완성수입차에 대한 까다로운 진입장벽을 피하면서 현지시장에 진출할 수 있는 가장 좋은 방법은 현지 조립 생산 공장을 건설하는 것이다.

(2) 대외경제정책연구원 산업정보(www.kiep.go.kr)

대외경제정책연구원에서도 각종 산업 관련 정보를 생산하고 있다. 홈페이지에서 발간물을 클릭하면 원하는 산업정보를 검색할 수 있으며 자료를 pdf 형태로 다운로드 받을 수 있다.

---

limiting device and/or cruise control, front and side airbags 외 다른 안전설비를 갖추고 있어야 했는데 같은 해 5월부터는 ESC와 에어백 조항을 제외시키는 등 지방 관련 기관에 따라 규정 자체를 오락가락 적용하고 있는 상황이다.

7 2013년 9월부터 착공되기 시작한 Oran주(州)의 Oued Tlelat 지역에 위치한 알제리의 Renault사는 2014년 연간 25,000대의 소형차 모델 생산을 시작으로 2019년까지 75,000대, 2025년까지 150,000대로 생산 수준을 확대하는 것을 목표로 하고 있으며 내수 판매를 초과하는 물량은 제3국 수출도 추진할 예정이다.

그림 53 대외경제정책연구원의『마그레브 지역의 ICT 산업 동향 및 시사점 : 모로코 · 튀니지를 중심으로』 발간 자료

(3) 산업연구원 산업정보(www.kiet.re.kr)

산업연구원은 국내외 산업·기술과 관련된 실물경제의 동향과 정보를 수집 조사하고 연구하는 기관이다. 홈페이지 메인 화면 상단 「산업별 정보」를 클릭한 후 「KIET 산업별 기초분석」과 「산업별 자료보기」를 방문하면 국내외 산업관련 정보를 열람할 수 있다.

그림 54 산업연구원 홈페이지 메인 화면

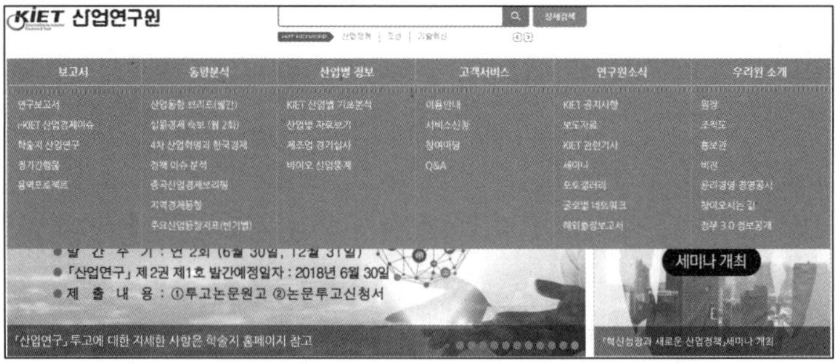

「KIET 산업별 기초분석」과 「산업별 자료보기」는 주력산업, 신성장동력산업 및 서비스산업으로 구분하고 다시 세부 산업별로 분류하여 최신 산업정보를 제공하고 있다. 「KIET 산업별 기초분석」에서는 33개 산업별로 각 산업 개관, 해당 산업의 세계 주요 트랜드, 국내 해당산업의 현 좌표, 산업의 종합 평가 및 중단기 전망, 정책과제 및 발전전략 등을 담은 보고서를 출력 및 열람할 수 있다. 한편 「산업별 자료보기」에서는 23개 산업별로 국내외연구보고서, e-kiet 산업경제정보, 정기간행물, 동향분석 자료를 검색할 수 있다.

표 20 KIET 산업별 정보 분류

구분	KIET 산업별 기초분석	산업별 자료보기
주력산업	자동차, 조선, 일반기계, 건설기계, 중전기기, 철강, 섬유, 가전, 통신기기, PC, 반도체, 디스플레이, 석유화학, 정밀화학	자동차, 조선, 기계·플랜트, 철강, 섬유·정밀화학, 섬유·의류, 가전·전자부품, 통신·기기컴퓨터, 반도체, 디스플레이, 산업일반
신성장동력산업	로봇, 의약품, 항공우주, 플랜트, 물산업, 풍력설비, 폐기물에너지, 태양광, 신재생에너지산업	그린에너지·환경, 로봇, 바이오·의약, 신소재·나노기술, 항공우주, 기타제조업
서비스산업	지식서비스, 문화콘텐츠, 디자인, 유통, 교육서비스, 비즈니스서비스, 방송영상, 소프트웨어, 컨설팅, IT서비스	비즈니스산업, 유통·물류, 정보·통신, 문화·컨텐츠, 보건·의료·교육·사회복지, 관광·스포츠

「KIET 해외산업정보」(http://www.kiet.go.kr/servlet/isearch)에서는 국가별, 산업별로 분류하여 KIET가 보유하고 있는 해외산업정보를 제공되고 있다. 국가별자료에서는 50여 개국의 국가별 관련 사이트, 국가별 무역 투자 유망산업, 국가별 개관/산업별 수출입, 국가별 연락처/동영상/기타자료 등도 검색할 수 있다.

그림 55 KIET 국가별 자료

그림 56 KIET 해외산업정보

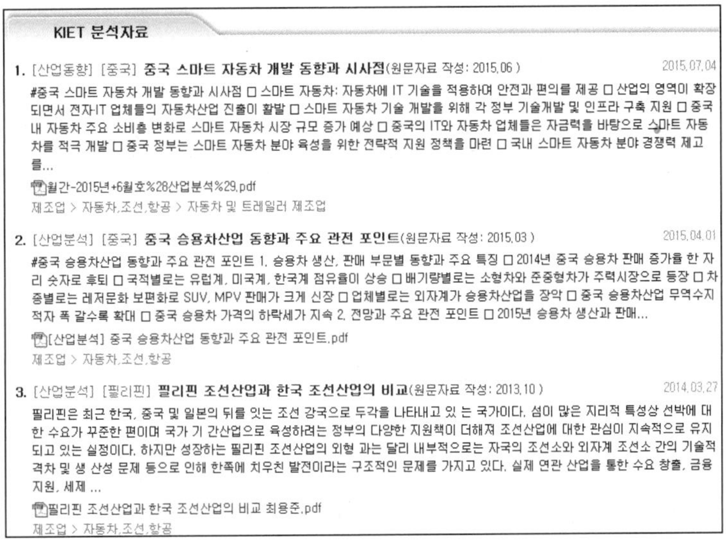
KIET 분석자료

1. [산업동향] [중국] **중국 스마트 자동차 개발 동향과 시사점**(원문자료 작성: 2015.06) 2015.07.04
#중국 스마트 자동차 개발 동향과 시사점 □ 스마트 자동차: 자동차에 IT 기술을 적용하여 안전과 편의를 제공 □ 산업의 영역이 확장되면서 전자·IT 업체들의 자동차산업 진출이 활발 □ 스마트 자동차 기술 개발을 위해 각 정부 기술개발 및 인프라 구축 지원 □ 중국 내 자동차 주요 소비층 변화로 스마트 자동차 시장 규모 증가 예상 □ 중국의 IT와 자동차 업체들은 자금력을 바탕으로 스마트 자동차를 적극 개발 □ 중국 정부는 스마트 자동차 분야 육성을 위한 전략적 지원 정책을 마련 □ 국내 스마트 자동차 분야 경쟁력 제고를...
월간-2015년+6월호%28산업분석%29.pdf
제조업 > 자동차,조선,항공 > 자동차 및 트레일러 제조업

2. [산업분석] [중국] **중국 승용차산업 동향과 주요 관전 포인트**(원문자료 작성: 2015.03) 2015.04.01
#중국 승용차산업 동향과 주요 관전 포인트 1. 승용차 생산, 판매 부문별 동향과 주요 특징 □ 2014년 중국 승용차 판매 증가율 한 자리 숫자로 후퇴 □ 국적별로는 유럽계, 미국계, 한국계 점유율이 상승 □ 배기량별로는 소형차와 준중형차가 주력시장으로 등장 □ 차종별로는 레저문화 보편화로 SUV, MPV 판매가 크게 신장 □ 업체별로는 외자계가 승용차산업을 장악 □ 중국 승용차산업 무역수지 적자 폭 갈수록 확대 □ 중국 승용차 가격의 하락세가 지속 2. 전망과 주요 관전 포인트 □ 2015년 승용차 생산과 판매...
[산업분석] 중국 승용차산업 동향과 주요 관전 포인트.pdf
제조업 > 자동차,조선,항공

3. [산업분석] [필리핀] **필리핀 조선산업과 한국 조선산업의 비교**(원문자료 작성: 2013.10) 2014.03.27
필리핀은 최근 한국, 중국 및 일본의 뒤를 잇는 조선 강국으로 두각을 나타내고 있 는 국가이다. 섬이 많은 지리적 특성상 선박에 대한 수요가 꾸준한 편이며 국가 기 간산업으로 육성하려는 정부의 다양한 지원책이 더해져 조선산업에 대한 관심이 지속적으로 유지되고 있는 실정이다. 하지만 성장하는 필리핀 조선산업의 외형 과는 달리 내부적으로는 자국의 조선소와 외자계 조선소 간의 기술적 격차 및 생 산성 문제 등으로 인해 한쪽에 치우친 발전이라는 구조적인 문제를 가지고 있다. 실제 연관 산업을 통한 수요 창출, 금융지원, 세제 ...
필리핀 조선산업과 한국 조선산업의 비교 최용준.pdf
제조업 > 자동차,조선,항공

(4) 산업정보 관련 해외 전문사이트

해외산업 정보를 검색할 수 있는 해외사이트는 [표 21]과 같으며 대부분 유료로 운영되고 있다.

표 21 산업정보 검색 가능 유명 사이트	
사이트명	Passport GMID
운영사	Euromonitors사
홈페이지	http://portal.euromonitor.com/portal/account/login
특징	- 60여 개국 국가별 산업보고서 - 소비재산업, 소비트랜드, 유통분야 주력
사이트명	Business Monitor Online
운영사	Business Monitor Int'l사
홈페이지	https://bmo.bmiresearch.com/authentication/login/
특징	- 50여개국 국가별, 산업별 분기보고서 및 뉴스 - Autos, Renewable 등 24개 산업 분야 주력
사이트명	IBIS World
운영사	IBIS World사
홈페이지	http://www.ibisworld.com/
특징	- 미국, 호주, 영국, 캐나다, 중국 산업보고서
사이트명	Frost & Sullivan
운영사	Frost & Sullivan사
홈페이지	http://ww2.frost.com/
특징	- 산업별 심층보고서 수록
사이트명	IHS World Industry Service
운영사	IHS Global Insight사
홈페이지	http://connect.ihs.com/home
특징	- 75개국 95개 산업분야 통계
사이트명	World Development Indicators
운영사	The World Bank
홈페이지	http://connect.ihs.com/home
특징	- 200여 개국의 사회, 경제, 자본, 천연자원, 환경 등의 통계 정보
사이트명	UN Comtrade
운영사	UN
홈페이지	http://comtrade.un.org/db/
특징	- 상품별, 국가별 무역 통계 정보 - HS/SITC/BEC Code로 조회 가능
사이트명	Business News America
운영사	BN Americas사
홈페이지	http://www.bnamericas.com/
특징	- 중남미 프로젝트 정보 및 산업정보 - 구독분야 : 중남미 지역 전력, 인프라, 석유화학, 석유 및 가스, 통신, IT정보
사이트명	World Competitiveness Online
운영사	IMD사
홈페이지	https://worldcompetitiveness.imd.org/
특징	- 국가별 경제/사회 통계, 국가경쟁력 순위 및 데이터

사이트명	Monthly Bulletin of Statistics Online
운영사	UN
홈페이지	https://worldcompetitiveness.imd.org/
특징	- 200여 개국의 경제, 사회 등 통계 정보
사이트명	EMIS
운영사	CEIC Data사
홈페이지	http://www.securities.com/emis/
특징	- 신흥시장 관련 기업, 뉴스, 산업정보, DEAL정보

그림 57 BMO를 통한 국가, 산업별 검색

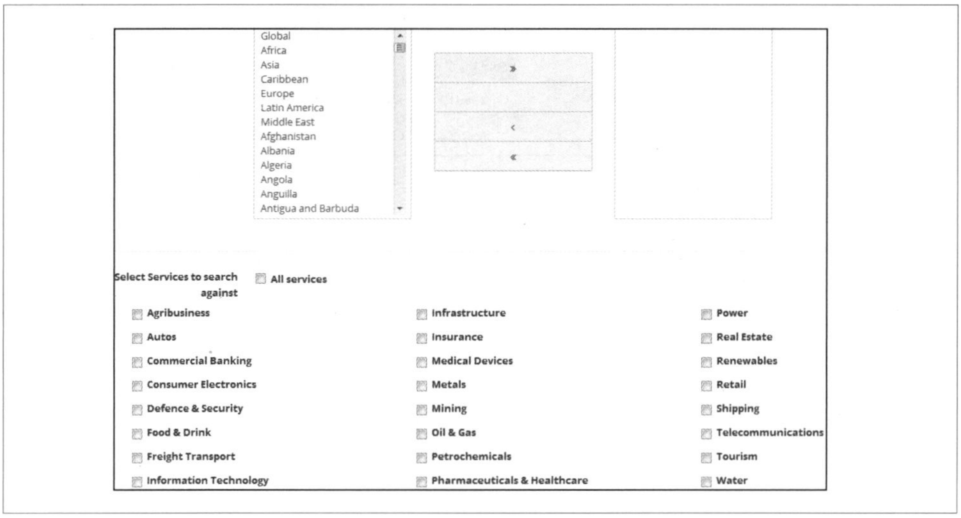

Business Monitor Online을 방문하면 24개 산업별, 국가별 검색이 가능하다.

6 심층(연구)보고서

(1) Kotra 심층(연구)보고서(http://news.kotra.or.kr)

Kotra는 해외시장뉴스를 통해 경제, 산업, 무역, 투자 그리고 주요 비즈니스 이슈 및 트렌드 관련 특정 주제별로 심층보고서를 작성하여 전파하고 있다. 이러한 정보는『Kotra 해외시장뉴스>분석보고서>심층보고서(진출전략보고서, 설명회 세미나자료)』를 통해 검색할 수 있다.

그림 58 Kotra 해외시장뉴스 심층보고서

(2) 국내 전문연구소 심층(연구) 보고서

또한 무역협회, 대외경제정책연구원, 산업연구원 및 삼성경제연구소와 같은 단체나 민간연구소에서도 분야별 특정 주제를 정해 심층보고서를 발간하고 있다. 『무역협회 홈페이지 > 무역정보 > KITA 연구보고서 > 연구보고서』를 방문하면 무역동향, 무역환경, 무역구조/경쟁력/전략, FTA/통상, 해외시장/마케팅, 해외현안, Trade Brief, IIT Working Paper, Int'I Trade(월간무역), EM inside로 세부 검색을 통해 연구보고서를 열람할 수 있다.

표 22 국내 경제 관련 연구소

연구소명	홈페이지
삼성경제연구소	www.seri.org
현대경제연구원	www.hri.co.kr
LG경제연구원	www.lgeri.com
포스코경영연구소	www.posri.re.kr
무역협회	www.kita.net
한국경제연구원	www.keri.org
대외경제정책연구원	www.kiep.go.kr
산업연구원	www.kiet.re.kr
한국수출입은행 해외경제연구소	keri.koreaexim.go.kr
중소기업연구원	www.kosbi.re.kr
선대인 경제연구소	www.sdinomics.com
김광수 경제연구소	www.kseri.co.kr

표 23 대외경제정책연구원(KIEP)의 주요 발간 자료

종류	내용	시리즈명	(구)시리즈명
연구보고서	특정 정책관련 주제에 대한 심층분석 보고서	- 연구보고서 - Policy Analysis	- 정책연구 - 종합심층연구
연구자료	특정 주제에 대한 조사분석자료	- 연구자료 - 국제금융연구시리즈 - 무역투자연구시리즈 - 지역연구시리즈 - Working Paper - 동북아 연구시리즈 - APEC Study Series - 세미나자료모음	- 정책자료 - 정책토론회시리즈 - OECD 연구시리즈 - 지역리포트 - 지역연구회시리즈 - Discussion Paper - 단행본
정기간행물	대외경제환경 관련 연구논문을 수록하는 계간 영문 학술지	- Journal of East Asian Economic Integration	- 대외경제연구
현안자료	주요 국제경제동향 및 현안에 대한 신속분석자료 주요 지역경제 동향분석 및 정보 제공자료 중국 주요 지역의 동향분석 및 현안정보 제공자료 중국 현지 동향에 대한 신속 분석자료	- 오늘의 세계경제 - 중국 성별 동향 브리핑 - KIEP 북경사무소 브리핑	
세미나자료모음	세미나, 국제회의(컨퍼런스), 심포지엄, 포럼 등에서 발표 · 토의된 자료들을 모은 편집출판물	- Conference Proceedings	
단행본	시리즈 발간물에서 제외된 연구성과물	- 단행본	

그림 59 삼성경제연구소 홈페이지에는 많은 심층조사보고서가 수록되어 있다.

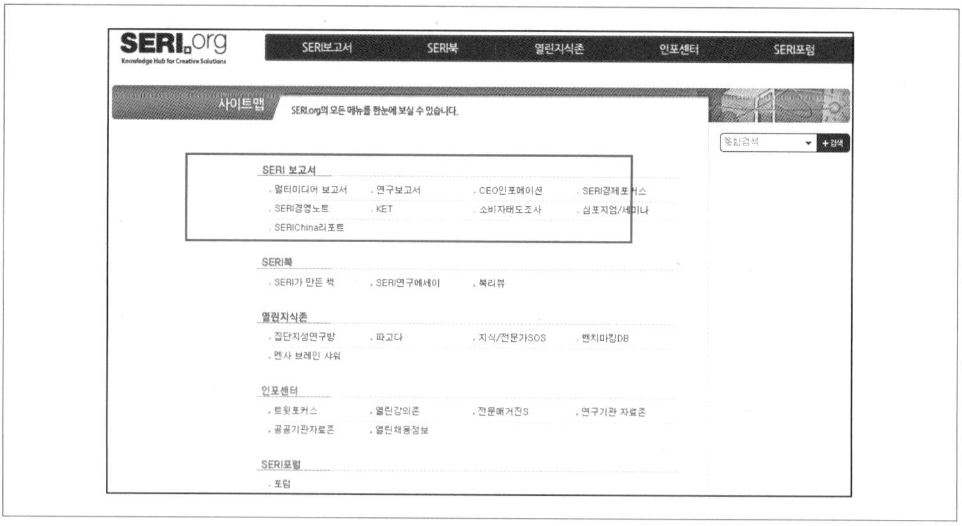

그림 60 삼성경제연구소와 무역협회 발간 심층보고서

7 전시정보

(1) Kotra 전시정보(www.gep.or.kr)

우리나라의 대표적인 전시회 관련 사이트로는 Kotra가 운영하고 있는 글로벌전시포털 GEP<Global Exhibition Portal>(www.gep.or.kr)을 들 수 있다. Kotra는 2016년 7월부터 기존 GEP을 전면 개편하고 이를 통해 Kotra와 중소기업중앙회가 각각 독자적으로 수행하고 있는 국고지원 해외전시회를 통합 검색할 수 있도록 하였다. 종전 Kotra 포털에서는 중소기업중앙회의 지원전시회가 검색되지 않았으며 중소기업중앙회 포털에서는(www.sme-expo.go.kr) Kotra 지원 전시회에 대한 검색서비스가 제공되지 않았다. 그러나 지금은 통합 서비스 개편으로 두 기관의 어느 사이트든 양 기관이 지원하는 해외전시회와 각 지자체 지원전시회를 검색할 수 있게 되었다.

표 24 GEP 개편 내역

구분	변경 전	변경 후
디자인	▪ 텍스트 정보	▪ 텍스트 정보 + 시각정보 제공  (인트로페이지)(해외/국내전시메인 페이지)
전시회 검색	▪ Kotra 전시회만 가능	▪ 유관기관 및 지자체 전시회 정보 가능
전시회 정보	▪ 전시정보만 제공	▪ 코트라뉴스 연계 국가 및 비즈니스 정보 제공 ▪ 구글 API를 통한 전시장 위치, 호텔 정보 제공 ▪ 정보간 유기적 접근성 향상
전시회 리뷰	▪ 무역관만 작성	▪ 일반사용자, 주최사, 협력사로 작성자를 확대하여 다양한 정보제공 기능 강화 ▪ 현장정보를 자유롭게 표현할 수 있도록 editor 제공하여 정보 등록 편의성 제고
모바일	▪ 모바일 서비스 無	▪ 모바일 웹페이지 추가
통계	▪ 통계자료 無	▪ 전시정보 통계내역 해외에도 신규로 구성 ▪ 전시회 상세 외 별도 메뉴 구성

그림 61 GEP의 해외전시정보 검색 화면

GEP(Global Exhibition Portal)의 『해외전시정보』는 <해외전시회>, <해외전시회 캘린더>, <해외전시회 리뷰> 및 <해외전시회 통계> 등 하부 메뉴가 있으며 이 중 <해외전시회>는 「전체전시회」, 「Kotra 지원」, 「유관기관 지원」 및 「지자체 지원」으로 전시정보를 구분 검색할 수 있다. <해외전시회 리뷰>는 Kotra 해외무역관이 국내기업의 참가를 지원한 전시회 또는 답사전시회에 대한 후기 또는 현장 스케치라 할 수 있다. 또한 이 사이트에서는 해외전시정보 이외 『전시회 지원안내』, 『해외전시 산업정보』도 획득이 가능하다. 『전시회 지원안내』에서는 Kotra 단체참가지원, Kotra 개별참가지원, 유관기관/지자체 참가지원에 따른 각종 정보(사업개요, 지원대상, 신청방법 등)를 제공한다. 『해외전시 산업정보』에서는 전시산업 관련 다양한 정보를 볼 수 있다.

그림 62 GEP 해외전시정보

미국 라스베가스 국제 소비재 전자 박람회
International Consumer Electronics Show
CES

관심전시회 등록

전시회 정보

개최기간(주기)	2017-01-05 ~ 2017-01-08 (매년)
개최도시(국가)	라스베가스 (미국) 국가정보
산업분야	전기.전자
최초개최연도	1967
개최규모	2,470,000 sq ft
참가국수	53개국
주요참가국	미국, 중국, 대만, 한국, 싱가폴 등

주최자정보

주최기관	Consumer Technology Association
담당자	Robin Shultz
주소	1919 S. Eads St. Arlington, VA 22202
전화	703-907-7600
팩스	
홈페이지	http://www.cta.tech/
이메일	cesinfo@CTA.tech

전시장 정보 / 호텔정보

Las Vegas Convention Center 지도 크게보기

주소 :

관련 현장정보

관련 현장정보가 존재하지 않습니다.

전년도 개최결과

참가업체수	개최국 1892, 외국 2245, 총 4137개 업체
참관객수	개최국 120000, 외국 50000, 총 170000명
한국업체 참가	115개

통계

참가국수 | 참관객수 | 개최국참가업체수 | 외국참가업체수

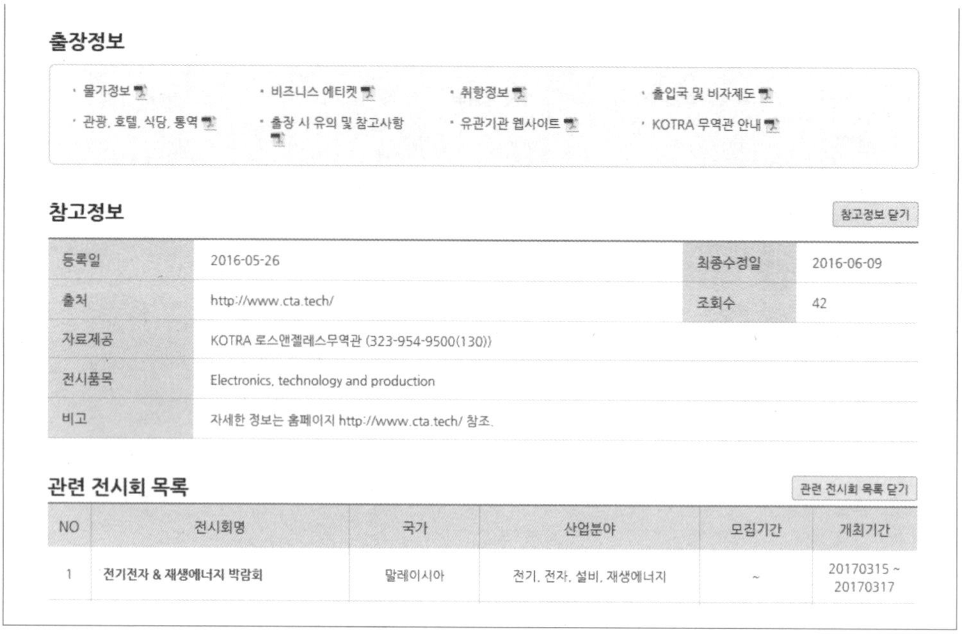

(2) 중소기업중앙회 전시정보(www.sme-expo.go.kr)

중소기업중앙회가 운영하고 있는 사이트에서도 해외전시정보를 검색할 수 있다.

그림 63 중소기업중앙회 해외전시포탈

그림 64 중소기업중앙회 해외전시포탈 해외전시정보

2017 독일 뮌헨 국제스포츠용품 전시회

영문	ISPO Munich 2017		
개최기간	2017/02/05~2017/02/08	모집기간	2016/03/01~2016/12/31
개최주기	매년	최초개최년도	년
개최규모	면적 : 270㎡ 부스 : 30 업체 : 30		
개최지역	국가 - **독일** / 도시 - **뮌헨**		
전시장	New Munich Trade Fair Centre		
전시품목	Ski, Board, Outdoor, Fitness, Textrends, Performance, Sportstyle, Ispovision, Services machines&equipment		
전시특징	o 독일을 포함해 이태리, 프랑스, 영국, 스위스, 스웨덴, 핀란드 등 유럽 국가들이 50-60% 이며 미국, 캐나다 등 동계 스포츠 강국들이 참가 - Jack Wolfskin, Schoffel, Bogner(독일), Berghaus(영국), Salewa(이태리), Millet(프랑스), Columbia, Mammut, The North Face(스위스), 아디다스(오스트리아) 등 유럽업체 참여		

전시회 정보

수출금액 | 총 참가국가 | 총 참가업체 | 국내 참가기업

수출금액 관련사업현황 규모금액

수출금액 규모금액 / 수출금액 규모금액 / 수출금액 규모금액

연도	수출금액	규모금액
2013년	15955	1590863

연도	수출금액	규모금액
2014년	15936	1658590

연도	수출금액	규모금액
2015년	14304	

만족도

전시회 만족도 | 참가기업 만족도

매우만족 만족 보통 미흡

1번항목 2번항목 3번항목

	항목명	매우만족	만족	보통	미흡
1번	전시회 만족도	0	0	0	0
2번	주관단체 지원만족도	0	0	0	0
3번	내년 참가여부	0	0	0	0

전년도 개최내역

한국섬유산업연합회

담당자. 윤광희 연락처. 02-528-4020 팩스. 02-528-4050

이메일. ykh333@kofoti.or.kr 홈페이지.

주소.) 서울 강남구 대치2동 섬유센터 16층 한국섬유산업연합회

(3) 해외유명 전시정보 사이트

세계 최대 규모의 전시정보 사이트는 독일 전시산업협회가 운영하고 있는 AUMA 사이트인데 영어, 독일어, 불어, 스페인어로 약 5천개의 정보를 제공하고 있다.

그림 65 독일전시산업협회 AUMA 홈페이지(www.auma.de)

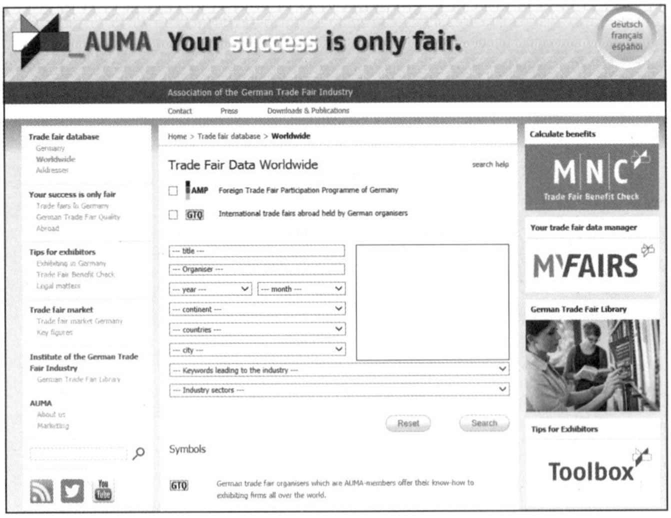

그림 66 영국 전시주최사인 Reed Exhibitions의 홈페이지(www.reedexpo.com)

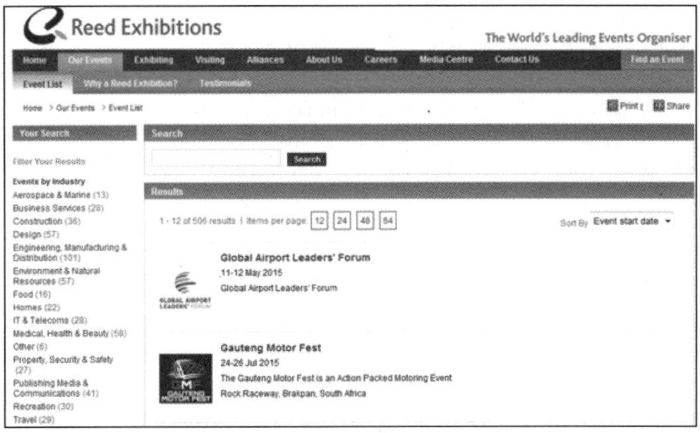

표 25 세계적으로 유명한 전시주최사 홈페이지

- Reed Exhibitions(영국) www.reedexpo.com
- United Business Media <UBM>(영국) www.events.ubm.com
- Messe Frankfurt(독일) www.messefrankfurt.com
- China Foreign Trade Group(중국) www.cftc.org.cn
- Hong Kong Trade Development Council(홍콩) www.hktdc.com
- Global Sources www.globalsources.com
- Business Guide-Sha, Inc.(일본) www.giftshow.co.jp
- Allworld Exhibitions(영국) www.allworldexhibitions.com
- Messe Koeln(독일) www.messekoeln.de
- GL Events(프랑스) www.gl-events.com
- Messe Dusseldorf(독일) www.messe-dusseldorf.de
- Informa(영국) www.informa.com
- Fiera Milano(이태리) www.foeramilano.it
- VIPARIS(프랑스) www.viparis.com
- Messe Munchen(독일) www.messe-muechen.de
- Deutsche Messe(독일) www.deutsche-mess.de
- MCH Group(중국) www.mch-group.com
- Messe Berlin(독일) www.messe-berlin.de
- Comexposium(프랑스) www.comexposium.com
- Nurnberg Messe(독일) www.nuernbergmesse.de
- Tokyo Big Sight(일본) www.bigsight.jp
- Jaarbeurs Utrecht(네덜란드) www.jaarbeursutrecht.nl
- ITE Group(영국) www.ite-exhibitions.com
- Nielsen Expositions(미국) www.eventseye.com
- Amsterdam RAI(네덜란드) www.rai.nl
- NEC Birmingham(영국) www.necgroup.co.uk
- IFEMA Madrid(스페인) www.ifema.es

표 26 세계적으로 유명한 전시장운영사 홈페이지

- Deutsche Messe Hannover(독일) www.messe.de
- Messe Frankfurt GmbH(독일) www.messefankfurt.com
- Messe Dusseldorf GmbH(독일) www.messe-dusseldorf.de
- Messe Berlin GmbH(독일) www.messe-berlin.com
- Hong Kong Convention and Exhibition Centre Limited(홍콩) www.hkcec.com
- Makuhari Messe International Convention Center(일본) www.m-messe.co.jp/en/index.html
- Tokyo Big Sight(일본) www.tokyo-bigight.co.jp
- INTEX OSAKA(일본) www.intex-osaka.com
- China International Exhibition Center(중국) www.ciec.com.cn
- SHANGHAI NEW INTERNATIONAL EXPO CENTER(중국) www.sniec.net
- China Import and Export Fair Complex(중국) www.chinaexhibition.com
- THE JAVITS CENTER(미국) www.javitscenter.com
- McCORMICK PLACE CHICAGO(미국) www.mccormickplace.com
- Las Vegas Convention Center(미국) www.lvcva.com
- FIERA MILANO(이태리) www.fieramilano.it

그림 67 국내외 유명 전시사이트 및 운영기관

국내 사이트	운영 기관
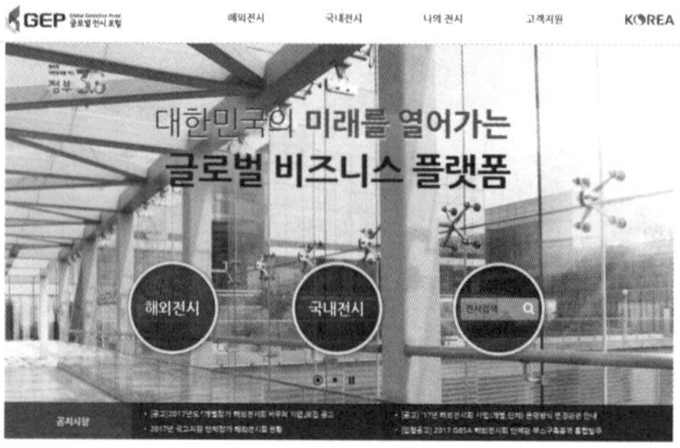	Kotra www.gep.or.kr 약 3,500개 가량의 해외전시정보와 국가별 참가요령, 전시회 현장르포 등 다양한 전시정보가 수록되어 있음.
	중소기업중앙회 www.sme-go.kr 약 1,000개 가량의 해외전시정보가 수록되어 있음.

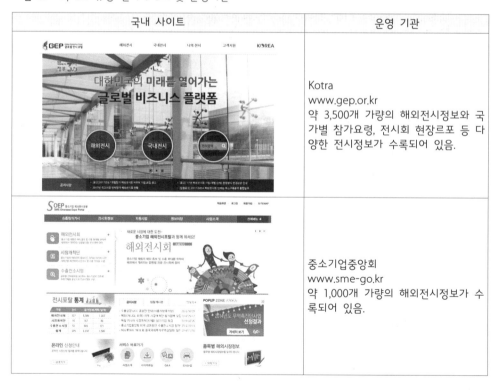

За bounded?

OK.

국내 사이트	운영 기관
	IPR 포럼 www.ipr.co.kr 주로 홍콩, 독일 전시회를 중심으로 에이전트 관계에 있는 전시회 정보가 수록되어 있음.
	케이비즈투어 www.kbiztour.com 동양국제관광 www.expowel.com 국제박람회여행사 www.icetour.co.kr
	독일 AUMA www.auma.de 독일전시산업협회(AUMA)가 운영하는 사이트로 독일 및 전 세계 전시정보를 검색할 수 있다. 전시회 통계 자료 및 트렌드 동향도 살펴볼 수 있다. (영어 버전 제공)
	독일 m+a Expo DataBase 전시회 검색과 관련 정보 제공 매년 m+a Tradeshow Directroy를 발간하고 있다.

국내 사이트	운영 기관
	미국 TSNN (Trade Show News Network) www.tsnn.com 전시회 검색과 관련 정보 제공
	미국 EXHIBITOR www.exhibitoronline.com 전시회 관련 정보 제공 전시마케팅 방법 및 최신 트랜드 등을 소개하는 잡지 발간 
	홍콩 Global Sources www.globalsources.com 전시회 관련 정보 제공
유명전시주최자 및 운영자	www.reedexpo.com www.events.ubm.com www.messe.de

8 해외투자진출정보

(1) 해외투자진출정보포털(www.ois.go.kr)

해외투자진출정보포털(OIS－Overseas Investment Information System www.ois.go.kr)[8]은 Kotra, 수출입은행, 외교부, 무역협회 등 30개 해외투자 유관기관의 정보를 통합하여 해외진출 및 투자에 필요한 정보를 단계별로(1단계 : 투자검토, 2단계 : 투자환경조사, 3단계 : 투자실행, 4단계 : 현지경영관리) 맞춤형 정보를 One－Stop으로 제공하는 웹사이트이다. 이 사이트는 해외직접투자 체크리스트, 국가별 투자환경 및 최신뉴스, 해외진출 한국기업 검색, 해외투자상담 등 다양한 컨텐츠를 제공한다. 또한 OIS 사이트는 해외진출 및 투자에 필요한 투자검토, 투자환경조사, 투자결정, 현지경영관리 등 단계별로 맞춤형 정보를 제공하고 있으며 또한 해외진출 후 여러 가지 사정으로 인해 국내로 복귀하려는 기업들도 이 사이트를 통해 종합상담과 지원제도에 관한 정보를 얻을 수 있다. 자료실에서는 Kotra, 노사발전재단 등 해외진출 지원기관이 발간한 자료를 무료로 다운로드 받을 수 있으며(일부 자료는 유료로 다운로드) 특히 메인화면 좌측「有대리의 즐거운 해외투자이야기」는 Kotra 직원, 컨설턴트, 현지 회계사 및 노무사, 현지진출기업 직원(경험담 위주)들이 들려주는 쉽고 재미있는 해외투자진출 칼럼으로 생생한 해외진출 이야기(투자 유망분야, 노무관리, 현지시장여건 등)를 주제로 하고 있다.

그림 68 해외투자진출해외포털(OIS) 메인 화면

8 산업통상자원부와 Kotra는 2018년 3월부터 OIS사이트를 폐쇄하고 Kotra해외시장뉴스 <http://news.Kotra.or.kr)에 통합하여 운영하고 있다.

표 27 OIS 정보 제공기관

· 기획재정부	· 외교부	· 산업통상자원부	· 국세청
· 특허청	· 대외경제정책연구원	· 한국광물자원공사	· KOTRA
· 대한상공회의소	· 산업연구원	· 에너지경제연구원	· 전국경제인연합회
· 중소기업진흥공단	· 한국금융연구원	· 국제금융센터	· 한국조세연구원
· 한국노동연구원	· 한국농촌경제연구원	· 한국무역협회	· 한국은행
· 한국산업은행	· 한국섬유산업연합회	· 한국무역보험공사	· 한국수출입은행

표 28 해외투자진출정보포털(OSI) 항목

항목	세부항목
투자뉴스	▪ 투자속보 ▪ 주재국 투자뉴스 ▪ 시장정보 ▪ 전문자료
투자점검	▪ 국가개요 ▪ 해외 직접투자개요 ▪ 해외투자 체크리스트 ▪ 투자 검토요소 ▪ 투자 지원서비스 ▪ 중국 진출 노하우
현지정착	▪ 한국투자 기업지원센터 ▪ 현지상담사례 ▪ 상담안내 ▪ 해외진출 한국기업 검색 ▪ 해외지식재산센터 ▪ 해외투자통계 ▪ 발간자료
청산·국내복귀	▪ 청산절차 ▪ 국내복귀기업 지원센터 ▪ 지원제도 ▪ Q&A

또한 Kotra가 발행하는 일일레터인 『有대리의 즐거운 해외투자 이야기』와 주간 레터인 『OIS 뉴스레터』도 OIS 사이트를 통해 신청하면 이메일로 받아 볼 수 있다(OIS Home>포털소개>뉴스레터 신청).

그림 69 Kotra가 발행 배포하는 주간 『OIS 뉴스레터』

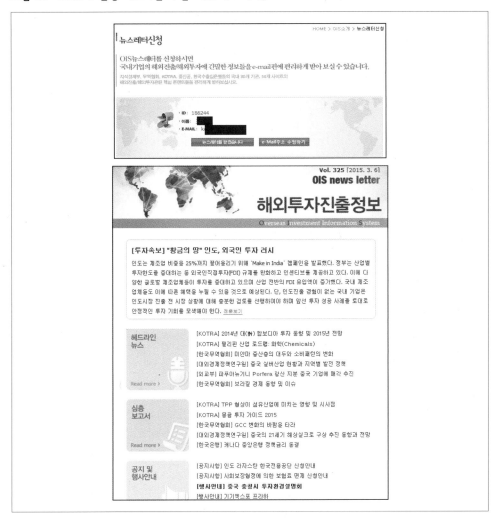

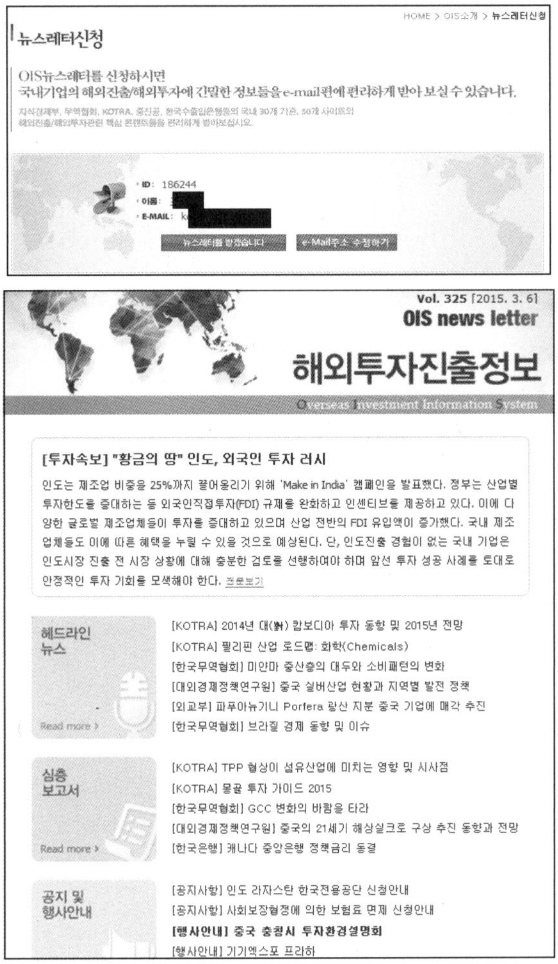

(2) Kotra 해외시장뉴스(http://news.kotra.or.kr)

『Kotra 해외시장뉴스>뉴스>투자진출』로 들어가면 해외무역관에서 올린 투자진출 관련 생생한 정보를 얻을 수 있다. 또한 『Kotra 해외시장뉴스>비즈니스 정보>해외진출기업정보』로 들어가면 각국에 진출해 있는 국내기업 정보도 볼 수 있다.

그림 70 Kotra 해외시장뉴스 투자진출

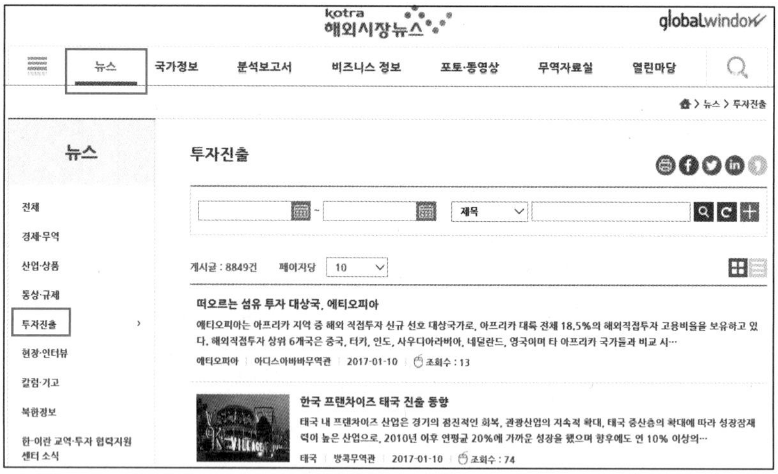

그림 71 Kotra 해외시장뉴스 해외진출기업정보

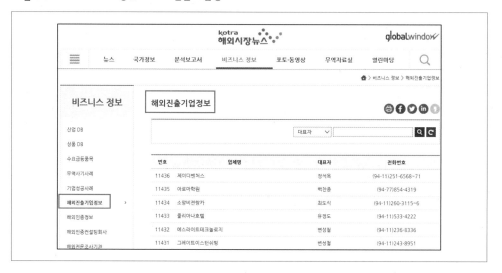

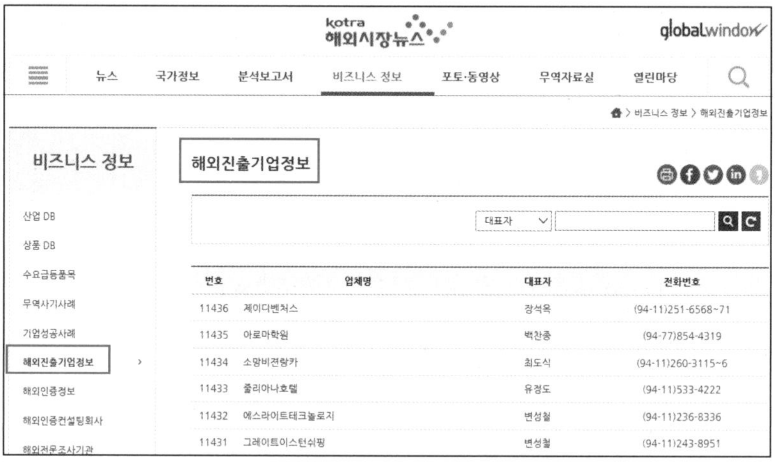

9 해외건설정보

해외건설협회가 운영하고 있는 「해외건설종합정보서비스」사이트(www.icak.or.kr)를 방문하면 해외건설과 관련된 다양한 정보를 얻을 수 있다. 이와 같은 정보는 건설사뿐 아니라 건설중장비, 기자재, 설비 등을 수출하는 기업들에게도 필요하다. 그 이유는 해외수주에 성공한 다수 국내기업들이 수주한 건설 및 플랜트 프로젝트를 수행하는 과정에서 많은 설비 및 기자재 등을 한국으로부터 조달 받기 때문이다.

그림 72 해외건설종합정보서비스 메인 화면

해외건설종합정보서비스 메인 화면의 「국별환경」에서는 6개 대륙으로 구분하여 총 73개국에 대한 일반현황, 건설시장 현황, 외국기업진출현황, 아국진출현황 및 진출전망 등이 서술되어 있다. 「시장동향」은 지역별, 국가별, 분야별(발전, 용수/환경, 운송, 건축/부동산, 산업시설, 설계/용역, 종합, 기타)로 분류하여 검색을 통해 현지 건설시장동향, 수주정보 등을 파악할 수 있다. 「건설통계」는 우리기업들이 해외에서 수주한 건설프로젝트 관련 요약현황, 지역별/국가별/업체별/공종별/국가그룹별로 설명하는 총괄예약현황, 전년동기대비 현황, 수주 및 발주형태별 현황, 연도별 현황, 세부공종별 현황, 순위별 현황 등 각종 통계자료를 자세히 제시하고 있다. 「플랜트」항목에서도 지역별, 국가별, 분야별(정유/석유화학, 발전플랜트, 산업플랜트, 환경플랜트, 기타플랜트)로 분류하여 현지 플랜트시장동향 및 입찰관련 정보 등을 제공하고 있으며 「해외진출」항목에서는 해외건설촉진법, 해외건설업신고 등 해외건설과 관련 보고, 신고요령과 해외건설 관련 각종 지원제도를 소개하고 있다.

그 외 건설·플랜트와 관련된 대외기관에 대한 정보도 수록되어 있다.

그림 73 해외건설종합정보서비스가 제공하고 있는 해외건설 관련 각종 정보

10 국제입찰 및 조달정보

최근 많은 국가들이 응찰자의 국적에 제한을 두지 않는 국제입찰을 실시하고 있다. 국제입찰은 내국인에게만 입찰기회나 별도의 혜택을 주지 않고 모든 국가에 문호를 개방하는 제도이다. 국내입찰로는 낙찰기업을 찾을 가능성이 희박하거나 보다 우수한 기술력과 자금력을 보유하고 있는 외국업체들을 상대로 유리한 조건하에서 낙찰업체를 선정하고자 할 때 주로 실시한다. 그러나 국제입찰이라고 하더라도 반드시 국내기업과 컨소시움을 이뤄 응찰하도록 제한하는 경우도 있다. 조달 역시

각국 정부 또는 국제기구가 우수하고 경쟁력 있는 공공재를 공급받기 위해 해외기업에게까지 조달시장 참여의 폭을 확대하는 경우도 많이 있다. 해외 조달 및 입찰 시장정보를 제공해주는 대표적인 국내기관으로는 조달청 해외조달정보센터(www.pps.go.kr/gpass/index.do)가 있다.

그림 74 조달청 해외조달정보센터 홈페이지 메인화면

이 사이트를 통해 해외입찰정보, 해외조달동향, 관련 각종해외시장정보를 취득할 수 있다. 특히 『조달청 해외조달정보센터 > 해외조달정보 > 해외입찰사이트』를 방문하면 약 40개국과 UN, EU 및 기타 국제기구의 조달 및 입찰정보를 제공하는 사이트를 파악할 수 있다. <표 29>는 조달청 해외조달정보센터 홈페이지를 통해 조달 및 입찰정보 사이트 파악할 수 있는 국가 및 국제기구이다. 또한 코트라 해외무역관을 통해 특정 국제입찰에 대한 정보, 입찰서류 구입 관련 정보 수집 등을 요청할 수 있다.

표 29 조달청 해외조달정보센터를 통해 조달 및 입찰정보 제공 사이트 파악 가능 국가 및 국제기구
한국, 그리스, 뉴질랜드, 대만, 덴마크, 독일, 루마니아, 말레이시아, 미국, 멕시코, 벨기에, 벨로루시, 브라질, 스웨덴, 스위스, 싱가포르, 아르헨티나, 아일랜드, 알제리, 엘살바도르, 영국, 오스트레일리아, 오스트리아, 우루과이, 이탈리아, 인도, 일본, 중국, 중동, 칠레, 캐나다, 페루, 포르투갈, 폴란드, 프랑스, 핀란드, 헝가리, 홍콩, EU, UN, 기타 국제기구

그림 75 중소기업수출지원센터의 해외조달시장정보

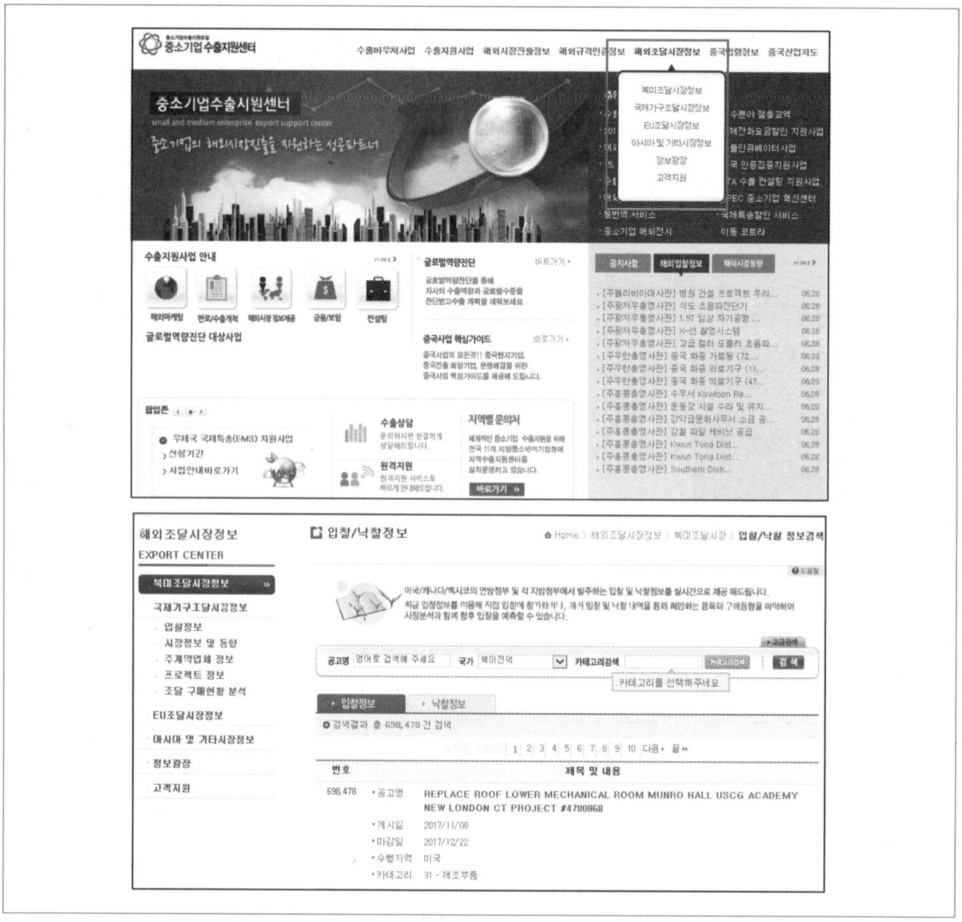

국제조달과 관련된 종합정보는 중소기업수출지원센터(www.exportcenter.go.kr)의 해외조달시장정보에서 자세히 검색할 수 있다. 이 사이트는 북미, 국제기구, EU, 아시아 및 기타 조달 시장을 총 망라하여 관련 정보들을 제공하고 있다. 세부적으로는 국제입찰정보 검색, 시장정보 및 동향, 주계약업체정보, 벤더정보, 현지 에이전트정보, 조달구매 현황분석뿐만 아니라 단계별 진출가이드 및 해외조달 진출가이드 등 구체적인 정보를 취득할 수 있다.

또한 국제입찰정보를 서비스하고 있는 대표적인 사설 유료 사이트로는 KOMPASS Tenders Page(https://tenderspage.com)가 있다.[9] 이 서비스는 국제공공조달정보 모니

9 이하 설명 KOMPASS 홈페이지에서 인용.

터링 서비스로 매일 공고되고 있는 국제입찰정보 및 관련 관심 기업리스트를 제공하며 Bids 파트너 매칭과 커뮤티케이션 서비스 지원을 통해 협업 파트너 발굴을 통해 국제 입찰시장에 참여할 수 있도록 지원하고 있다. KOMPASS Tenders Page는 매일 5만개 이상(매년 1천만개 이상)의 국제입찰 정보를 제공하며 145개 언어를 통해 입찰정보를 검색할 수 있다.

표 30 KOMPASS Tenders Page 상위 20개 국가 일일 국제입찰정보 등록 현황

제공국가	입찰정보 수	제공국가	입찰정보 수
중국	11,422	멕시코	374
프랑스	1,956	스페인	370
미국	3,042	필리핀	284
러시아	2,554	파나마	282
인디아	2,276	태국	278
캐나다	1,500	이란	270
독일	1,440	모로코	262
영국	724	스웨덴	230
벨기에	544	에스토니아	228
폴란드	428	체코	222

표 31 KOMPASS Tenders Page 특장점

- 품목별 국제입찰정보 서비스
  - 웹, 모바일, 앱을 통한 간편 국제입찰정보 제공
  - 키워드 설정을 통한 전세계 시장 국제입찰 정보 메일 통지 서비스
  - Tenders, Award, Project 등 종류별 입찰정보 서비스
  - 관심국가 및 키워드를 통한 입찰정보 검색 및 상세정보 제공
- 입찰참가를 위한 협업 파트너 매칭지원 서비스
  - 특정 경쟁입찰에 관심있는 해외기업(BID Partner) 리스트 제공
  - OLIA Network서비스 제공을 통한 입찰 파트너 매칭
    * OLIA Network(입찰 파트너매칭 및 커뮤니케이션 서비스)
- 경쟁력 있는 국제입찰정보 제공 서비스
  - 5만개 이상의 정보 출처(MAPA, JOUE, BOAMP 등)
  - 산업별 다양한 키워드 설정 및 국제입찰정보 제공
  - 특정 입찰에 대한 10년 이상의 낙찰정보 제공

표 32 국제입찰 및 조달 관련 정보 취득 관련 기관/민간기업 및 홈페이지

구분	기관 및 기업명	홈페이지	기타
국내	조달청 해외조달정보센터	http://www.pps.go.kr 관련사이트>해외조달정보센터	
	(사)한국 G-PASS 기업 수출진흥협회	http://www.gpass.or.kr	
	KOICA	http://nebid.koica.go.kr	ODA발주정보
	한국수출입은행	www.koreaexim.go.kr 열린경영>경영공시>기타경영공시> 계약정보>입찰정보	
	국제조달시장 종합정보시스템[10]	www.exportcenter.go.kr 해외조달시장정보>국제기구조달시장정보> 입찰정보	
	외교부 해외입찰정보	http://www.mofa.go.kr 이슈별 자료실>경제정보>해외입찰전시회 정보>해외입찰정보	
	해외건설협회 해외건설종합서비스	http://www.icak.or.kr 대외기관>ODA발주정보	ODA발주정보
	공간정보산업 해외진출지원센터	http://gisc.lx.or.kr	
	한국콤파스	www.kompass.co.kr	유료사이트
	플랜트산업협회	www.Kopia.or.kr 정보광장>공지사항>입찰	플랜트정보
해외	UNCTAD	http://unctad.org	
	ITC(International Trade Center)	http://www.intracen.org	
	UNGM (UN Global Marketplace)	http://www.ungm.org/	
	UNDB (UN Development Business)	http://www.devbusiness.com/	
	민간서비스업체	http://www.simap.ch	유료사이트
		http://www.dict.cc	유료사이트
		http://tenderspage.com/	유료사이트
		http://www.dgmarket.com[11]	유료사이트
		http://www.globaltenders.com	유료사이트

플랜트 관련 정보는 한국플랜트산업협회에서 운영하고 있는 플랜트 B2B 포털 사이트(www.kopia.or.kr)를 이용한다. 이 사이트에서는 해외수주지원, 해외플랜트 타

10 UN 및 그 산하기구와 세계은행, 아시아개발은행 등의 국제개발은행 등에서 공고하는 입찰정보를 실시간으로 제공.

11 해외경쟁입찰에 대한 정보를 제공함. 프로젝트 요약 정보는 무료로 검색할 수 있으나 세부 정보는 유료결제를 해야 볼 수 있음.

당성조사 지원, 중소형 플랜트 수주 지원, 수주통계 등 다양한 시장정보를 제공하고 있다.

그림 76 한국플랜트산업협회 홈페이지 메인화면 및 입찰정보

11 바이어 신용정보

바이어와 첫 거래를 할 때 가장 어려운 점은 그 바이어에 대해 정확히 알지 못한다는 점이다. 특히 일부 지역 바이어들은 자신이나 자신이 속한 회사를 과장하여 처음부터 독점 에이전트를 요구하기도 하고 심지어는 외상거래를 제안하기도 한다.

이런 경우 바이어에 대한 정확한 정보 없이 선불리 거래에 응했다가 낭패를 보는 경우도 종종 발생한다.

신용조사란 추후 안전한 거래를 위해 해외 바이어의 기본정보, 재무정보 등을 토대로 바이어의 신용등급을 사전 확인하는 것이다. 시장규모가 작은 지역의 바이어에 대한 신용상태는 Kotra 해외무역관에서도 어느 정도 파악할 수 있다. 동종 업종에 종사하는 제3의 바이어를 통해 간접적으로 해당 바이어의 수입규모, 영업능력 및 재정상태 등을 대략 확인할 수 있다. 그러나 대부분의 무역관에서는 바이어의 실존 여부 정도만 확인이 가능하다.[12] 또는 바이어 주재국의 상공회의소 홈페이지를 통해 바이어 회사의 기본정보를 얻을 수도 있으나 국가마다 업데이트 정도가 상이하므로 100% 신뢰할 수가 없다. 따라서 가장 좋은 신용조사 방법은 한국무역보험공사, 한국기업데이터,[13] (주)나이스디앤비, 신용보증기금(국내기업 신용조사 서비스만 제공), 한국수입협회 등 국내 신용조사기관을 이용하는 것이다. 이외 각 은행이나 지방자치단체, 지방중소벤처기업청, 무역협회, 상공회의소 등에서 한국무역보험공사나 D&B Korea 또는 세계적으로 유명한 신용조사기관과 협력하여 신용조사 업무를 대행해 주기도 한다.

(1) 한국무역보험공사 바이어 신용정보(www.ksure.or.kr)

가장 믿을 만한 국내 신용조사 공기관은 한국무역보험공사[14](이하 '무보')이다. 무보는 자체 해외지사[15]와 전 세계 70여 개의 신용조사기관과 연계하여 해외 소재 기업의 기본정보, 재무정보 등의 신용조사를 실시하여 의뢰인에게 신용조사 보고서를 서비스하고 있다. 즉, 국내기업이 무보에 특정 국외기업에 대한 조사를 신청하면 무보는 해외지사나 연계된 신용조사기관에 조사를 의뢰하게 되고 조사기관은 해당 국외기업(조사하려는 바이어 회사)에 대한 조사를 실시하여 무보를 경유, 의뢰 국내기업에게 전달하고 국내기업은 무보에 수수료를 납부하게 된다.

---

12 Kotra에서는 연간 6회까지 무료로 바이어 연락처를 확인해주고 있다.

13 한국기업데이터(www.kedkorea.com)와 (주)나이스디앤비(www.dnbkorea.com)는 민간 신용조사 기업이다.

14 무보는 전 세계 신용조사기관과 협약을 체결하여 매년 5만건 이상의 국외기업 신용조사 서비스를 제공하고 있다.

15 2017년 7월 현재, 한국무역보험공사는 뉴욕, 상하이, 도쿄 등 14개 지사를 보유하고 있으며 요하네스버그, 알마티 무역관에 직원을 파견시키고 있다.

그림 77 무보의 바이어 신용조사 진행 절차

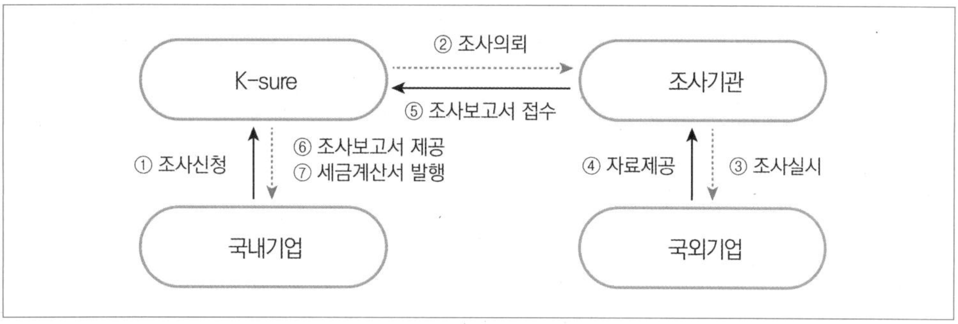

무보의 신용조사 『요약보고서』에는 국외기업개요, 최근 신용평가이력, 특이사항, 주요주주, 관계회사, 거래은행, 결제상태, 결제조건, 무역보험이용정보, 재무사항, 주요재무항목 추가정보(매출액, 순자산, 순이익, 부채비율 추이), 산업, 국외기업과 동종업종 평균신용등급 비교, 국가정보, 국가등급, 무역보험 국별인수 방침, 해당국가의 정치 및 경제 동향 등이 포함된다. 『요약보고서』는 주로 수출보험부보를 위한 등급책정 시 근거자료로 사용된다. 한편 『요약보고서』에 신용조사보고서원본이 첨부된 『Full Report』는 추가적인 국외기업정보 확보를 위해 활용된다.

(2) 사설전문업체 바이어 신용정보

한국기업데이터(www.kedkorea.com)는 2005년 5월 전 세계 140여 개국, 1억만개 이상의 기업정보를 보유하고 세계 70개국 신용정보평가기관이 참여하는 세계적 신용정보평가기관 연합체인 CA(Credit Alliance www.coface.com)에 가입, 회원사인 유럽의 COFACE, 중국의 SINOSURE, 일본의 TDB, 미국의 VERITAS USA, 인도의 MIRA 등 세계적 신용정보기관과의 업무제휴를 통해 해외기관에서 직접 조사한 해외기업 신용조사서를 국내무역업체 및 기관에 제공하고 있다.

또한 세계 최대 기업신용정보 기관인 미국의 D&B사의 파트너사인 (주)나이스디앤비(www.nicednb.com)는 D&B사의 기업신용정보 상품을 국내 기업들에게 제공하고 있다. D&B사는 1841년 미국에서 설립되어 전 세계 214개국, 1억 9천만 개의 기업정보를 보유한 세계 최대 기업신용기관이다.

한국수입협회(www.koima.or.kr)에서도 해외 및 국내업체의 회사정보, 최근 실적, 재무상태 등의 다각적 조사와 분석을 통해 해당 기업의 신용도에 대한 보고서를 제공한다. 통상 2주 이상의 시간이 소요되며 건당 수수료는 30~50만원선(부가세 별도)이다.

이외 뷰로반다익(www.dvdinfo.com) 및 한국콤파스(www.kompass. co.kr)와 같은 사설업체에서도 바이어신용조사 서비스를 제공하고 있다.

(3) 참고사항 : 민간 신용조사기관의 제공 가능 정보

1) 한국기업데이터【www.kedkorea.com】

항목	제공 가능 정보 내용
Identification & Executive Summary (개요 및 요약)	회사명, 주소, 전화번호, 대표자 이름, 주요업종, 신용등급(Rating), 사업개시 연도, 매출액, 종업원수, 업력, 재무상태 등 기재
Investigation Notes (특이사항)	주소 변경, 대표이사 변경, 도산, 인수/합병, 실제 영업여부 등 최근 조사에서 확인된 주요 변동 내용
Legal Status (공공정보)	회사관련 소송, 재판 정보 등의 공공정보 기재
Main Executives (주요 경영진)	대표자를 비롯하여 주요 경영진에 대한 인적사항 및 주요 경력기재
Affiliated Entities (관계회사)	회사의 주요 관계회사에 대한 간단한 설명 및 회사와의 지분관계 기재
Banking Information (금융정보)	주거래은행 정보, 최근 대출내역 및 부채 잔액, 연체사실 여부 및 상세 연체내역 기재
Payment History (지불내역)	외상매입금, 지급어음 관련 회사의 지불 성향 및 미지급 관련 내역, 최근 불이행 지급내역 등 기재
Financial Information (재무정보)	최근 3년간 재무제표, 주요 재부지표 등 재무관련 사항
History (연혁)	회사 설립부터 현재까지의 회사 내 주요 변동 사항 및 발전 모습 기재
Operation Status (운영내역)	주요업종, 지배구조, 수출입 활동 사항, 주요 거래처 정보
Trade References (무역번호)	무역업 허가 내역 및 관련 인증 정보

2) (주)나이스디앤비【www.nicednb.com】

항목	제공 가능 정보 내용
Summary (요약)	회사명, 주소, 전화번호, 대표자 이름, 주요업종, 신용등급(Rating), 사업개시연도, 매출액, 종업원수, 업력, 재무상태 등 기재
Special Events (특이사항)	주소 변경, 도산, 인수/합병, 화재, 천재지변 등 최근에 발생한 주요사건 등 기재
Rating Summary (등급설명)	신용등급 해석
Payment Summary (대금 지불 성향 분석)	외상매입금에 대한 지불내역으로서 대금결제 성향 파악 가능. 최고 여신금액, 현재 잔액, 미지급금 등을 설명하여 지불성향 점수(PAYDEX)와 지불 방법 등을 분석
Finance (재무제표)	요약 재무제표, 주요 재무지표 등 재무 관련자료
Public Filing (공공기록)	소송, 재판, 파산 선고 등의 공식 신고 사항
Banking(은행)	최근 1년간의 평균잔액, 대출 내용, 주거래 은행과의 관계기록, 구매력과 부채에 대한 판단 자료로 활용
History(연혁)	사업자 등록 내용, 설립 연도, 경영자 약력 등 경쟁자의 기업 경영에 미치는 영향에 대한 평가자료
Operation(운영)	주요업종, 지배구조, 수출입 유무 등 회사 전반에 걸친 영업사항 기재
사내 SRM/ERP 시스템 연동 지원	참가업체 기업정보를 사내 시스템과 연동하는 전산지원 - KT 사례 : 해외기업정보 전산 연동 국내 최초 진행(2006년)

12 해외인증정보

(1) 한국산업기술시험원 해외인증정보(http://customer.ktl.re.kr)

『한국산업기술시험원 홈페이지＞사업소개＞인증＞해외인증』을 방문하면 각종 인증정보를 취득할 수 있다.

그림 78 한국산업기술시험원 해외인증

(2) 국가기술표준원 해외인증정보시스템(www.certinfo.or.kr)

국가기술표준원에서는 한국산업기술시험원, 한국기계전기전자시험연구원 등 유관기관과 공동으로 '해외인증정보시스템'을 구축하여 해외인증 관련 정보를 제공하고 있다. 해외인증정보시스템은 116개국 350개의 국가공통 및 국가별 인증제도의 개요, 인증기관, 시험기관, 대상품목, 인증절차 및 제출서류, 공장심사, 유효기간 변경 등의 사후관리에 대한 자세한 설명과 함께 맞춤형 정보조사와 인증 상담/컨설팅을 제공한다. 이 시스템은 국가·품목·HS 코드 등 무엇으로든 인증을 찾아주는 검색 기능을 갖추고 있으며 모바일 서비스도 제공한다. 셋톱박스(품목)을 검색하면 AITI(유무선통신)인증 <브루나이>, ANATEL(유무선통신)인증 <브라질>, CCC(전기안전)인증 <중국> 등 관련 인증을 보여준다. 또한 국내에서 해외인증 관련 시험인증 서비스를 제공하는 기관정보와 지방중소벤처기업청, 지자체의 해외인증지원사업도 검색할 수 있다.

그림 79 해외인증정보시스템 및 모바일서비스

(3) Kotra 해외인증정보(http://news.kotra.or.kr)

또한 해외인증취득을 위한 해외컨설팅기관에 대해 알고 싶다면 『해외시장뉴스>비즈니스 정보>해외인증컨설팅회사』를 방문한다. 여기에는 700개가 넘는 국가별 품목별 인증컨설팅회사 정보가 수록되어 있다. 그리고 자사 제품을 수출하려는 품목에 대한 인증 관련 정보를 얻고자 한다면 『Kotra 해외시장뉴스>비즈니스 정보>해외인증제도』를 방문한다. 각국별 인증제도에 대한 간략한 소개는 『Kotra 해외시장뉴스>국별정보>주요인증제도』를 클릭한다.

그림 80 해외시장뉴스 해외인증정보

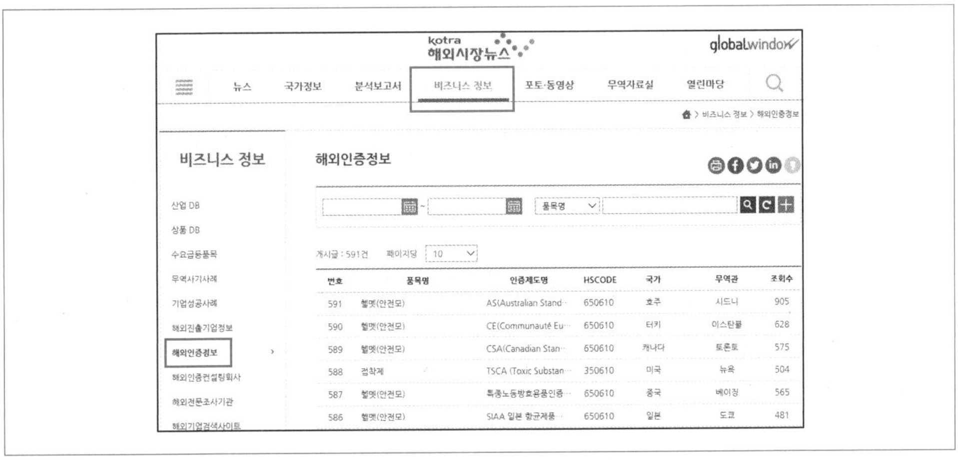

그림 81 해외시장뉴스 해외인증정보(Kotra 시드니무역관)

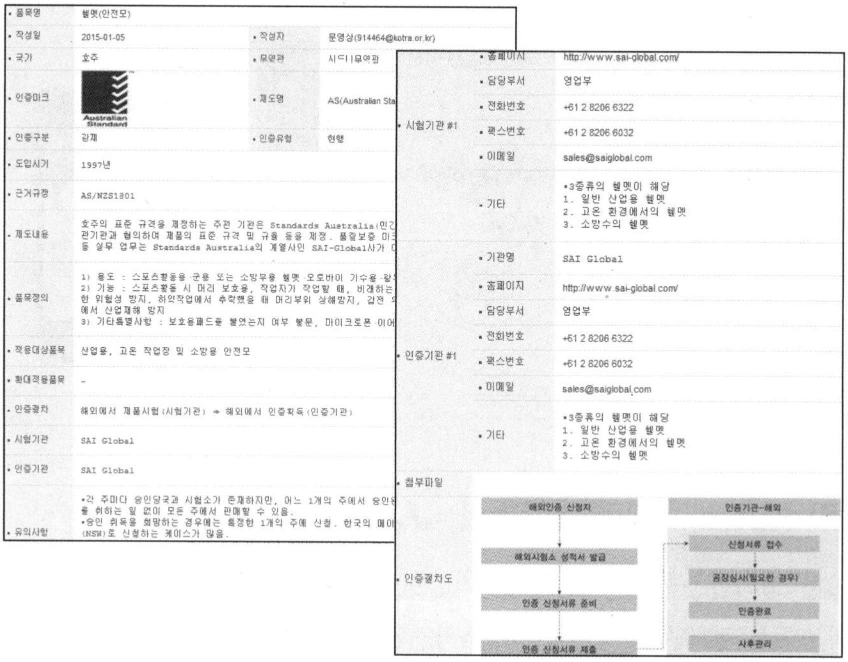

(4) 무역협회 해외인증정보(www.kita.net)

무역협회에서도 한국산업기술시험원 국제인증정보시스템과 연계하여 해외인증 정보를 제공하고 있다. 『무역협회 홈페이지 > 해외마케팅 > 해외인증』으로 들어가면 중국인증정보, 국가별인증정보, 산업별인증기관 등을 검색할 수 있다. 특히 국가별 인증정보에서 국가를 선택하고 산업분류 또는 품목분류(HS)에 따라 정보를 입력하면 해당국가와 산업(품목)에 해당하는 해외인증정보를 검색할 수 있다.

그림 82 무역협회 해외인증정보

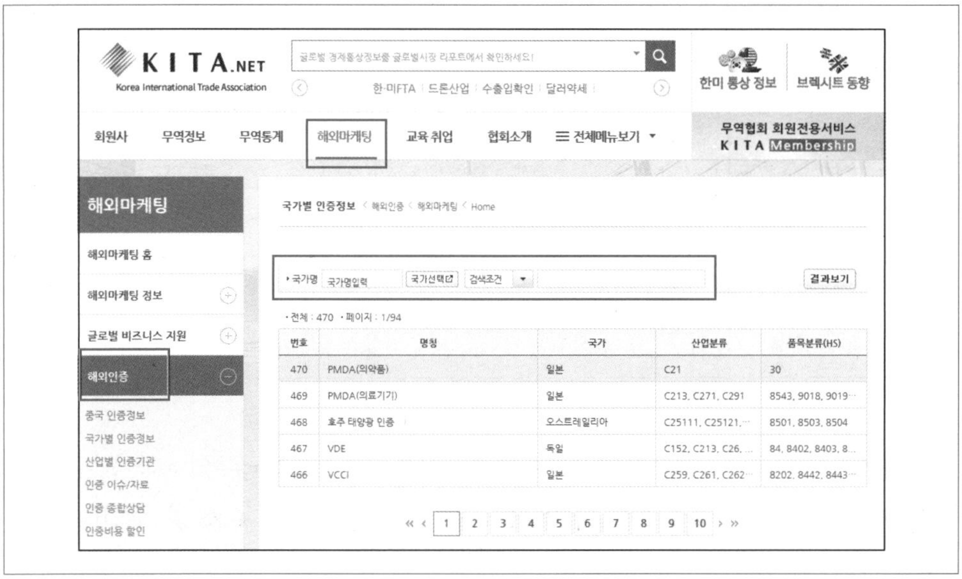

또한 『무역협회 TradeSOS(http://tradesos.kita.net) > 해외인증상담센터』를 방문해도 국가별/품목별 인증정보를 취득할 수 있다. 무역협회 해외인증상담센터에서는 식품, 화장품, 기계, 의료기기 등 품목별 해외인증 정보를 제공하고 국내외 해외인증 유망 컨설팅 회사 알선 및 매칭 서비스를 제공하고 있다. 다른 유관기관과는 달리 직접 해외인증상담센터를 방문하여 필요한 정보와 조언을 얻을 수 있을 뿐 아니라 온라인을 통해서도 전문가들의 컨설팅을 받을 수 있다. 따라서 해외인증관련 정보 검색만으로는 불충분 할 경우, 무역협회 해외인증상담센터를 접촉하면 전문가들로부터 맞춤형 서비스를 받을 수 있다.

13 무역통계정보

(1) 한국무역협회 무역통계(www.kita.net)

무역협회 사이트를 통해 국가별, 품목별 우리나라 수출입현황을 파악할 수 있다. 무역협회는 우리나라뿐 아니라 미국, 중국, EU 등 주요국의 무역통계도 제공하는데 한국 통계의 경우, 익월 20일 이후 전(前)월 말 기준 통계가 반영된다.

그림 83 무역협회 국내통계

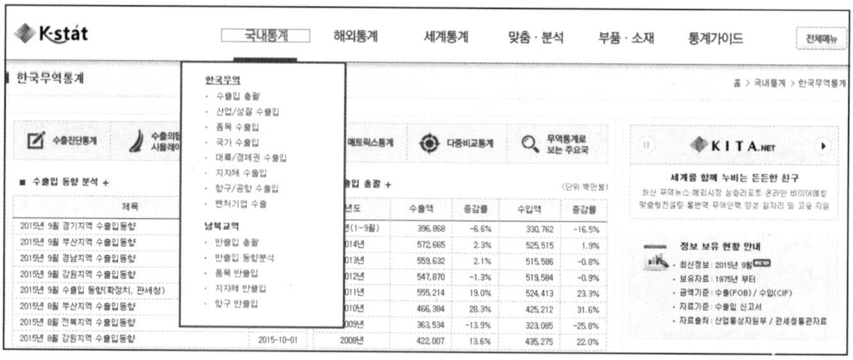

무역협회 메인 홈페이지에서 『무역통계>국내통계>한국무역>국가 수출입』을 클릭하면 [그림 84]와 같이 약 250개국에 대한 우리나라 수출 및 수입(무역수지 포함) 통계를 검색할 수 있다.

그림 84 무역협회 우리나라의 국가별 수출입 통계

순번	국가명	2014년					2015년 (9월)				
		수출금액	수출증감률	수입금액	수입증감률	수지	수출금액	수출증감률	수입금액	수입증감률	수지
	총계	572,664,607	2.3	525,514,506	1.9	47,150,101	396,867,700	-6.6	330,762,355	-16.5	66,105,345
1	중국	145,287,701	-0.4	90,082,226	8.5	55,205,475	102,063,736	-3.8	66,751,404	1.6	35,312,332
2	미국	70,284,872	13.3	45,283,254	9.1	25,001,618	52,424,202	2.9	33,078,387	-3.2	19,345,815
3	홍콩	27,256,402	-1.8	1,749,889	-9.3	25,506,513	22,091,152	10.8	1,160,275	-14.8	20,930,877
4	베트남	22,351,690	6.0	7,990,325	11.4	14,361,365	20,981,773	29.8	6,905,832	19.7	14,075,941
5	일본	32,183,788	-7.2	53,768,313	-10.4	-21,584,525	19,373,547	-20.6	34,953,720	-13.4	-15,580,173
6	싱가포르	23,749,882	6.6	11,303,182	9.0	12,446,700	11,398,514	-42.2	6,301,766	-28.0	5,096,748
7	대만	15,077,398	-4.0	15,689,769	7.2	-612,371	9,046,894	-20.7	12,415,552	6.8	-3,368,658
8	인도(인디아)	12,782,490	12.4	5,274,668	-14.7	7,507,822	8,898,211	-6.7	3,217,531	-22.0	5,680,680
9	멕시코	10,846,018	11.5	3,268,495	42.1	7,577,523	8,840,647	13.7	2,576,293	3.3	6,264,354
10	호주	10,282,512	7.5	20,413,019	-1.8	-10,130,507	8,629,138	13.5	12,684,555	-18.8	-4,055,417

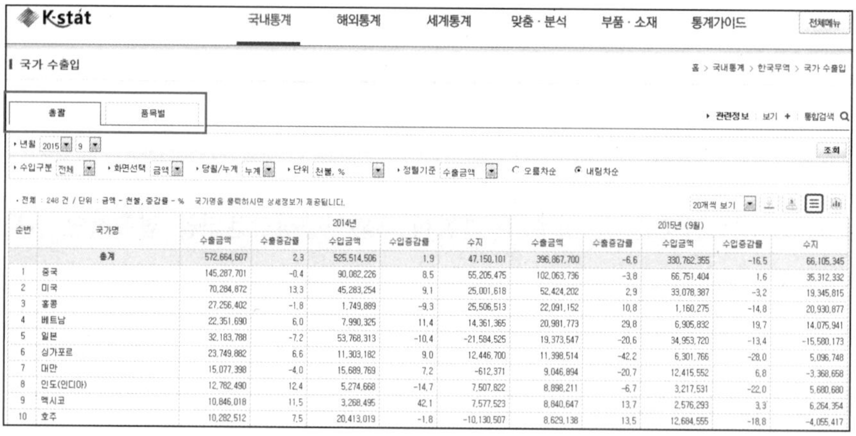

이 화면에서 특정 국가를 클릭하면 1970년부터 최근까지 그 국가 대한 우리나라의 연도별, 월별 수출입액 변화 추이를 파악할 수 있다.

그림 85 알제리에 대한 우리나라 수출입액 변화 추이

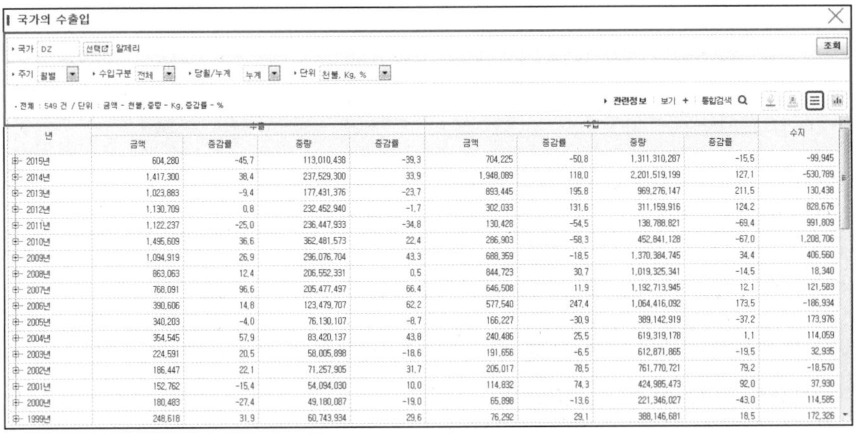

국가의 수출입

국가 DZ 선택 알제리 조회

주기 월별 수입구분 전체 당월/누계 누계 단위 천불, Kg, %

전체 : 549 건 / 단위 : 금액 - 천불, 중량 - Kg, 증감률 - % 관련정보 보기 + 통합검색

년	수출 금액	수출 증감률	수출 중량	수출 증감률	수입 금액	수입 증감률	수입 중량	수입 증감률	수지
2015년	604,280	-45,7	113,010,438	-39,3	704,225	-50,8	1,311,310,287	-15,5	-99,945
2014년	1,417,300	38,4	237,529,300	33,9	1,948,089	118,0	2,201,519,199	127,1	-530,789
2013년	1,023,883	-9,4	177,431,376	-23,7	893,445	195,8	969,276,147	211,5	130,438
2012년	1,130,709	0,8	232,452,940	-1,7	302,033	131,6	311,159,916	124,2	828,676
2011년	1,122,237	-25,0	236,447,933	-34,8	130,428	-54,5	138,788,821	-69,4	991,809
2010년	1,495,609	36,6	362,481,573	22,4	286,903	-58,3	452,841,128	-67,0	1,208,706
2009년	1,094,919	26,9	296,076,704	43,3	688,359	-18,5	1,370,384,745	34,4	406,560
2008년	863,063	12,4	206,552,331	0,5	844,723	30,7	1,019,325,341	-14,5	18,340
2007년	768,091	96,6	205,477,497	66,4	646,508	11,9	1,192,713,945	12,1	121,583
2006년	390,606	14,8	123,479,707	62,2	577,540	247,4	1,064,416,092	173,5	-186,934
2005년	340,203	-4,0	76,130,107	-8,7	166,227	-30,9	389,142,919	-37,2	173,976
2004년	354,545	57,9	83,420,137	43,8	240,486	25,5	619,319,178	1,1	114,059
2003년	224,591	20,5	58,005,898	-18,6	191,656	-6,5	612,871,865	-19,5	32,935
2002년	186,447	22,1	71,257,905	31,7	205,017	78,5	761,770,721	79,2	-18,570
2001년	152,762	-15,4	54,094,030	10,0	114,832	74,3	424,985,473	92,0	37,930
2000년	180,483	-27,4	49,180,087	-19,0	65,898	-13,6	221,346,027	-43,0	114,585
1999년	248,618	31,9	60,743,934	29,6	76,292	29,1	388,146,681	18,5	172,326

또한『국가 수출입』화면 상단의『품목별』을 클릭한 후, 국가를 선택하면 여러 조건 항목에 따라 그 국가에 대한 우리나라 품목별 수출입 금액을 검색할 수 있다.

그림 86 알제리에 대한 우리나라의 품목별 수출입 통계

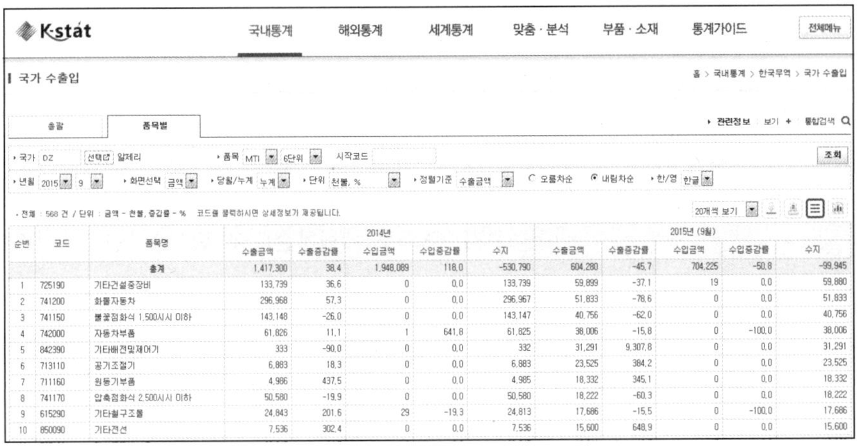

K-stat 국내통계 해외통계 세계통계 맞춤 · 분석 부품 · 소재 통계가이드 전체메뉴

국가 수출입 홈 > 국내통계 > 한국무역 > 국가 수출입

총괄 품목별 관련정보 보기 + 통합검색

국가 DZ 선택 알제리 품목 MTI 6단위 시작코드 조회

년월 2015 9 화면선택 금액 당월/누계 누계 단위 천불, % 정렬기준 수출금액 오름차순 내림차순 한/영 한글

전체 : 568 건 / 단위 : 금액 - 천불, 증감률 - % 코드를 클릭하시면 상세정보가 제공됩니다. 20개씩 보기

순번	코드	품목명	2014년 수출금액	2014년 수출증감률	2014년 수입금액	2014년 수입증감률	2014년 수지	2015년 (9월) 수출금액	2015년 (9월) 수출증감률	2015년 (9월) 수입금액	2015년 (9월) 수입증감률	2015년 (9월) 수지
		총계	1,417,300	38,4	1,948,089	118,0	-530,790	604,280	-45,7	704,225	-50,8	-99,945
1	725190	기타건설중장비	133,739	36,6	0	0,0	133,739	59,899	-37,1	19	0,0	59,880
2	741200	화물자동차	296,968	57,3	0	0,0	296,967	51,833	-78,6	0	0,0	51,833
3	741150	불꽃점화식 1,500시시 이하	143,148	-26,0	0	0,0	143,147	40,756	-62,0	0	0,0	40,756
4	742000	자동차부품	61,826	11,1	1	641,8	61,825	38,006	-15,8	0	-100,0	38,006
5	842390	기타배전및제어기	333	-90,0	0	0,0	332	31,291	9,307,8	0	0,0	31,291
6	713110	공기조절기	6,883	18,3	0	0,0	6,883	23,525	384,2	0	0,0	23,525
7	711160	원동기부품	4,986	437,5	0	0,0	4,985	18,332	345,1	0	0,0	18,332
8	741170	압축점화식 2,500시시 이하	50,580	-19,9	0	0,0	50,580	18,222	-60,3	0	0,0	18,222
9	615290	기타철구조물	24,843	201,6	29	-19,3	24,813	17,686	-15,5	0	-100,0	17,686
10	850090	기타전선	7,536	302,4	0	0,0	7,536	15,600	648,9	0	0,0	15,600

그림 87 무역협회 국가수출입 검색

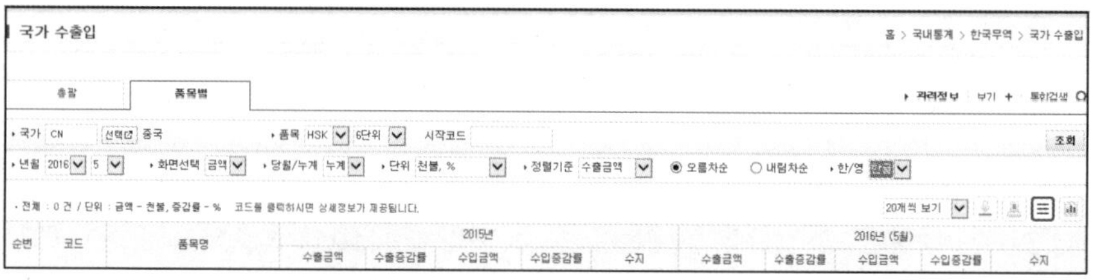

① 국가 : 선택을 클릭하면 대륙별, 경제권별 특정 국가를 선택할 수 있다.

② 품목 : HSK, MTI, SITC별 각 단위별로 검색할 수 있다.

- ○ HSK - 1, 2, 4, 6, 10단위
- ○ MTI - 1, 2, 3, 4, 6단위
- ○ SITC - 2, 3, 5단위

③ 연월 : 검색을 원하는 년과 월을 선정한다.

④ 화면선택 : 금액, 중량 중 한 항목을 선택한다.

⑤ 당월/누계 : 특정 월의 월간통계 또는 1월 1일부터 특정 월까지 누계 중 한 개를 선택

⑥ 단위 : 일단위, 천단위, 백만단위별로 미달러 금액을 표시한다.

⑦ 정렬기준 : 코드, 수출금액, 수출증감률, 수입금액, 수입증감률, 수지 중 한 항목을 선택한다.

⑧ 오름차순, 내림차순 : 작은 수치부터 큰 수치 순으로(오름차순) 큰 수치부터 작은 수치 순으로(내림차순) 중 한 항목을 선택한다.

⑨ 한글/영문 : 표기언어를 선택한다.

⑩ 보기 : 한 화면에서 20개씩, 50개씩, 100개씩 나누어 볼 수 있으며 이 중 한 항목을 선택한다.

이외 각종 무역통계를 도표나 그림으로도 검색하고 출력할 수 있다. 또한 무역협회 메인 홈페이지에서 『무역통계 > 국내통계 > 한국무역 > 품목 수출입』을 클릭하면 품목별 우리나라 전체 수출입액과 국가별 수출입 통계를 검색할 수 있다.

그림 88 품목별 우리나라 수출입 통계

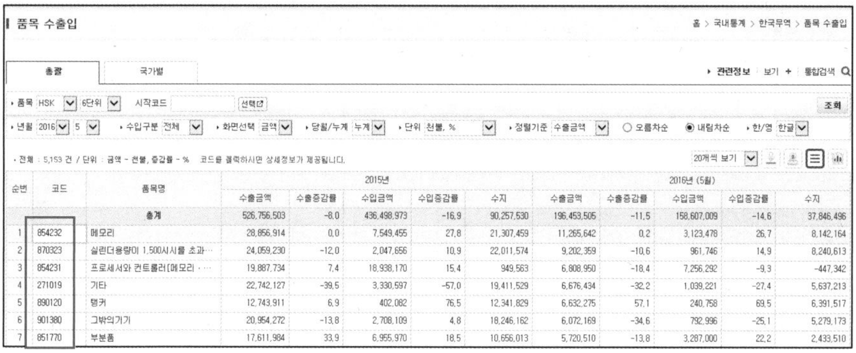

품목 수출입

홈 > 국내통계 > 한국무역 > 품목 수출입

총괄 국가별

관련정보 보기 + 통합검색

품목 HSK 6단위 시작코드 선택 조회

년월 2016 5 수입구분 전체 화면선택 금액 당월/누계 누계 단위 천불, % 정렬기준 수출금액 오름차순 내림차순 한/영 한글

전체 : 5,153 건 / 단위 : 금액 - 천불, 증감률 - % 코드를 클릭하시면 상세정보가 제공됩니다.

20개씩 보기

순번	코드	품목명	2015년					2016년 (5월)				
			수출금액	수출증감률	수입금액	수입증감률	수지	수출금액	수출증감률	수입금액	수입증감률	수지
		총계	526,756,503	-8.0	436,498,973	-16.9	90,257,530	196,453,505	-11.5	158,607,009	-14.6	37,846,496
1	854232	메모리	28,856,914	0.0	7,549,455	27.8	21,307,459	11,265,642	0.2	3,123,478	26.7	8,142,164
2	870323	실린더용량이 1,500시시를 초과…	24,059,230	-12.0	2,047,656	10.9	22,011,574	9,202,359	-10.6	961,746	14.9	8,240,613
3	854231	프로세서와 컨트롤러[메모리 · …	19,887,734	7.4	18,938,170	15.4	949,563	6,808,950	-18.4	7,256,292	-9.3	-447,342
4	271019	기타	22,742,127	-39.5	3,330,597	-57.0	19,411,529	6,676,434	-32.2	1,039,221	-27.4	5,637,213
5	890120	탱커	12,743,911	6.9	402,082	76.5	12,341,829	6,632,275	57.1	240,758	69.5	6,391,517
6	901380	그밖의기기	20,954,272	-13.8	2,708,109	4.8	18,246,162	6,072,169	-34.6	792,996	-25.1	5,279,173
7	851770	부분품	17,611,984	33.9	6,955,970	18.5	10,656,013	5,720,510	-13.8	3,287,000	22.2	2,433,510

[그림 88]의 왼쪽 각 코드를 클릭하면 지난 수년간 해당 품목의 수출입 금액 및 중량을 검색할 수 있다.

그림 89 특정품목의 국가별 우리나라 수출입 통계

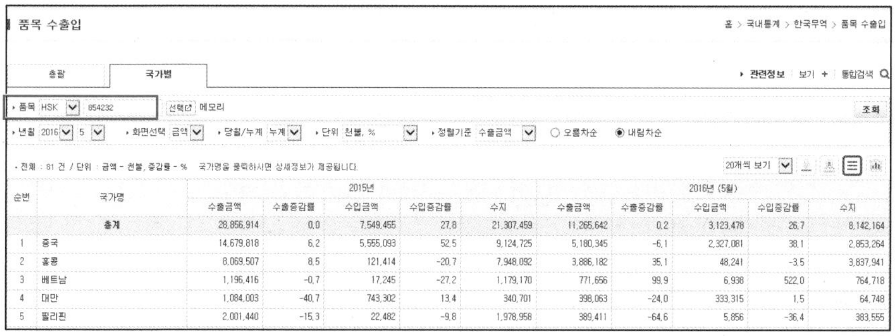

품목 수출입

홈 > 국내통계 > 한국무역 > 품목 수출입

총괄 국가별

관련정보 보기 + 통합검색

품목 HSK 854232 선택 메모리 조회

년월 2016 5 화면선택 금액 당월/누계 누계 단위 천불, % 정렬기준 수출금액 오름차순 내림차순

전체 : 81 건 / 단위 : 금액 - 천불, 증감률 - % 국가명을 클릭하시면 상세정보가 제공됩니다.

20개씩 보기

순번	국가명	2015년					2016년 (5월)				
		수출금액	수출증감률	수입금액	수입증감률	수지	수출금액	수출증감률	수입금액	수입증감률	수지
	총계	28,856,914	0.0	7,549,455	27.8	21,307,459	11,265,642	0.2	3,123,478	26.7	8,142,164
1	중국	14,679,818	6.2	5,555,093	52.5	9,124,725	5,180,345	-6.1	2,327,081	38.1	2,853,264
2	홍콩	8,069,507	8.5	121,414	-20.7	7,948,092	3,886,182	35.1	48,241	-3.5	3,837,941
3	베트남	1,196,416	-0.7	17,245	-27.2	1,179,170	771,656	99.9	6,938	522.0	764,718
4	대만	1,084,003	-40.7	743,302	13.4	340,701	398,063	-24.0	333,315	1.5	64,748
5	필리핀	2,001,440	-15.3	22,482	-9.8	1,978,958	389,411	-64.6	5,856	-36.4	383,555

또한 품목란에 해당품목 HSK, MTI, SITC 번호를 입력하고 조회를 클릭하면 해당품목에 대한 국가별 우리나라 수출입 통계를 검색할 수 있다.

그림 90 무역협회 해외통계

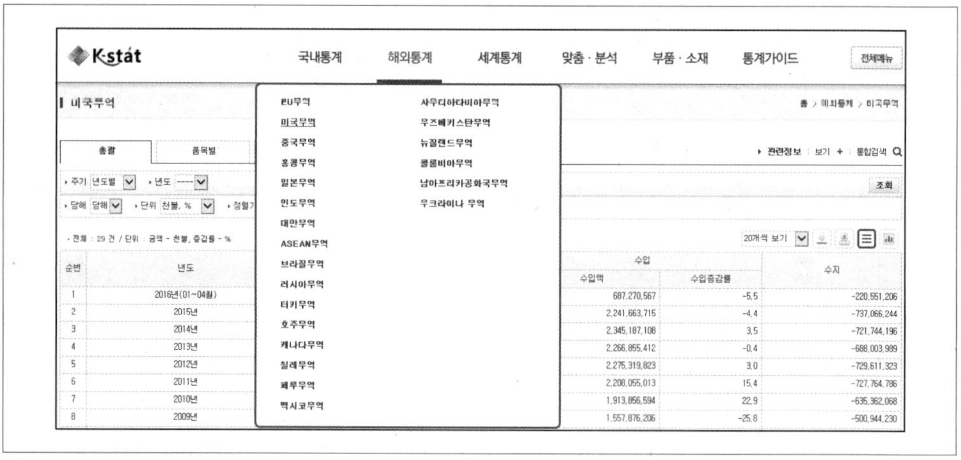

해외통계에서도 주요 경제권 및 국가별16로 총괄 수출입금액 및 품목별 수출입 금액 등 유사한 정보를 취득할 수 있으나 업데이팅 주기는 국가마다 차이가 있다.

그림 91 미국의 품목별 수출입 통계

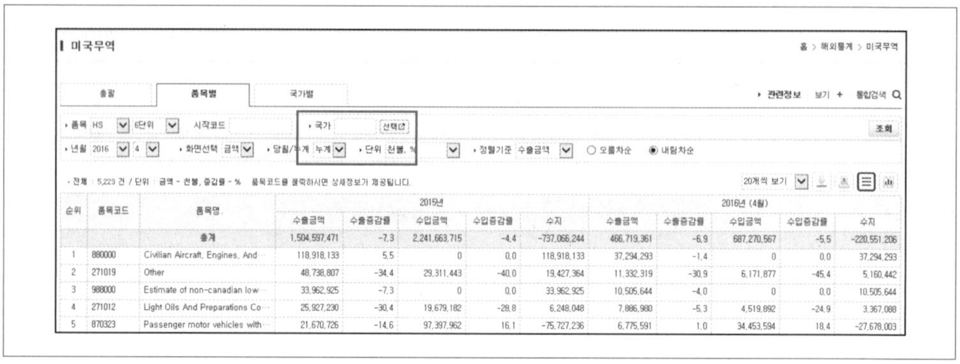

상기 화면의 국가에서 특정국을 선택하면 품목별로 선정된 특정국과의 수출입 금액을 검색할 수 있다.

---

16 EU, 미국, 중국, 홍콩, 일본, 인도, 대만, ASEAN, 브라질, 러시아, 터키, 호주, 캐나다, 칠레, 페루, 멕시코, 사우디아라비아, 우즈베키스탄, 뉴질랜드, 콜롬비아, 남아프리카공화국, 우크라이나 수출입통계가 제공되고 있다.

(2) 한국무역통계진흥원(www.trass.or.kr)

그림 92 한국무역통계진흥원 TRASS 메인화면

관세청 무역통계작성 및 교부업무 대행기관으로서 국내 유일의 수출입무역통계서비스를 제공하고 있는 한국무역통계진흥원의 TRASS (Trade Statistics Service)를 통해서도 무역통계 및 관련 정보를 검색할 수 있다.

그림 93 2017년 상반기 우리나라 대(對)알제리 HS Code 842952 수출실적

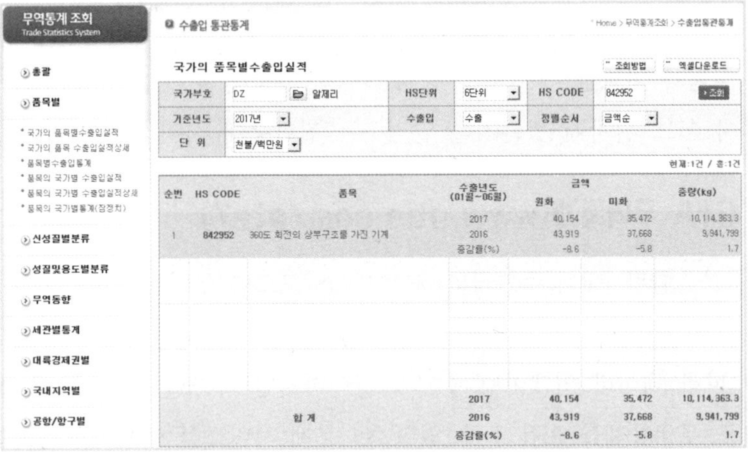

그림 94 2017년 상반기 우리나라 HS Code 842952의 각국별 수출실적

순번	부호	국가명	수출년도 (01월~06월)	금액 원화	금액 미화	중량(kg)
1	AE	아랍에미리트 연합	2017	5,297	4,659	1,373,690
			2016	8,517	7,315	1,909,055
			증감률(%)	-37.8	-36.3	-28.0
2	AF	아프카니스탄	2017	0	0	0
			2016	19	16	13,050
			증감률(%)	-100.0	-100.0	-100.0
3	AG	안티가 바부다	2017	0	0	0
			2016	112	94	25,530
			증감률(%)	-100.0	-100.0	-100.0
4	AL	알바니아	2017	0	0	0
			2016	8,169	7,099	2,005,120
			증감률(%)	-100.0	-100.0	-100.0
5	AO	앙골라	2017	627	560	128,615
			2016	0	0	0
			증감률(%)	100	100	100
합 계			2017	1,586,492	1,402,455	360,694,123.2
			2016	1,330,005	1,138,615	281,277,968.6

이 사이트는 회원으로 가입하면 무료로 서비스를 이용할 수 있다. 무역통계조회 총괄에서는 수출입총괄, 결제형태별수출입실적, 거래구분별수출입실적, 거래구분별수출입실적상세, 거래종류별수출입실적, 거래종류별수출입실적상세를 검색할 수 있고 품목별에서는 국가의 품목별수출입실적, 국가의 품목 수출입실적상세, 품목별 수출입통계, 품목의 국가별 수출입실적, 품목의 국가별 수출입실적상세, 품목의 국가별통계(잠정치)를 파악할 수 있다.

『무역통계분석>동향분석』으로 들어가면 한국무역통계진흥원 통계연구실이 생산한 무역통계관련 연구분석보고서(품목별, 산업별 동향분석, 현안이슈보고서 등)를 볼 수 있다. 또한 『테마통계>진단통계』에서는 우리나라 전체 무역실적 및 관련 업계 평균 무역실적과 비교할 때 우리업체 무역실적 수준(금액, 중량, 단가, 통관건수의 순위 및 점유율)이 어느 위치에 있는지를 알려주는 진단통계 서비스를 받을 수 있다.

(3) GTA 무역통계(www.gtis.com/gta/)

한편, 세계 주요국(89개국)의 HS 코드별 무역통계를 살펴보려면 유료 사이트인 Global Trade Atlas(www.gtis.com/gta/)로 검색하면 된다. 국가에 따라 데이터 업데이팅 주기가 상이하지만 국가별 HS 코드 2, 4, 6, 10단위 기준으로 무역통계를 이용할 수 있다. 이 통계 서비스를 이용하려면 연회비를 납부해야 한다.

그림 95 GTA 메인 화면

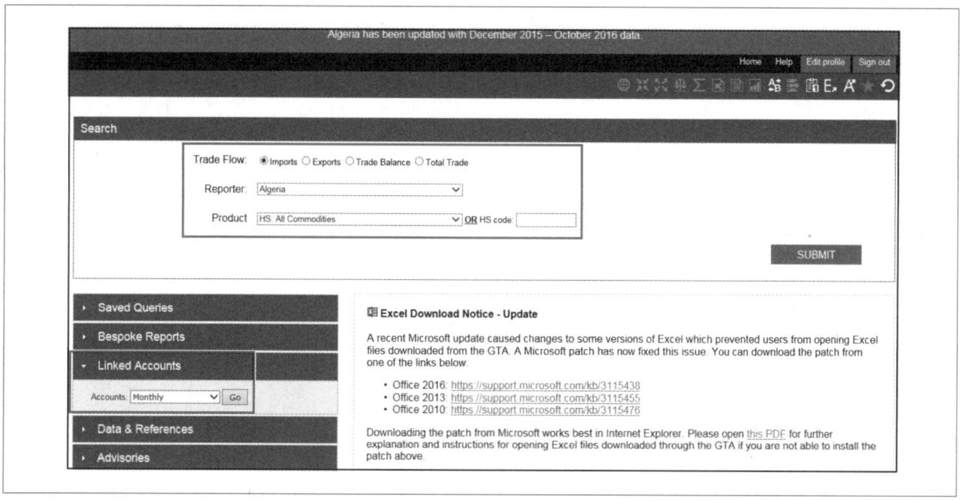

로그인 후 [그림 95] 화면의 왼쪽 Linked Accounts에서 구독 간기(Monthly/Quarterly/Bi-Annual)를 지정한 후, GTA 메인 화면에서 국가를 선택한다. 간기별 수록국가는 [표 33]과 같다. 같은 화면에서 조회할 통계 유형(Import/Export), 국가, HS 코드를 입력한 후 [Submit]를 클릭하여 통계를 조회한다(품목별이 아닌 국가별 수출입통계를 조회할 때는 product 항목을 All Commodities로 두고 검색한다.). [그림 96]은 국가별 통계조회 화면인데 오른쪽 상단 Value/Quantity/Unit Price/Qty & Value 중 선택한다. 이 화면에서 왼쪽의 Country 국가명을 클릭하면 해당 국가와의 품목별 무역통계를 볼 수 있다. [그림 98]에서와 같이 품목별 통계의 HS코드 자릿수 변경은 화면 상단 Toolbar의 아이콘을 클릭하여 변경한다(HS코드e 4자리, 6자리로 변경 가능).

표 33 GTA 국가별 구독 간기

간기	해당국가
Quarterly	사이프러스, 에스토니아, 조지아, 온두라스, 아이슬란드, 리트비아, 리투아니아, 룩셈부르크, 몰타, 니카라과, 노르웨이, 포르투갈, 슬로베니아
Bi-Annual	모리셔스, 세네갈, 우루과이, 불가리아
Monthly	알제리, 아르헨티나, 호주, 오스트리아, 아제르바이잔, 벨라루스, 벨기에, 브라질, 불가리아, 캐나다, 칠레, 중국, 콜롬비아, 코스타리카, 코트디부아르, 크로아티아, 체코, 덴마크, 에콰도르, 이집트, 엘살바도르, EU28, 핀란드, 프랑스, 독일, 가나, 그리스, 과테말라, 홍콩, 헝가리, 인도, 인도네시아, 이란, 이스라엘, 이탈리아, 일본, 카자흐스탄, 케냐, 말레이시아, 멕시코, 모로코, 네덜란드, 뉴질랜드, 파나마, 파라과이, 페루, 필리핀, 폴란드, 루마니아, 러시아, 세르비아, 슬로바키아, 싱가포르, 남아공, 한국, 스페인, 스리랑카, 스웨덴, 스위스, 대만, 태국, 우크라이나, 영국, 미국, 베네수엘라

그림 96 GTA 국가별 통계조회 화면 구성

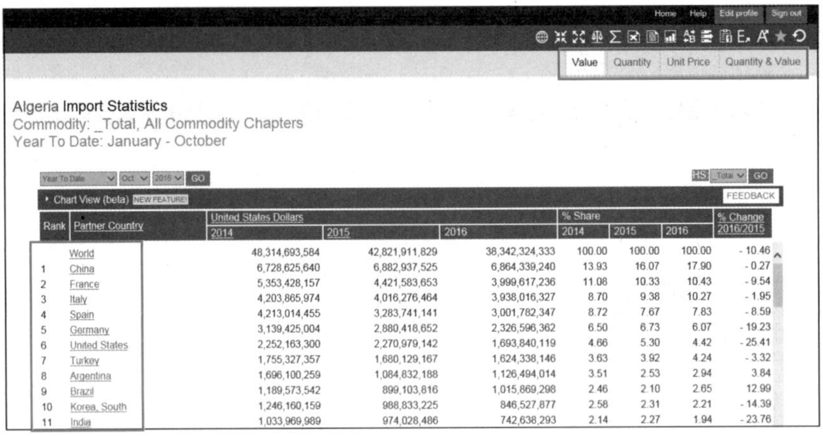

Home Help Edit profile Sign out

Value Quantity Unit Price Quantity & Value

Algeria Import Statistics
Commodity: _Total, All Commodity Chapters
Year To Date: January - October

Year To Date Oct 2016 GO HS Total GO

Chart View (beta) NEW FEATURE! FEEDBACK

Rank	Partner Country	United States Dollars 2014	2015	2016	% Share 2014	2015	2016	% Change 2016/2015
	World	48,314,693,584	42,821,911,829	38,342,324,333	100.00	100.00	100.00	- 10.46
1	China	6,728,625,640	6,882,937,525	6,864,339,240	13.93	16.07	17.90	- 0.27
2	France	5,353,428,157	4,421,583,653	3,999,617,236	11.08	10.33	10.43	- 9.54
3	Italy	4,203,865,974	4,016,276,464	3,938,016,327	8.70	9.38	10.27	- 1.95
4	Spain	4,213,014,455	3,283,741,141	3,001,782,347	8.72	7.67	7.83	- 8.59
5	Germany	3,139,425,004	2,880,418,652	2,326,596,362	6.50	6.73	6.07	- 19.23
6	United States	2,252,163,300	2,270,979,142	1,693,840,119	4.66	5.30	4.42	- 25.41
7	Turkey	1,755,327,357	1,680,129,167	1,624,338,146	3.63	3.92	4.24	- 3.32
8	Argentina	1,696,100,259	1,084,832,188	1,126,494,014	3.51	2.53	2.94	3.84
9	Brazil	1,189,573,542	899,103,816	1,015,869,298	2.46	2.10	2.65	12.99
10	Korea, South	1,246,160,159	988,833,225	846,527,877	2.58	2.31	2.21	- 14.39
11	India	1,033,969,989	974,028,486	742,638,293	2.14	2.27	1.94	- 23.76

그림 97 알제리의 한국으로 부터 품목별 수입액(HS코드 2자리 기준)

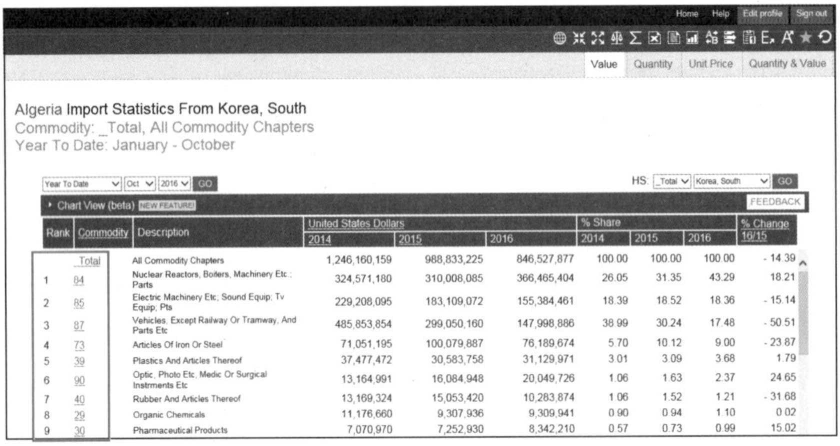

Home Help Edit profile Sign out

Value Quantity Unit Price Quantity & Value

Algeria Import Statistics From Korea, South
Commodity: _Total, All Commodity Chapters
Year To Date: January - October

Year To Date Oct 2016 GO HS: _Total Korea, South GO

Chart View (beta) NEW FEATURE! FEEDBACK

Rank	Commodity	Description	United States Dollars 2014	2015	2016	% Share 2014	2015	2016	% Change 16/15
	_Total	All Commodity Chapters	1,246,160,159	988,833,225	846,527,877	100.00	100.00	100.00	- 14.39
1	84	Nuclear Reactors, Boilers, Machinery Etc.; Parts	324,571,180	310,008,085	366,465,404	26.05	31.35	43.29	18.21
2	85	Electric Machinery Etc; Sound Equip; Tv Equip; Pts	229,208,095	183,109,072	155,384,461	18.39	18.52	18.36	- 15.14
3	87	Vehicles, Except Railway Or Tramway, And Parts Etc	485,853,854	299,050,160	147,998,886	38.99	30.24	17.48	- 50.51
4	73	Articles Of Iron Or Steel	71,051,195	100,079,887	76,189,674	5.70	10.12	9.00	- 23.87
5	39	Plastics And Articles Thereof	37,477,472	30,583,758	31,129,971	3.01	3.09	3.68	1.79
6	90	Optic, Photo Etc, Medic Or Surgical Instrments Etc	13,164,991	16,084,948	20,049,726	1.06	1.63	2.37	24.65
7	40	Rubber And Articles Thereof	13,169,324	15,053,420	10,283,874	1.06	1.52	1.21	- 31.68
8	29	Organic Chemicals	11,176,660	9,307,936	9,309,941	0.90	0.94	1.10	0.02
9	30	Pharmaceutical Products	7,070,970	7,252,930	8,342,210	0.57	0.73	0.99	15.02

그림 98 알제리의 한국으로 부터 품목별 수입액(HS코드 4자리 기준)

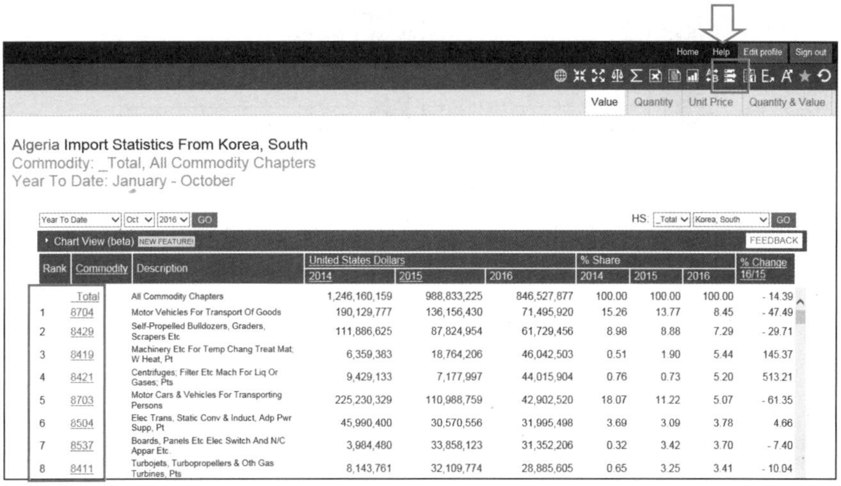

Rank	Commodity	Description	United States Dollars 2014	United States Dollars 2015	United States Dollars 2016	% Share 2014	% Share 2015	% Share 2016	% Change 16/15
	_Total	All Commodity Chapters	1,246,160,159	988,833,225	846,527,877	100.00	100.00	100.00	- 14.39
1	8704	Motor Vehicles For Transport Of Goods	190,129,777	136,156,430	71,495,920	15.26	13.77	8.45	- 47.49
2	8429	Self-Propelled Bulldozers, Graders, Scrapers Etc	111,886,625	87,824,954	61,729,456	8.98	8.88	7.29	- 29.71
3	8419	Machinery Etc For Temp Chang Treat Mat; W Heat, Pt	6,359,383	18,764,206	46,042,503	0.51	1.90	5.44	145.37
4	8421	Centrifuges; Filter Etc Mach For Liq Or Gases; Pts	9,429,133	7,177,997	44,015,904	0.76	0.73	5.20	513.21
5	8703	Motor Cars & Vehicles For Transporting Persons	225,230,329	110,988,759	42,902,520	18.07	11.22	5.07	- 61.35
6	8504	Elec Trans, Static Conv & Induct, Adp Pwr Supp, Pt	45,990,400	30,570,556	31,995,498	3.69	3.09	3.78	4.66
7	8537	Boards, Panels Etc Elec Switch And N/C Appar Etc	3,984,480	33,858,123	31,352,206	0.32	3.42	3.70	- 7.40
8	8411	Turbojets, Turbopropellers & Oth Gas Turbines, Pts	8,143,761	32,109,774	28,885,605	0.65	3.25	3.41	- 10.04

[그림 97]과 [그림 98]의 왼쪽 HS코드를 클릭하면 해당국가의 해당기간 동안 각 국가별 수입액이 검색된다.

그림 99 알제리의 HS코드 8704 각국별 수입액

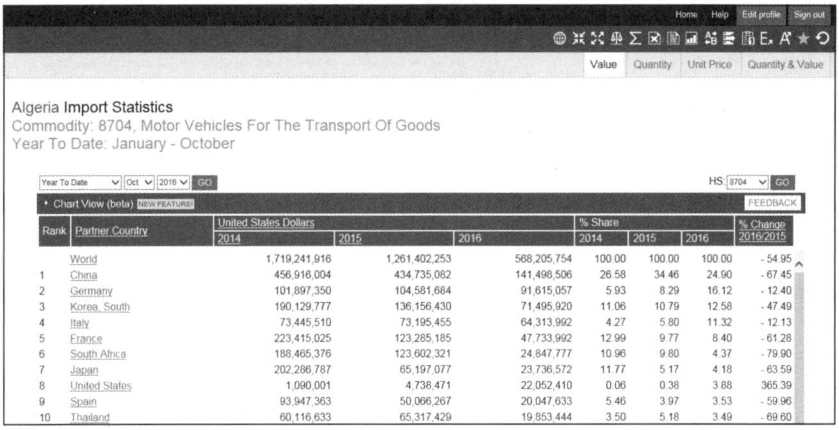

Rank	Partner Country	United States Dollars 2014	United States Dollars 2015	United States Dollars 2016	% Share 2014	% Share 2015	% Share 2016	% Change 2016/2015
	World	1,719,241,916	1,261,402,253	568,205,754	100.00	100.00	100.00	- 54.95
1	China	456,916,004	434,735,082	141,498,506	26.58	34.46	24.90	- 67.45
2	Germany	101,897,350	104,581,684	91,615,057	5.93	8.29	16.12	- 12.40
3	Korea, South	190,129,777	136,156,430	71,495,920	11.06	10.79	12.58	- 47.49
4	Italy	73,445,510	73,195,455	64,313,992	4.27	5.80	11.32	- 12.13
5	France	223,415,025	123,285,185	47,733,992	12.99	9.77	8.40	- 61.28
6	South Africa	188,465,376	123,602,321	24,847,777	10.96	9.80	4.37	- 79.90
7	Japan	202,286,787	65,197,077	23,736,572	11.77	5.17	4.18	- 63.59
8	United States	1,090,001	4,738,471	22,052,410	0.06	0.38	3.88	365.39
9	Spain	93,947,363	50,066,267	20,047,633	5.46	3.97	3.53	- 59.96
10	Thailand	60,116,633	65,317,429	19,853,444	3.50	5.18	3.49	- 69.60

그림 100 Global Trade Atlas Custom Toolbar 설명

	Country View에서 Global View 전환		출력하기
	수입통계 보기		차트 보기
	수출통계 보기		Quantity 변경
	무역수지 보기		HS코드 자릿수 변경 (HS 4 digits, 6 digits)
	Total Trade		Report 다운로드
	엑셀파일 다운로드		주별/항구별 통계

그림 101 GTA 메인화면 – Reference

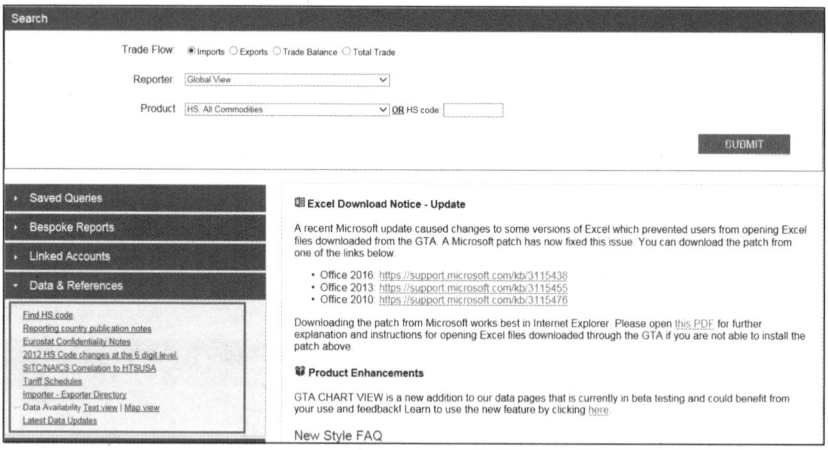

GTA 메인화면의 Data & Reference 항목에서는 수출입업체 조회, 관세율, HS 코드 검색, STIC/NAICS와 HS 코드 연계표 등을 이용할 수 있다. Data & Reference 항목에서 하위메뉴인 Import–Export Directory을 클릭하면 수출입업체를 조회할 수 있다. 수출입업체 가능 조회가능국가는 칠레, 콜롬비아, 페루 등 3개국이며 조회할 국가 선택 후 HS 코드를 입력하고 [Submit]를 클릭한다. 해당 품목의 수출입업체 리스트와 함께 각 업체별 수출입 통계를 볼 수 있다. 아울러 Tariff Schedules을 클릭하면 일부 국가[17]의 관세율표를 파일 형태로 다운로드할 수 있다.

17 관세율표 다운로드 가능 국가 : 아르헨티나, 캐나다, 칠레, 중국, 콜롬비아, 과테말라, EU, 홍콩, 아이슬란드, 인도, 인도네시아, 일본, 멕시코, 노르웨이, 파나마, 파라과이, 페루, 러시아, 세르비아, 남아프리카공화국, 한국, 대만, 태국, 미국, 우루과이

그림 102 Import-Export Directory 화면

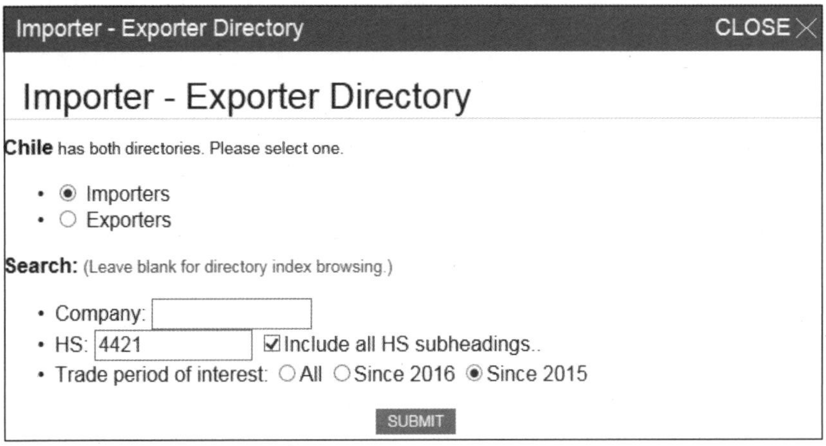

또한 GTA 메인화면에 조사를 원하는 국가를 선정하고 특정 HS 코드를 입력하면 국가별 수입액을 검색할 수 있다. 오른쪽 상단 HS 코드 박스를 클릭하면 세부 코드별로도 검색이 가능하다. 또한 왼쪽 각 국가를 클릭하면 해당국가로부터 해당 세부 HS 코드별 수입액을 파악할 수 있다.

그림 103 알제리의 화장품(HS 코드 3304) 국가별 수입액

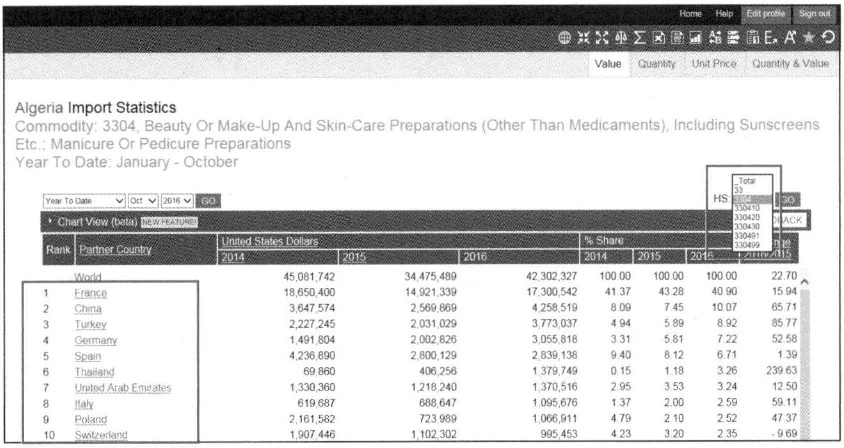

Rank	Partner Country	United States Dollars			% Share			[illegible]
		2014	2015	2016	2014	2015	2016	
	World	45,081,742	34,475,489	42,302,327	100.00	100.00	100.00	22.70
1	France	18,650,400	14,921,339	17,300,542	41.37	43.28	40.90	15.94
2	China	3,647,574	2,569,869	4,258,519	8.09	7.45	10.07	65.71
3	Turkey	2,227,245	2,031,029	3,773,037	4.94	5.89	8.92	85.77
4	Germany	1,491,804	2,002,826	3,055,818	3.31	5.81	7.22	52.58
5	Spain	4,236,890	2,800,129	2,839,138	9.40	8.12	6.71	1.39
6	Thailand	69,860	406,256	1,379,749	0.15	1.18	3.26	239.63
7	United Arab Emirates	1,330,360	1,218,240	1,370,516	2.95	3.53	3.24	12.50
8	Italy	619,687	688,647	1,095,676	1.37	2.00	2.59	59.11
9	Poland	2,161,582	723,989	1,066,911	4.79	2.10	2.52	47.37
10	Switzerland	1,907,446	1,102,302	995,453	4.23	3.20	2.35	- 9.69

그림 104 알제리의 세부 화장품 국가별 수입액

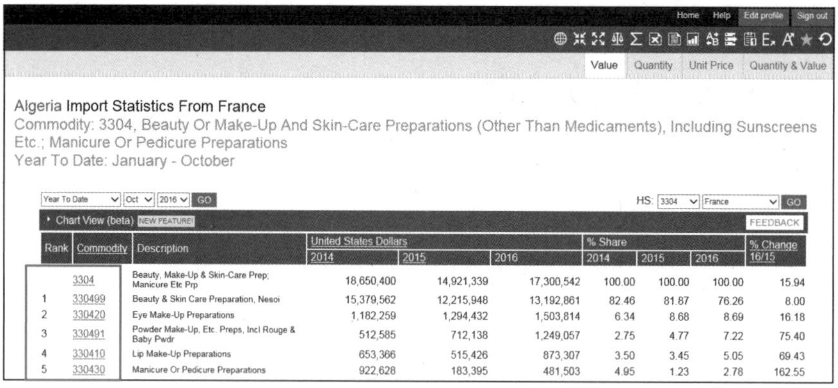

Algeria Import Statistics From France
Commodity: 3304, Beauty Or Make-Up And Skin-Care Preparations (Other Than Medicaments), Including Sunscreens Etc.; Manicure Or Pedicure Preparations
Year To Date: January - October

Rank	Commodity	Description	United States Dollars 2014	2015	2016	% Share 2014	2015	2016	% Change 16/15
	3304	Beauty, Make-Up & Skin-Care Prep; Manicure Etc Prp	18,650,400	14,921,339	17,300,542	100.00	100.00	100.00	15.94
1	330499	Beauty & Skin Care Preparation, Nesoi	15,379,562	12,215,948	13,192,861	82.46	81.87	76.26	8.00
2	330420	Eye Make-Up Preparations	1,182,259	1,294,432	1,503,814	6.34	8.68	8.69	16.18
3	330491	Powder Make-Up, Etc. Preps, Incl Rouge & Baby Pwdr	512,585	712,138	1,249,057	2.75	4.77	7.22	75.40
4	330410	Lip Make-Up Preparations	653,366	515,426	873,307	3.50	3.45	5.05	69.43
5	330430	Manicure Or Pedicure Preparations	922,628	183,395	481,503	4.95	1.23	2.78	162.55

(4) ITC 무역통계(www.trademap.org/Kotra)

WTO 산하기관인 International Trade Center(ITC)가 Kotra와 협약 체결을 통해 서비스되고 있는 ITC Trade Map은 전 세계 220여 개국과 대륙/지역별 그리고 5,300여 개 제품별 수출입규모, 통관 가격, 주요 수입기업 등의 정보 제공을 통해 우리 기업 제품의 시장성 평가와 종합적인 시장 분석이 가능하도록 해주는『한눈에 보는 세계 무역지도』라 할 수 있다. 이와 함께 ITC Trade Map은 제품별 주요 수입기업 정보(기업명, 웹사이트, 대표 연락처, 기업규모 등)를 제공함으로써 해외거래선 발굴을 위한 기초 정보로 활용할 수 있다. 이 사이트는 비회원, 무료회원, 유료회원에 따라 서비스 받을 수 있는 영역이 다르다.

표 34 ITC 회원별 서비스 영역

서비스 영역	비회원	무료회원	유료회원
▪ 수출입통계	√	√	√
▪ HS코드 2, 4자리 기준 1,200개 품목 연간 통계	√	√	√
▪ HS코드 6자리 기준 1,000개 이상 품목의 연간 통계	X	√	√
▪ HS코드 2자리 기준 월간, 분기별 통계	X	√	√
▪ HS코드 4, 6자리 기준 월간, 분기별 통계	X	X	√
▪ 기업 데이터	X	X	√

따라서 무료회원은 비회원 보다 더 많은 서비스를 받을 수 있기 때문에 무료회원에 가입하는 것이 바람직하다. 회원에 가입하는 방법은 KOTRA 홈페이지

(www.kotra.or.kr)로 접속한 경우, 로그인이 된 상태로 『무역투자정보>수출길잡이>ITC Trade Map>ITC Trade Map 바로가기』를 클릭한다.

그림 105 KOTRA 홈페이지 접속을 통한 ITC Trade Map 로그인

또 다른 방법으로 KOTRA 해외시장뉴스 홈페이지(http://news.kotra.or.kr)로 접속한 경우에는 로그인이 된 상태로 『비즈니스정보>국제무역통계(ITC)>ITC Trade Map 바로가기』를 클릭한다.

그림 106 KOTRA 해외시장뉴스 홈페이지 접속을 통한 ITC Trade Map 로그인

그림 107 ITC Trade Map 홈페이지 로그인

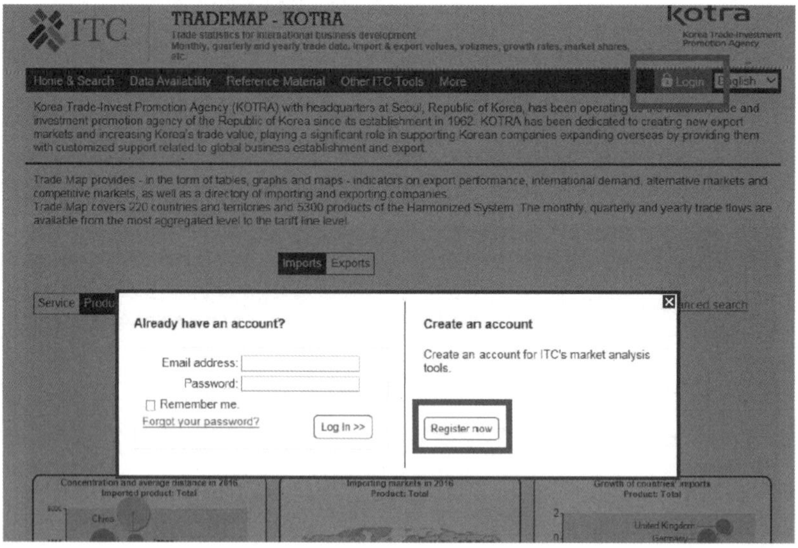

ITC Trade Map 홈페이지에서 오른쪽 상단 Login을 클릭하면 조그만 창이 뜨면 Create an account 내용 아래에 Register now을 클릭한다.

그림 108 ITC Trade Map 회원가입

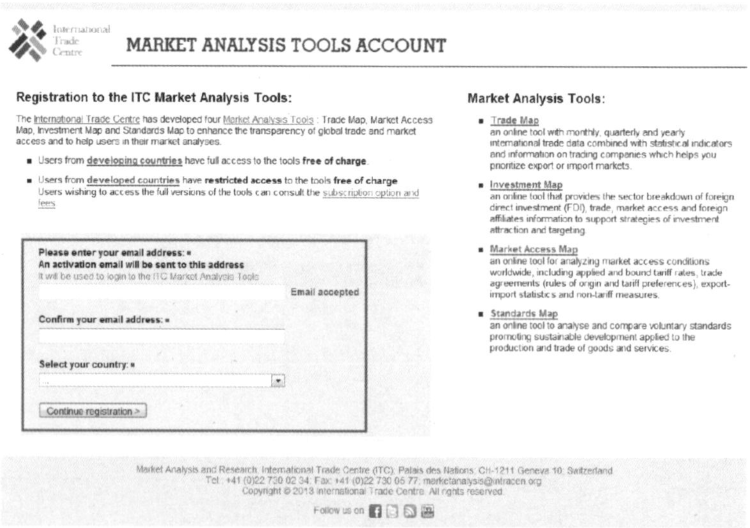

그림 109 ITC Trade Map 회원가입을 위한 필수정보 및 기타 정보

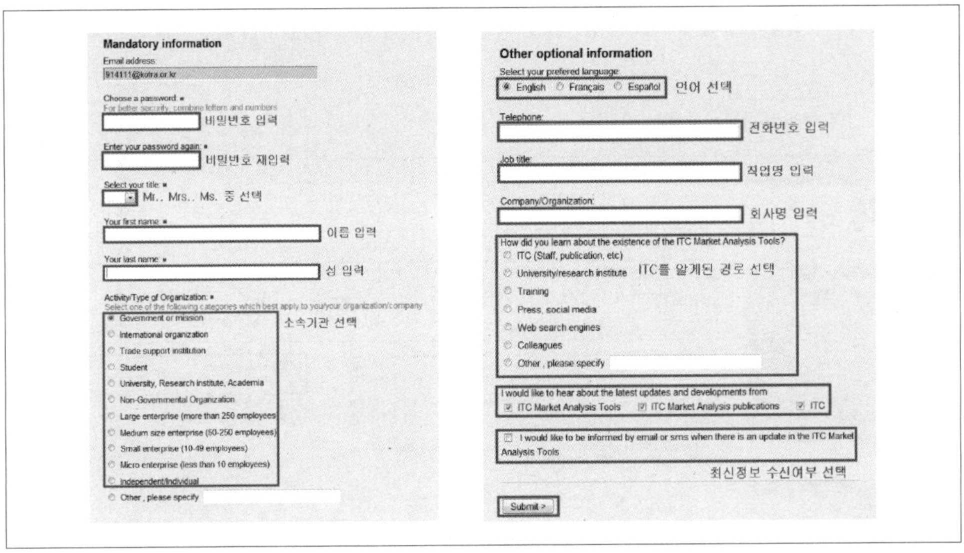

해당란에 이메일과 국가(Korea, Republic of)를 선택한 후 Continue registration을 클릭한다. 필수정보와 기타 정보를 입력한 후 제출(Submit)을 클릭한다. 기타 정보는 회원기업 필수 요건이 아니다.

그림 110 ITC Trade Map 회원가입 확인

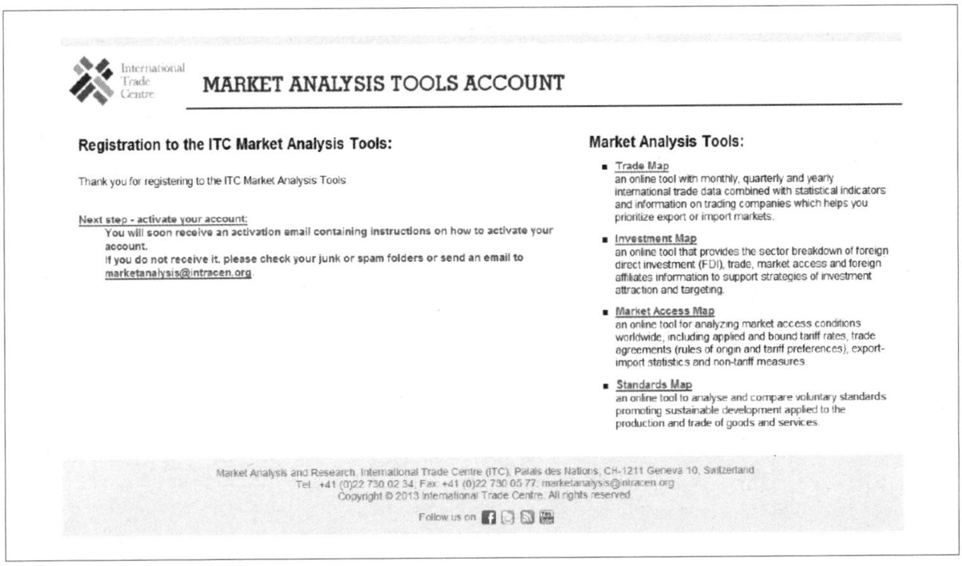

그 후 [그림 110]과 같은 페이지가 나오고 입력한 메일주소로 계정 활성화 메일이 오며 메일의 내용대로 계정 활성화를 진행하면 회원가입이 완료된다.

그림 111 ITC Trade Map 화면

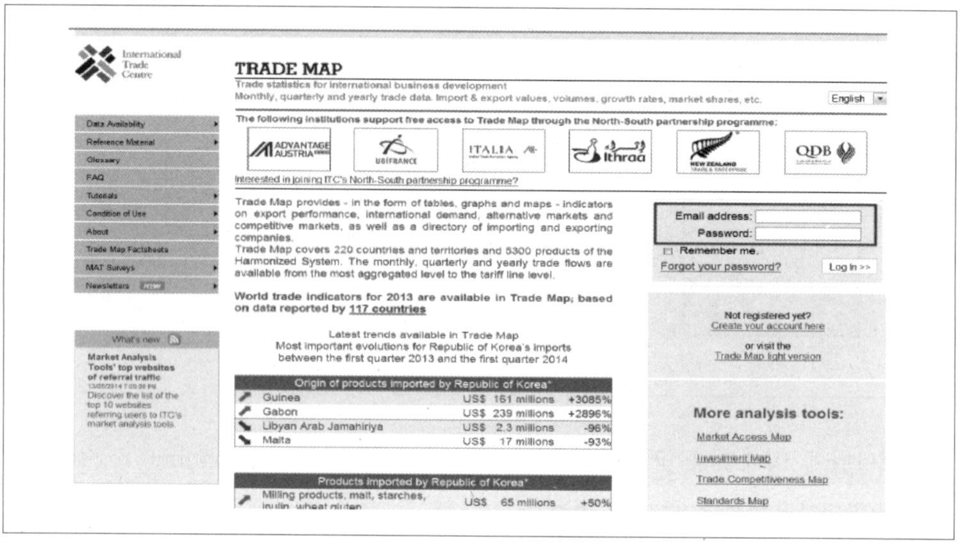

ID(이메일 주소)와 패스워드를 입력하고 로그인 버튼을 클릭하면 로그인이 완료된다.

그림 112 ITC Trade Map 검색 페이지

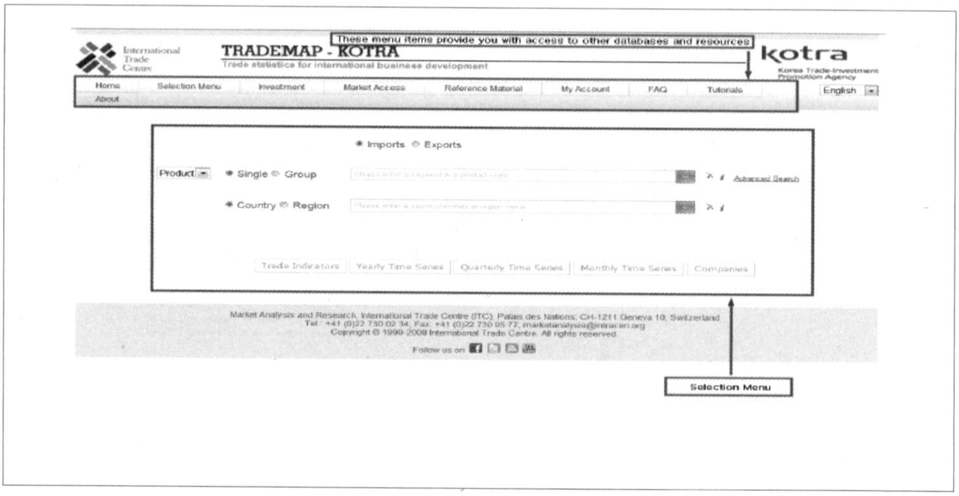

검색 페이지는 대메뉴(Home – 메인 페이지로 이동, Selection Menu - 검색 페이지로 이동, Investment – 투자 지도로 이동, Market Access – 시장 분석 메뉴로 이동, Reference Material – 참조 자료로 이동, Useful Links – 유용한 링크 제공, My Account – 나의 국가 그룹, 나의 상품 그룹 관리 기능, FAQ – 자주 묻는 질문, About - Trade Map 소개)와 검색메뉴로 구성되어 있다.

그림 113 ITC Trade Map의 나의 계정(My Account)

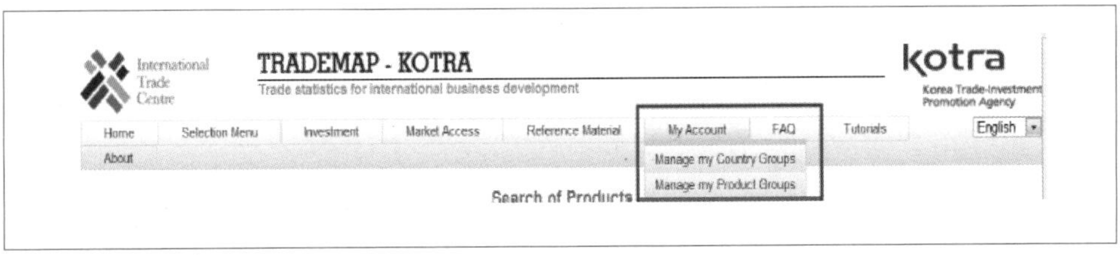

ITC Trade Map에서는 나의 계정(My Account)을 클릭하고 나의 상품 그룹 관리(Manage my Product Groups)를 선택하면 상세 정보 요청을 위한 개인 상품 그룹 생성이 가능해진다.

그림 114 ITC Trade Map의 나의 상품 그룹 만들기

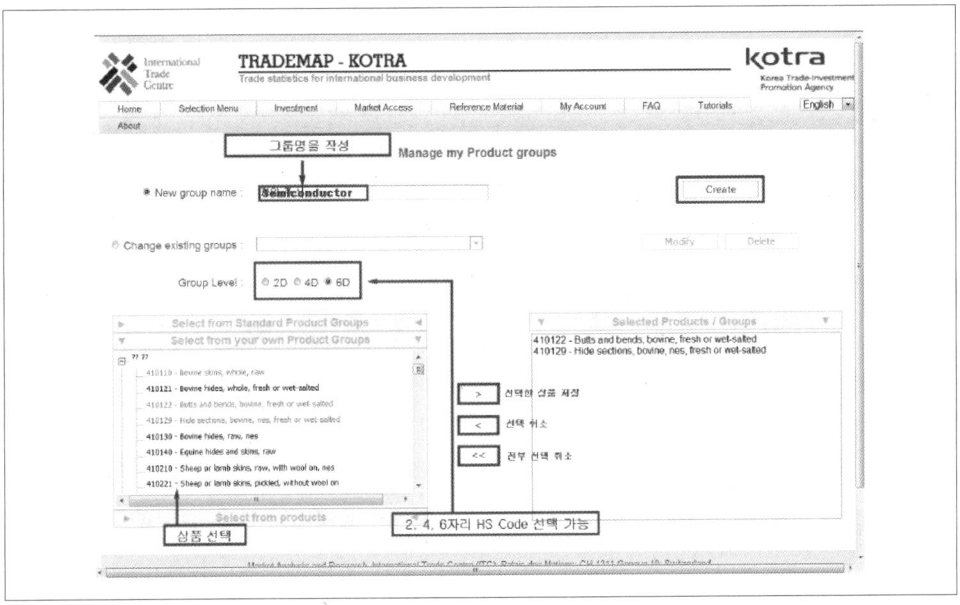

새 그룹 명을 'Semiconductor'로 작성하고 넣고자 하는 상품을 선택한 다음 > 버튼을 클릭해 저장한 후 'Create' 버튼을 클릭하면 'Semiconductor'라는 새 그룹이 생성된다.

그림 115 ITC Trade Map의 나의 상품 그룹 만들기

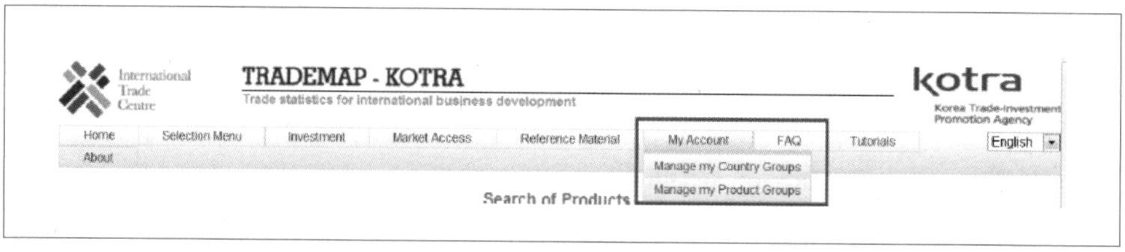

또한 나의 계정(My Account)를 클릭하고 나의 국가 그룹 관리(Manage my Country Groups)를 선택하면 개인 국가 그룹 생성이 가능하다. 기본적인 방법은 나의 상품 관계 관리(Manage my Product Groups)와 동일하다. 그룹명을 입력하고 국가를 선택한 후, Save 버튼을 누르면 새 그룹이 생성된다. 다음은 검색 기능에 대해 알아본다.

그림 116 ITC Trade Map의 검색기능

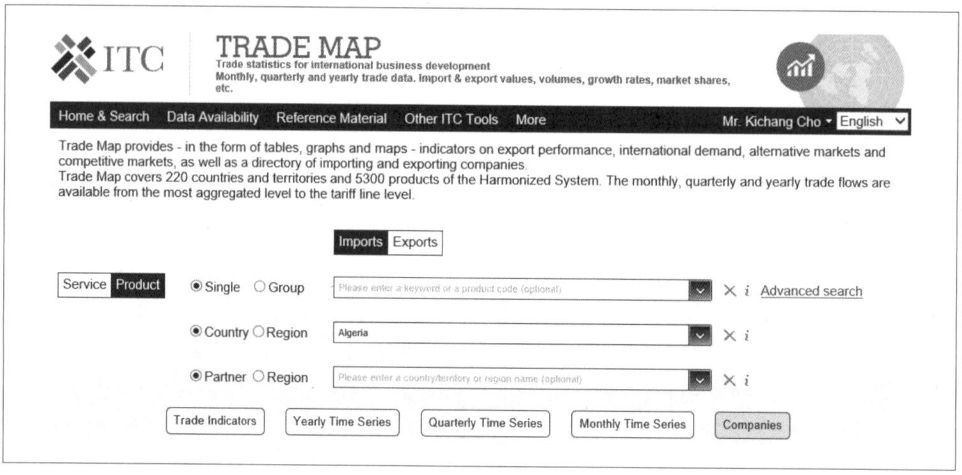

검색 메뉴는 수출/입 구분, 상품명, 국가명 및 파트너(국가를 선택할 때에만 파트너 옵션이 나타남.) 입력 창, 무역지표 및 시계열 분석 버튼으로 구성되어 있으며 제품명은 HS코드로도 검색이 가능하다. 희망제품을 찾을 수 없으면 'Advanced Search'

버튼을 클릭하여 희망제품에 대한 상세 검색을 할 수 있다. 국가명은 직접 입력하거나 찾고자 하는 국가명의 첫 알파벳을 입력해도 해당 국가를 찾을 수 있다. 화면 하단의 무역지표(Trade Indicators)에서는 시장점유율, 성장률, 무역액, 수지 등 무역지표 조회가 가능하다. 이 정보는 연 2회 업데이팅된다. 한편 시계열 분석은 연도별, 분기별, 월별 기반으로 데이터 조회가 가능하며 주 1회 업데이트된다.

상품검색 방법

o 'Advanced Search' 버튼을 클릭하여 상세 검색페이지로 이동한다.

o 키워드 검색과 계층도 검색 등 두 가지 옵션이 있다.

① 키워드 검색을 이용할 경우

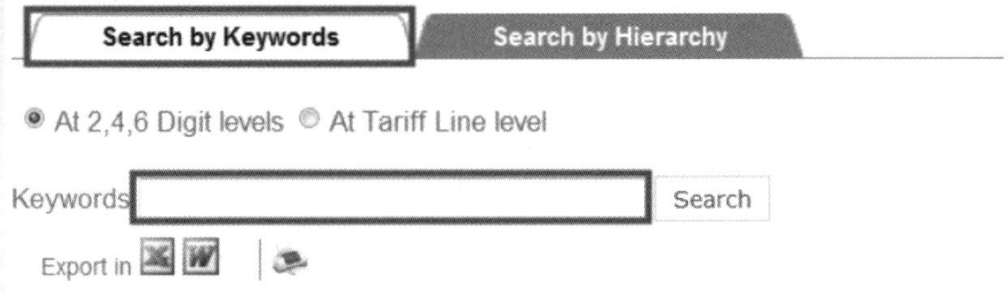

- 키워드로 검색(Search by Keywords)탭을 선택한다.
- 키워드 창에 키워드로 입력한 후 검색(Search) 버튼을 클릭한다.
- 단어 유사성까지 인식하여 검색이 가능하며 관련 제품 정보도 제공한다.
- At 2,4,6 Digit levels에 해당 옵션을 선택하면 HS코드 6단위 목록 조회가 가능하다.
- At Tariff Line level에서는 HS코드 10단위 목록 조회도 가능하다.

- At 2,4,6 Digit levels 옵션을 선택하고 제품명을 입력한 다음 검색(Search) 버튼을 클릭하면 제품명이 포함된 모든 HS코드가 표시된다. 위 그림은 Plastic으로 검색한 결과이며 해당되는 HS코드를 클릭한다.

② 계층도 검색을 이용할 경우

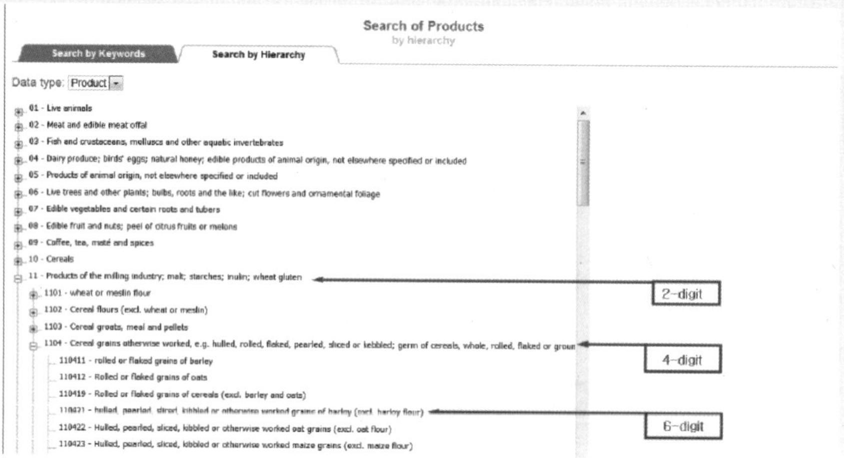

- 'Search by Hierarchy'탭을 클릭하면 계층도가 생성된다.
- 2단위로 분류된 코드목록 앞부분의 [+]버튼을 클릭하면 4단위, 6단위로 분류된 목록 조회도 가능하다.
- 마지막으로 해당되는 HS코드를 클릭한다.

그림 117 통계표로 보는 수입 현황

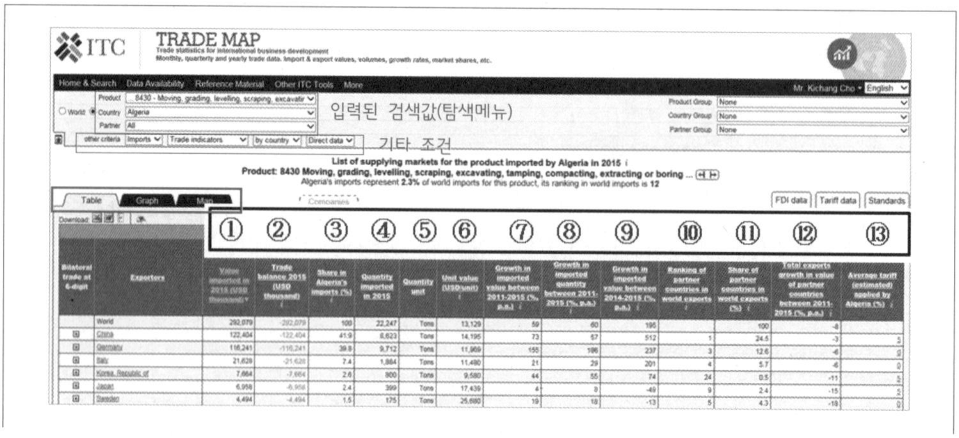

①	2015년 연간수입액	⑧	2011-2015년 수입량성장률
②	해당품목 무역수지	⑨	2014-2015년 수입액성장률
③	알제리에서의 수입시장 점유율	⑩	수입파트너국의 세계 수출시장 순위
④	2015년 수입량	⑪	수입파트너국의 세계 수출시장 점유율
⑤	단위	⑫	2011-2015년 파트너국 전체수출성장률
⑥	수입단가	⑬	해당수출국에 대한 알제리 평균관세율
⑦	2011-2015년 수입액성장률	⑭	

[그림 117]은 HS코드 8430, 국가 : Algeria로 검색한 결과이며 검색 결과 화면은 입력된 검사 값, 기타 조건, 검색결과로 구성되어 있다. 또한 검색 결과는 표, 그래프, 지도로 볼 수 있으며, 해당 제품을 수출, 수입하는 업체 목록도 조회가 가능하다(유료회원에게만 제공).

그림 118 다양한 기타 조건

기타 조건을 활용하여 수출과 수입. 나라별/제품별/서비스별. 기간별(연도별, 분기별, 월별) 구분 조회도 가능하다.

그림 119 표, 그래프, 지도 선택 가능(표 선택 시)

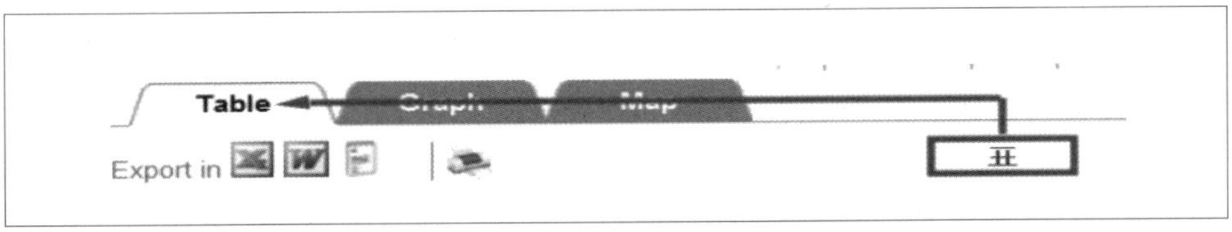

ITC Trade Map은 각종 통계를 표, 그래프 및 지도로 표시할 수 있다. Table(표)를 클릭하면 설정된 기준에 따라 표가 생성되며 탐색 메뉴에서 각 옵션을 수정할 때마다 표는 자동으로 업데이트 된다. Time series 메뉴와 Trade Indictor 메뉴를 선택했을 때 각각 [그림 120] 및 [그림 121]과 같은 표를 볼 수 있다.

그림 120 Time series 메뉴를 선택했을 때의 표

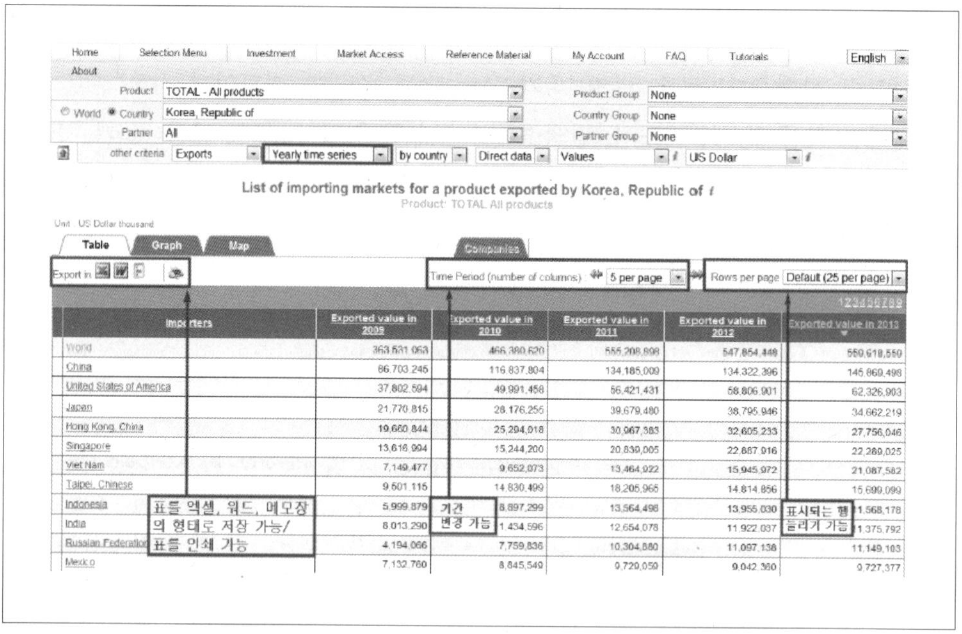

그림 121 Trade Indicator 메뉴를 선택했을 때의 표

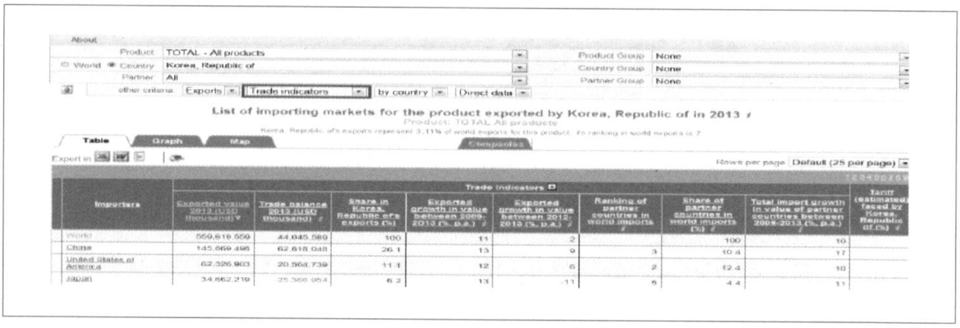

그림 122 표, 그래프, 지도 선택 가능(그래프 선택 시)

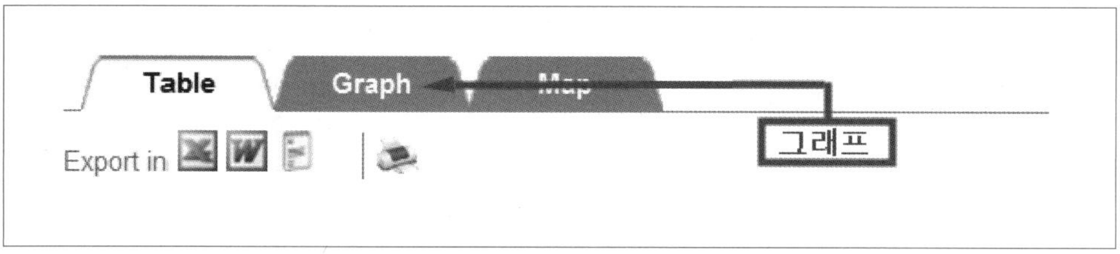

그림 123 Trade Indicator 메뉴를 선택했을 때의 막대차트

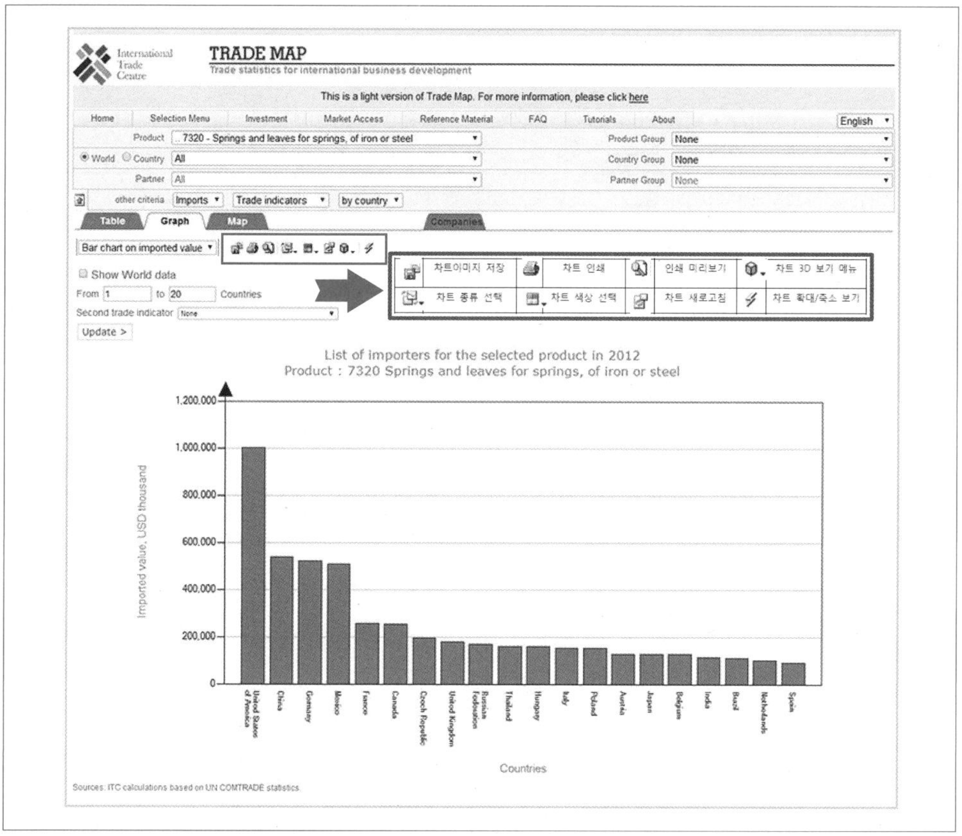

국가별 수입규모를 그래프로 볼 수 있어 시장 규모에 대해 더욱 정확한 이해가 가능하다. 연도수와 수입국들은 임의로 선택할 수 있다.

그림 124 표, 그래프, 지도 선택 가능(지도 선택 시)

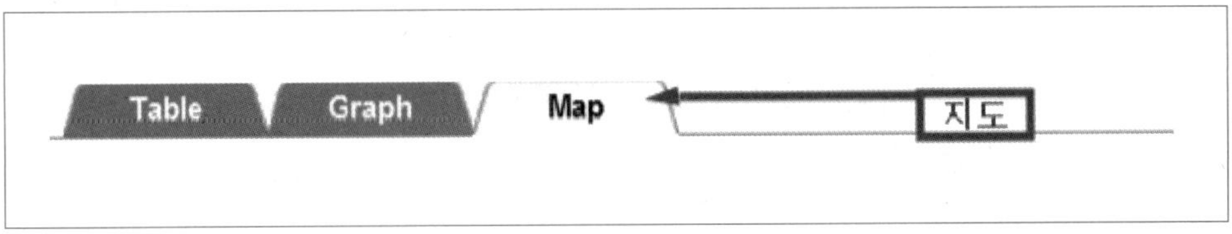

그림 125 지도로 표시된 국가별 수입비중

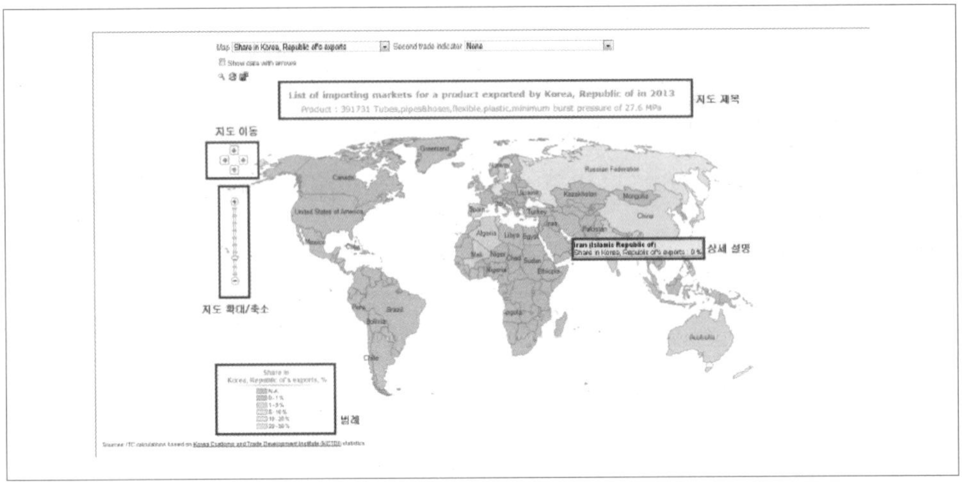

그림 126 무역지표 옵션 선택에 따른 지도

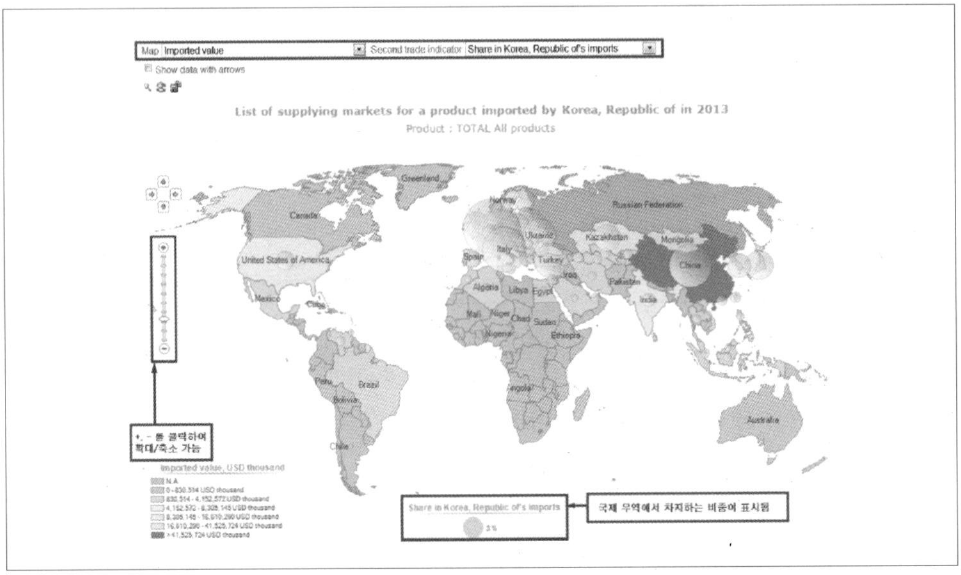

[그림 125]는 무역지표(Trade Indicators)를 기반으로 도출된 지도로 해당 제품 수입 비중별로 국가를 그룹핑하여 표시한 것이다. 지도 위의 나라에 마우스 포인터를 위치시키면 상세한 설명을 볼 수 있다. 또한 지도 위에 위치한 무역지표 옵션을 통해 다양한 무역지표를 선택하거나 혼합하여 지도에 나타낼 수 있다.

활용예 1. 한국 자동차 부품(HS 코드 8708) 수출업체가 제품을 수출하고자 할 때

1) 수출국의 현황 조회

– Trade Map을 사용하여 한국은 어떤 나라로 자동차 부품을 수출하고 있는지 검색

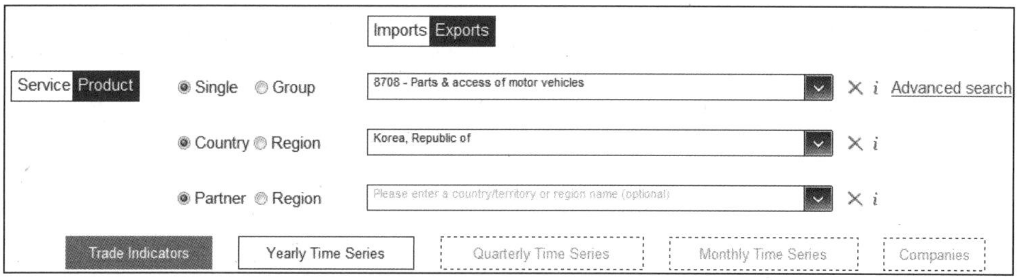

– Exports를 선택하고 제품명 혹은 HS 코드와 수출국을 입력한 후 하단의 Trade Indicator를 클릭

List of importing markets for the product exported by Korea, Republic of in 2014 *i*
Product: 8708 Parts & access of motor vehicles
Korea, Republic of's exports represent **6.53%** of world exports for this product, its ranking in world exports is **5**

- 표 상단에는 표의 이름과 해당 물품명이 표시됨.
- 위 화면에서 한국은 세계 자동차부품 수출시장에서 5위이며 시장점유율은 6.53%인 것을 알 수 있음.

Bilateral trade at 4-digit	Importers	① Exported value 2014 (USD thousand)	② Trade balance 2014 (USD thousand)	③ Share in Korea, Republic of's exports (%)	④ Exported quantity 2014	⑤ Quantity unit	⑥ Unit value (USD/unit)	⑦ Exported growth in value between 2010-2014 (%, p.a.)	⑧ Exported growth in quantity between 2010-2014 (%, p.a.)	⑨ Exported growth in value between 2013-2014 (%, p.a.)	⑩ Ranking of partner countries in world imports	⑪ Share of partner countries in world imports (%)	⑫ Total import growth in value of partner countries between 2010-2014 (%, p.a.)	⑬ (estimated) faced by Korea, Republic of (%)
	World	24,265,272	20,743,271	100	2,919,274	Tons	8,312	7	6	2		100	7	
⊞	United States of America	6,045,263	5,716,223	24.9	732,834	Tons	8,249	11	9	6	1	16.7	10	0
⊞	China	5,632,914	4,547,746	23.2	549,306	Tons	10,255	12	8	9	3	7.4	10	8
⊞	Russian Federation	1,337,711	1,337,307	5.5	151,853	Tons	8,809	14	13	-14	9	2.6	15	2
⊞	Brazil	1,049,626	1,047,195	4.3	136,686	Tons	7,679	42	41	-27	14	1.9	11	14.8
⊞	India	1,022,290	998,000	4.2	105,680	Tons	9,673	-7	-10	-14	23	1	6	10
⊞	Japan	779,947	148,059	3.2	121,960	Tons	6,395	12	16	12	12	2.1	9	0
⊞	Czech Republic	772,905	744,271	3.2	139,064	Tons	5,558	11	10	-11	11	2.3	9	0
⊞	Uzbekistan	769,426	769,232	3.2	107,371	Tons	7,166	3	-2	-2	44	0.2	4	10
⊞	Mexico	716,693	580,467	3	94,332	Tons	7,598	15	13	3	4	6.2	11	6.1

- 해당 표에서는 한국 자동차부품 주요수입국 현황을 볼 수 있음 최상단에는 한국의 자동차 부품 총 수출금액이 기재됨.
- 상단은 차례대로(왼쪽에서 오른쪽으로) 한국에서 해당 국가로의 ① 수출금액, ② 무역수지, ③ 수출비중, ④ 수출물량, ⑤ 수출량 단위, ⑥ 단위가격, ⑦ 최근 5년간 수출량 증가율, ⑧ 지난 2년간 수출금액 증가율, ⑨ 해당 국가의 해당 물품 세계 수입 순위, ⑩ 해당 국가의 해당물품 세계 수입 비중, ⑪ 총 수입 증가율, ⑫ 최근 5년간 해당 국가의 해당 품목 총 수입액 증가율, ⑬ 관세율로 구성되어 있음.
- 한국은 미국과 중국에 자동차 부품을 가장 많이 수출하고 있으며, 총 수출비중에서 48.1%(=미국 24.9%+중국 23.2%)를 차지함. 두 국가 또한 세계에서 자동차 부품을 수입하는 국가 중 1위와 3위임.

* 그래프로 보기

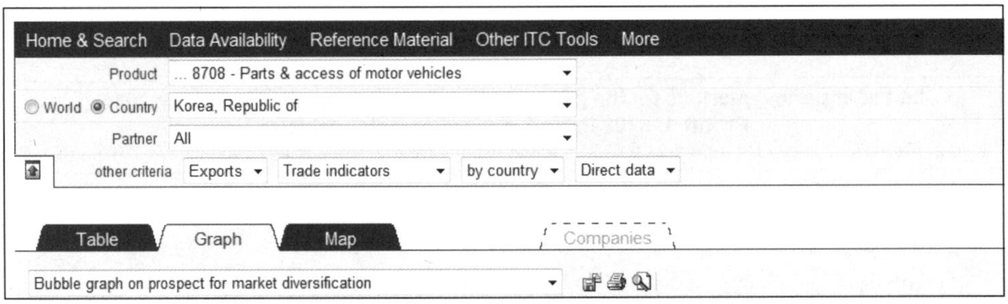

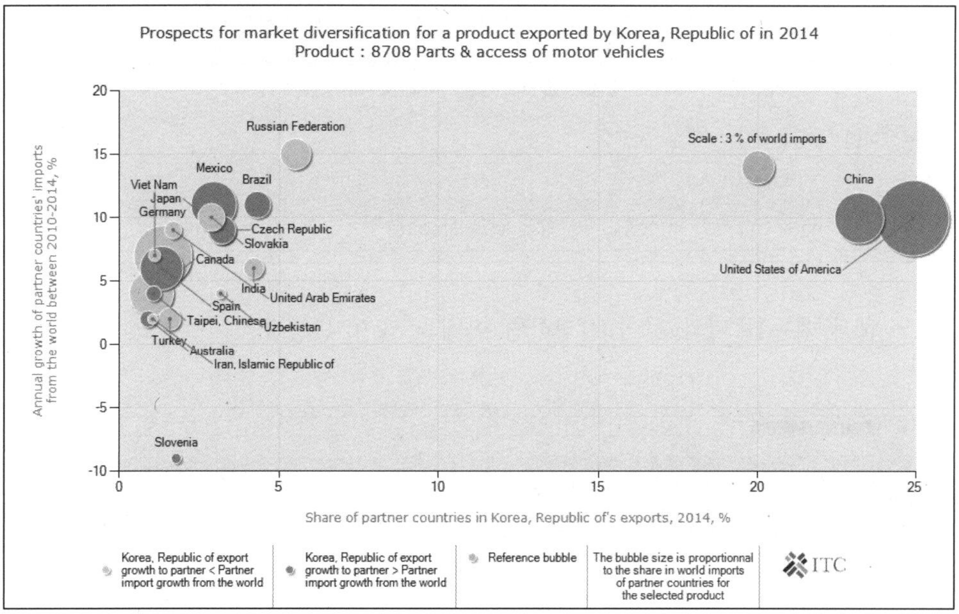

- 기타조건(Other Criteria)을 위의 그림과 같이 설정한 후 Graph 탭을 누르고 Bubble graph on prospect for market diversification을 선택하면 시장 다변화 전망에 대한 버블그래프를 볼 수 있음.
- 위 그래프는 Trade indicator 항목에서만 선택되며 표 안의 국가에 마우스 포인터를 위치시키면 상세 설명을 볼 수 있음.
- 한국 자동차부품 시장의 다변화 정도를 알 수 있음.

2) 주요 수입국가 조회

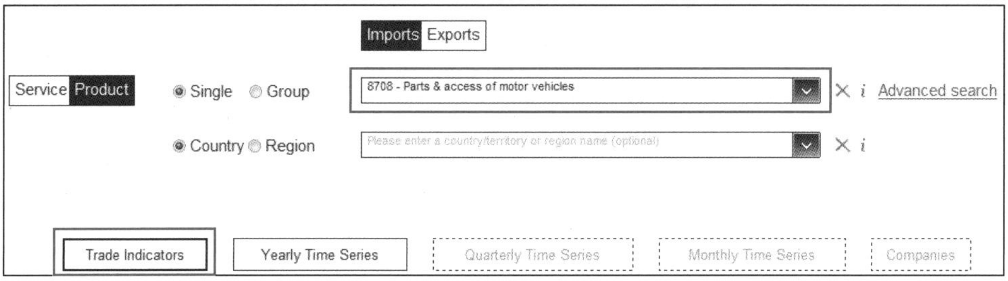

- Trade Map 메인화면에 자동차 부품 HS 코드 4자리(8708)을 입력 후 Trade Indicators를 클릭함.

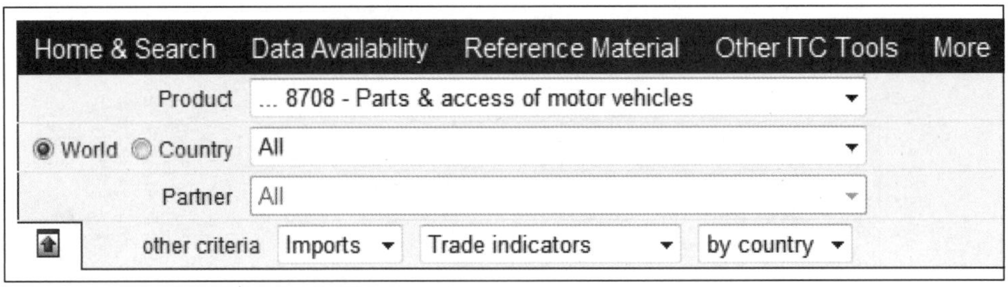

• 탐색 메뉴를 위와 같이 설정하면 아래의 표가 생성됨.

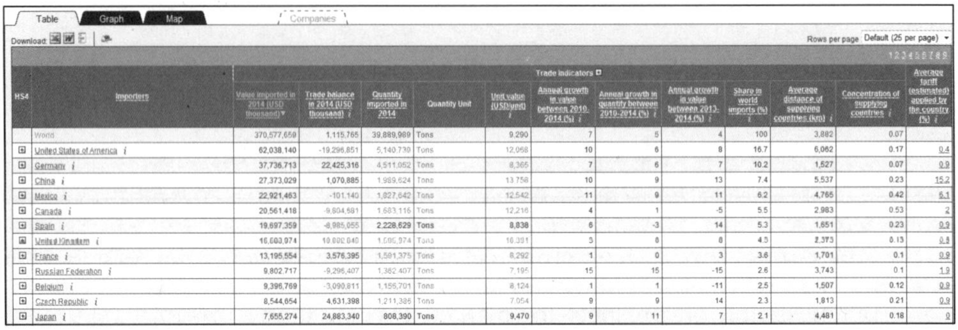

HS4	Importers	Value imported in 2014 (USD thousand)	Trade balance in 2014 (USD thousand)	Quantity imported in 2014	Quantity Unit	Unit value (USD/unit)	Annual growth in value between 2010-2014 (%)	Annual growth in quantity between 2010-2014 (%)	Annual growth in value between 2013-2014 (%)	Share in world imports (%)	Average distance of supplying countries (km)	Concentration of supplying countries	Average tariff (estimated) applied by the country (%)
	World	370,577,659	1,115,765	39,889,989	Tons	9,290	7	5	4	100	3,882	0.07	
⊞	United States of America	62,038,140	-19,296,851	5,140,730	Tons	12,068	10	6	8	16.7	6,062	0.17	0.4
⊞	Germany	37,736,713	22,425,316	4,511,052	Tons	8,365	7	6	7	10.2	1,527	0.07	0.9
⊞	China	27,373,029	1,070,885	1,989,624	Tons	13,758	10	9	13	7.4	5,537	0.23	15.2
⊞	Mexico	22,921,463	-101,140	1,827,642	Tons	12,542	11	9	11	6.2	4,765	0.42	6.1
⊞	Canada	20,561,418	-9,804,681	1,683,116	Tons	12,216	4	1	-5	5.5	2,983	0.53	2
⊞	Spain	19,697,359	-8,985,055	2,228,629	Tons	8,838	6	-3	14	5.3	1,651	0.23	0.9
⊞	United Kingdom	16,603,974	10,002,040	1,605,974	Tons	10,391	3	8	8	4.5	2,373	0.13	0.8
⊞	France	13,195,554	3,576,395	1,591,375	Tons	8,292	1	0	3	3.6	1,701	0.1	0.9
⊞	Russian Federation	9,802,717	-9,296,407	1,362,407	Tons	7,195	15	15	-15	2.6	3,743	0.1	1.9
⊞	Belgium	9,396,769	-3,090,811	1,156,701	Tons	8,124	1	1	-11	2.5	1,507	0.12	0.9
⊞	Czech Republic	8,544,654	4,631,398	1,211,386	Tons	7,054	9	9	14	2.3	1,813	0.21	0.9
⊞	Japan	7,655,274	24,883,340	808,390	Tons	9,470	9	11	7	2.1	4,481	0.18	0

• 위의 표를 보면 전 세계 및 각 국가의 자동차부품 수입 시장 규모와 수입금액 및 수입물량 증감률을 알 수 있음.
• 자동차 부품 세계 수입 시장의 최근 5년간 연평균 수입금액 증가율은 7%이며, 최근 5년간 연평균 수입물량 증가율은 5%임. 두 증가율의 차이는 자동차 부품의 단가가 올랐다는 것을 의미함.
• 무역수지가 적자로 나타나는 국가는 자동차부품을 수출하는 것보다 수입하는 금액이 더 많다는 것을 의미하며 무역수지가 흑자이면 이 반대의 경우임.

3) 경쟁 공급업체의 성과 분석

• 수출국 현황과 주요 수입국가 조회를 통해 잠재시장을 찾았다면 이제 그 시장에 어떤 경쟁국가들이 수출을 하고 있는지 파악해야 함.
• 아래 표 안의 좌측에 나와 있는 나라 이름을 클릭하면 해당 국가에 자동차 부품을 수출하는 나라들의 지표를 볼 수 있음.

Table | Graph | Map | Companies

Download:

HS4	Importers	Trade Indicators						
		Value imported in 2014 (USD thousand)	Trade balance in 2014 (USD thousand)	Quantity imported in 2014	Quantity Unit	Unit value (USD/unit)	Annual growth in value between 2010-2014 (%)	Annual growth in quantity between 2010-2014 (%)
	World	370,577,659	1,115,765	39,889,989	Tons	9,290	7	5
⊞	United States of America	62,038,140	-19,296,851	5,140,739	Tons	12,068	10	6
⊞	Germany	37,736,713	22,425,316	4,511,052	Tons	8,365	7	6
⊞	China	27,373,029	1,070,885	1,989,624	Tons	13,758	10	9
⊞	Mexico	22,921,463	-101,140	1,827,642	Tons	12,542	11	9
⊞	Canada	20,561,418	-9,804,681	1,683,116	Tons	12,216	4	1
⊞	Spain	19,697,359	-8,985,055	2,228,629	Tons	8,838	6	-3
⊞	United Kingdom	16,583,974	-10,092,849	1,595,974	Tons	10,391	3	0
⊞	France	13,195,554	3,576,395	1,591,375	Tons	8,292	1	0
⊞	Russian Federation	9,802,717	-9,296,407	1,362,407	Tons	7,195	15	15
⊞	Belgium	9,396,769	-3,090,811	1,156,701	Tons	8,124	1	1
⊞	Czech Republic	8,544,654	4,631,398	1,211,386	Tons	7,054	9	9
⊞	Japan	7,655,274	24,883,340	808,390	Tons	9,470	9	11

- 미국을 클릭
- 미국의 주요 자동차부품 수입대상국 목록과 수입금액, 수입물량, 최근 5년간 연평균 수입금액 증감률 및 관세율 등을 볼 수 있음.
- 미국의 경우, 상위 6개국이 전체 미국 자동차부품 수입시장에서 88.5%의 점유율을 보이고 있음.

List of supplying markets for the product imported by United States of America in 2014
Product: 8708 Parts & access of motor vehicles
United States of America's imports represent **16.74%** of world imports for this product, its ranking in world imports is **1**

Table | Graph | Map | Companies

Download: Rows per page Default (25 per page)

Bilateral trade at 4-digit	Exporters	Trade Indicators												Tariff (estimated) applied by United States of America (%)
		Imported value 2014 (USD thousand)	Trade balance 2014 (USD thousand)	Share in United States of America's imports (%)	Imported quantity 2014	Quantity unit	Unit value (USD/unit)	Imported growth in value between 2010-2014 (%, p.a.)	Imported growth in quantity between 2010-2014 (%, p.a.)	Imported growth in value between 2013-2014 (%, p.a.)	Ranking of partner countries in world exports	Share of partner countries in world exports (%)	Total export growth in value of partner countries between 2010-2014 (%, p.a.)	
	World	62,038,140	-19,296,851	100	5,140,739	Tons	12,068	10	6	8		100	6	
⊞	Mexico	19,013,958	-3,534,627	30.6	1,521,436	Tons	12,497	13	10	11	6	6.1	13	0
⊞	Canada	9,592,407	7,869,580	15.5	787,367	Tons	12,183	6	2	4	10	2.9	5	0
⊞	China	8,325,713	-6,546,542	13.4	879,897	Tons	9,462	15	12	19	4	7.7	14	0.8
⊞	Japan	8,265,529	-7,794,520	13.3	591,840	Tons	13,966	4	-1	-6	3	8.8	-2	0.8
⊞	Germany	5,293,466	-4,617,342	8.5	385,436	Tons	13,734	15	9	9	1	16.2	7	0.8
⊞	Korea, Republic of	4,495,681	-4,053,633	7.2	375,694	Tons	11,968	15	11	6	5	6.5	7	0
⊞	Taipei, Chinese	1,451,118	-1,420,358	2.3	121,645	Tons	11,929	8	3	7	24	1.1	7	0.8
⊞	India	826,390	-734,758	1.3	80,826	Tons	10,224	7	5	26	22	1.1	20	0.1
⊞	Italy	758,541	-488,127	1.2	63,840	Tons	11,882	6	2	13	8	3.9	2	0.8

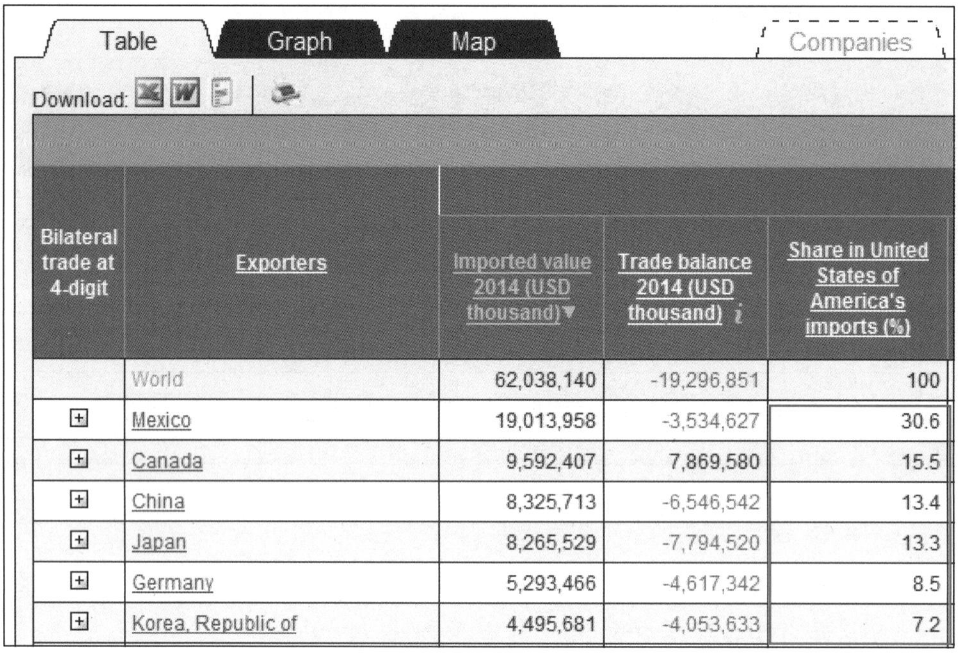

Table | Graph | Map | Companies

Download:

Bilateral trade at 4-digit	Exporters	Imported value 2014 (USD thousand)	Trade balance 2014 (USD thousand)	Share in United States of America's imports (%)
	World	62,038,140	-19,296,851	100
+	Mexico	19,013,958	-3,534,627	30.6
+	Canada	9,592,407	7,869,580	15.5
+	China	8,325,713	-6,546,542	13.4
+	Japan	8,265,529	-7,794,520	13.3
+	Germany	5,293,466	-4,617,342	8.5
+	Korea, Republic of	4,495,681	-4,053,633	7.2

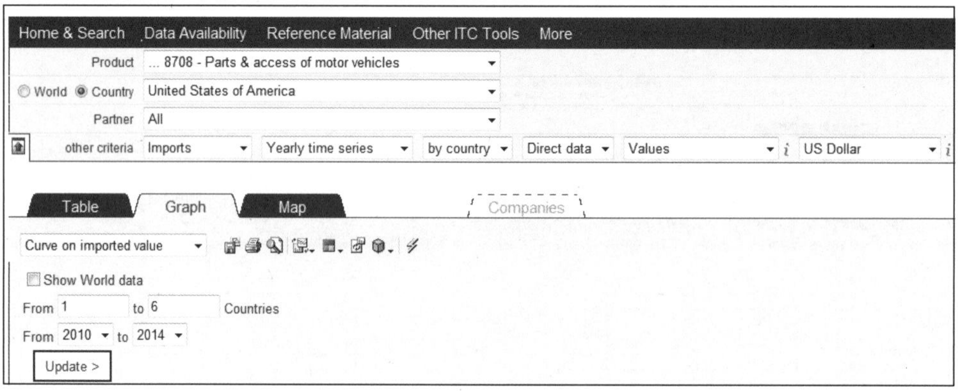

- 위의 그림과 같이 설정하면 상위 6개국에서의 연간 수입금액을 그래프로 볼 수 있음.
- 일본을 제외한 5개국은 꾸준히 수입금액이 증가하고 있으며 특히, 멕시코의 경우 가파른 증가율을 보여주고 있음.

4) 잠재시장의 관세율 조사

- Trade Map에서는 관세율 상당치(AVE)[18]를 제공하고 있으며 이 데이터는 ITC의 Market Access Map에서 가져오고 있음.
- 관세율 상당치(AVE)는 Trade Indicator로 검색할 때에 표의 가장 오른쪽에 나와 있음.
- HS 코드 2단위, 4단위, 6단위에서 모두 AVE를 확인할 수 있음.

18 관세율 상당치란? : 수입 관세는 다양한 형태를 지님, 대부분의 경우 관세율의 형태를 지니지만 종종금액으로 표현되는 관세가 있음. 예를 들어 Kg당 US$ 2, 신발 한 컬레당 4,000Yen 등과 같은 경우임. 이런 경우에는 여러 나라의 관세율을 비교하는 데 어려움이 생기게 되므로 모든 관세를 비교할 수 있게 단위 가격당 퍼센트로 변환한 것이 관세율 상당치임.

Table | Graph | Map | Companies

Download: | Rows per page: Default (25 per page)

Trade Indicators

Bilateral trade at 4-digit	Exporters	Imported value 2014 (USD thousand)	Trade balance 2014 (USD thousand)	Share in United States of America's imports (%)	Imported quantity 2014	Quantity unit	Unit value (USD/unit)	Imported growth in value between 2010-2014 (%, p.a.)	Imported growth in quantity between 2010-2014 (%, p.a.)	Imported growth in value between 2013-2014 (%, p.a.)	Ranking of partner countries in world exports	Share of partner countries in world exports (%)	Total export growth in value of partner countries between 2010-2014 (%, p.a.)	Tariff (estimated) applied by United States of America (%)
	World	62,038,140	-19,296,851	100	5,140,739	Tons	12,068	10	6	8		100	6	
⊞	Mexico	19,013,958	-3,534,627	30.6	1,521,436	Tons	12,497	13	10	11	6	6.1	13	0
⊞	Canada	9,592,407	7,869,580	15.5	787,367	Tons	12,183	6	2	4	10	2.9	5	0
⊞	China	8,325,713	-6,546,542	13.4	879,897	Tons	9,462	15	12	19	4	7.7	14	0.8
⊞	Japan	8,265,529	-7,794,520	13.3	591,840	Tons	13,966	4	-1	-6	3	8.8	-2	0.8
⊞	Germany	5,293,466	-4,617,342	8.5	385,436	Tons	13,734	15	9	9	1	16.2	7	0.8
⊞	Korea, Republic of	4,495,681	-4,053,633	7.2	375,694	Tons	11,966	15	11	6	5	6.5	7	0
⊞	Taipei, Chinese	1,451,118	-1,420,358	2.3	121,645	Tons	11,929	8	3	7	24	1.1	7	0.8
⊞	India	826,390	-734,758	1.3	80,826	Tons	10,224	7	5	26	22	1.1	20	0.1
⊞	Italy	758,541	-488,127	1.2	63,840	Tons	11,882	6	2	13	8	3.9	2	0.8
⊞	France	398,357	-234,784	0.6	27,997	Tons	14,229	-13	-13	5	7	4.5	-1	0.8

- 위의 표에서 우측에 나와 있는 관세율을 클릭하면 클릭된 해당국이 원산지인 자동차 부품에 대한 각 국가별 관세율표를 볼 수 있음.
- 한국을 클릭하면 아래와 같은 화면으로 이어짐. 표 상담에서 원산지국과 제품명 및 HS 코드를 확인할 수 있음.
- 표 좌측에는 국명이 나와 있고 표 우측에 종가세 상당치(AVE)가 표기되어 있음.

Compare tariffs
Step 2/2

Tariffs applied by all importing countries to **Korea, Republic of**

Product: **8708 - Parts and accessories of the motor vehicles of heading nos 8701 to 8705**
Trade year: **2013**
Applied tariff data source: **WTO (IDB) complemented by ITC (MAcMap)**
Trade data source: **ITC Normalized trade matrix**
AVE Methodology: **AVE based on the World Tariff Profile (WTP)**

<< New search | << Modify search

Table | Map

Importing country	Year	Revision	No. of corresponding national tariff lines	Level of protection	Korea, Republic of's exports to partner country (value in US$ '000)	Total ad valorem equivalents tariff	Source
Afghanistan	2013	HS12	14		897	5.00%	ITC
Albania	2015	HS12	47		64	2.00%	ITC
Algeria	2015	HS12	21		54,468	14.47%	ITC
Angola	2015	HS12	23		9,090	8.17%	ITC
Anguilla	2015	HS07	27		13	28.30%	ITC
Antigua and Barbuda	2015	HS07	27		18	19.85%	ITC
Argentina	2014	HS12	45		29,583	14.79%	ITC
Armenia	2014	HS12	87		51	10.00%	ITC
Aruba	2015	HS12	27		293	17.51%	ITC
Australia	2014	HS12	70		260,133	3.49%	ITC

1 2 3 4 5 6 7 8 9 10 ... Page size: 10 — 194 items in 20 pages

Level of protection: 0% |]0 - 5]% |]5 - 10]% |]10 - 15]% |]15 - 20]% |]20 - 30]% |]30 - 40]% |]40 - 50]% | > 50%

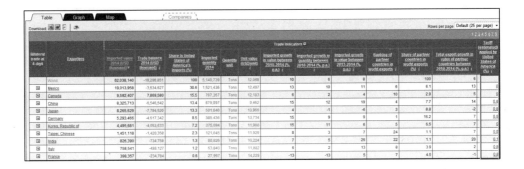

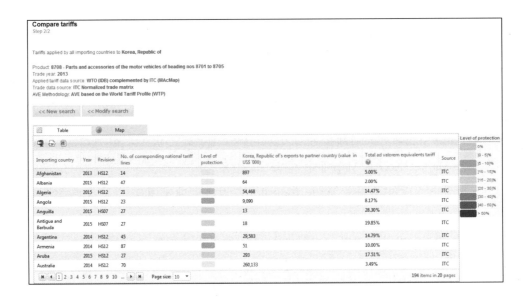

활용예 2. 한국 의류 수출업체가 기존시장에서 수출성과를 올리고자 할 경우

1) 현 수출국의 제품 성과 평가

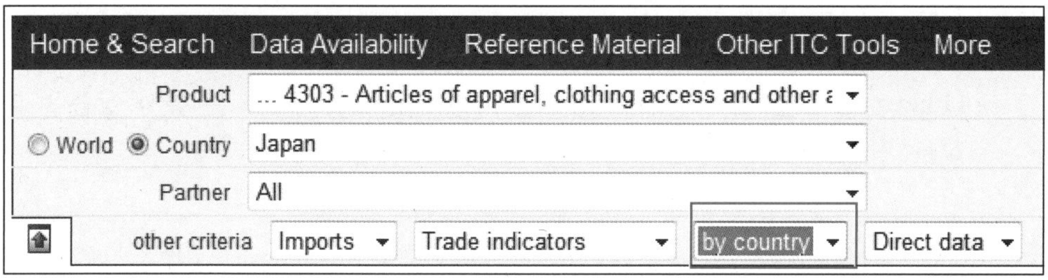

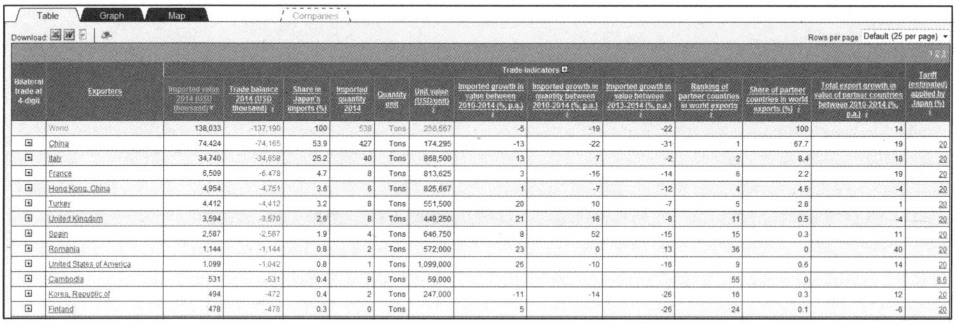

Table | Graph | Map | Companies

Download:

Rows per page Default (25 per page)

Bilateral trade at 4-digit	Exporters	Imported value 2014 (USD thousand)	Trade balance 2014 (USD thousand)	Share in Japan's imports (%)	Imported quantity 2014	Quantity unit	Unit value (USD/unit)	Imported growth in value between 2010-2014 (%, p.a.)	Imported growth in quantity between 2010-2014 (%, p.a.)	Imported growth in value between 2013-2014 (%, p.a.)	Ranking of partner countries in world exports	Share of partner countries in world exports (%)	Total export growth in value of partner countries between 2010-2014 (%, p.a.)	Tariff (estimated) applied by Japan (%)
	World	138,033	-137,190	100	538	Tons	256,567	-5	-19	-22		100	14	
⊞	China	74,424	-74,165	53.9	427	Tons	174,295	-13	-22	-31	1	67.7	19	20
⊞	Italy	34,740	-34,658	25.2	40	Tons	868,500	13	7	-2	2	8.4	18	20
⊞	France	6,509	-6,478	4.7	8	Tons	813,625	3	-16	-14	6	2.2	19	20
⊞	Hong Kong, China	4,954	-4,751	3.6	6	Tons	825,667	1	-7	-12	4	4.6	-4	20
⊞	Turkey	4,412	-4,412	3.2	8	Tons	551,500	20	10	-7	5	2.8	1	20
⊞	United Kingdom	3,594	-3,570	2.6	8	Tons	449,250	21	16	-8	11	0.5	-4	20
⊞	Spain	2,587	-2,587	1.9	4	Tons	646,750	8	52	-15	15	0.3	11	20
⊞	Romania	1,144	-1,144	0.8	2	Tons	572,000	23	0	13	36	0	40	20
⊞	United States of America	1,099	-1,042	0.8	1	Tons	1,099,000	26	-10	-16	9	0.6	14	20
⊞	Cambodia	531	-531	0.4	9	Tons	59,000				55	0		8.6
⊞	Korea, Republic of	494	-472	0.4	2	Tons	247,000	-11	-14	-26	16	0.3	12	20
⊞	Finland	478	-478	0.3	0	Tons		5		-26	24	0.1	-6	20

- 일본 의류 수입시장에서 한국은 11위이며 시장점유율은 0.4%인 것을 알 수 있음.

2) 유사 상품 확인

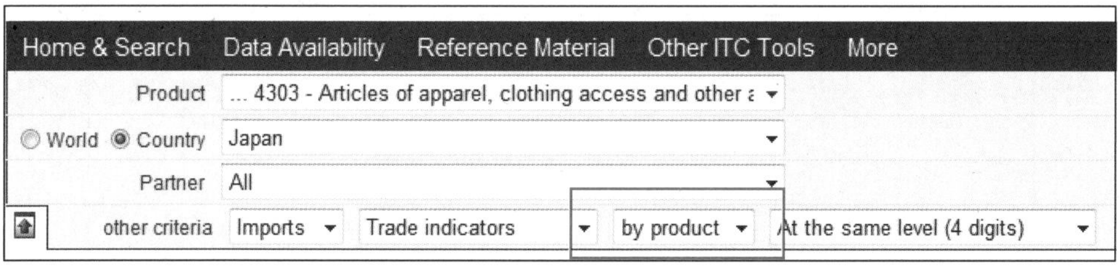

Table | Graph | Map | Companies

Download: | Rows per page Default (25 per page)

HS6	Code	Product label	Trade Indicators: Imported value 2014 (USD thousand)	Trade balance 2014 (USD thousand)	Annual growth in value between 2010-2014 (%, p.a.)	Annual growth in quantity between 2010-2014 (%, p.a.)	Annual growth in value between 2013-2014 (%, p.a.)	Annual growth of world exports between 2010-2014 (%, p.a.)	Share in world imports (%)	Ranking in world imports
	TOTAL	All products	822,251,112	-138,405,492	3		-1	5	4.4	4
	4303	Articles of apparel, clothing access and other articles of furskin	138,033	-137,190	-5	-19	-22	14	6.4	6
	4301	Raw furskins & pieces suitable for furriers' use, nes	8,646	-8,637	10	-2	5	11	0.2	21
	4302	Tanned or dressed furskins & pieces, unassembled or assembled	7,008	-6,533	8	8	-11	13	0.3	27
	4304	Artificial fur and articles thereof	1,095	-1,050	-3	-20	59	2	1.6	17

Sources: ITC calculations based on UN COMTRADE statistics.

- Other criteria를 위와 같이 설정하면 기존 시장에서 수입되는 유사 상품을 확인할 수 있음.

참고사항

관세청 수출입통계(www.customs.go.kr)

『관세청 홈페이지 > 패밀리사이트 > 수출입무역통계』로 방문하며 동 통계자료는 매월 15일 전월 자료를 반영한다.

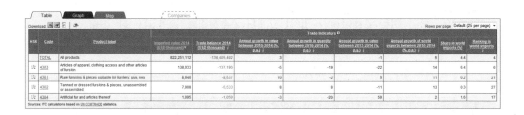

① 수출입 총괄 : 조회된 연도 및 월별기간 중 우리나라 전체 수출(입)건수, 수출(입)총액, 무역수지 정보 제공

② 품목별 수출입실적 : 조회된 연도 및 월별기간 중 품목별 수출(입)중량, 수출(입)액, 무역수지 정보 제공(품목코드에 파악코자 하는 품목의 HS코드를 찾아 선택한다)

③ 국가별 수출입실적 : 조회된 연도 및 월별기간 중 파악코자 하는 국가로의 수출건수, 수출액과 그 국가로 부터의 수입건수, 수입액 및 무역수지 정보 제공

④ 성질별 수출입실적 : 조회된 연도 및 월별기간 중 ▲ 식료 및 직접소비재 ▲ 원료 및 연료 ▲ 경공업품(섬유원료, 섬유사, 직물, 기타 섬유제품, 의류, 목제품, 가죽/고무 및 신발류, 귀금속 및 보석류, 기타 비금속 광물제품, 완구/운동용구 및 악기, 기타) ▲ 중화학 공업품(화공품, 철강제품, 기계류와 정밀기기, 전기/전자제품, 수송장비, 기타)로 구분하여 각각의 우리나라 전체 수출(입)중량 및 수출(입)액에 관한 정보 제공

⑤ 신성질별 수출입실적 : 조회된 연도 및 월별기간 중 소비재, 자본재, 원자재별(중분류 및 세분류 가능)로 우리나라 전체 수출(입)중량과 수출(입)액에 관한 정보 제공

⑥ 품목별 국가별 수출입실적 : 조회된 연도 및 월별기간 중 파악코자 하는 국가로의 세부품목별(HS코드)별 수출(입)중량, 수출(입)액 및 무역수지 정보 제공

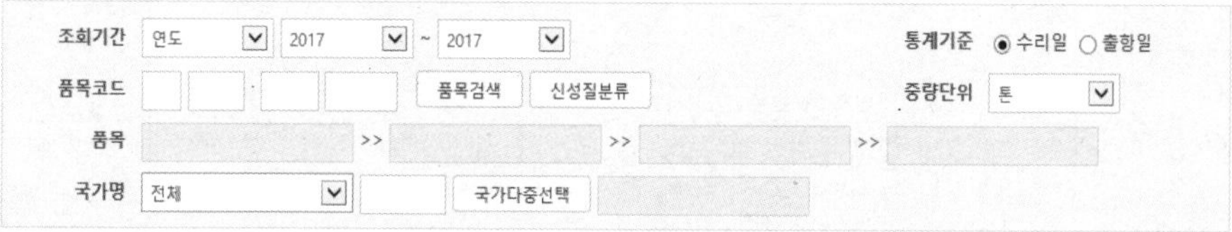

- 조회기간 : 조회를 희망하는 연도별, 월별기간을 설정한다.
- 품목코드 : 파악코자하는 품목의 HS코드를 직접 입력하거나 『품목검색』으로 검색 선택한다.
- 국가명 : 파악코자하는 특정국가 또는 다수국가를 선택한다.

⑦ 성질별 국가별 수출입실적 : 조회된 연도 및 월별기간 중 ▲ 식료 및 직접소비재 ▲ 원료 및 연료 ▲ 경공업품(섬유원료, 섬유사, 직물, 기타 섬유제품, 의류, 목제품, 가죽/고무 및 신발류, 귀금속 및 보석류, 기타 비금속 광물제품, 완구/운동용구 및 악기, 기타) ▲ 중화학 공업품(화공품, 철강제품, 기계류와 정밀기기, 전기/전자제품, 수송장비, 기타)으로 구분하여 파악하고자 하는 국가로의 수출(입)중량 및 수출(입)액에 관한 정보 제공

⑧ 신성질별 국가별 수출입실적 : 조회된 연도 및 월별기간 중 소비재, 자본재, 원자재별(중분류 및 세분류 가능)로 구분하여 파악하고자 하는 국가로의 수출(입) 중량 및 수출(입)액에 관한 정보 제공

⑨ 이외 조회된 연도 및 월별기간 중 대륙별, 경제권별, 세관별, 종류별<일반수출/보세공장으로부터 수출/관세자유지역으로부터 수출/자유무역지역으로 부터 수출/ 종합보세구역으로부터 수출/공해상에서 체포한 수산물의 현지수출(원양어업협회 통보분)/선상신고/우편수출(국제우체국 면허분)>, 항구 및 공항별로 수출(입) 중량 및 수출(입)액, 무역수지 정보 제공

참고사항

TRASSzine 트라스 뉴스레터

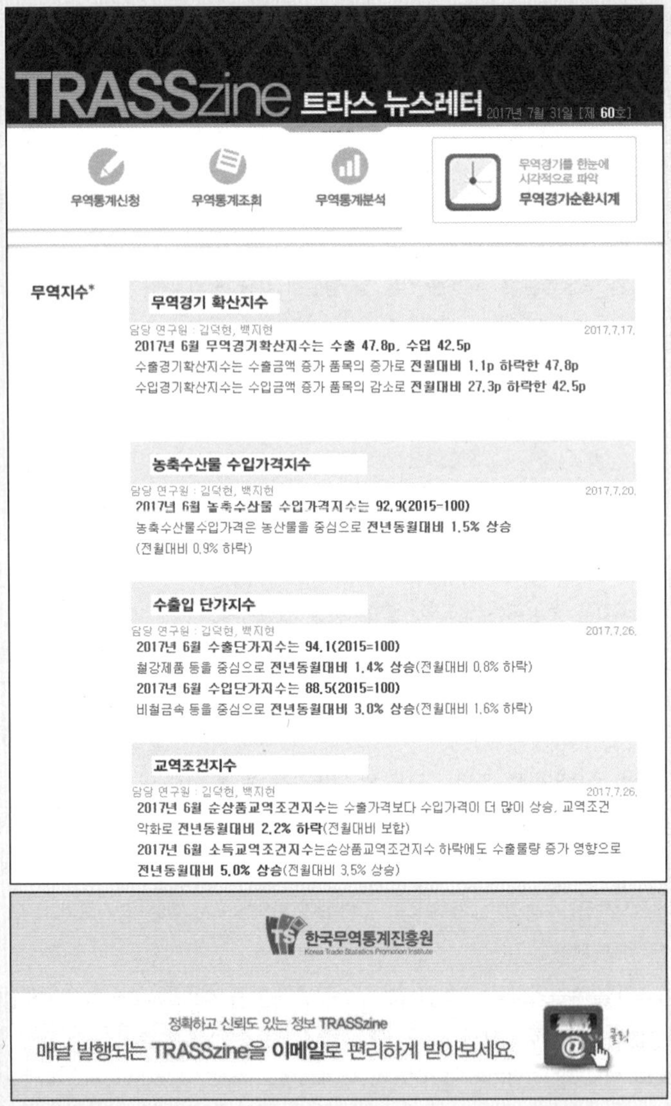

TRASSzine 트라스 뉴스레터 2017년 7월 31일 [제 60호]

무역통계신청 무역통계조회 무역통계분석

무역경기를 한눈에 시각적으로 파악
무역경기순환시계

무역지수*

무역경기 확산지수

담당 연구원 : 김덕현, 백지현 2017.7.17.

2017년 6월 무역경기확산지수는 수출 47.8p, 수입 42.5p

수출경기확산지수는 수출금액 증가 품목의 증가로 **전월대비 1.1p 하락한 47.8p**

수입경기확산지수는 수입금액 증가 품목의 감소로 **전월대비 27.3p 하락한 42.5p**

농축수산물 수입가격지수

담당 연구원 : 김덕현, 백지현 2017.7.20.

2017년 6월 농축수산물 수입가격지수는 92.9(2015=100)

농축수산물수입가격은 농산물을 중심으로 **전년동월대비 1.5% 상승**

(전월대비 0.9% 하락)

수출입 단가지수

담당 연구원 : 김덕현, 백지현 2017.7.26.

2017년 6월 수출단가지수는 94.1(2015=100)

철강제품 등을 중심으로 **전년동월대비 1.4% 상승**(전월대비 0.8% 하락)

2017년 6월 수입단가지수는 88.5(2015=100)

비철금속 등을 중심으로 **전년동월대비 3.0% 상승**(전월대비 1.6% 하락)

교역조건지수

담당 연구원 : 김덕현, 백지현 2017.7.26.

2017년 6월 순상품교역조건지수는 수출가격보다 수입가격이 더 많이 상승, 교역조건 악화로 **전년동월대비 2.2% 하락**(전월대비 보합)

2017년 6월 소득교역조건지수는순상품교역조건지수 하락에도 수출물량 증가 영향으로 **전년동월대비 5.0% 상승**(전월대비 3.5% 상승)

한국무역통계진흥원
Korea Trade Statistics Promotion Institute

정확하고 신뢰도 있는 정보 TRASSzine

매달 발행되는 **TRASSzine**을 **이메일**로 편리하게 받아보세요.

- 발행처 : 한국무역통계진흥원
- 발간주기 : 월간
- 수록내용 : 무역경기 확산지수, 수출입 단가지수, 교역조건지수 등
- 구독방법 : www.trass.or.kr>고객지원>무역통계뉴스>Newsletter>TRASSzine

14 관세율정보

많은 기업들이 특정 국가에 대한 자사 수출품목의 관세율을 Kotra 해외무역관에 문의하는 경우가 많이 있는데 우리나라와 교역이 많은 미국, 중국, 일본 및 EU 등 일부 국가 관세율은 관세청에서 운영하는 『관세법령정보포털 홈페이지 http://unipass.customs.go.kr/clip/index.do > 정보공개 > 해외관세율정보』를 방문하면 쉽게 검색할 수 있으며 계속해서 업데이팅되고 있다.

그림 127 관세법령정보포털 3.0 해외관세율정보

이 사이트에서 관세율을 검색할 수 있는 국가는 [표 35]와 같다.

표 35 「관세법령정보포털 3.0」에서 관세율 검색 가능 국가

미국	EU	일본	중국	대만
호주	터키	칠레	브라질	페루
러시아	사우디	멕시코	태국	베트남
인도네시아	싱가포르	필리핀	말레이시아	인도
노르웨이	스위스	캐나다	뉴질랜드	한국

이들 국가를 포함하여 전 세계 대부분 국가의 관세율을 파악하기 위해서는 『TradeNAVI 홈페이지(www.tradenavi.or.kr) > FTA/관세 > (관세/통관안내) 세계의 관세

율』을 방문하면 된다. 각국의 관세율 제공기관에 따라서는 영어가 아닌 현지어로만 정보를 제공하기도 한다(알제리 경우 불어로 정보 제공).

그림 128 세계의 관세율 정보

특히 우리나라와 교역이 많은 [표 36]과 같은 27개국에 대해서는 「트레이드내비 바로가기」를 클릭하여 파악코자 하는 HS코드를 입력하면 한글로 자세한 관세율 정보가 나온다.

표 36 「트레이드내비 바로가기」검색 가능 국가

중국	EU	남아공	멕시코	인도
라오스	러시아	말레이시아	캄보디아	캐나다
미얀마	베트남	브라질	필리핀	홍콩
UAE	칠레	우크라이나	대만	
인도네시아	일본	터키	미국	
콜롬비아	태국	뉴질랜드	싱가포르	

그림 129 세계의 관세율 정보

또는 『TradeNAVI 홈페이지(www.tradenavi.or.kr) > FTA/관세 > 품목별 정보검색』으로 들어가 [표 36] 국가 중 1개국을 선정하고 파악코자 하는 HS코드를 입력한 후, 결과보기를 클릭하면 수입국의 해당 품목에 대한 관세율 및 통관조건 등을 검색할 수 있다.

Kotra에서는 1회당 최대 3개국, 각 국가별 2개 품목 내에서 소장하고 있는 자료를 활용하여 해당 관세율 정보를 복사해서 팩스로 제공해주고 있다. 신청방법은 『Kotra 해외시장뉴스 > 무역자료실 > 무역자료실서비스 > 관세율서비스』로 들어가 하단 「신청하기」를 클릭하면 된다.

15 기타 해외시장 관련 정보

1) 국제원자재시장동향정보

- 제공자 : 코리아 PDS
- 사이트 : www.koreapds.com
- 주요제공서비스 : 원자재시황, 분석자료, 전망, 가격 및 통계 등
- 세부서비스

공통 서비스항목	심화 특화 서비스항목
원자재 가격정보, 통계자료, 해외거래소동향, 일간/주간 시황, 이슈보고서, 주요뉴스, 섹터별 Market Briefing, 해외경제동향, 해외주요경제지표, 해외경제/산업뉴스, 원자재백과사전, 원자재지수, 주요환율정보	원자재 가격 전망, 원자재 전망 보고서, 영문 Page, 국내산업 물가자료, EPES (Cost Analysis), Shipping & Shipbuilding, Price Impact Flow Chart, Resin Price Matrix, Steel Price Matrix 구매전략시뮬레이터, 해외지역조사, 컨설팅, 기자재-원자재 분석정보, Customizing

- 이용가격 : 유료

2) 국제입찰정보

- 제공자 : ㈜ 한국콤파스
- 사이트 : www.kompass.co.kr(http://tenderspage.com)
- 주요제공서비스 : 약 145개국에서 매일 공고되고 있는 5만건 이상의 국제입찰 정보
- 세부서비스
  - Market Surveys(시장현황, 경쟁사현황, 시장점유율 등 맞춤형 시장조사)
  - 공공조달 바이어 발굴을 위한 기업별 맞춤형 서비스 제공
  - 현지 조달시장 진출을 위한 Business Agent 발굴지원
  - 시장진출을 위한 컨설팅지원
  - 조달시장 참여를 위한 조달 Agent 발굴 및 Meeting 주선
- 이용가격 : 유료

3) 해외조달시장정보

- 제공자 : 중소기업수출지원센터
- 사이트 : http://b2g.exportcenter.go.kr/service/index.jsp
- 주요제공서비스 : 해외조달 시장동향, 해외조달 진출을 위한 온라인 강의, 해외조달 진출 준비를 위한 자가진단 서비스 및 온라인 상담, 조달관련 각종 서식 제공 등
- 세부서비스 : 북미, 국제기구, EU, 아시아 및 기타 시장별 정보 제공
  - 입찰정보

- 시장정보 및 동향
- 주계약업체 정보
- 벤더 정보
- 현지 에이전트 정보
- 조달 구매현황 분석
- 프로젝트 정보
- 조달 구매현황 분석
- 관련 규정

• 이용가격 : 무료

4) 세계 주요국 은행정보

• 제공자 : Banks around the World
• 사이트 : www.relbanks.com
• 주요제공서비스 : 유럽(20개국), 미주(6개국), 아시아(8개국), 대양주(3개국) 주요 은행들의 자산, 매출액, 신용등급 관련 정보 제공
• 세부서비스
  - 각 은행에 대한 간략한 설명과 함께 최근 수년간 자산, 매출액 및 신용등급 변동 내역을 소개
• 이용가격 : 무료

5) 환율정보

• 제공자 : 서울외국환중개(주)
• 사이트 : www.smbs.biz
• 주요제공서비스 : 환율조회, 자금시장 및 채권시장 정보
• 세부서비스 : 오늘의 환율, 주요통화 변동률, 기간별 매매기준율, 월평균 매매기준율, 월말 매매기준율, 통화선도환율 관련 정보
• 이용가격 : 무료

참고사항

통합무역정보서비스(www.tradenavi.or.kr) 트레이드내비

트레이드내비는 무역협회가 운영하고 있는 통합무역정보서비스로서 정부, 지자체, 수출유관기관 등 많은 기관에 산재된 단편적인 무역관련 정보들을 통합하여 관심국가/관심품목에 따라 맞춤형 정보를 제공하고 있으며 이를 위한 연계기관 수도 45개로 대폭 늘어났다. 관세청, 농수산물유통공사, 중소기업진흥공단, 한국콘텐츠진흥원, 대한상공회의소뿐만 아니라 Kotra, 무역협회, 무역보험공사, 중소기업진흥공단 등 정부 및 공공기관, 협회 및 단체에서 제공하는 다양한 정보를 연계하여 제공하고 있다. 또한 품목별 정보 검색 시 기존에는 정확한 HS 품목코드 6단위를 입력해야 했는데 시스템을 개편하여 품목명만으로도(예 : 의약품, 자동차) 검색이 가능하게 되어 초보 무역인도 필요한 모든 정보를 쉽게 찾아볼 수 있다.

통합무역정보서비스 메인화면

또한 트레이드네비는 전 세계 49개국의 세율, 규제, 인증, 비관세장벽, 지원사업 정보를 통합 제공하고 있으며 특히 관심 국가 품목을 입력하면 국가정보, 세율, 규제, 전시회, 오퍼 등 모든 정보를 분류 가공하여 검색결과로 나타나는 등 사용자 중심의 개별 맞춤형 서비스가 제공되고 있다.

통합무역정보서비스가 제공하는 세부 항목

항목	제공정보
뉴스	해외시장동향, 해외관세동향, 기술규제동향, 수입규제동향, FTA뉴스, EEN(유럽경제협력네트워크) 유관기관뉴스, 전문가 칼럼, 동영상무역정보(KITA, Kotra)
FTA/관세	품목별정보검색, 관세안내, FTA현황, FTA원산지, FTA사후 검증대응

무역규제	비관세장벽, TBT통보문, 환경규제, 해외인증, 해외규격, 수입요건, 전략물자, 수출장벽, 반덤핑규제, 분쟁일괄규제, 규정안내
해외마케팅	해외오퍼정보, 해외조달정보, 해외전시회정보, 국가별시장정보, 국가별법령정보, 해외시장보고서, 유망시장진출보고서
해외기업정보	무역협회, Kotra, 무역보험공사, 중소기업진흥공단
수출지원	무역통상진흥종합시책, 분쟁해결/규제대응, 무역지원사업정보, 무역지원제도, 무역정보제공기관, 글로벌무역정보MAP, 서비스산업정보MAP, 무역정보안내지도, 무역용어/서식
무역애로	Trade SOS, Trade Doctor, FTA 1380, 전문가상담안내 애로사례모음
무역통계	한국, EU, 미국, 중국, 홍콩, 일본, 인도, 대만 ASEAN, 브라질, 러시아, 터키, 호주, 캐나다, 칠레, 페루, 멕시코, 세계무역, 세계경제, 맞춤분석, 남북교역, 부품소재

통합무역정보서비스 정보제공기관	
참여 기관	제공 정보
산업통상자원부	FTA 체결현황, FTA 활용, 정부지원(무역정보안내지도, 무역통상진흥시책)
외교부	해외시장동향정보(재외공관 수집)
관세청	국가별 통관정보, 통관애로사례
중소기업청	해외 국가별 규격정보, 해외조달정보
방위사업청	군수 전략물자 안내
국가기술표준원	국가별 기술규제(TBT)정보
법제처(법령정보관리원)	국가별 법령정보
Kotra	해외시장동향정보, 국가별 시장정보, 해외오퍼정보, 해외기업정보, 시장보고서, 무역애로상담
한국무역보험공사	해외기업신용정보, 무역보험정보
한국농수산식품유통공사	해외정보, 해외시장, 국가
한국수출입은행	해외국가정보, 국가신용도 리포트
중소기업진흥공단	해외오퍼정보, 해외시장동향
전략물자관리원	전략물자 통제정보, 전략물자 통제 안내
대외경제정책연구원	해외 지역경제 포커스 보고서
한국인터넷진흥원	국가별 정보통신정보, 주간동향리포트, 수출지원정보
한국콘텐츠진흥원	국내외 콘텐츠 산업 동향 보고서
한국산업기술시험원	국가별 인증정보, 인증동향정보
한국생산기술연구원	국가별 환경규제, 규제동향
한국원자력통제기술원	원자력 수출입 통제안내
기술보증기금	기술보증제도 종합안내
신용보증기금	신용보증제도 종합안내
무역협회	무역통계, 수입규제, 시장동향, 수입규제동향, 해외시장동향, 해외시장보고서, 국가별 시장정보, FTA지원
대한상공회의소	시장/경제 보고서, 경제연구 총서

중소기업중앙회	해외시장동향
대한상사중재원	중재판정사례
한국환경산업기술원	해외환경산업 분석보고서
한국기계산업진흥회	기계산업통계월보
한국전시산업진흥회	해외전시회정보
한국관세무역개발원	관세동향
한국지식재산보호협회	지적재산권 분쟁동향 및 보고서
한국자동차산업협동조합	자동차부품 산업동향
EC21	해외오퍼정보(품목, 국가, 유효일, 내용)
Frost & Sullivan	해외시장 전문보고서
외환은행	환율정보

참고사항

Kotra 정보사이트 접근 방법

❶ 방법 1 : 해당 사이트별로 직접 접근

홈페이지	www.kotra.or.kr
해외시장정보	http://news.kotra.or.kr
전시정보	www.gep.or.kr
해외진출정보	www.ois.go.kr
트레이드닥터	http://tradedoctor.kotra.or.kr
전자상거래	www.buykorea.org

❷ 방법 2 : 코트라 홈페이지로 들어와 해당 사이트로 접근

『Kotra 홈페이지(www.kotra.or.kr)> 무역투자정보>무역투자정보홈>각 사이트 하이퍼 링크』(트레이드닥터는 Kotra 홈페이지>무역투자상담으로 접근)

『Kotra 홈페이지(www.kotra.or.kr) > 무역투자정보 > 무역투자정보홈 > 각 사이트 바로가기』

『Kotra 홈페이지(www.kotra.or.kr)>무역투자정보>무역투자정보홈>각 사이트 바로가기』(해외시장뉴스, 전시정보, 해외진출, 외국인투자유치, 전자상거래, 방산물자, 정상외교경제활용포털)

C•H•A•P•T•E•R

03

해외시장정보 취득방법

실무해외시장조사론

CHAPTER

03

해외시장정보 취득방법

비즈니스와 관련된 해외정보를 취득하는 방법은 타기관이나 언론이 조사하여 공개한 정보를 활용하는 방법, 정보 수요자(주로 수출기업)가 현지를 방문하여 직접 조사하는 방법 그리고 전문기관이나 사설 전문조사업체 등 외부에 조사를 의뢰하는 방법이 있다. 세 가지 방법 모두 장단점이 있으므로 정보 수요자의 상황에 따라 어느 한 가지 방법을 선택하거나 병행 실시할 수 있다.

1 공개정보를 활용하는 방법

최근에는 인터넷의 발달로 시간과 장소에 구애받지 않고 쉽게 국내외에서 생산된 해외시장정보를 취득할 수 있다. 또한 인터넷뿐만 아니라 신문, 잡지, 전문서적 등을 통해서도 좋은 정보를 얻을 수 있다. 이미 공개된 정보를 활용하는 방법은 조사에 필요한 인력과 시간, 그리고 소요예산을 크게 줄여준다. 특히, 우리나라는 Kotra, 무역협회, 중소기업수출지원센터 및 지자체지원센터를 포함하여 여러 수출지원기관과 단체들이 경쟁적으로 새로운 해외시장정보를 생산하여 전파하고 있기 때문에 많은 수출기업들이 이 방법을 통해 정보를 취득하고 있다. 특히 최근 수출기업들은 전장에서 서술한 바와 같이 정부, 공기관 및 수출유관기관이 생산하는 정보를 한눈에 검색할 수 있는 종합무역정보서비스 사이트인 『트레이드네비』를 통해 많은 정보를 얻고 있다. 인터넷이 널리 보급되기 전까지만 해도 Kotra에서는 『일간해외시장』, 무역협회에서는 『일간무역』을 인쇄물 형태로 발간하여 배포하였다. 현재 이들 간행물들은 모두 폐간되었으나 대신 정기적으로 이메일을 통해 새로운 정보가 전파되고 있다. 현재 Kotra는 Kotra 해외시장뉴스 사이트를 통해 Kotra 해외시장뉴스, 해외무역관뉴스레터, 주간투자뉴스 등을 등재하고 있으며 이중 『Kotra 해외시장뉴스』는 매주 화/목 2차례 이메일로 국내기업들에게 전파되고 있다. 신청은 『Kotra 해외시장뉴스>열린마당>KOTRA 해외시장뉴스』로 들어가 상단 [신청하기]를 클릭하면 된다.

그림 1 KOTRA 해외시장뉴스 신청하기

그림 2 『Kotra 뉴스레터』와 『해외무역관뉴스레터(자카르타무역관)』

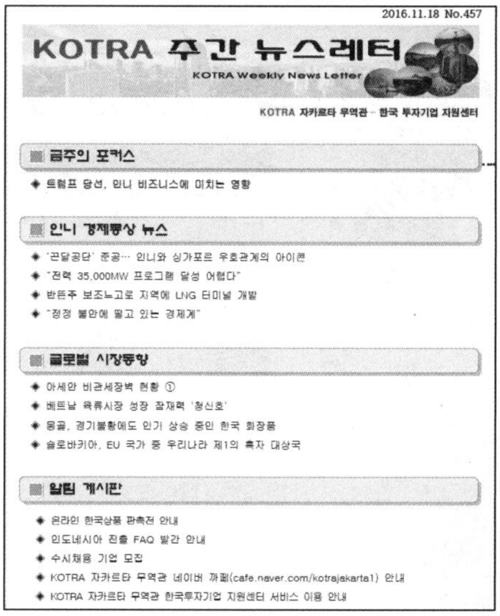

그림 3 무역협회 발행 『굿모닝KITA』와 신청서

한편 무역협회에서는 신청만 하면 매일 아침 이메일로 『굿모닝KITA』라는 무역뉴스를 신청회원들에게 보내주는 서비스를 하고 있다. 『굿모닝KITA』은 수집된 국내외 무역정보를 전문가의 선별 및 편집을 거쳐 무역업체에게 필요한 핵심정보를 제공하는 무역정보서비스이다.

그러나 인쇄매체 정보지가 모두 사라진 것은 아니다. 여전히 국내 유일의 무역 전문 신문인 『주간무역』은 매주 월요일, 32~48면의 타블로이드판 종이신문을 발간하고 있다. 이 매체는 무역 관련 뉴스, 정보, 컬럼 등을 다루며 세부적으로는 무역일반, FTA, 산업 기술, 외환 금융, 관세/물류, 정보마당, 전시, 해외, 비즈컬쳐, 외국어 및 기타 등으로 구성하여 우편발송 및 직배로 배포하고 있다.

그림 4 폐간된 Kotra 『일간해시』관련 기사와 주간무역 메인 화면

이와 함께 『주간무역』은 무료 인터넷 사이트(http://weeklytrade.co.kr)를 운영하고 있는데 이 사이트를 통해서도 다양한 해외시장정보를 얻을 수 있다. 또한 각 조합이나 협회 홈페이지에는 관련 산업의 해외시장동향 정보가 수시로 업데이팅되어 게재되고 있으며 주간 또는 월간으로 발행되는 정기간행물에도 기업에 도움이 되는 양질의 정보가 수록되어 있으므로 이것들을 잘 활용토록 한다.

그림 5 한국섬유산업연합회 홈페이지에 등재된 해외섬유 산업 동향 및 한국공작기계산업협회 발행 월간지

• 아울러 이메일을 통해 뉴스레터 형식으로 각종 비즈니스 관련 정보를 제공하는 수출유관기관들이 늘어나고 있는 추세이므로 이들 뉴스레터를 정기적으로 받아보고 필요한 정보를 축적해 두도록 한다. 최근에는 수출지원 유관기관, 협회 및 단체 등에서 수시로 시장설명회를 개최하고 있으므로 관심 분야를 다루는 설명회에도 적극 참가하도록 한다. 이와 별도로 Kotra나 무역협회, 한국능률협회에서는 지역전문가 양성 프로그램,[1] 해외벤치마킹 연수 등 각종 교육프로그램도 운영하고 있으므로 이

1 Kotra 연수원에서는 신흥시장 및 선진시장을 중심으로 지역전문가 양성을 위한 교육과정을 운영하

들 교육프로그램 참여를 통해 사내 우수 조사 인력을 양성하도록 한다.

외부기관이 생산하여 공개한 정보를 통해 시장조사를 하는 방법은 이와 같은 많은 장점에도 불구하고 정작 알고 싶은 정보를 찾을 수 없는 경우도 있고 미흡하게 등재되어 있거나 정보를 생산하는 기관과 단체에 따라 업데이팅되지 않은 오래된 정보가 수록된 경우도 있다. 특히, 외국기관의 사이트에서 정보를 얻고자 한다면 어느 사이트를 방문해야 하는지도 알아야 하며 설사 관련 사이트를 찾아내었다 하더라도 사이트에서 사용된 언어를 해독할 수 있어야 한다. 또한 선후진국에 따라 사이트에 등재된 정보 업데이팅 정도가 천차만별인 점도 유념해야 한다. 우리나라와 같이 각종 통계가 신속하게 업데이팅 되는 국가들도 있지만 대부분의 후진국들은 2~3년 전 작성된 통계가 여전히 올라와 있는가 하면 이미 개정되어 더 이상 유효하지 않은 규정들이 실려 있기도 하고 외국인이 이해하지 못하게 서술되어 있는 정보도 많이 있다. 또 경우에 따라서는 신뢰할 수 없는 과장된 정보가 수록되어 있거나 앞뒤가 맞지 않는 통계가 제시되어 있는 부실 사이트도 있으므로 주의해야 한다.

그림 6 알제리 투자진흥청 사이트에 등재된 통계(2018년 1월 현재, 2014년 통계까지 발표하고 있다.)

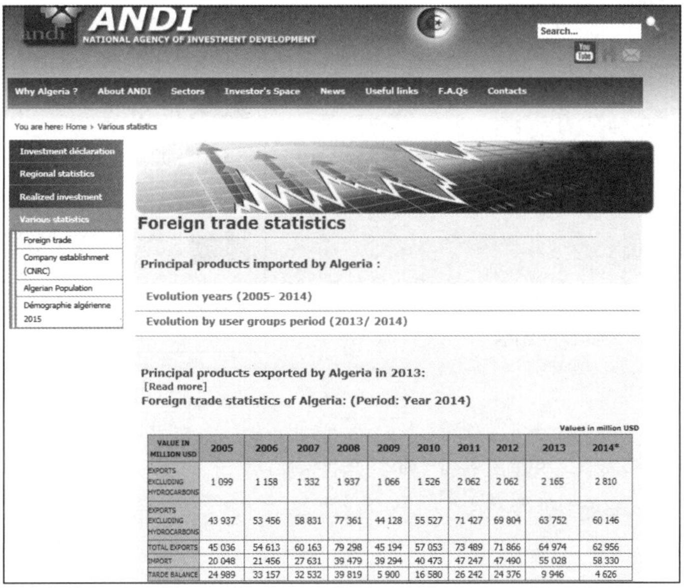
ANDI
NATIONAL AGENCY OF INVESTMENT DEVELOPMENT
Search...
Why Algeria ? About ANDI Sectors Investor's Space News Useful links F.A.Qs Contacts
You are here: Home › Various statistics
Investment déclaration
Regional statistics
Realized investment
Various statistics
Foreign trade
Company establishment (CNRC)
Algerian Population
Démographie algérienne 2015

Foreign trade statistics

Principal products imported by Algeria :
Evolution years (2005- 2014)
Evolution by user groups period (2013/ 2014)

Principal products exported by Algeria in 2013:
[Read more]
Foreign trade statistics of Algeria: (Period: Year 2014)

Values in million USD

VALUE IN MILLION USD	2005	2006	2007	2008	2009	2010	2011	2012	2013	2014*
EXPORTS EXCLUDING HYDROCARBONS	1 099	1 158	1 332	1 937	1 066	1 526	2 062	2 062	2 165	2 810
EXPORTS EXCLUDING HYDROCARBONS	43 937	53 456	58 831	77 361	44 128	55 527	71 427	69 804	63 752	60 146
TOTAL EXPORTS	45 036	54 613	60 163	79 298	45 194	57 053	73 489	71 866	64 974	62 956
IMPORT	20 048	21 456	27 631	39 479	39 294	40 473	47 247	47 490	55 028	58 330
TARDE BALANCE	24 989	33 157	32 532	39 819	5 900	16 580	26 242	24 376	9 946	4 626

고 있다. 이 과정에서는 지역별 경제현황, 문화특성, 비즈니스 관습, 진출유망시장, 시장특성, 산업구조, 진출 성공사례 및 해외투자 진출 실무 등을 교육하고 있다.

한편 공개정보를 활용하여 시장정보를 얻는 방법의 장단점은 [표 1]과 같다.

표 1 공개정보 활용 시 장단점	
장점	▪ 비용과 시간을 절감할 수 있다. ▪ 다양한 경로를 통해 취득한 정보를 융합하여 활용할 수 있다. ▪ 정보 수집 능력을 함양할 수 있다.
단점	▪ 정보원을 찾기가 어려울 수 있다. ▪ 원하는 정보를 모두 얻을 수 없는 경우도 있다. ▪ 제때 업데이팅이 되지 않은 정보일 수도 있다. ▪ 외국 사이트를 이용하는 경우, 해당언어를 해독할 수 있어야 한다. ▪ 이미 공개된 정보라 독점적으로 활용할 수 없다.

Kotra 해외시장뉴스

▣ 주요 수록 내용

- 무역·투자뉴스
- 알고보면 쉬운 정상외교
- 해외투자

▣ 발송일 : 매주 2차례

- 모바일로도 수신 가능

▣ 신청방법

Kotra 해외시장뉴스
(http://news.Kotra.or.kr) >
열린마당>뉴스레터>KOTRA
해외시장뉴스

* Kotra 해외시장뉴스 사이트를 통해 「해외무역관뉴스레터」 및 「주간투자뉴스」도 열람할 수 있음.

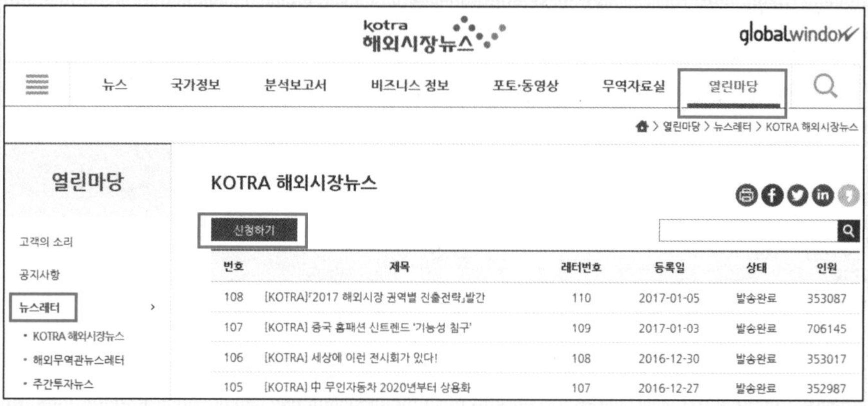

굿모닝 Kotra

▣ 주요 수록 내용

- 실시간 국내외 뉴스
  - 정부/지자체, 무역 유관기관, 경제연구소 보고서
  - 수출입 동향, 환율 동향 등 시장 속보
- 해외시장 심층 조사보고서, 동향정보 및 뉴스 등 해외시장 정보
- 일일 해외바이어 오퍼정보
- 기타 무역 뉴스
  - 무역 상담사례 및 기업 성공사례
  - 무역 용어
  - 무역 TV
  - 전자도서관
  - 무역강좌
  - 추천 채용정보
  - 지원사업 및 행사 정보
  - 전시회
  - 해외비즈니스 Tip
  - 비즈니스 영어회화

▣ 발송일 : 매일 아침

▣ 신청방법

무역협회 홈페이지

http://www.kita.net/mobile/Serviceguide_01.jsp

참고사항

해외시장 관련 뉴스레터

① KOTRA

- 뉴스레터명 : Kotra 해외시장뉴스
- 발행주기 : 매주 2차례(화요일/목요일)
- 수록내용 : 무역 · 투자뉴스, 알고보면 쉬운 정상외교, 해외투자
- 구독방법 : Kotra 해외시장뉴스(http://news.Kotra.or.kr)>열린마당>뉴스레터>KOTRA 해외시장 뉴스

② 한국무역협회

- 뉴스레터명 : 굿모닝 KITA
- 발행주기 : 매일 아침
- 수록내용 : 실시간 국내외 뉴스, 해외시장 심층 조사보고서, 동향정보 및 뉴스 등 해외시장 정보, 일일 해외바이어 오퍼정보, 기타 무역 뉴스
- 구독방법 : 무협 홈페이지(www.kita.net)>무역정보>무역뉴스>굿모닝 KITA

③ 한국무역보험공사

- 뉴스레터명 : KSURE 한국무역보험공사
- 발행주기 : 월간
- 수록내용 : 공사소식, K-Sure는 지금, 중소중견지원제도, 환율정보
- 구독방법 : 무보 홈페이지(www.ksure.or.kr)>정보광장>뉴스레터

④ 한국무역통계진흥원

- 뉴스레터명 : TRASSzine 트라스 뉴스레터
- 발행주기 : 월간
- 수록내용 : 무역경기 확산지수, 수출입 단가지수, 교역조건지수 등
- 구독방법 : www.trass.or.kr>고객지원>무역통계뉴스>Newsletter>TRASSzine

⑤ 대외경제연구원

- 뉴스레터명 : EMERiCs 주간뉴스레터
- 발행주기 : 주간
- 수록내용 : weekly 뉴스브리핑, 이슈분석, 연구정보, 비즈니스정보, 공지사항
- 구독방법 : www.emerics.org>뉴스레터

⑥ EC21

- 뉴스레터명 : EC21 월간 뉴스레터
- 발행주기 : 월간
- 수록내용 : EC21 주요서비스, issue & info(품목별 이슈 - 품목별 최신 시장동향 및 트렌드), EC21.com 인기 키워드 및 신규 구매 오퍼 등
- 구독방법 : http://blog-kr.ec21.com>카테고리>EC 21 월간 뉴스레터

⑦ 한국전시산업진흥회

- 뉴스레터명 : AKEI Weekly Newsletter
- 발행주기 : 주간
- 수록내용 : 진흥회 notice, 전시업계 notice, 전시업계 news, 국내/해외전시 schedule
- 구독방법 : 한국전시산업진흥회 홈페이지(www.akei.or.kr)>알림소식>Weekly News

⑧ 한국보건산업진흥원

- 뉴스레터명 : KHIDI 뉴스레터
- 발행주기 : 월간
- 수록내용 : 글로벌 보건산업동향, 보건산업보고서, 글로벌 시장정보, KHIDI 공고안내/사업안내
- 구독방법 : 보건산업진흥원 홈페이지(www.khidi.or.kr)>알림소식>뉴스레터>KHIDI 뉴스레터

⑨ 부산광역시/부산경제진흥원

- 뉴스레터명 : BUSAN TRADE NEWS LETTER
- 발행주기 : 월간
- 수록내용 : 이달의 기업, 이달의 통상행사, 한 뼘 수출정보, 한 장 수출입동향
- 구독방법 : 부산광역시 홈페이지(www.busan.go.kr)>경제>뉴스레터

⑩ 대전경제통상진흥원

- 뉴스레터명 : 까치통신
- 발행주기 : 주간
- 수록내용 : 진흥원지원사업, 외부기관지원사업, 행사/전시/교육 등
- 구독방법 : 대전경제통상진흥원 홈페이지(www.djbiz.or.kr)>정보공유>뉴스레터

⑪ 한국기계산업진흥회

- 뉴스레터명 : KOAMI NEWS LETTER
- 발행주기 : 주간
- 수록내용 : issue, notice, KOAMI NEWS
- 구독방법 : 한국기계산업진흥회 홈페이지(www.koami.or.kr)>홍보관>뉴스메일

⑫ 섬유산업연합회

- 뉴스레터명 : TEX+FA NEWS LETTER
- 발행주기 : 평균 2주

- 수록내용 : 섬유패션산업과 관련된 주요 이슈, 해외시장동향
- 구독방법 : 섬유산업연합회 홈페이지(www.kofoti.or.kr)>자료실>동향 & 통상 정보

⑬ 한국자동차산업협회

- 뉴스레터명 : Auto Daily
- 발행주기 : 일간
- 수록내용 : 정책동향, 경영전략, 통상동향, 시장동향, 기술동향, 한줄뉴스
- 구독방법 : 한국자동차산업협회 홈페이지(www.kama.or.kr)>정보센터

⑭ 한국농수산식품유통공사

- 뉴스레터명 : 농수산물수출지원정보 Newsletter
- 발행주기 : 격주
- 수록내용 : 농식품과 관련된 각 국의 최신 주요 수출이슈와 현안사항
- 구독방법 : 한국농수산식품유통공사 홈페이지(www.kati.net)>자료실>지구촌리포트

2 직접조사 방법

해외시장조사의 또 다른 방법으로는 수요자가 직접 해당 국가를 방문해서 현지 바이어와 도매상 및 유통업체 그리고 관련 기관을 접촉하여 필요한 정보를 수집하는 방법이다. 현지를 직접 방문하여 발품을 팔아가며 취득한 정보는 가장 우수한 정보가 될 수 있다. 그러나 무턱대고 현지를 방문한다고 해서 원하는 정보를 얻을 수 있는 것은 아니다. 현지로 떠나기 전에 어디서 무엇을 조사할 것인지 철저한 사전 계획이 필요하다. 따라서 현지를 방문했을 때 시장조사를 도와줄 기관, 가이드 또는 현지거래처 등이 섭외되어 있다면 보다 용이하게 시장조사를 할 수 있을 것이다. 해외시장조사를 위해 현지를 방문하게 되면 인근지 Kotra 무역관을 반드시 찾아가 현지 시장상황에 대해 설명을 듣도록 한다. 또한 출장지의 유통단지, 백화점, 도소매상 밀집지역을 방문하여 어떤 상품이 어떤 가격으로 판매되고 있는지를 파악한다. 도·소매상들을 직접 만나 필요한 정보를 수집하는 것도 바람직한 방법이다. 이때 파악하고자 하는 정보와 질의서를 미리 준비해간다. 일반적으로 매장에서는 인기가 있는 상품들이 가장 눈에 잘 띄는 곳에 진열된다는 점도 감안하여 매장을 살펴보도록 한다. 출장 전 소개받은 바이어나 교포무역인들이 있다면 이들을 통해서도 좋은 정보를 얻을 수 있다. 상공회의소 등 무역관련 기관을 방문하려면 사전 약속을 해두

어야 한다. 따라서 지역에 따라 직접 방문조사는 번거롭고 어려울 수도 있다.

반면, 해외전시회는 짧은 시간 동안 한 장소에서 많은 시장정보를 제공해준다. 이런 점에서 볼 때 해외전시회 참가 또는 참관을 통해 시장트랜드를 조사하고 자사 제품의 경쟁력을 파악하는 방법이 가장 효율적인 직접조사 방법이라 할 수 있다. 전시회에 출품된 상품과 바이어들의 반응을 살피고 부대행사로 개최되는 세미나에 참석하거나 출품된 상품 중 우수상품으로 선정된 전시품들을 보여주는 별도 전시관을 방문하여 최근 시장 동향을 파악하고 신상품에 대한 아이디어를 구하도록 한다.

비단 해외전시회 참가뿐만 아니라 무역사절단, 수출구매상담회 등에도 적극 참가하게 되면 바이어와의 상담 과정에서 필요로 하는 정보를 취득할 수 있다. 상담을 하다보면 자연스럽게 바이어로부터 현지 시장에 관한 생생한 현지정보를 얻을 수 있기 때문이다. 그러나 이때 한 바이어의 말만 듣고 시장 전체를 판단해서는 안 된다. 이외 진출하려는 국가 또는 인근국가에 거래 관계가 있는 바이어나 파트너가 있다면 이들을 활용하여 현지 정보를 취득하는 것도 좋은 방법이다.

그림 7 수출상담회나 시장개척단 참가를 통해 바이어로부터 양질의 시장정보를 얻을 수 있다.

또한 Kotra 해외시장뉴스의 국가정보는 각 국가별 수출 및 투자 유관기관 연락처를 제공하고 있으므로 이들 기관의 홈페이지를 검색하거나 이메일을 통해 필요로 하는 정보를 요청할 수도 있다. 특히, 투자진출과 관련된 정보나 전시회 참가 정보는 각국 투자진흥청 또는 전시주최자들이 경쟁적으로 제공하는 경향이 있다.

정보 수요자가 직접 시장조사를 하는 경우 외부기관에 조사 의뢰할 때 지불해야 하는 조사대행비용을 절감할 수 있을 뿐만 아니라 직접조사를 통해 얻은 정보는 대외로 유출될 가능성이 거의 없어 독점적으로 활용할 수 있다. 또한 정보수집 과정을 통해 인적 네트워크를 확대할 수 있을 뿐 아니라 정보 수집을 직접 수행하다보면 나름대로 정보수집 요령을 파악하고 그 능력을 배양할 수 있다는 장점이 있다. 그러나 직접조사는 현지 출장에 필요한 경비와 많은 시간이 소요되고 특히 정확한 정보원을 찾기가 쉽지 않을 뿐 아니라 설사 정보원을 찾았다하더라도 접근이 용이하지 않은 경우도 있다. 또한 조사전문가가 아니다 보니 부정확하거나 불완전한 정보수집이 될 수도 있다는 단점이 있다.

표 2 직접 수행조사의 장단점

장점	▪ 본인이 직접 조사한 정보이므로 독점적으로 활용할 수 있다. ▪ 정보수집 단계에서 인적 네트워크를 확대할 수 있다. ▪ 정보수집 능력과 요령을 기를 수 있다.
단점	▪ 많은 비용과 시간이 소요된다. ▪ 정확한 정보원을 찾기가 쉽지 않을 뿐 아니라 찾았다 하더라도 접근이 용이하지 않을 수 있다. ▪ 부정확하거나 불완전한 정보수집이 될 수 있다. ▪ 정보수집 자체가 불가능할 수도 있다.

그림 8 무역사절단 참가를 통해 습득한 시장정보 예

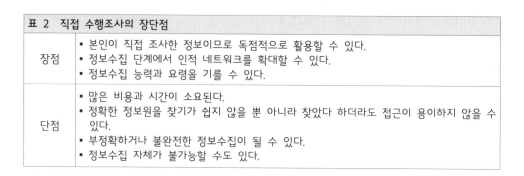

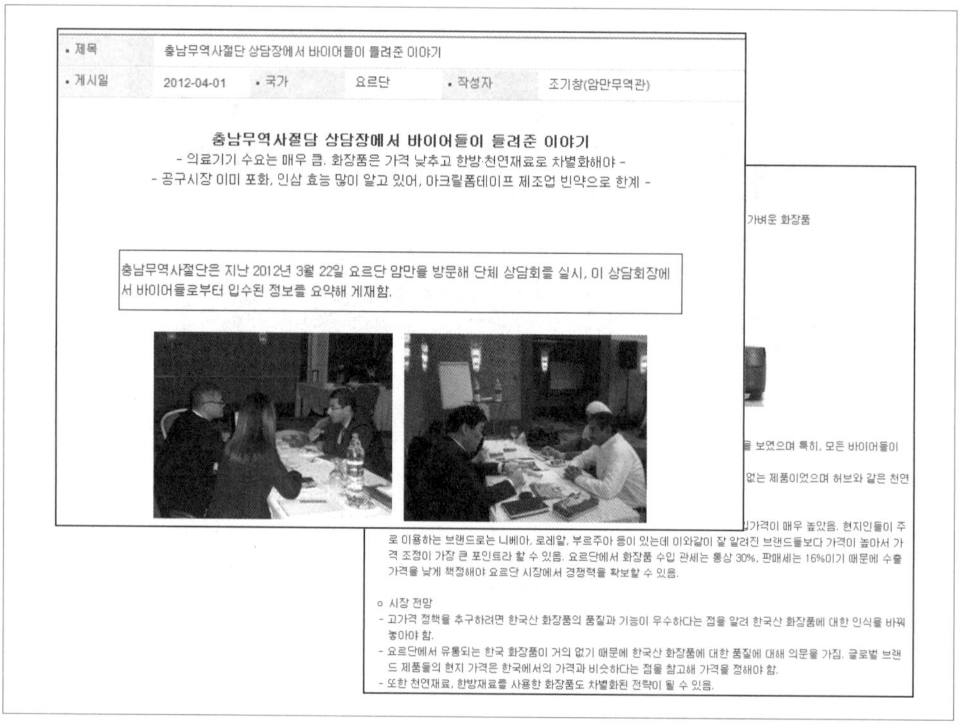

표 3 호주 무역투자 관련 주요 유관기관 웹사이트

kotra 10장 유관기관 웹사이트)BUSINESS 참고정보

10. 유관기관 웹사이트

한국대표 유관기관 웹사이트-업데이트

기관명(소재지)	대표자	전화번호	웹사이트
주호주한국대사관(캔버라)	대사 김봉현	(612)6270-4100	http://aus-act.mofat.go.kr/
시드니총영사관(시드니)	총영사 이휘진	(612)9210-0200	http://aus-sydney.mofat.go.kr
주멜번대한민국분관(멜버른)	총영사 조홍주	(613) 9533-3800	http://mel.mofa.go.kr/
시드니무역관(시드니)	무역관장 김선화	(612)9264-5199	http://www.kotra.or.kr/sydney
주멜버른무역관(멜버른)	무역관장 이정훈	(613)9867-1988	http://www.kotra.or.kr/ktc/mel
한국관광공사(시드니)	지사장 제상원	(612)9252-4147	http://www.visitkorea.or.kr
한국광물자원공사(시드니)	법인장 이정기	(612)9959-5444	http://www.kores.or.kr

무역투자 관련 주요 유관기관 웹사이트

기관명	업무	웹사이트
AUSTRADE	국가 무역투자 진흥	www.austrade.gov.au
Department of Foreign Affairs and Trade (DFAT)	외교통상부	www.dfat.gov.au
Australian Customs	관세청	www.customs.gov.au
AQIS	검역청	www.daff.gov.au/aqis
Australian Taxation Office	국세청	www.ato.gov.au
Australian Bureau of Statistics	통계청	www.abs.gov.au
뉴싸우스웨일즈 주정부	지역 내 무역투자 진흥	www.nsw.gov.au
빅토리아 주정부	지역 내 무역투자 진흥	www.vic.gov.au
퀸즈랜드 주정부	지역 내 무역투자 진흥	www.qld.gov.au
서호주 주정부	지역 내 무역투자 진흥	www.wa.gov.au
남호주 주정부	지역 내 무역투자 진흥	www.sa.gov.au
ACT 주정부	지역 내 무역투자 진흥	www.act.gov.au
노던테리토리 주정부	지역 내 무역투자 진흥	www.nt.gov.au
타즈마니아 주정부	지역 내 무역투자 진흥	www.tas.gov.au
ASIC	증권투자위원회(기업등록)	www.asic.gov.au
ASX	호주 증권거래소	www.asx.com.au
Standards Australia	호주 국가표준 감독	www.standards.org.au
IP Australia	지재권 감독 정부기관	www.ipaustralia.gov.au
Foreign Investment Review Board	해외투자 승인기관	www.firb.gov.au
Clean Energy Council	녹색산업대표단체	www.cleanenergycouncil.org.au
Sustainable Business Australia	녹색산업대표단체	www.sba.asn.au
Energy Supply Association of Australia	에너지 공급기업 대표단체	www.esaa.com.au
AusTender	호주 정부 조달 사업 안내 시스템	www.tenders.gov.au

3 외부기관에 의뢰하는 방법

공개된 정보만을 활용하는 방법으로는 필요한 정보를 충분히 얻을 수 없거나 원하는 정보를 아예 찾지 못할 경우도 있다. 그렇다고 정보 수요자가 직접 해외시장 조사를 수행하기에는 언어, 법률 및 제도의 차이, 시차 그리고 정보원에 대한 접근 곤란, 조사인력 부재 등으로 인해 한계가 있기 때문에 많은 기업들은 Kotra, 무역협회 및 사설 전문기관 등 외부에 조사를 의뢰하여 필요한 정보를 취득하는 경우가 대부분이다.

외부 전문기관에 조사를 의뢰하는 경우, 조사비용 또는 수수료를 지불해야 하고 일정기간이 지나면 조사기관이 관련 정보를 공개하거나 다른 기업들에게도 제공할 수 있으며 경우에 따라서는 의뢰자가 기대하는 만큼의 정보가 나오지 않을 수도 있다는 단점이 있다. 그러나 전문기관이 수행하는 만큼 통상 일반인들이 조사하는 것보다는 양질의 정보가 생산될 가능성이 높아 신뢰성과 정확성이 담보될 수 있으며 특히 의뢰인이 요구하는 대로 맞춤형 정보제공이 가능하다는 장점도 있어 많은 기업들이 유료시장조사제도를 활용하고 있다.

표 4 외부 의뢰조사의 장단점

장점	▪ 시간을 절약할 수 있다. ▪ 신뢰할 수 있는 정보를 수집할 수 있다. ▪ 미흡한 부분은 A/S가 가능하다.
단점	▪ 조사비용 또는 수수료를 지불해야 한다. ▪ 일정기간이 지나면 조사된 내용이 공개될 수 있다. ▪ 경우에 따라 원하는 정보가 제공되지 않을 수도 있다.

(1) Kotra 활용 시장조사

세계 각국에 많은 조직망을 보유하고 있는 Kotra의 경우, 무역관이 별도의 많은 인력과 시간을 투입하지 않고 답변할 수 있는 간단한 문의 및 요청사항(예 : 관세율, 연락처, 간단한 수출입절차, 비자 신청용 초청장 발급 등)에 대해서는 일과시간 기준 48시간 내에 무료 회신해주고 있다.

이러한 서비스를 받기 위해서는 Kotra 홈페이지(www.kotra.or.kr)를 방문해서 「무역투자상담」에 이어 「온라인 상담」을 클릭해서 신청하도록 한다. 특히 이 사이트에서는 분야별(회원기업/서비스마일리지, 무역사절단, 해외출장지원, 지사화사업, 수출상담회, 해외시장조사, 무역자료실, 북한경제 등)로 「자주 찾는 질문」을 검색하여 필요로 하는 정보를 취득할 수 있다.

그림 9 Kotra 무역투자상담 메인 홈페이지

이와 별도로 Kotra는 [표 6]과 같이 『해외시장조사사업』을 통해 전 세계 해외무역관(86개국 127개 무역관)을 활용하여 사업파트너 연결 서비스, 맞춤형 시장조사 서비스 등을 유료로 제공하고 있다. Kotra 『해외시장조사사업』을 이용하는 대부분의 국내 수출기업들은 이 사업을 통해 잠재 바이어 발굴을 요구한다. 종전에는 Kotra가 조사 의뢰 수출기업의 품목을 취급하거나 관심을 표명한 바이어들 위주로 리스트를 작성하여 바이어 정보를 제공하였음에도 불구하고 막상 국내 수출기업이 이들 바이어들을 접촉할 때 바이어의 관심을 끌지 못했다면 바이어들로부터 회신조차 없는 경우도 있었다. 이러한 문제점을 해소하기 위해 Kotra는 종전 단순 잠재바이어 조사제도를 폐지하고 「사업파트너 연결지원」 프로그램을 신설하여 신청고객 제품에 관심을 보인 해외 수입업체 조사를 통해 기본 3개사를 발굴, 소개한 후 2개월간 발굴된 해외 수입업체와의 거래교신을 밀착지원하고 있다. 이 서비스 수수료는 부가세 포함 33만원이며 잠재바이어[2] 3개사 초과 발굴 시 건당 5만원이 추가 청구된다.

2 여기에서 잠재바이어란 서비스 신청 국내업체의 제품을 즉시 오더하고자 하는 바이어가 아니라 관련 제품을 취급하는 회사로 신청업체 제품에 관심을 보인 '해외수입업체'를 의미한다.

표 5 사업파트너 연결지원 서비스 수수료[3]				
해외 수입업체 조사 건수	(기본) 3개	4개	5개	6개
수수료(교신지원 2개월 포함)	33만원	38만원	43만원	48만원

신청기업이 착수금으로 33만원을 입금하면 사전 시장성조사가 이루어지는데 시장성조사 결과, 발굴 불가로 판정되면 33만원이 전액 환불된다. 이 서비스를 이용하려는 기업들은 표준화된 해당 품목정보 one page(영문품목소개서)를－주요 수록내용 : 제품명, HS 코드, 제품경쟁력, 제품 사양, 주력 상품 사진－의무적으로 Kotra에 제출하여야 하며 작성에 어려움을 겪는 수출기업들을 위해 Kotra가 3만원의 별도 수수료를 받고 대리 작성해 주기도 한다. 아울러 2개월간 해당무역관과 Kotra 본사 신청기업별 담당 수출전문위원 간 교신지원 내역이 기록된다.

표 6 Kotra 해외시장조사 서비스

서비스 유형	서비스 내용	수수료
사업파트너 연결 서비스	① 신청고객의 제품에 관심을 보인 해외 수입업체 조사 ② 발굴 해외수입업체와의 거래교신 밀착지원(2개월)	30만원(3개사 발굴 및 교신지원) 해외수입업체 추가 발굴 시, 건당 5만원 부가
맞춤형 시장조사	수요동향, 수입동향/수입관세율, 경쟁동향, 수출동향, 소매가격동향/유통구조, 품질인증제도, 생산동향 등 총 7개 항목 및 기타 항복에 대한 맞춤 조사 - 서비스는 1개 품목기준(HS CODE 6단위 기준) - 보고서 내용이 미흡할 경우 1개월 A/S	항목 당 15만원 (예 : 수요동향 + 경쟁동향 = 30만원)
해외수입업체 연락처 확인	기업 존재여부, 대표 연락처 확인 (※구매담당자 연락처 제공 불가)	연간 6개사까지는 무료, * 초과 신청 시, 건당 1만원의 별도 수수료 부과
원부자재 공급선 조사	조사 신청 기업의 수출을 위한 완제품 가공 및 제조에 필요한 원부자재 공급업체 발굴	30만원
수출대금 미결제 조사	무역보험공사(KSURE) 전용서비스	

* 상기 수수료는 부가세(10%) 불포함 가격임.
* 공정거래위원회가 발표한 30대 기업체에 해당하는 경우 수수료 2배 적용.

3 • 사업파트너 연결지원 서비스 이용 후 발굴 해외 수입업체와의 출장 지원 서비스 별도 신청 시 30% 할인.
• 사업파트너 연결지원 이용 후 같은 품목으로 해당 시장 맞춤형 조사 별도 신청 시 30% 할인.

표 7 교신지원내역

교신지원내역(예시)					
1. 신청고객명 : 대한물산 2. 해당 품목명(HS. CODE) : 741220000 3. 지원기간 : 2017.11.1.-2017.11.30. 4. 바이어명 및 교신내역					
바이어명	교신일자	교신방법	교신내용	바이어 반응	본사확인
ALI	'17.11.1	유선	거래제안서 수신 확인	수신완료 했으며 회신 주겠음	검토완료
ALI	'17.11.9	메일	거래제안서에 대한 의견 요청	내부검토 중이며 3일 후 연락하겠음	11월 12일 확인 필요

그림 10 one-page(영문품목소개서)

Export Item

Item: *Photovoltaic street pole SYSTEM COMPONENTS:

HS code:741220000

*Photovoltaic street pole SYSTEM COMPONENTS:
-Inverters
-Batery
-steel round pole

Competitiveness:
- One touch type pipe connection tool for air pressure piping

Features
- One action inserts the tube to release and connect easily
- The PC type has interior and exterior hexagonal shapes for efficient piping in limited spaces
- The main body of the PL and PT types is a rotating structure for efficient piping.
- The screw section has O-ring, or Teflon coated.

Specifications
- Fluid type: Air (no other gases or liquids)
- Working pressure: 0~150 PSI / 0~9.9Kgf/cm² (0~990kPa)
- Negative pressure: -29.5 in Hg / -750mmHg (-750Torr)
- Working temperature: 32~140˚C
- Applicable Tube: Polyurethane and Nylon

Major product models

One-Touch Fittings modelSpeed Controllers model Tube model

[PC] [PL] [NSC][PU]

Kotra 해외시장조사사업의 진행절차는 [그림 11]과 같다.

그림 11 Kotra 해외시장조사사업(사업파트너연결지원) 진행 절차

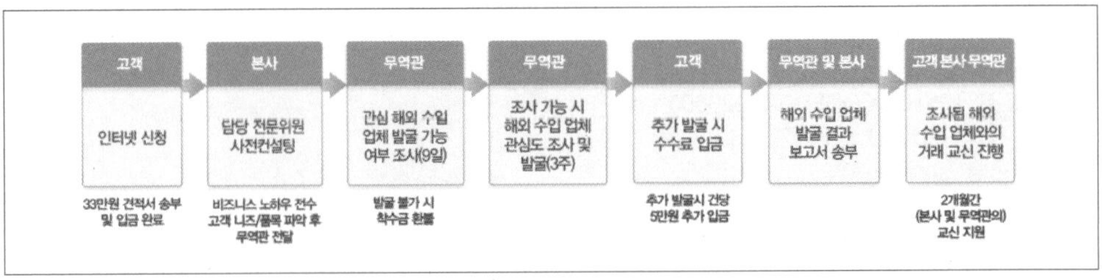

그러나 Kotra에서는 유료 해외시장조사 서비스를 신청하기 전에 무료 Kotra 해외기업 DB 검색 서비스[4]와 Kotra 해외무역관 주재 86개국 해외마케팅 기초정보[5]를 먼저 활용해 보고 미흡하면 이 제도를 활용할 것을 추천하고 있다. 한편 각 유형당 조사기간은 수수료 납부 확인 후, 「사업파트너 연결지원」은 5~6주, 「맞춤형 시장조사」는 3주, 「바이어 연락처 확인」은 2주, 「원부자재공급선 조사」는 3주 정도가 소요된다. 그렇지만 「사업파트너 연결지원」의 경우, ▲ 신청한 품목이 3개월 내 해당 무역관에서 기 조사된 경우 ▲ 신청한 품목이 현재 Kotra 지사화 사업으로 해당 무역관에서 지원하고 있는 경우 ▲ 해당 국가의 수출제한 품목에 속하는 경우 ▲ 해당 무역관의 조사 업무가 일시 과부하로 조사 수행이 어려운 경우에는 조사가 불가능하다. 따라서 이러한 사유로 조사 불가인 경우, 일정 기간 이후에 다시 신청해야 한다. 한편 의뢰인은 Kotra 보고서 내용이 미흡하다고 여겨질 경우, 2개월 내 A/S신청이 가능하다.

이외 Kotra는 전문가그룹의 전문성과 노하우, 수출·해외진출 빅데이터에 기반한 시장분석기법을 활용하여 고객의 글로벌 역량에 맞는 시장정보와 진출전략을 단계적으로 컨설팅해주는 「목표시장 진출전략 심층조사」서비스를 제공하고 있다. 이 서비스는 두 단계로 구성되는데 첫 단계는 심층시장조사 단계로 Kotra 기업역량진단시스템과 빅데이터 플랫폼을 활용, 글로벌 비즈니스 역량 진단보고서를 제공하고(K-test), 이어 제품 및 역량에 맞는 목표시장을 선정한 후 국내외 데이터, Kotra 현지정보를 종합분석한 시장보고서(KMR : Kotra Marketing Report)를 제공한다. 두 번째 단계는 맞춤형 전략수립 단계이며 Kotra 전문가그룹, 목표시장 주재 Kotra무역관 조

4 http://www.buykorea.org/mb/BKLOGINC.html?paramType=fb
클릭하면 DB검색이 가능하다.

5 http://www.Kotra.or.kr/downdocu/KHSBFM047M_down.pdf
클릭하면 pdf화일로 작성된 『해외마케팅기초정보』를 열람할 수 있다.

사인력 등이 참여하고 현지실사 및 고객사와 활발한 커뮤니케이션을 통해 맞춤형 시장진출전략을 수립(KAP : Kotra Strategy Report)하며 Kotra 해외네트워크 등을 활용하여 진출전략을 구체적으로 실천할 수 있는 마케팅믹스과 진출로드맵을 수립하고 제시(KAP : Kotra Action Plan)해준다.

그림 12 Kotra 맞춤형시장조사 보고서 예

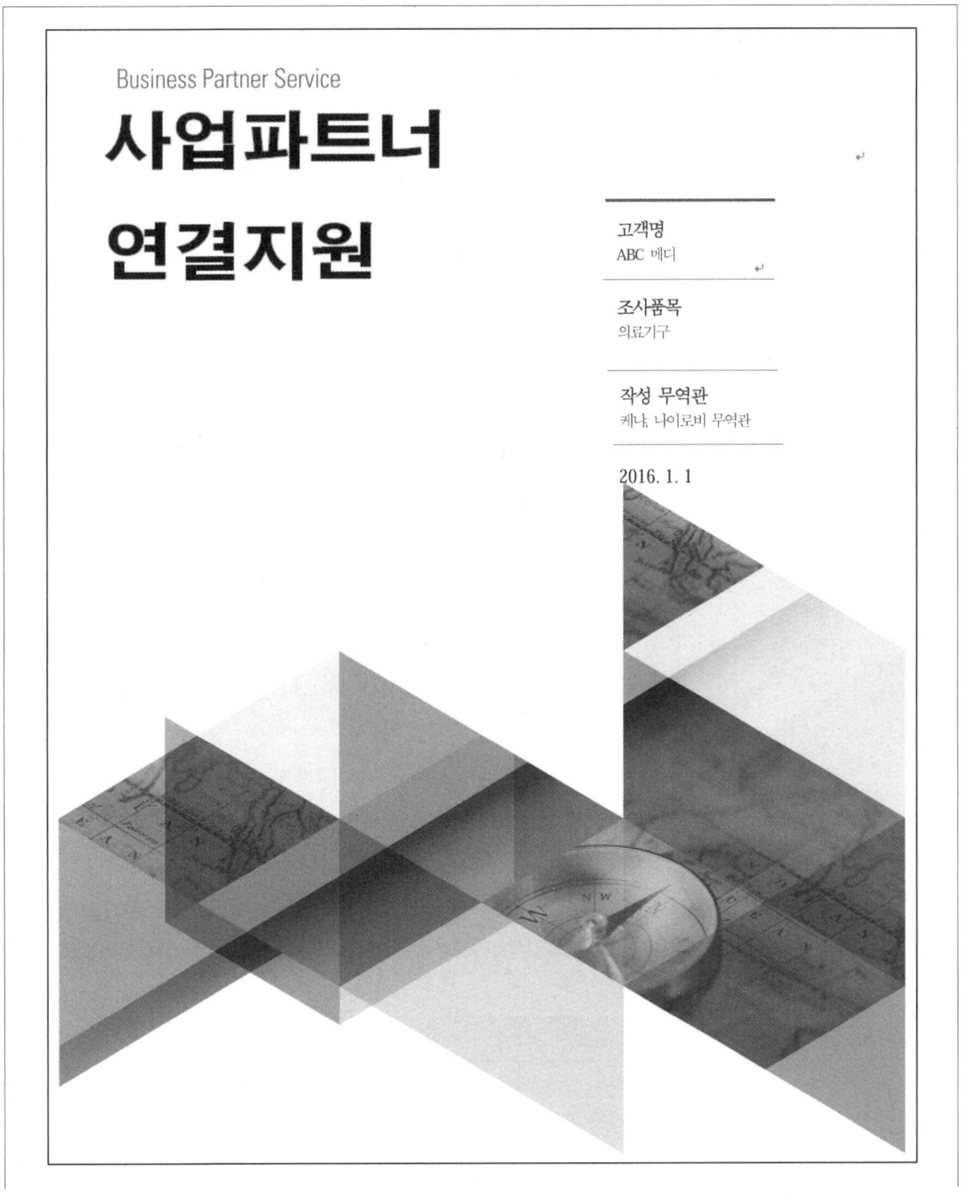

1. 조사 수행 해외무역관 담당자 및 본사 담당 수출전문위원 연락처

무역관 연락처	「케냐 나이로비 무역관」 www.kotra.or.kr/nairobi Add: P.O. Box 40569-00100, Mama Ngina Street, Nairobi, Kenya		
	구분	조사 책임	조사 담당
	성명	홍길동	한세종
	E-mail	pison@kotra.or.kr	yoonkoo@kotra.or.kr
	전화	(254-20) 222-0458	(070) 7735-9009
본사 수출전문위원 연락처	성명	김영조 (12345@kotra.or.kr)	
	연락처	전화: (02)3460-7434 / 팩스: (02)3460-7954 주소: 서울시 서초구 헌릉로 13 KOTRA 1층	
시차정보	7시간	오전 9시 ~ 오후 6시 = 한국시간 오후 3시 ~ 저녁 12시	

2. 조사 보고서 이용 안내사항

안내말씀	자료	▶ 동 보고서의 바이어는 단기간 내에 수입을 희망하거나 귀사 제품을 현재 수입하고 있거나 앞으로 수입가능성이 있는 회사들입니다. 귀사 제품의 품질, 가격, 납기, 현지시장상황 등 여러 조건에 따라 귀사의 수출이 좌우되므로 꾸준한 바이어 관리가 필요합니다. ▶ 동 조사시 00여개의 주요 의료기기 수입도소매상을 상대로 메일과 제품 카탈로그를 보냈으며, 그 후 전화와 방문상담을 통해 **바이어의 관심도를 파악, 그 중 관심을 표명한 바이어를 중심으로 추천해 드립니다.**
	향후 지원내역	▶ 발굴 사업파트너와의 업무교신 지원 • 발굴된 사업파트너와의 **이메일 교신시 무역관 조사 담당자와 본사 담당 전문위원의 이메일 주소를 참조로 넣어주세요.** • 업무교신지원은 보고서 받으신 날로부터 2개월간 지원 가능합니다. • 교신지원 기간 동안 추가로 사업파트너 발굴은 지원 되지 않습니다. ▶ A/S 신청 • 보고서 내용상 오류가 있을 경우 A/S 기간 중, 수정 및 재조사 요청 가능합니다.

3. 해외무역관 주재국 해외마케팅 기본정보 Click

Business Partner Service 1

4. 잠재 파트너 기업 정보조사

회사명	A사		
업종	수입, 도소매		
주요 취급품목	의료 기구		
연간 매출액 Turnover	USD 130만	연 수입액 Annual Imp	USD 120,000
설립년도 Established Year	2004	종업원 수 No of Employees	4명
담당자	Mr. Any Call	직위 **(Title)**	Director
담당자 **Tel**	+254-2222-1111	담당자 **Fax**	+254 2222 1112
담당자 **Mobile**	+254-222-111-3459(Any)	담당자 **Email**	anycall@abc.com
대표자 **CEO**	Any Call	직위 **(Title)**	Managing Director
대표 **Email**	info@abc.com		
Website	www.abc.com		
주 소	P.O Box 2699-00100, Nairobi		
주요 수입국	한국, 중국, 남아프리카공화국, 터키, 미국, 영국, 인도		
주요 수입품목	의료기구		
한국 기업과의 거래 경험	있음	바이어 교신 가능 언어	English
바이어 참고사항	▶케냐와 인근 동아프리카 국가에 의료 기기를 공급하는 기업임. ▶주 고객층은 공공 의료기관과 개인 병원, NGO, 대학교, 그리고 연구소임. ▶한국을 2012년에 방문한 바 있으며, 의족 등을 수입했고 한국 의료기기 제품에 많은 관심을 가지고 있음.		
접촉 방법 및 바이어 반응	**[16-10-01]** 사전 조사시 2014년 10월 1일 Anne Njomo와 1차 연락후 제품 카탈로그 이메일 전달, 11월 4일 추가 전화 접촉하였으며, 바이어는 카탈로그에 명시된 oo 제품에 관심을 보임. **[16-10-08]** 특히 예비 배터리가 있는 수술용 조명 기구에 관심을 보였음.		

Business Partner Service 2

회사명	B사		
업종	수입, 도소매		
주요 취급품목	의료 기구		
연간 매출액 Turnover	USD 130만	연 수입액 Annual Imp	USD 120,000
설립년도 Established Year	2004	종업원 수 No of Employees	4명
담당자	Mr. Any Call	직위 (Title)	Director
담당자 Tel	+254-2222-1111	담당자 Fax	+254 2222 1112
담당자 Mobile	+254-222-111-3459(Any)	담당자 Email	anycall@abc.com
대표자 CEO	Any Call	직위 (Title)	Managing Director
대표 Email	info@abc.com		
Website	www.abc.com		
주소	P.O Box 2699-00100, Nairobi		
주요 수입국	한국, 중국, 남아프리카공화국, 터키, 미국, 영국, 인도		
주요 수입품목	의료기구		
한국 기업과의 거래 경험	있음	바이어 교신 가능 언어	English
바이어 참고사항	▶케냐와 인근 동아프리카 국가에 의료 기기를 공급하는 기업임. ▶주 고객층은 공공 의료기관과 개인 병원, NGO, 대학교, 그리고 연구소임. ▶한국을 2012년에 방문한 바 있으며, 의족 등을 수입했고 한국 의료기기 제품에 많은 관심을 가지고 있음.		
접촉 방법 및 바이어 반응	**[16-10-01]** 사전 조사시 2014년 10월 1일 Anne Njomo와 1차 연락후 제품 카탈로그 이메일 전달, 11월 4일 추가 전화 접촉하였으며, 바이어는 카탈로그에 명시된 oo 제품에 관심을 보임. **[16-10-08]** 특히 예비 배터리가 있는 수술용 조명 기구에 관심을 보였음.		

Business Partner Service 3

업무교신 이용 안내

1. 발굴 사업파트너와의 업무교신 지원 가능함(2 개월)

• 발굴된 사업파트너와의 **거래 교신시 무역관 조사 담당자와 본사 담당 전문위원의 이메일 주소를 참조로 넣어주세요.**

2. 업무교신지원 기간(보고서 수신 후 2개월)이후에는 교신지원이 불가함

• 교신지원 기간 동안 **추가로 사업파트너 발굴은 지원 되지 않습니다.**

조사 보고서 A/S 신청방법

1. A/S 범위는 조사(사업파트너발굴)한 정보가 고객이 요청한 내용과 다르게 조사되었거나 조사에 오류가 있다고 당사가 판단한 경우, 당사의 재량으로 1 회에 한하여 재조사 가능함

KOTRA 홈페이지 (www.kotra.or.kr) 로그인 → 홈페이지 상단 "MY KOTRA"를 클릭 후, "사업참여이력"에서 "기업완료이력" 선택 → 해당 무역관 AS 신청버튼 클릭 후, AS신청내용 입력 → 신청내용에 대한 답변은 1주일 이내에 메일로 송부

kotra

Korea Trade-Investment Promotion Agency 작성일자:

맞춤형시장조사 보고서

Product			
무역관	【 오클랜드 무역관 】 Tel: (64-9) 373-5792 / Fax: (64-9) 373-2952 Add: Level 16, BDO Tower, 120 Albert St, Auckland, New Zealand www.kotra.or.kr/auckland		
	구분	조사책임	조사담당
	성명		
	E-mail		
	전화		
전문위원	성명		
	연락처	전화: 02-3460-7439 / 팩스: 02-3460-7929 / 이메일: 909315@kotra.or.kr 주소: 서울시 서초구 헌릉로 13번지 KOTRA	
안내말씀	자료	동 보고서의 자료는 조사시점과 시간경과에 따라 달라질 수 있음을 양지해주시기 바랍니다.	
안내말씀	지원	해당 무역관은 귀사의 요청에 착안하여 보고서를 작성 하였습니다. 기타 문의사항이 있으실 경우 해당 무역관과 수출전문위원에게 연락주시면 적극 지원해드리겠습니다.	
안내말씀	현지 시간	오전 9시 ~ 오후 5시 = 한국시간 오전 5시 ~ 오후 1시 * 2015년 12월 현재 일광절약제 실시 중	

Kotra 맞춤형시장조사 서비스를 이용해 주신 고객님께 감사드립니다!

무역관 노트

뉴질랜드 트랙터시장은 최근 낙농산업의 침체로 인해 위축된 모습을 보이고 있습니다. 특히 2015년 중순 환율 하락으로 인한 수입가격 인상이 가중되며 3분기까지의 트랙터 수입이 전년동기대비 48%나 감소한 상황입니다.

다만, 10월들어 국제우유가격이 소폭의 상승반전하고 있어 2016년에는 어느정도 회복세를 보일 것으로 전망됩니다.

1. 수요동향

□ **트랙터 시장 개요**

□ **뉴질랜드내 트랙터 현황**

□ **지역별 트랙터 판매 동향**

2. 경쟁동향

□ **국별 트랙터 수입동향**

□ **메이커별 트랙터 판매 동향**

(끝)

인터넷을 통한 A/S 요령

① KOTRA 홈페이지 (www.kotra.or.kr) 로그인 한다.

② 홈페이지 상단 "My Kotra" 를 클릭하고, "사업참여이력"에서 "기업완료이력" 을 선택한다

③ 해당 무역관 AS 신청버튼을 누르고 AS 신청내용을 입력한다

④ 입력된 내용은 바로 해외 무역관으로 접수되어 결과는 1주일 이내에 메일로 송부된다

수출전문위원을 통한 마케팅 및 A/S 요령

1. 보고서 표지에 기재된 담당 수출전문위원
2. 신청요령: 유선 및 E-mail 접촉(별도 양식 없음)
3. 서비스: 발굴 바이어 확인, 교신지원

* 고객 필요 시 고객이 요청한 마케팅 지원

고객님의 성공적인 마케팅을 기원합니다!

kotra
Korea Trade-Investment
Promotion Agency

kotra

Korea Trade-Investment Promotion Agency 작성일자:

원부자재 공급선조사 보고서

Product	질화알루미늄		
KOTRA	【 정저우무역관】 Tel: (86-371) 86163927 / Fax: (86-371) 86163930 Add: Room1010, Zhengzhou Wangding Center, No.25 Shangwuwaihuan Road Zhengzhou, Henan www.kotra.or.kr/china		
	구분	조사책임	조사담당
	성명		
	E-mail		
	전화		
전문위원	성명		
	연락처		
안내말씀	자료	동 보고서의 바이어는 단기간 내에 수입을 희망하는 바이어리스트가 아니며, 귀사제품을 현재 수입하고 있거나 앞으로 수입가능성이 있는 회사들입니다. 귀사 제품의 품질, 가격, 납기, 현지시장상황 등 여러 조건에 따라 귀사의 수출이 좌우되므로 꾸준한 바이어 관리가 필요합니다.	
	지원	해당 KBC는 귀사와 바이어간의 교신지원, 바이어 반응확인 등 귀사의 초기 Follow-up을 지원할 예정이오니, 가능한 빠른 시일 내에 바이어와 접촉해주시기 바랍니다. 기타 문의사항이 있으실 경우 해당 KBC와 수출전문위원에게 연락주시면 적극 지원해드리겠습니다.	
	현 지 시간	오전 9시 ~ 오후 6시 = 한국시간 10시 ~ 19시	

Kotra 바이어찾기조사 서비스를 이용해 주신 고객님께 감사드립니다!

kotra
Korea Trade-Investment Promotion Agency

1			
대표자		직위	
담당자		직위	
담당자 Tel		담당자 Fax	
Mobile		Email	
설립년도		종업원 수	
Website			
주소			
업종			
생산품목	질회알루미늄 분말, 산회물 분말, 탐회물 분말 등		
연간매출		연 수출액	
주요수출국			
주수출품			
한국과의 거래경험		교신 가능 언어	
공급선 참고사항	▸ 동 사는 2014년 설립된 질화알루미늄 분말, 산화물 분말, 탄화물 분말 등을 전문적으로 생산하는 업체임. ▸ 본 회사가 직접 생산하는 상품은 70개 이상임, 유럽, 미국 등 기타 국가에 수출하고 있음. ▸ 담당자와 통화한 결과: * 1ton당 FOB가격이 ********** * 오더를 받으면 납품기간 2주정도 임.		

2			
대표자		직위	
담당자		직위	
담당자 Tel		담당자 Fax	
Mobile		Email	
설립년도		종업원 수	
Website			
주소			
업종			
생산품목			
연간매출		연 수출액	-
주요수출국			
주수출품			
한국과의 거래경험	없음	교신 가능 언어	중국어
공급선 참고사항	▸ 동 사는 2015년 설립된 수산화알류미늄, 질화알류미늄 등 을 전문적으로 생산하는 업체임. ▸ 상하이 공상국에 정상 등록되어 현재 정상 영업 중임. ▸ 담당자와 통화한 결과: * 1ton구매하는 경우 FOB가격이 *********** * 오더를 받으면 1주정도 납품할수 있음. * 수출시에는 질화규소라는 품목명로 수출, 그러나 실제적으로는 질화알류미늄을 수출하고 있음.		

(2) 한국무역협회 활용 시장조사

무역협회에서도 회원사[6]들에게 맞춤형정보를 제공하고 있다. 『무역협회 홈페이지 > 회원사 > 개인정보관리 > 관심정보변경』으로 들어가서 관심대륙/국가와 관심업종을 선택하면 해외시장 심층 연구보고서, 무역협회 해외지부 및 마케팅오피스 등에서 수집한 해외시장 동향 및 최신 뉴스와 기타 무역 관련 정보를(국가정보, 무역통계, 관세율 정보, 바이어 정보, 인증 정보, 세율 정보) 매주 두 차례 이메일이나 모바일앱 등을 통해 지속적으로 받아볼 수 있다.

그림 13 무역협회 맞춤 정보서비스

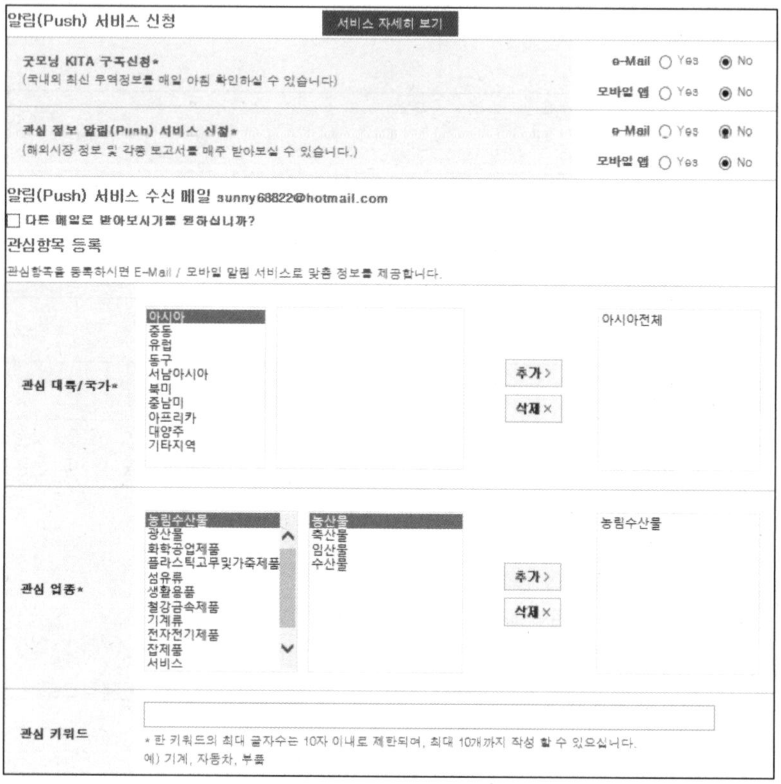

6 무역협회 가입비 및 연회비 – 신규회원 : 35만원(가입비 20만원 + 연회비 15만원), 기존회원 : 15만원(연회비 15만원), 무역협회 회원으로 가입하기 위해서는 무역업고유번호나 사업자등록번호를 알아야 한다.

맞춤 해외시장 정보 서비스(e-mail)

▣ 해외시장 심층 연구보고서

▣ KITA 해외지부, 마케팅오피스 등에서 수집한 해외시장 동향 및 최신 뉴스

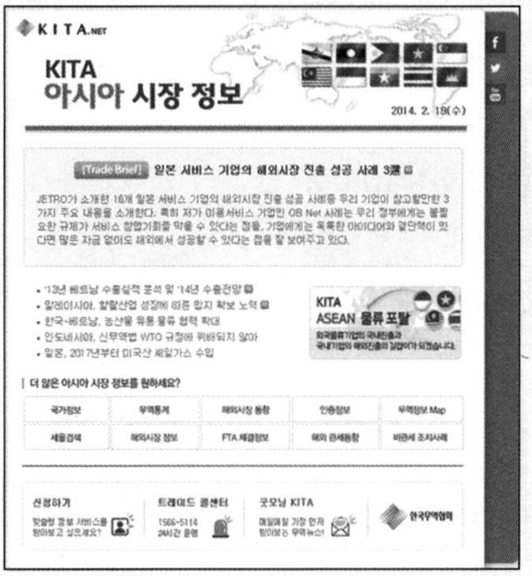

▣ 기타 무역 관련 정보
- 국가 정보
- 무역 통계
- 관세율 정보
- 바이어 정보
- 인증 정보
- 세율 정보

▣ 발송일 : 매주 수/목

※ 지역별(아세안, 중국, 미주, 유럽, 중동 · 아프리카)로 제공되며, 추후, 관심 국가별로 서비스 확대 예정

▣ 신청방법
무역협회 홈페이지
http://www.kita.net/mobile/Serviceguide_02.jsp

맞춤 해외시장 정보 서비스(Mobile)

▣ 해외시장 심층 연구보고서

▣ KITA 해외지부, 마케팅오피스 등에서 수집한 해외시장 동향 및 최신 뉴스

▣ 기타 무역 관련 정보
- 국가 정보
- 무역 통계
- 관세율 정보

- 바이어 정보
- 인증 정보
- 세율 정보

▣ 발송일 : 매주 화/금

※ 추후, 국가별로 확대 제공 예정

※ 실시간 무역정보를 Push 알림으로 받아볼 수 있음.

▣ 신청방법

무역협회 홈페이지

http://www.kita.net/mobile/Serviceguide_03.jsp

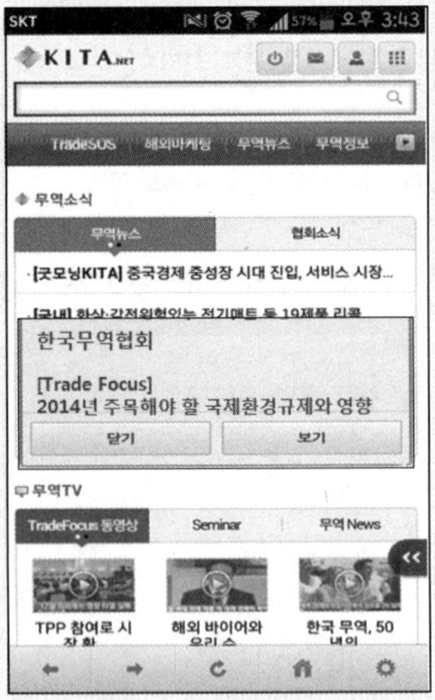

(3) 중소기업중앙회 활용 시장조사

중소기업중앙회에서는 수요가 있는 조합이나 개별 중소기업에게 품목별 해외 시장동향, 가격정보, 경쟁사 정보 및 잠재 바이어 리스트의 정보가 담긴 보고서를 이메일로 제공해주고 있다. 이용 방법은 중소기업중앙회 홈페이지(www.kbiz.or.kr) > 지원사업 > 중소기업글로벌지원센터 > 품목별 해외시장정보를 방문하여 신청한다.

1회 신청 시 1개 국가, 1개 품목만 신청할 수 있으며 1차 보고서에 대한 활용결과와 피드백을 제출한 이후 재신청이 가능하다. 중소기업중앙회에서는 연 1회 신청 조합 및 기업대상 수요조사를 실시한 후[7] 상하반기로 나누어 요청자료를 입수 제공한다.

7 2017년의 경우, 3.2~3.24 수요조사를 실시하여 3.24~6.30 1차 자료를 입수하여 제공하였고 2차 자료는 하반기에 제공하였다.

표 8 중소기업중앙회 해외시장조사 의뢰		
구분	소비재	산업재
조사가능국	UAE, 대만, 독일, 러시아, 멕시코, 미국, 브라질, 사우디아라비아. 아르헨티나, 영국, 이란, 이탈리아, 인도, 인도네시아, 일본, 중국, 칠레, 캐나다. 태국. 프랑스, 필리핀, 호주 및 홍콩 (중국)	독일, 러시아, 멕시코, 미국, 브라질, 사우디아라비아, 스페인, 영국, 이탈리아, 인도, 인도네시아, 일본, 중국, 캐나다, 터키, 프랑스, 한국, 호주
품목선택	20개 품목	12개 품목
세부품목선택	1개 품목 선택한 후 선택한 품목의 세부품목 중 최종 1개 품목 선택	

품목별 해외시장정보 보고서를 받고자 하는 조합 또는 개별 중소기업은 정보 제공이 가능한 국가명과 품목명을 확인 한 후 수요등록 양식을 다운로드 받아 작성 후 exportlead@kbiz.or.kr로 제출한다.

(4) 사설 전문업체 활용 시장조사

또 다른 방법으로 사설 해외진출컨설팅 전문업체에 의뢰하는 방법이 있다. 사설 컨설팅 전문업체들은 조사나 마케팅 관련 다수 전문인력을 보유하고 있으며 해외네트워크를 활용하여 고객이 요구하는 시장정보를 유료로 제공하고 있다. 비교적 정교한 조사보고서를 제공하고 있지만 조사비용이 상당히 비싼 편이다. 이들 사설 전문업체들은 산업 또는 상품별로 세분하여 주기적으로 업데이팅된 자료를 생산하여 판매하기도 한다. 이들이 생산하는 자료에는 특정 주제에 대한 체계적인 정보, 전문 애널리스트에 의한 조사/분석 정보, 국가별/지역별 시장동향 및 예측정보, 기업분석, 기술동향 및 시장점유율이 포함되어 있으며 새로운 사업계획, 신제품 개발, 국내 및 해외진출 등 중요한 의사결정에 꼭 필요한 정보를 제공하고 있다. 그리고 이들 자료는 pdf화일, Hard Copy형태 또는 Web Access 형태로 제공된 로그인 정보로 판매된다. 이 밖에 사설 전문업체들은 고객으로부터 의뢰받은 특정 지역 및 상품에 대한 맞춤형 조사를 대행해주기도 한다. 한편 국내의 한 민간 전문 시장조사업체는 기초시장조사, 심층시장조사, 산업전문조사 그리고 실시간 모니터링을 통한 해외 현지정보를 선별 분석하여 고객에게 제공하고 있다. 첫째, 성공적인 해외 진출을 위해 꼭 필요한 핵심 시장정보만을 제공하는 기초시장조사의 경우, 수출입무역통계와 국가별 산업통계 등을 반영한 정량적 지표와 현지 시장트렌드 및 전문가 의견 등 경쟁현황을 분석한 정성적 지표를 활용하여 가장 적합한 수출유망 타깃국가를 선정하고 경쟁사와 경쟁제품에 대한 벤치마킹과 분석을 통해 적격 바이어 발굴 포인트를 찾아주고 있다. 둘째, 유통채널 구조와 현황을 파악하고 유통채널별 전문가를 대상으로 반응을 파악하여 최적의 진출루트를 제시해준다. 이와 함께 조사 의뢰기업의 요구에 기반한 맞춤형 조사기획과 타깃시장에 대한 심층분석을 통해 해외진출전략을 수립할 수 있도록 심층시장조사도 대행해주고 있다. 이 조사를 통해 시장동향, 경쟁동향, 유통정보, 진입장벽 등에 대한 심층적인 시장정보뿐만 아니라 의뢰사가 원하는 특정 항목을 위한 맞춤형 시장조사도 제공한다. 아울러 바이어 심층분석을 통한 바이어 유형 별 1:1 프로모션 및 세일즈 전략을 수립할 수 있도록 보고서를 제공하며 바이어 유형분석, 발굴활동, 검증활동, 심층분석을 통한 접근 전략을 제시해 준다. 사설 조사전문업체에게 맞춤형 시장조사를 의뢰하는 통상적인 절차는 조사의뢰 → 가능여부검토(조사비용/기간 제시) → 의뢰인과의 협의를 통해 구체적인 조사항목 결정 및 계약서 작성 → 계약체결 → 조사착수 → 중간보고 → 최종 결과물 제출로 이루어진다.

표 9 해외시장조사 전문업체

해외시장조사 전문업체	홈페이지
▪ EC 21	kr.ec21.com
▪ 글로벌인포메이션	www.giikorea.co.kr
▪ PK&WISE	www.pknwise.com
▪ 한국콤파스	www.kompass.co.kr
▪ 프랑스사업개발시장조사	www.bizconsulting.eu.com
▪ SBD	www.marketresearch.co.kr
▪ 아이피알포럼(주)	www.ipr.co.kr
▪ 쿠루이컴퍼니	kurui.co.kr
▪ LPR GLOBAL	www.lprglobal.com
▪ 마크로밀엠브레인	www.embrain.co.kr
▪ ㈜QM&E 경영컨설팅	www.qme.co.kr
▪ 프로스트&설리번인터네셔널	www.frost.com
▪ ㈜씨앤드림	www.cndream21.com
▪ ㈜국제그린컴퍼니	www.igmcg.co.kr
▪ ㈜퓨투로인포	www.futuroinfo.co.kr
▪ ㈜인사이터스	www.insightors.com
▪ ㈜엠케이차이나컨설팅	www.mkchina.com
▪ ㈜비에스알코리아	www.bsrkorea.com
▪ ㈜솔투로	www.soltoro.co.kr
▪ ㈜이암허브	www.iiam.co.kr

▪ 한국옐로우페이지(주)	www.yellowpage-kr.com
▪ ㈜화동인터네셔널	www.hwadong.net
▪ ㈜한국에스큐아이	www.ksqi.kr
▪ ㈜글로벌코넷	www.konet.or.kr
▪ ㈜만물행	www.nihao118.com
▪ 한영회계법인	www.ey.com/kr/
▪ ㈜에이제이트레이드파트너스	www.tradepartners.co.kr
▪ ㈜지비에스	www.gbskorea.com
▪ ㈜웨비오	www.wevio.com
▪ ㈜제이앤아이글로벌	www.jniblobal.com
▪ ㈜코리아리서치센터	www.kric.com
▪ 카이스트지역혁신센터	http://kcri.kaist.ac.kr
▪ 유로모니터인터네셔널 (외국)	www.euromonitor.com
▪ Booz Allen & Hamilton(외국)	www.boozallen.com
▪ Mckinsey & Company (외국)	www.mckinsey.com
▪ D&B (외국)	www.dnb.com

그림 14 사설 시장조사업체 G사의 보고서 샘플

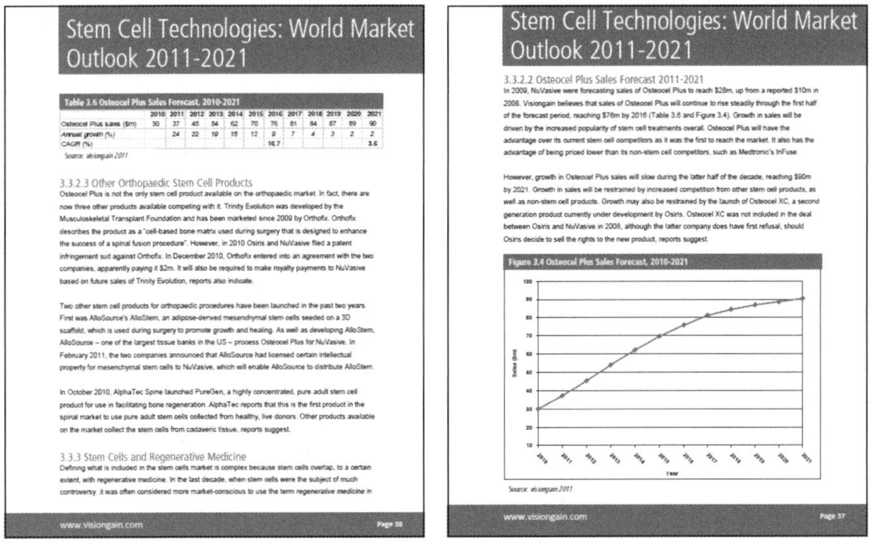

끝으로 해외 현지 전문조사 기관에 직접 의뢰 할 수도 있는데 『Kotra 해외시장뉴스>비즈니스 정보>해외전문조사기관』을 방문하면 해외주요국의 현지 조사기관, 서비스 내용 및 연락처를 안내 받을 수 있다. 조사 전문기관이라 보고서 내용은 우수하지만 조사의뢰비가 매우 비싼 편이다.

그림 15 Kotra 해외시장뉴스 해외전문조사기관

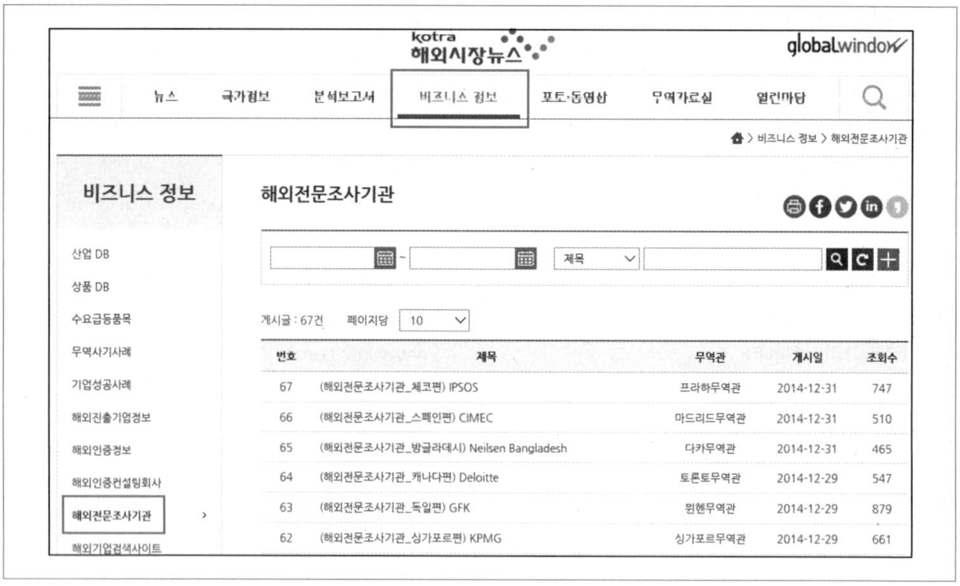

C•H•A•P•T•E•R

04

국가정보 작성요령

실 무 해 외 시 장 조 사 론

CHAPTER

04

국가정보 작성요령

1 국가정보의 필요성

어느 특정국가로 상품을 수출하려고 할 때, 플랜트 입찰에 참여하려고 할 때 또는 투자진출을 희망할 때 바이어, 사업파트너 또는 발주처에 대한 신뢰 수준과 시장성장, 진출가능성만 검토한 후 사업에 뛰어들기에는 여전히 위험하다. 아무리 상대가 믿을 만하고 능력이 있다 하더라도 그가 속한 국가와 주변 환경이 불투명하다면 비즈니스 성공 가능성은 멀어진다. 따라서 나무만 보고 숲을 보지 못함으로써 일어날 수 있는 위험을 최소화하여야 한다. 진출하려는 국가에 대한 충분한 사전조사나 검토 없이 사업에 뛰어들었다가 낭패를 보는 경우가 빈번하게 일어나고 있다. 심지어 대기업들도 대규모 프로젝트 사업에 참여하였다가 발주국가 정부로부터 공사대금을 회수하지 못하고 결손 처리하는 경우도 있고 상품을 수출하고도 해당국의 까다로운 외환통제로 인해 수출대금을 회수하지 못하는 사례도 있다. 또한 수입국의 통관 시스템 낙후로 납기를 맞추지 못해 클레임이 걸리기도 한다.

이러한 위험을 최소화하기 위해서는 무엇보다도 거래관계를 갖게 될 바이어나 파트너에 대한 신용도만 확인해서는 안 되고 그 바이어가 속한 국가의 건전성을 반드시 파악해야 한다. 즉 거래를 원하는 국가의 정치·경제의 근간(Fundamental)이 어느 정도 건실한지를 체크해야 한다. 정치적으로 불안정하고 행정이 불투명하며 다른 나라와의 분쟁 소지가 많은 국가, 경제적으로 폐쇄되어 있고 부패가 만연하며 배타적이고 관료주의가 극심한 국가라면 비즈니스 성공가능성은 희박해진다. 외환보유고나 재정이 바닥나 국가부도 위기에 처할 위험이 있다면 당연히 비즈니스를 다시 생각해야 한다. 일부 후진국에서는 법령이나 시스템에 의해 움직이기보다는 담당자의 재량과 비공식적인 관계에 의해 심지어는 뇌물이나 지하경제로 많은 행정과 비즈니스가 이루어지기도 한다.

뿐만 아니라 그 국가의 산업구조, 경쟁력 및 취약성을 파악하고 얼마나 비즈니스 친화적인 정책을 실시하고 있는지도 조사해야 한다. 규제가 심하고 행정절차가 복잡한 국가라면 의사결정 시 더욱 신중해야 한다. 예를 들어 요르단은 다른 중동 국가와는 달리 개방적이고 투명하며 친(親)비즈니스 정책을 실시하고 있다. 부존자원이 빈약하기 때문에 관광 및 의료산업이 국가의 주요 수입원이다. 이런 나라는 관광객 상대로 판매하는 상품과 의약품, 의료장비 진출이 유망하다. 건축자재 완제품 수요는 큰 반면, 건축자재 국내 생산시설이 없어 여기에 필요한 원료나 부자재는 거의 수입하지 않는다. 이러한 사실을 간과하고 건축자재 생산에 필요한 원료나 부자재를 갖고 전시회에 나온 한 국내기업은 성과 없이 전시장을 떠나야 했다. 요르단은 선진국이라 할 수 없지만 비교적 수입과 외환거래가 자유롭고 규제가 심하지 않아 정치 경제적으로 불안정한 이라크, 시리아 출신 많은 바이어들이 요르단 수도 암만에 사무실을 두고 비즈니스를 하고 있다.

그 국가의 지리적, 문화적, 역사적 배경[1]과 특징도 파악하고 있어야 한다. 한 국가를 통해 인접국으로의 진출을 시도하기도 하지만 국경을 접하고 있는 국가와 사이가 나빠 상품교류는 물론이고 인적교류 마저 하지 않는 국가들도 있다. 중동은 열사의 나라이므로 내복 수요가 없을 것으로 생각하기 쉽지만 겨울이 있는 중동 국가도 있어 내복이나 전기난로를 많이 찾기도 한다. 약속 개념이 없어 신뢰할 수 없는 민족성을 갖고 있는 국가도 있고 사기가 횡횡하는 국가도 있다. 소득에 비해 소비성향이 지나치게 높은 국가도 있고 종교 및 문화적인 이유로 특정 상품을 기피하기도 한다. 대표적으로 중동 대부분의 국가들은 종교적인 이유로 돼지고기나 알콜 성분이 들어간 식품은 유통을 금지시키고 있는데 돼지고기 성분이 들어간 한국산 라면을 수입하여 요르단에서 판매하려던 한 교포무역인은 이러한 사실이 알려져 전량 회수 조치할 수밖에 없었으며 이로 인해 큰 손실을 본 사례도 있다. 또한 거래

1 예를 들어 알제리는 130년간 프랑스 식민통치를 받다가 프랑스를 상대로 7년간 독립전쟁을 치르면서 잔학행위를 당했음에도 불구하고 프랑스와 상당히 우호적인 관계를 유지하고 있을 뿐만 아니라 불어를 공용어로 사용되고 있고 여전히 많은 분야에서 프랑스 제도를 채택하고 있다.

관계를 맺기가 어렵지 일단 신뢰관계가 구축되면 꾸준히 거래관계를 유지하는 국가가 있는가 하면 쉽게 거래가 이루어지지만 자주 거래선을 바꾸는 국가도 있다. 아울러 우리나라와의 관계도 살펴본다. 외교관계는 있는지 양국 간 어떠한 협정이 체결되어 있는지, 우리나라 공관이나 Kotra 해외무역관이 설치되어 있는지, 얼마나 많은 국내기업들이 현지에 진출해 있으며 우리나라와의 교역 내역(양국 간 교역규모, 추세 및 주요품목)이 어떠한지 파악하는 것도 중요한 체크포인트이다. 특히, Kotra 무역관이 없는 국가라면 거래 관계에서 문제가 발생했을 때 그만큼 해결책을 찾기가 쉽지 않을 가능성이 높다는 점도 유념해야 한다.

표 1 해외시장 진출 시 해당국가에 대한 주요 체크포인트

주요 체크포인트
▪ 정치적으로 안정되어 있는지?
▪ 외교적으로 고립되어 있거나 분쟁의 소지를 안고 있지는 않는지? (특히, UN제재 및 인근국가들과의 관계)
▪ 모든 행정과 정책이 투명하고 일관성 있게 추진되고 있는지?
▪ 얼마나 친 비즈니스 환경을 조성하고 있는지? - 규제, 승인, 신고, 융통성, 공무원들의 대민자세 등
▪ 정부의 재정 건전성, 외환보유고 및 환율정책
▪ 각종 거시경제 지표(인플레이션, 실업률, 국제수지, 환율 등)
▪ 향후 경제 전망
▪ 그 국가의 산업구조 및 국가경쟁력
▪ 산업기반이나 인프라는 제대로 갖추어져 있는지?
▪ 투자제도, 법령, 인센티브, 인프라, 노조강성 여부
▪ 국민성 및 대외개방성, 문화 발달 정도
▪ 상관습은 어떠한지?
▪ 무역/투자 관련 현지 유관기관 웹사이트
▪ 우리나라와의 관계 및 양국 간 체결 협정
▪ 우리 기업들의 진출 현황 및 우리나라와의 교역 내역

2 세부항목별 작성

이 장에서는 진출하려는 시장이 속한 국가에 대해 최소한 파악해야 할 사항을 항목별로 자세히 설명하고자 한다.

(1) 국가일반

1) 국가개요

조사 국가의 지도와 함께 일반사항과 경제현황으로 구분하여 일목요연하게 파악할 수 있도록 도표로 작성한다. 일반사항에는 국명, 위치, 면적, 기후, 인구, 민족, 언어, 종교 및 정부구성 등을 포함시키고 경제현황에서는 경제성장률, 1인당 국민소득, 인플레이션률, 실업률, 환율 및 변동추이, 외환보유고, 교역규모 및 주요 수출입 품목, 산업구조, 주요 부존자원 등 거시경제지표를 제시한다. 더불어 우리나라와 조사 대상국간 교역내용(주요 교역품목과 금액)도 같이 명시한다. 일반적으로 국토 면적이 넓고 인구가 많으며 1인당 국민소득이 높을수록 좋은 시장으로서 여건을 갖추었다고 평가할 수 있다. 그러나 영어가 거의 통하지 않는 국가라면 비즈니스에 어려움을 초래할 것이다. 예를 들어 알제리와 비즈니스 관계를 갖고자 할 때, 풍부한 부존자원과 넓은 국토(한반도 약 10배), 비교적 많은 인구(약 4천만명)는 긍정요인이라 할 수 있겠지만 낮은 국민소득(약 5,500달러)과 영어가 거의 통하지 않는 불어 및 아랍어권이라는 점은 비즈니스 활동 시 마이너스 요인이 된다고 평가할 수 있다.

표 2 알제리 국가개요

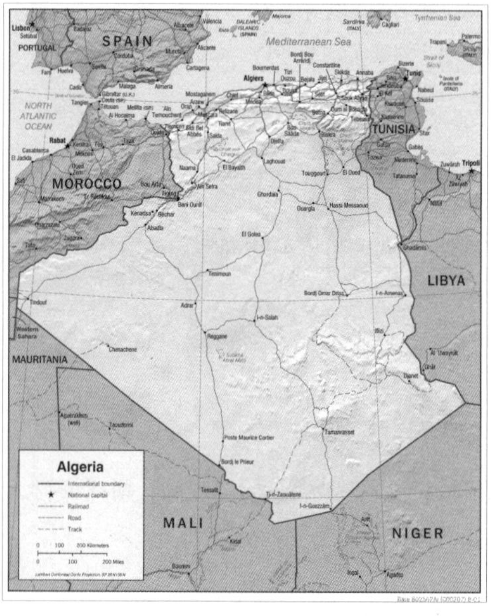

가. 일반사항

국명	알제리 인민민주주의공화국(People's Democratic Republic of Algeria)
위치	북부 아프리카 지중해연안(모로코, 서사하라, 모리타니아, 말리, 니제르, 리비아, 튀니지 등 7개국과 접경, 국경선 6,343 Km, 해안선 998Km)
면적	238만 2000㎢ (한반도의 약 10배, 아프리카 1위, 세계 10위)
기후	북부: 지중해성(10-30도), 남부: 대륙성 및 사막기후
수도	알제 (Algiers)
인구	4,050만 명 (알제리 통계청 2016년 2월 4일)
주요도시	알제 포함 수도권지역(Greater Algiers/483만 명), 오랑(Oran/144만 명), 콘스탄틴(Constantine /94만 명), 안나바(Annaba/64만 명)
민족	아랍인(81%), 베르베르인(19%)
언어	공용어-아랍어 및 베르베르어, 상용어-불어
종교	이슬람 수니파(98%), 카톨릭(2%)
건국(독립)일	1962년 7월 5일 (프랑스로부터 독립)
정부형태	인민공화제 (5년 임기의 대통령중심제)
국가원수	Abdelaziz Bouteflika 대통령 (2014년 4월 17일 대선에서 81.6% 지지율로 4선)
의회	양원제 (5년 임기 하원 462석, 6년 임기 상원 144석)
주요정당	국민해방전선(FLN,208석), 국민민주당(RND,68석), 녹색알제리동맹(AAV,46석), 사회주의전선(FFT, 21석), 독립당(Independants, 19석), 노동당(PT, 17석), 알제리국민전선(FNA, 9석) 등 * 하원의석 기준, 2012년 5월 10일 선거 결과
국제기구가입	IAEA, IBRD, ILO, IMF, ILO, OPEC, UN, WHO, WIPO 등
군사력	육군 320,000, 해군 22,000, 공군 54,000

주: 2016년 2월 확인기준 정보

자료원: EIU COUNTRY REPORT 2016년 2월 등

나. 경제지표

GDP	US$ 1,554억
실질GDP성장률	1.7%
1인당 GDP	US$ 14.680(PPP기준)
실업률	12.4%
소비자물가상승률	6.1%
화폐단위	DZD (Algerian Dinar)
환율	US$1=DZD 109.95
외환보유고	US$ 1,171억 1,100만
총 외채	US$ 59억 400만
주요자원	원유 (생산량 120만 3천 배럴/일), (매장량 122억 배럴) 천연가스 (생산량 796억 4700만 ㎥), (매장량 4조 5040억 ㎥) * 자료원: OPEC, 2014년 통계 철광석 (생산량 156만 톤), (매장량 35억 7200만 톤) 인광석 (생산량 125만 1천 톤) (매장량 2억 2000만 톤) * 자료원: U.S. Geological Survey Minerals Yearbook, 2014년
산업구조	채굴산업 비중 36%, 농업부문 9.7%, (이상 1차 산업) 전기, 가스, 수도 산업(0.8)% 이외 제조업 4%, 건설이 9.6%(이상 2차 산업), 서비스산업 20.8%, 공공서비스 18.1%(이상 3차 산업), 기타 서비스 1.0% 차지* 2012년 GDP 기준 자료: african-economic-outlook
교역규모	수출: US$ 617.2억 (원유/가스류가 총 수출액의 98% 이상) 수입: US$ 581.9억 * 2014년 통계

주: 2016년 6월 EIU 정보

자료원: EIU COUNTRY REPORT, 2016년 6월

다. 알제리 주요 거시경제지표

		2012	2013	2014	2015(추정)	2016(예상)	2017(예상)
경상GDP(십억$)		209.0	209.7	213.5	166.8	155.4	165.2
실질GDP성장률(%)		3.3	2.8	3.8	3.9	1.7	2.0
PPP기준 1인당GDP($/인)		13,411	13,701	14,130	14,510	14,680	14,919
물가상승률(CPI,%)		8.9	3.3	2.9	4.8	6.1	6.5
실업률(평균,%)		11.0	9.8	10.6	11.2	12.4	12.2
이자율(여신,%)		8.0	8.0	8.0	8.0	8.0	8.0
인구(백만명)		37.5	38.3	39.1	40.0	40.8	41.8
경상수지(백만$)		12,418	999	-9,434	-26,221	-23,976	-20,272
외환보유고(백만$)		191,597	195,013	179,901	144,948	117,111	99,354
대외채무(백만$)		5,495	5,231	5,453	4,992	5,904	8,085
디나르화 평균환율	대미달러	77.54	79.37	80.58	100.69	109.95	113.76
	대유로화	99.68	105.41	107.08	111.73	120.44	124.40
통화증가율 %	통화(M1)	7.6	7.4	16.1	-3.4	2.8	6.9
	총통화(M2)	10.9	8.4	14.4	0.3	2.3	7.7

자료원: EIU COUNTRY REPORT, 2016년 6월

2) 정치 사회동향

시장상황은 경제적 요인에 의해서만 영향을 받는 것이 아니라 정치·사회의 변화에도 매우 민감하다. 우선 정부형태와 조직에 대해 조사한다. 대통령제, 의원내각제, 이원집정부제인지 민주적으로 정권교체가 이루어지고 있는지 왕이나 독재자, 군부 등 특정세력이 권력을 독점하고 있는지 파악한다. 테러 위험의 존재, 사회주의 잔재, 경직된 관료주의, 부정부패, 비효율적이고 예측 불가능한 행정, 과다한 규제 대상국은 아닌지 도 체크한다. 또한 주변국과의 관계도 시장에 영향을 미치게 되므로 이 역시 조사항목에 포함토록 한다. 많은 국내기업들은 한 국가를 거점으로 인근국가들로의 시장 진출을 시도한다. 그러나 인근국과 분쟁중인 국가라면 이러한 전략은 실패할 가능성이 높다. 인근국들과 교역이 활발한 국가들도 있지만 외교적으로 또는 역사적으로 불화가 있어 인적, 물적 교류가 거의 없는 국가들도 많이 있다는 사실에 유념해야 한다. 이와 함께 FTA 체결 및 관세동맹 현황, WTO 등 국제기구 가입 여부, 미국 및 EU를 중심으로 서방국가들과의 친소관계도 조사한다.

3) 정책방향 및 기조

대상국가의 대외교역과 관련, 지금까지 어떤 정책을 추진해왔고 향후 이러한

기조가 계속되는지 혹은 자주 변경되는지도 파악한다. 또한 정책 추진에 있어 일관성 및 투명성을 유지하고 있는지 그리고 정부의 시장 관여 정도와 함께 개방정책을 추구하는 국가인지 자국산업을 보호하기 위해 높은 관세와 규제, 인허가 취득 요구 등 비관세 장벽을 설치하거나 강화하고 있는지도 살핀다. 아울러 Heritage재단과 World Economic Forum이 매년 발표하는 『각국별 경제자유도』와 『비즈니스 경쟁력』 순위도 체크해 본다. 이와 함께 세계 3대 신용평가기관인 영국의 피치, 미국의 무디스(Moodys) 및 스탠더드앤드푸어스(S&P)의 국가신용등급도 참고한다.

■ **피치 장기신용등급**

구분	순위	등급	등급내용	기타
투자적격 등급	1	AAA	최상의 신용상태	
	2	AA	신용상태 우수	
	3	A	투자위험 발생 가능성 낮음	
	4	BBB	신용상태 적절	
투자주의 등급	5	BB	투자위험 발생 가능성 있음	
	6	B	투자위험 상존	
	7	CCC	상환불능 가능성 있음	
투자 부적격	8	CC	상환불능 가능성 높음	
	9	C	상환불능상태 직면	
	10	DDD	상환불능상태 (디폴트)	90~100% 원금 및 이자회수 가능
	11	DD		50~90% 원금 및 이자회수 가능
	12	D		원금 및 이자회수 가능성 거의 없음

■ **피치 단기신용등급**

구분	순위	등급	등급내용
투자 적격 등급	1	F1	최상의 신용등급
	2	F2	신용등급 우수
	3	F3	신용등급 적절
투자 주의 등급	4	B	투자 주의대상
	5	C	상환불능위험 상존
투자 부적격	6	D	상환불능상태

■ 무디스 장기신용등급

구분	순위	등급	등급내용
투자 적격 등급	1	AAA	최상의 신용상태
	2	Aa1	신용상태 우수
	3	Aa2	
	4	Aa3	
	5	A1	중상등급 신용상태
	6	A2	
	7	A3	
	8	Baa1	신용상태 적절
	9	Baa2	
	10	Baa3	
투자 주의 등급	11	Ba1	약간의 투자 위험 투기등급 낮음
	12	Ba2	
	13	Ba3	
	14	B1	중간의 투자위험 투기등급 중간
	15	B2	
	16	B3	
투자 부적격	17	Caa1	매우 높은 투자위험 투자등급 높음
	18	Caa2	
	19	Caa3	
	20	Ca	가까운 시일 내 부도 투기등급 매우 높음 원금 및 이자 일부 회수 가능
	21	C	파산상태 원금 및 이자 회수 거의 불능

■ 무디스 단기신용등급

순위	등급	등급내용
1	P-1 (Prime-1)	최상의 신용등급
2	P-2 (Prime-2)	신용등급 우수
3	P-3 (Prime-3)	신용등급 적절
4	NP (Not Prime	

■ 스탠더드앤드푸어스 장기신용등급

구분	순위	등급	등급내용
투자 적격 등급	1	AAA	최상의 신용상태
	2	AA+	신용상태 우수
	3	AA	
	4	AA-	
	5	A+	신용상태 양호
	6	A	
	7	A-	
	8	BBB+	신용상태 적합
	9	BBB	
	10	BBB-	
투자 주의 등급	11	BB+	투자 주의 대상
	12	BB	
	13	BB-	
	14	B+	
	15	B	
	16	B-	
	17	CCC+	
	18	CCC	
	19	CCC-	
투자 부적격	20	CC	신용상태 최악
	21	C	
	22	D	

■ 스탠더드앤드푸어스 단기신용등급

구분	순위	등급	등급내용
투자 적격 등급	1	A-1	최상의 신용등급
	2	A-2	신용등급 우수
	3	A-3	신용등급 적절
투자 주의 등급	4	B	투자 주의 대상
	5	C	상환불능위험 상존
투자 부적격	6	D	상환불능상태

표 3 3대 국제신용평가기관 기준 및 주요 국가신용등급 현황

주요국 국가 신용등급 현황

2016년 8월8일 기준

등급-( )안은 무디스기준	무디스(Moody's)	스탠더드앤드푸어스(S&P)	피치(Moody's)
AAA(Aa)	미국, 독일, 캐나다, 호주, 싱가폴	독일, 캐나다, 호주(-), 싱가폴, 홍콩(-)	미국, 독일, 캐나다, 호주, 싱가폴
AA+(Aa1)	영국(-), 홍콩(-)	미국	홍콩
AA(Aa2)	한국, 프랑스	한국, 영국(-), 프랑스(-), 벨기에	영국(-),프랑스, 벨기에(-)
AA-(Aa3)	중국(-), 대만, 칠레, 벨기에	중국(-), 대만, 칠레	한국, 사우디(-)
A+(A1)	일본, 사우디	일본, 아일랜드	중국, 대만(+), 칠레
A(A2			일본, 아일랜드
A-(A3)	말레이시아, 멕시코(-), 아일랜드(+)	말레이시아, 사우디	말레이시아
BBB+(Ba1)	태국	멕시코, 태국, 스페인	이탈리아, 태국, 스페인, 멕시코
BBB(Ba2	필리핀, 이탈리아, 스페인,남아공(-)	필리핀	
BBB-(Ba3)	인도(+), 인도네시아, 터키(*-)	인도, 이탈리아, 남아공(-)	인도, 인도네시아, 필리핀(+), 러시아(-), 터키, 남아공

*G20, ASEAN, PIGS국가중심
국가뒤(-)=부정적등급전망, (+)=긍정적등급전망, (+)=긍정적관찰대상, (*-)=부정적관찰대상

Heritage재단의 경제자유도(Index of Economic Freedom) ①

---

www.heritage.org

o Heritage 재단이 매년 180여 개국을 대상으로 사업자유도, 교역자유도, 재정자유도, 정부지출, 통화자유도, 투자자유도, 금융자유도, 지적소유권, 부패자유도, 노동자유도 등 10개 분야를 조사하여 100점 만점으로 득점 순위를 발표함.

o 구간별 평가

2015년 경제자유도 상위 10개국	
구간	평가
100 - 80	완전 자유
79.9 - 70	대체로 자유
69.9 - 60	보통 자유
59.9 - 50	빈약한 자유
49.9 - 40	자유 없음

Top 10 Countries

RANK	COUNTRY	OVERALL	CHANGE
1	Hong Kong	89.6	-0.5
2	Singapore	89.4	0.0
3	New Zealand	82.1	0.9
4	Australia	81.4	-0.6
5	Switzerland	80.5	-1.1
6	Canada	79.1	-1.1
7	Chile	78.5	-0.2
8	Estonia	76.8	0.9
9	Ireland	76.6	0.4
10	Mauritius	76.4	-0.1

최상위국 홍콩과 한국 (29위)에 대한 세부평가

OVERALL SCORE **71.5** WORLD RANK **29**

RULE OF LAW		LIMITED GOVERNMENT	
Property Rights	75.0 ▲	Government Spending	67.9 ▼
Freedom From Corruption	55.0 ▲	Fiscal Freedom	72.5 ▼

REGULATORY EFFICIENCY		OPEN MARKETS	
Business Freedom	89.7 ▼	Trade Freedom	72.6 —
Labor Freedom	51.1 ▲	Investment Freedom	70.0 —
Monetary Freedom	81.6 ▲	Financial Freedom	80.0 —

Embed This Data

OVERALL SCORE 89.6 -0.5 ▼ WORLD RANK 1

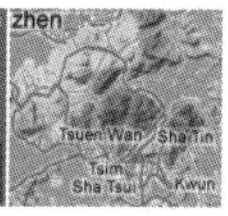

#1 Hong Kong

Hong Kong's economic freedom score is 89.6. Its overall score has declined by 0.5 point since last year, reflecting a higher level of perceived corruption that outweighs small improvements in business freedom, labor freedom, and fiscal freedom. Hong Kong continues to be the top-rated economy in the Index.

READ MORE ABOUT THIS COUNTRY

RULE OF LAW		LIMITED GOVERNMENT		REGULATORY EFFICIENCY		OPEN MARKETS	
Property Rights	90.0 —	Government Spending	89.7 —	Business Freedom	100.0 ▲	Trade Freedom	90.0 —
Freedom From Corruption	75.0 ▼	Fiscal Freedom	93.2 ▲	Labor Freedom	95.9 ▲	Investment Freedom	90.0 —
				Monetary Freedom	81.8 ▼	Financial Freedom	90.0 —

World Economic Forum의 국가경쟁력 지수 ②

www.weforum.org

o World Economic Forum이 매년 140여 개국을 대상으로 제도, 인프라, 거시경제환경, 보건 및 초등교육, 고등교육 및 훈련, 상품시장 효율성, 노동시장 효율성, 금융시장발달, 기술개발, 시장크기, 비즈니스 정교성, 혁신 등 12개 항목을 조사하여 항목별 7점 만점으로 득점 순위를 발표함.

2014-2015년 국가경쟁력 상위 10개국

Global Top 10

The Global Competitiveness Index 2014-2015	Global rank*
Switzerland	1
Singapore	2
United States	3
Finland	4
Germany	5
Japan	6
Hong Kong SAR	7
Netherlands	8
United Kingdom	9
Sweden	10

Source: The Global Competitiveness Report 2014-2015
Note: * 2014-2015 rank out of 144 economies

최상위국 스위스에 대한 항목별 평가

Global Competitiveness Index

	Rank (out of 144)	Score (1–7)
GCI 2014–2015	**1**	**5.7**
GCI 2013–2014 (out of 148)	1	5.7
GCI 2012–2013 (out of 144)	1	5.7
GCI 2011–2012 (out of 142)	1	5.7
Basic requirements (20.0%)	**4**	**6.2**
Institutions	9	5.6
Infrastructure	5	6.2
Macroeconomic environment	12	6.4
Health and primary education	11	6.5
Efficiency enhancers (50.0%)	**5**	**5.5**
Higher education and training	4	6.0
Goods market efficiency	8	5.4
Labor market efficiency	1	5.8
Financial market development	11	5.3
Technological readiness	10	6.0
Market size	39	4.6
Innovation and sophistication factors (30.0%)	**1**	**5.7**
Business sophistication	2	5.8
Innovation	2	5.7

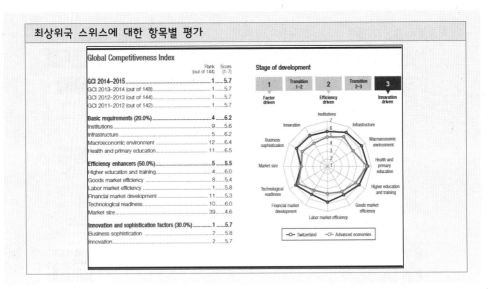

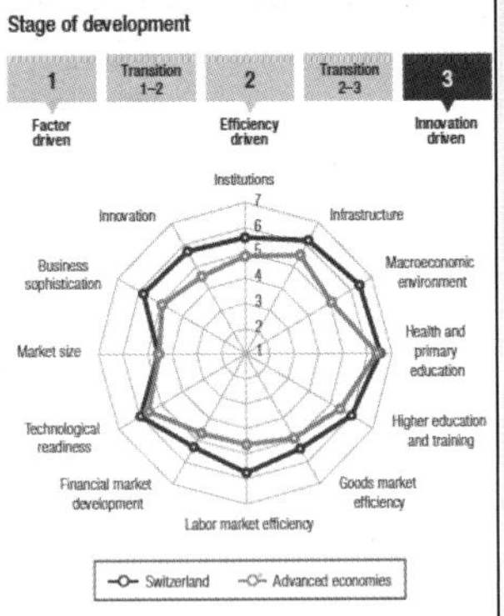

World Bank의 비즈니스 수행용이도 ③ (Ease of Doing Business)

www.worldbank.org

o World Bank가 매년 약 190개국을 대상으로 각국별 창업, 건설허가, 전력공급, 부동산취득, 금융여신, 투자보고, 조세, 교역, 계약효력 및 도산절차 등 10개 분야별로 사업 수행용이도를 조사, 발표함.

2016년 비즈니스 수행용이도 상위 15개국

Rank	Economy	DTF score
1	Singapore	87.34
2	New Zealand	86.79 ↑
3	Denmark	84.40 ↑
4	Korea, Rep.	83.88
5	Hong Kong SAR, China	83.67 ↑
6	United Kingdom	82.46 ↑
7	United States	82.15
8	Sweden	81.72 ↑
9	Norway	81.61 ↑
10	Finland	81.05 ↑
11	Taiwan, China	80.55 ↑
12	Macedonia, FYR	80.18 ↑
13	Australia	80.08
14	Canada	80.07 ↑
15	Germany	79.87 ↑

2016년 비즈니스 수행용이도 1위 국가인 싱가포르의 분야별 평점

SINGAPORE	
Ease of doing business rank (1–189)	**1**
Starting a business (rank)	10
DTF score for starting a business (0–100)	96.49
Procedures (number)	3
Time (days)	2.5
Cost (% of income per capita)	0.6
Minimum capital (% of income per capita)	0.0
Dealing with construction permits (rank)	1
DTF score for dealing with construction permits (0–100)	92.97
Procedures (number)	10
Time (days)	26
Cost (% of warehouse value)	0.3
Building quality control index (0–15)	14
Getting electricity (rank)	6
DTF score for getting electricity (0–100)	94.34
Procedures (number)	4
Time (days)	31
Cost (% of income per capita)	25.9
Reliability of supply and transparency of tariffs index (0–8)	8
Registering property (rank)	17
DTF score for registering property (0–100)	85.66
Procedures (number)	4
Time (days)	4.5
Cost (% of property value)	2.9
Quality of land administration index (0–30)	26.5
East Asia & Pacific	
Overall distance to frontier (DTF) score (0–100)	**87.34**
Getting credit (rank)	19
DTF score for getting credit (0–100)	75.00
Strength of legal rights index (0–12)	8
Depth of credit information index (0–8)	7
Credit bureau coverage (% of adults)	58.6
Credit registry coverage (% of adults)	0.0
Protecting minority investors (rank)	1
DTF score for protecting minority investors (0–100)	83.33
Extent of conflict of interest regulation index (0–10)	9.3
Extent of shareholder governance index (0–10)	7.3
Strength of minority investor protection index (0–10)	8.3
Paying taxes (rank)	5
DTF score for paying taxes (0–100)	96.56
Payments (number per year)	6
Time (hours per year)	83.5
Total tax rate (% of profit)	18.4
Enforcing contracts (rank)	1
DTF score for enforcing contracts (0–100)	84.91
Time (days)	150
Cost (% of claim)	25.8
Quality of judicial processes index (0–18)	15.5
GNI per capita (US$)	**55,150**
Population (m)	**5.5**
Trading across borders (rank)	41
DTF score for trading across borders (0–100)	89.35
Time to export	
Documentary compliance (hours)	4
Border compliance (hours)	12
Domestic transport (hours)	2
Cost to export	
Documentary compliance (US$)	37
Border compliance (US$)	335
Domestic transport (US$)	212
Time to import	
Documentary compliance (hours)	1
Border compliance (hours)	35
Domestic transport (hours)	1
Cost to import	
Documentary compliance (US$)	37
Border compliance (US$)	220
Domestic transport (US$)	214
Resolving insolvency (rank)	27
DTF score for resolving insolvency (0–100)	74.83
Time (years)	0.8
Cost (% of estate)	3
Recovery rate (cents on the dollar)	89.7
Strength of insolvency framework index (0–16)	8.5

4) 한국과의 관계

우리나라와 정치·경제적 측면에서 협력과 교류가 잘 이루어지고 있는지를 파악한다. 양국 간 공관설치 여부 및 비자면제협정은 물론이고 FTA 체결, 이중과세방지협정, 통관협정 등 교역과 관련되어 어떤 협약들이 체결되어 있는지 그리고 양국 간 현재 이슈화되고 있는 교역 관련 분쟁이나 이견은 없는지도 살펴본다. 또한 외교 및 경제적인 면에서 해당국이 인식하고 있는 우리나라의 비중과 현지 진출 국내기업들의 활동, 교민현황 등도 조사하여 기술한다.

(2) 경제현황 및 전망

1) 경제지표

최근 몇 년간의 경제지표는 해당시장이 속해 있는 국가의 경제 상태를 설명해주는 건강진단서라고 할 수 있다. 주요 경제지표는 대내경제지표와 대외경제지표로 분류된다. 대내경제지표로는 경제성장률, 1인당 GDP, 실업률, 물가상승률, 재정수지/GDP 등이 있으며 대외경제지표로는 수출액, 수입액, 경상 및 무역수지, 환율, 외환보유고 및 총외채 등이 있다. 이러한 수치는 해당국의 통계청, 중앙은행 및 주요 관계부처 홈페이지에서 구할 수 있다. 그러나 국가에 따라서는 정확도가 떨어지고 업데이팅 주기가 매우 길거나 발표 기관에 따라 상이할 수도 있다. 그러므로 통계 발표가 늦거나 신뢰도가 낮은 후진국의 경우, 해당 국가 발표 수치보다는 Kotra 해외시장뉴스의 국가정보(경제지표), IMF, World Bank, EIU Country Report, IHS 등의 공신력 있는 자료를 인용하는 것이 바람직하다.

표 4 주요 거시경제지표 예시 : 요르단(코트라 국가정보)

요르단 (Jordan) 중동 2017.01.11 국가선택

월간 지표	단위	2016/12	2016/11	2016/10	2016/09	2016/08	3M	6M	12M
환율	JOD	0.7080	0.7086	0.7085	0.7093	0.7086	0.7084	0.7086	0.7088

연간 지표	단위	2015	2014	2013	2012	2011
GDP증가율	%	-	-	-	-	0.40
명목GDP(달러)	백만달러	37,517.41	35,826.93	33,593.84	30,937.28	28,840.26
실질GDP(현지통화)	백만, 현지통화	-	-	-	-	10,244.00
실질GDP(달러)	백만달러	30,196.25	29,493.51	28,607.72	27,820.61	27,102.08
1인당 GDP	달러(USD)	4,940.05	4,830.98	4,656.22	4,423.12	4,266.08
소비자물가상승률	%	-0.87	2.89	4.83	4.52	4.16
실업률	%	12.20	12.20	12.20	12.20	-
이자율	%	8.48	8.99	9.01	8.78	8.71
환율	-	0.71	0.71	0.71	0.71	0.71
수출실적	백만달러	14,136.48	15,524.93	14,227.61	14,307.46	13,743.80
수입실적	백만달러	22,534.79	24,985.07	24,172.11	22,975.49	21,301.13
무역수지	백만달러	-8,398.31	-9,460.14	-9,944.51	-8,668.03	-7,557.32
대외부채	백만달러	-	24,255.80	23,173.39	18,484.35	17,668.66
외환보유고	백만달러	16,571.89	16,047.21	13,826.04	8,830.60	12,094.96
투자유치액(FDI)	백만달러	1,274.79	2,009.30	1,805.64	1,513.24	1,486.06
해외투자액(ODI)	백만달러	12.00	27.00	15.63	5.35	30.85

과거 4~5년간의 경제지표 추이를 보면 그 나라 경제 흐름을 파악할 수 있다. 이러한 지표들은 그 나라 경제가 안정적으로 성장하고 있는지, 국가재정 상태는 건강한지, 무역수지 적자 누적으로 외환보유고가 줄어들고 있지는 않은지, 환율은 안정적으로 유지되고 있는지를 설명해주는 객관적인 수치이므로 현 경제 상황과 향후 그 나라 경제 흐름을 파악하는 데 중요한 바로미터가 된다. 이 중에서 특히 재정적자가 늘어나거나 외환보유고가 급격히 줄어들고 외채가 크게 늘어나는 추세라면 수출 환경이 크게 나빠질 수도 있다는 강력한 시그널이 될 수 있다. 지속적으로 재정적자가 늘어나고 외환보유고가 줄어들게 되면 대부분의 국가들은 재정지출을 줄이기 위해 국가 발주 공사를 중단하거나 대폭 축소하고 세수 확보를 위해 증세를 하게 되면 구매력 저하를 초래하게 된다. 또한 외화유출을 억제하기 위해 외환 및 수입통제를 강화하기 때문에 수출환경 악화로 이어지게 된다. 일례로 2017년, 알제리 정부는 전체 수출액의 98% 가량을 차지하는 원유와 천연가스의 국제가격 하락으로 외환보유고가 급격히 줄어들자 수입허가제를 도입하고 통관절차를 까다롭게 하며 외환통제 강화정책을 실시하므로써 우리나라의 대(對)알제리 수출에서 큰 타격을 받은 바 있다.

2) 경제현황 및 향후전망

미국, 중국, 일본 또는 EU와 같이 경제 규모가 큰 국가들에 대한 경제현황 및 향후전망 보고서는 언론, 국제기구, 다국적 은행 또는 전문경제기관 등에서 자주 다루고 있으므로 쉽게 접할 수 있으나 경제 규모가 작은 국가들에 대한 정보는 국내에서 알기가 쉽지 않다. 따라서 Kotra나 무역협회 사이트에서 관련 정보를 취득하는 것이 가장 용이한 방법이다.

현재 조사대상국의 경제 상황에서 긍정적인 요인과 부정적인 요인이 무엇인가를 파악하고 대외교역과 관련 그 정부가 추진하고 있는 주요 정책과 변화 가능성에 대한 조사도 이루어져야 한다. 향후 경제성장률과 이에 따른 소득증가율, 인구구조, 산업개편 방향에 대한 검토도 보고서에 포함토록 한다.

3) 산업동향

조사대상국의 핵심산업이 무엇인지를 포함하여 자사 수출품이나 참여하려는 프로젝트와 관련된 산업이 현재 호황을 맞고 있는지 침체 단계에 있는지 면밀한 조사가 필요하다. 단순히 수출하려고 하는 특정상품에 대한 시장조사에 그치지 않고 그 상품이 속한 산업 전체에 대한 정확한 상황 인식도 중요하다. 건설중장비나 자재를 수출하는 기업이라면 조사대상국에서 건설경기와 부동산 시장, 공공발주 건설프로젝트 현황을 파악해야 하고 자동차 부품을 수출하는 기업은 현지 자동차 산업의 흐름, 즉 자동차 판매량 변화와 함께 한국산 자동차 판매 현황 및 추이, 중고차 수입제한 여부 등을 조사해야 하며 의료기기나 의약품을 수출하는 기업이라면 현지 병원 및 국내외 환자 수, 현지인들이 많이 걸리는 질병, 의료보험제도, 정부의 의료정책 등도 광범위하게 파악하고 있어야 한다. 또한 전력관련 품목을 수출하는 기업들은 현지 전력사정, 발전소 건설 및 확충현황, 현지에서 한국 기업의 발전소 수주동향 및 해당 국가의 에너지산업에 대해서도 숙지하고 있어야 한다.

(3) 무역환경

1) 수출입동향

최근 5년간 조사대상국 전체 수출 및 수입액, 무역수지 변화 추이와 함께 수출입별로 상위 10개국과의 교역규모 및 증감률을 분석한다. 아울러 수출입 상위 10대 품목의 변화도 살펴본다. 마찬가지로 최근 5년간 조사대상국과 우리나라간의 수출입 규모 및 그 증감율과 함께 양국 간 상위 품목별 수출액과 수입액 변화를 추적한다. 특히 자사가 수출하려는 품목에 대해 조사대상국은 한국을 포함하여 어느 나라로부터 얼마만큼을 수입하고 있는지 반드시 확인하도록 한다. 이와 같은 통계를 통해 자사 제품에 대한 현지 수요정도와 향후 수출 시 경쟁대상국들을 추적해낼 수가 있다. 예를 들어 알제리의 최대 수입품목은 자동차 및 관련품목(HS 코드 87)이다. 이 품목과 관련, 우리나라는 알제리의 일곱 번째 수출국이며 현재 독일, 루마니아, 중국, 프랑스, 스페인, 이탈리아 등과 현지에서 경쟁하고 있음을 알 수 있다.

2) 수입규제제도

모든 상품의 수입이 자유화된 개방시장을 추구하는 국가도 있지만 많은 국가들이 자국 산업을 보호하고 과도한 수입을 억제하기 위해 수출시 원산지증명, 관계당국허가, 수입자 자격요건 구비 등을 요구하기도 하고 수입금지품목, 수입규제품목 및 수입쿼터적용품목을 따로 정해두기도 한다. 또한 비관세장벽의 일환으로 인증취득, 검사통관, 환경규제 등이 있는지도 살펴야 한다. 아울러 최근 한국산 제품에 대해 수입규제를 하고 있는지도 체크한다.

3) 통관 및 운송

통관절차는 효율적이고 투명하게 관리되고 있는지도 살펴본다. 항만과 하역시설의 낙후성, 하역노동자들의 파업 가능성, 통관절차의 신속성, 통관공무원들의 투명성 등도 운송회사나 현지 바이어를 통해 정보를 미리 입수해둔다.

4) 시장특성

소비자들의 성향과 관습, 구매선호도, 한국상품에 대한 인지도, 한류동향과 함께 현지 유통구조와 유통채널별 특성 등도 살펴본다. 예를 들어 요르단에서도 『대장금』 등 한국영화 상영을 계기로 한류 바람이 불기 시작하였으며 한국상품에 대한 인지도는 매우 높은 편이다. 소비자들은 소득에 비해 과다할 정도로 소비를 한다. 빈부의 격차가 매우 크며 상위 10% 소득층이 전체 소비의 60% 이상을 주도한다. 국민의 90%가 이슬람신자이지만 중동국가 중에는 상당히 개방되어 있다. 대부분

가정은 대가족을 이루고 있기 때문에 대형제품을 선호하며 소득이 높지 않으므로 옵션을 배제하여 가격 거품을 최소화해야 한다. 아울러 제품 판매 시 증정품을 주게 되면 구매의욕을 더욱 자극할 수 있다. 최근 암만을 중심으로 대형쇼핑몰이 속속 들어서고 있는 반면 재래시장의 비중은 점차 줄어들고 있으며 아직은 인터넷이나 TV 홈쇼핑을 통한 구매가 활발하지 못한 편이다.

표 5 요르단 시장특성(2012년 현재 예시)
① 요르단은 소수 고소득층, 다수 저소득층으로 확연히 구분되는 시장이다. ☞ 5~10%의 고소득층이 시장을 선도하고 있으며 중산층이 엷어 중가품의 설 자리가 매우 좁다.
② 요르단 사람들은 모방 소비, 과소비로 특징되는 소비형태를 보이고 있다. ☞ 남에게 보이려는 과시욕으로 소득에 비해 소비욕구가 매우 크기 때문에 빚을 내서라도 자신보다 높은 소득층의 소비형태를 모방하려는 경향이 있다.
③ 요르단 사람들은 이슬람 특성상 대가족형 소비양식을 선호한다. ☞ 한 집안에 여러 세대가 함께 살며 多産으로 인해 대용량 제품을 좋아한다.
④ 요르단에서는 중고품 시장이 활성화되어 있다. ☞ 신제품 사용 후, 중고시장에서 재판매 가격이 높은 제품을 선호한다. 자동차, 가전제품, 가구 등이 대표적인 예이다.
⑤ 요르단은 코리아 브랜드 파워가 매우 강한 시장이다. ☞ 한국산은 구미나 일본의 고가제품에 비해 저렴하면서 품질은 중국, 터키 제품보다 월등히 나은 제품으로 평가받고 있다.
⑥ 요르단은 30대 이하 젊은층이 소비를 주도하는 시장이다. ☞ 인구의 반을 점유하는 젊은층은 소득에 관계없이 명품, 고급품을 구입하려는 욕구가 매우 강하다.
⑦ 요르단은 중동의 여타국에 비해 개방화, 서구화되어 있다. ☞ 인터넷 등 통신 수단의 발달로 유럽 제품을 선호하는 경향이 높다. 특히 고소득층들 다수는 외국에서 공부했으며 중산층 이상은 미국, 유럽 등 외국 여행 경험이 많다.
⑧ 인구 증가와 함께 현대적 유통망이 급격히 확산되고 있다. ☞ 2000년 이전 까지만 해도 현대적인 쇼핑몰이나 유통망이 전무 하였으며 소규모 소매상과 전통시장이 전부였다. 2001년 Amman Mall을 시작으로 Abdoun Mall, Mecca Mall, City Mall, Baraka Mall, TJB Mall 등이 속속 개장하고 있다.

5) 상관습 및 거래 시 유의사항

이런 정보는 Kotra 해외시장뉴스 국가정보에 자세히 서술되어 있다. 상담 및 계약 시 유의할 점, 바이어 상담 시 유의사항, 기업문화 등에 대한 사전조사도 필요하다. 바이어들의 특징, 일반적으로 거론되는 거래조건(예 : 결제조건/언더밸류 요구 등),

계약까지 단계별 과정, 대금지불방식, 클레임 제기와 처리방안, 향후 분쟁 발생 최소화 방안 등을 거래유경험자들을 통해 알아보는 것도 바람직하다. 특히 이 항목은 첫 거래 또는 첫 방문인 경우 반드시 숙지해야 할 내용이다.

표 6 요르단 바이어와 상담 시 유의사항(2012년 현재 예시)
① 첫 번 거래에서는 가능한 독점적 에이전트를 주지 말자. ☞ 이들은 통상 처음 만나면서부터 자신의 능력과 관계없이 독점적 에이전트를 요구한다. ② 지나치게 빨리 거래 결정을 하지 말자. ☞ '빨리 빨리'가 판매자일 경우 백전백패한다. ③ 최종 가격은 가능한 끝까지 숨긴다. ☞ 이들은 통상 터무니없는 가격을 제시하여 판매자를 혼란에 빠트리기도 한다. ④ 상대방의 허풍에 속지 말자. ☞ 아랍인들은 대부분 허풍이 심하다. 왕실, 정부 고위층 인사와 잘 안다는 말은 대부분 거짓말이다. ⑤ 돈을 받아야만 계약이 이루어진 것이다. ☞ 계약 단계까지 너무나 제시하는 조건이 많다. ⑥ 현지 유통과정에 대해 정확히 이해하고 자신의 아이템에 맞는 바이어를 찾자. ☞ 중국산 저가품 취급 바이어를 배제하고 한국산 제품의 높은 인지도를 십분 활용하자. ⑦ 공무원들에게는 뇌물이 통하지 않는다. ☞ 요르단 공직사회는 매우 깨끗하다. 세관, 세무서, 경찰 등에게 뇌물을 주어서는 절대 안 된다. ⑧ 당신에게 곧 오더할 것 같지만 타 경쟁업체와 다 알아본 후 결정한다. ☞ 상담 시에는 곧 오더 할 것 같이 말하지만 당신이 제시한 조건을 타 경쟁업체에 제시해 본 후 당신이 가장 경쟁력이 있을 때 오더한다. ⑨ 요르단 시장만 관리하는 바이어보다는 주변국까지 커버할 수 있는 바이어가 더 좋다. ☞ 인구 650만 요르단 시장보다 시리아, 레바논, 이라크 등 주변국까지 커버할 수 있는 바이어라면 더 좋다. ⑩ 바이어 가족, 친구들과 친해지자. ☞ 요르단인들은 가족 중심적이어서 가족의 말을 잘 들으며 바이어 친구들을 통해 또 다른 바이어들을 소개받을 수도 있다.

(4) 기타

1) 유관기관 웹사이트

앞으로 본격적인 비즈니스 관계를 갖게 될 때 필요한 정보를 얻기 위해 조사대상국의 정부단체 및 기관, 현지에 나가 있는 한국기관 및 한인단체 그리고 비즈니스 관련 현지기관 등의 웹사이트 등을 미리 파악해둔다.

2) 비즈니스 에티켓

각국마다 문화, 종교, 관습 등이 상이하므로 복장, 인사, 선물, 약속, 식사, 인간관계 형성 방법 및 문화적 금기사항 등을 조사해둔다.

3) 비자취득 및 취항정보

향후 비즈니스가 본격화되어 해당 국가를 방문코자 할 때 우리나라와 비자면제협정국인지 또는 비자가 필요하다면 비자 취득이 용이한지도 조사한다. 비자면제협정국이 아닌 경우에도 현지 입국 시 공항에서 비자를 받을 수 있는 국가가 있고 초청장을 첨부하여 우리나라에 주재하고 있는 해당 국가 대사관이나 명예영사관을 방문하여 사전 비자를 신청해야 하는 국가도 있다. 비자 취득 기간과 절차도 국가들마다 상이하다. 또한 한국과 직항노선이 있는지, 없다면 주로 어느 국가의 도시를 경유하여 방문하는지도 체크한다.

4) 휴일 및 휴가정보

각 국가마다 휴일과 휴가가 상이하며 특히 중동 이슬람권의 경우 라마단 기간 중에는 거의 모든 비즈니스는 중단된다. 반면 서구와는 달리 12월에도 비즈니스는 정상적으로 이루어진다.

현지 투자 목적으로 국가정보를 작성한다면 수출 시보다 훨씬 정교하고 전문적인 조사가 필요하다. 코트라 해외시장뉴스 국가정보(http://news.kotra.or.kr), EIU Country Commerce, 해외투자진출정보포털(www.ois.go.kr), 투자진출 해당국가의 투자진흥청 홈페이지 등을 통해 투자환경, 투자인센티브, 외국인투자동향, 한국기업투자동향, 한국기업진출현황, 주요투자법내용, 투자방식, 투자진출형태, 진출형태별 절차, 투자법인 설립 및 청산, 투자입지여건, 노무관리제도, 조세제도, 금융제도, 외환제도 및 자금조달 방안 등이 조사되어야 한다.

C•H•A•P•T•E•R

05

상품정보 작성요령

CHAPTER

05

상품정보 작성요령

1 상품정보의 필요성

국가정보는 특정국가로 수출 또는 진출하려는 기업들에게 공통적으로 필요한 정보라고 할 수 있는 반면, 상품정보는 기업이 수출하려는 특정상품에 관한 정보이다. 국가정보가 거시적 관점에서 보는 정보라면 상품정보는 미시적 관점에서 보는 정보라 할 수 있다. 따라서 일반적으로 상품정보는 국가정보에 비해 더욱 정교한 조사가 요구되며 시장에서 직접 취득한 정보일수록 살아있는 정보라 할 수 있다.

수출기업들은 수출하려고 하는 목적시장에서 해당상품의 현지국 내 자체 생산과 수입비중, 기존 공급업체들 간의 경쟁상황 및 경쟁에서 승리하기 위한 차별화 전략, 현지 수요자들의 구매결정요인, 유통구조, 인기 제품의 특성 및 그 사유, 수입규제, 인증 및 허가사항 여부, 수출 시 직면하게 될지 모르는 난관 및 해결방안 등에 대한 면밀한 검토가 필수적이다. 경쟁기업들은 새로운 상품을 개발하여 공급하고 가격을 인하하거나 대대적인 세일로 시장을 확대해나가고 있다는 사실을 모르고 종전과 같은 상품을 오히려 가격을 올려 판매하려고 한다면 그 기업은 시장에서 퇴출될 수밖에 없다. 따라서 목적시장으로 이미 수출을 하고 있는 기업이라 할지라도 현지 수요패턴의 변화, 경쟁기업들의 출현 및 전략변경, 수입규제 움직임 등을 지속적으로 모니터링을 해야 한다. 이 경우, 기존 거래선이나 에이전트를 통해 정보 수집을 요청할 수도 있다. 더구나 해당시장으로 처음 수출하는 기업이라면 그 지역에서 개최되는 관련 전시회를 참관하여 상품정보를 수집하거나 해당지역 주재 Kotra 무역관에 상품조사를 의뢰하여 자사 수출품목에 대한 현지 정보를 최대한 수집한 후 수출을 시도해야 한다. 또한 수출품이 생활소비재라면 수출대상국에서 운영되고 있는 온라인 쇼핑몰 방문을 통해서도 현지에서의 상품정보(트랜드, 인기품목, 경쟁기업품목, 현지소비자가격 등)를 수집할 수 있다.

그림 1 요르단 현지시장을 직접 방문하여 조사한 생생한 장신구 관련 상품정보(Kotra 암만무역관)

인기있는 스타일 예시	특징	가격
- 목걸이 : 젊은 여성용/기성 세대용/파티용으로 나뉨.		
 ① ② ③	- 히잡·옷·가방·신발색상에 맞출 수 있는 다양한 색상의 장신구(사진 ①과 ②) - 팬던트 알이 크고 목걸이 줄도 굵음.(사진 ③) - 로듐(rodium)코팅으로 변색과 알러지 방지	- ①과 ② 중국산:JD 1~5 한국산:JD 4~7 - ③ 중국산:JD 4~7 한국산:JD 6~14
	- 기성세대들은 순금제품을 선호 하지만 경제적 형편에 따라 도금한 제품도 구매함. - 종교적 무늬의 팬던트가많으며, 팬던트 알이 크고 줄이 굵음.	- 대부분이 중국산(유럽제 재고도 多) JD 4~7
 	- 메탈제품이거나 큐빅으로 반짝거리는 제품, 줄이 여러 겹 겹치는 제품,진주모양의 제품 등화려한 제품 선호. -큐빅의 크기와 개수에 따라 가격대가 다양함.	- 대부분이 중국산 JD 5~15

표 1 상품정보 수집의 필요성(수출에 변화를 초래할 수 있는 경우)
▪ 자국 내 자체 생산 공급자 출현으로 수입을 더 하지 않거나 수입량이 대폭 감소하는 경우
▪ 외국기업이 현지에 생산 공장을 건설하여 직접 출시하는 경우
▪ 국내기업을 보호하기 위해 수입국 정부가 관세를 인상하거나 수입규제, 제한, 금지 조치를 하는 경우
▪ 기존상품보다 성능, 디자인, 가격 등에서 크게 개선된 신제품이 출시되는 경우
▪ 경쟁기업이 대대적인 세일을 하거나 A/S를 개선하는 경우
▪ 현지에서 유행이 지나 수요가 현격히 줄어드는 경우
▪ 기존 공급업체의 공급중단으로 수요 부족현상이 발생하는 경우
▪ 유통구조상에 현저한 변화가 발생하는 경우(예 : 온라인 쇼핑의 활성화)
▪ 정부조달 등 대규모 구매 입찰이 실시되는 경우
▪ 틈새시장에 변화가 발생되는 경우(예 : 새로운 경쟁자 출현)
▪ 재고 누적 또는 고갈로 인해 주문량에 현격한 변화가 초래되는 경우
▪ 자연재해, 전염병 창궐, 대형사고, 난민 유입, 전쟁 및 내전, 대형행사(올림픽, 월드컵 등) 개최 등으로 특수(特需)가 발생하는 경우
▪ 수입허용, 쿼터량 확대 등으로 해당시장으로의 유입 물량이 늘어나는 경우
▪ 한류바람 확대로 한국제품에 대한 인기가 상승하는 경우

평소에 목적시장에서의 자사 수출상품에 대한 정보를 꾸준히 수집하고 모니터링 하는 수출기업이라면 [표 1]과 같은 상황이 발생하더라도 적극 대처함으로써 손실을 극소화할 수도 있을 뿐 아니라 또한 시장 확대가능성의 기회를 활용하여 수출을 늘려 나갈 수도 있을 것이다.

2 주요항목별 작성

좋은 상품정보란 바이어, 소·도매상, 유통업체는 물론이고 최종 소비자들을 직접 접촉하여 얻어진 정보로 실제 시장상황을 설명할 수 있어야 한다. 또한 상품정보는 국가정보에 비해 공개된 건수가 적을 수도 있고 유행을 타는 상품, 라이프 사이클이 짧은 상품, 신제품 개발속도가 빠른 상품, 경쟁이 심한 상품, 경기에 민감한 상품은 보다 신속하고 지속적인 업데이팅이 요구된다. 상품정보에서 주로 다루는 세부조사 항목으로는 시장동향, 생산 및 수입동향, 경쟁동향, 유통 및 시장구조, 수출입관리제도, 시장 진출방안 및 진출 시 고려사항 등이 포함된다.

(1) 시장동향

시장동향에는 시장규모 및 추이,[2] 시장수요동향, 소비자 구매패턴, 제품트렌드, 정부정책 및 전망 등이 포함된다. 시장규모는 최근 연도 1인당 및 시장전체 구입액(구입량)과 함께 최근 몇 년간의 추이와 시장규모가 향후 어느 정도 성장할 것인지 예측이 제시되어야 한다. 또한 소득/연령/직업별 구입동향, 세부품목별 수요변화와 주요 타깃층, 소비자들이 구입할 때 고려하는 요인별 우선순위(가격, 기능 또는 품질, 브랜드, 제조국가, 색상 및 디자인, 유지비용, 부품조달의 용이성, A/S 등), 선호제품의 특징과 향후 예측 가능한 시장전망에 대한 기술이 필요하다.

표 2 ○○○제품의 소비자 1인당 연간 구입액

(단위 US$천)

구분	20xx	20xx	20xx	20xx	20xx
1인당 연간 구입액	( )	( )	( )	( )	( )

※ ( )은 전년대비 증감률

표 3 ○○○제품의 연간 시장규모 추이

(단위 US$천)

구분	20xx	20xx	20xx	20xx	20xx▪
연간 시장규모	( )	( )	( )	( )	( )

※ ( )은 전년대비 증감률, ▪ 은 예상치

2 시장이 안정적이라면 꾸준한 증가, 지속적인 감소 등 일정한 추이를 도출할 수 있으나 시장이 불안정하다면 내·외부 요인에 따라 증가와 감소가 불규칙하게 도출된다. 시장규모가 불규칙하게 도출된다면 그만큼 시장에 대처하기가 용이하지 않다는 뜻이다.

그림 2 사우디아라비아 스킨케어 시장규모 및 전망(Kotra 리야드무역관)

□ 화장품·스킨케어 시장규모 및 전망

ㅇ 보수적인 이슬람의 영향으로 사우디아라비아 여성들은 외출 시 베일로 눈을 제외한 얼굴 전체를 가리는 니캅(Niqab)을 착용함에도 피부와 미용에 대한 관심은 중동지역 국가 여성 중 가장 높아 화장품, 향수 등에 연평균 3733달러를 지출하는 것으로 조사됨.

니캅을 착용한 중동여성

자료원: AFP 연합뉴스

ㅇ 2011년 사우디아라비아 여성은 화장품 구입에 약 24억 달러를 지출한 것으로 파악되며, 2012년에 관련 시장규모는 11% 증가할 전망으로 매년 급증하는 시장임.

- 사우디아라비아는 걸프지역 국가 중 스킨케어와 헤어케어 관련 제품 소비 1위국으로 화장품시장 성장세가 세계에서 가장 높은 국가 중 하나임.

ㅇ 사우디아라비아는 견고하게 성장하는 중동 미용시장에서 가장 큰 비중을 차지하며, 사우디아라비아 여성들은 미용센터, 뷰티살롱 등에서 많은 돈을 지출하고 있음.

ㅇ 특히, 스킨케어시장은 2014년까지 4억9040만 달러 규모로 성장할 전망임. 안티-에이징 제품과 스킨 화이트닝 제품이 가장 인기 있으며 시장 성장을 주도함.

- 안티-에이징 제품 시장 규모는 2011년 1억 달러로, 스킨케어시장 전체의 22.9%, 페이셜 케어 시장의 50.3%를 차지하는 주요 제품임.

사우디아라비아 스킨 케어 시장 전망

(단위: 백만 달러)

구분	2010	2011	2012	2013	2014	2015
바디 케어	207.0	213.1	220.0	228.0	237.2	246.3
페이셜 케어	191.1	198.9	206.9	215.7	225.3	235.0
- 안티 에이징	(96.5)	(100.0)	(104.0)	(108.5)	(113.4)	(118.5)
핸드 케어	23.1	24.2	25.3	26.5	27.9	29.4
총계	421.2	436.2	452.2	470.3	490.4	510.7

그림 3 중국 아동복 시장 현황 및 전망(Kotra 우한무역관)

○ 중국 아동복시장 성장 배경
- 중국 국가통계청에 따르면 2012년 말까지 0~16세 아동 인구가 3억8000만 명을 기록했는데, 이는 중국 총 인구의 1/4에 달함.
- 소비수준 향상과 1자녀 정책에 따라 중국 부모들은 자녀에 대한 투자를 아끼지 않아 아동 관련 산업이 크게 발전하고 있음. 이를 계기로 수많은 해외 유명 의류 브랜드가 중국 아동복시장에 진입함.

○ 중국 아동복시장 규모 및 발전 전망
- 중국 아동복시장 규모는 2008년부터 연평균 13.6%의 증가 속도로 2013년에는 1000억 위안(163억 달러)을 돌파함.
- 중국 아동복은 연령에 따라 영아(0~3세), 유아(4~6세), 키즈(7~12세), 청소년(13~17세)으로 나눌 수 있음. 그 중 영아, 유아복시장 규모는 2010년 기준 348억 위안(56억8000만 달러)을 초과해 아동복시장에서 가장 큰 비중을 차지함. 영아, 유아복시장은 2015년 시장 규모가 1000억 위안(163억 달러)을 돌파할 것으로 전망됨.

중국 아동복시장 규모

(단위: 억 위안)

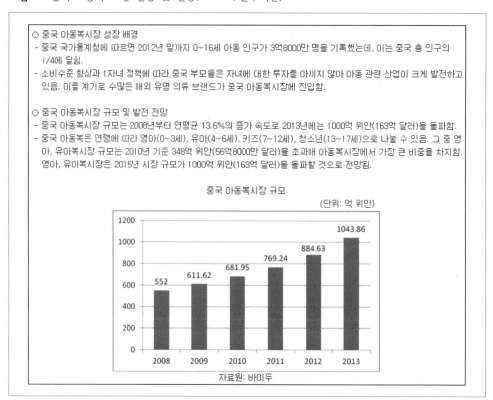

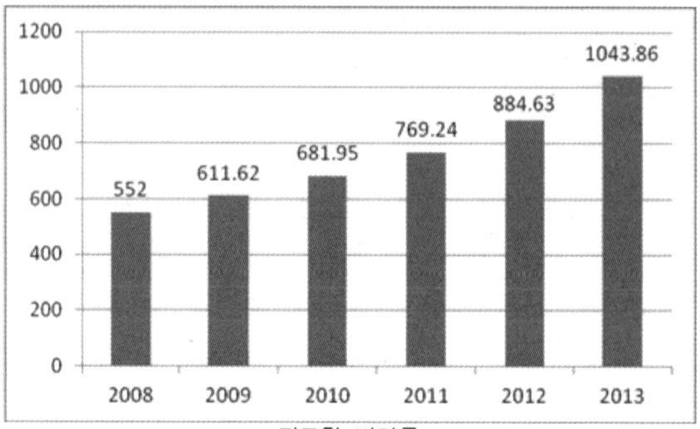

자료원: 바이두

(2) 생산 및 수입동향

목표시장 국가에서 자사가 수출하려는 상품과 동종의 상품이 얼마나 자체 생산되고 있는지 그리고 어느 국가들로부터 어느 정도 수입하고 있는지를 파악한다. 아울러 한국으로부터 얼마만큼을 수입하고 있는지를 조사한 후, 현지 수입시장에서 한국제품이 차지하는 비중을 체크한다. 특히, 해당국가의 전체 생산에서 국내 소비와 해외 수출 비중을 파악하고 제품이 자국민이 설립한 공장에서 생산되고 있는 것인지 외국기업이 현지 투자한 공장에서 생산되고 있는 것인지도 파악해두는 것이 좋다. 현지 시장규모는 매우 크나 자국산 제품이 시장점유율의 대부분을 차지하고 있다면 외국기업들은 현지시장으로의 진입이 까다롭거나(수입규제 및 장벽, 차별 등) 부대비용(납기, A/S, 판매망 등) 측면에서 불리하다는 것을 의미한다. 선진국으로부터 수입액이 많다면 현지 소비자들은 고급품을 선호하는 것으로 해석할 수 있고 저임금 후진국으로 부터의 수입액이 많다면 그 시장에서는 가격이 가장 중요한 구매 결정요인인 것으로 추정할 수 있다. 또한 주요 수입국들이 특정 대륙국들(예 : EU)로 집중되어 있다면 소비자들의 선호도가 이들 대륙국들로 편중되어 있어 다른 대륙국들은 그만큼 진입하기가 쉽지 않을 수 있다는 것을 의미한다. 또한 목표시장의 국가와 FTA 등 자유무역협정이 체결되어 있는 상대국들 제품의 수입 비중이 큰 것으로 조사되었다면 관세 및 비관세 효과를 톡톡히 보고 있는 것으로 판단할 수 있다. 한국으로 부터의 수입액이 미미하다면 한국산 제품에 대한 인지도가 그리 높지 않다는 뜻이며 반대로 한국으로 부터의 수입 비중이 크다면 우리나라 어느 회사 제품이 많이 팔리고 있는지도 조사한다.

표 4 ○○○제품의 수입현황

(단위 US$천)

순위	구분	20xx		20xx		20xx	
		금액	비중(%)	금액	비중(%)	금액	비중(%)
	전체 ( )	( )	100	( )	100	( )	100
1	중국	( )		( )		( )	
2	프랑스	( )		( )		( )	
		( )		( )		( )	
8	한국	( )		( )		( )	

※( )은 전년대비 증감률

그림 4 캐나다 장신구 생산업체 현황 (Kotra 토론토무역관)

□ 현지 생산

○ 2008년 기준, 캐나다에는 총 455개의 업체가 있음.
- 이 중 1인 기업 형식의 초소형 기업과 5~99명의 종업원이 있는 중소기업이 전체의 62.9%를 차지하며, 100명 이상 대형업체는 3곳이 있음.
- 전체의 67.3%가 동부의 온타리오주(33.0%)와 퀘벡주(34.3%)에 집중
- 이 중 대다수가 수입 및 유통업체이며, 생산업체라도 대부분 수입과 유통을 겸함. 최근에는 1인 기업 형식의 초소형 기업의 현지 생산이 증가추세임.

캐나다 장신구업체 현황

Province or Territory	Employment Size Category (Number of employees)			
	Micro 1-4	Small 5-99	Medium 100-499	Large 500+
Alberta	34	8	0	0
British Columbia	43	25	0	0
Manitoba	6	4	1	0
New Brunswick	5	3	0	0
Newfoundland and Labrador	1	1	0	0
Northwest Territories	0	2	0	0
Nova Scotia	4	2	0	0
Nunavut	0	0	0	0
Ontario	92	57	1	0
Prince Edward Island	1	1	0	0
Quebec	94	61	1	0
Saskatchewan	4	2	0	0
Yukon Territory	2	0	0	0
CANADA	286	166	3	0
Percent Distribution	62.9%	36.5%	0.7%	0.0%

자료원 : 캐나다 산업부

그림 5 베네수엘라 식품포장기 수입동향 (Kotra 카라카스무역관)

○ 수입동향
- 베네수엘라 HS Code에 따르면 식품포장기계는 HS Code 8422로 분류됨. 수입규모는 2013년 1억8000만 달러 규모에 달했으나, 정부의 외환배정 축소로 2014년에는 절반 수준으로 줄어들었음.
- 최대 수입교역국은 이탈리아로, 2014년 수입의 35%인 3200만 달러를 기록. 이어서 미국(15.8%), 독일(10.5%), 브라질(7.4%) 순임.

베네수엘라 식품포장기계 수입통계

(단위: 달러, %)

교역국	수입액			점유율			증감률
	2012	2013	2014	2012	2013	2014	(14/13)
전체	169,579,723	181,209,699	91,118,237	100.00	100.00	100.00	-49.72
이탈리아	38,370,056	58,105,433	31,594,659	22.63	32.07	34.67	-45.63
미국	28,287,632	23,799,075	14,431,739	16.68	13.13	15.84	-39.36
독일	21,480,985	27,592,837	9,578,489	12.67	15.23	10.51	-65.29
브라질	4,231,693	12,838,158	6,747,364	2.50	7.08	7.41	-47.44
스페인	13,002,568	11,213,708	5,142,306	7.67	6.19	5.64	-54.14
중국	24,122,490	9,024,215	4,495,711	14.22	4.98	4.93	-50.18
프랑스	2,869,115	8,941,724	3,186,334	1.69	4.93	3.50	-64.37
아르헨티나	5,633,094	1,443,616	2,369,029	3.32	0.80	2.60	64.10
이란	0	0	2,068,257	0.00	0.00	2.27	0.00
대한민국	89,304	79,209	105,200	0.05	0.04	0.12	32.81

주: 품목 - 8422, Machines, Filling, Closing Etc. Containers, For Other Packing Etc., And For Aerating Beverages; Parts Thereof

자료원: 베네수엘라 관세청(SENIAT - National Customs & Tax Administration)

그림 6 베트남 건설장비 수입동향 (Kotra 호치민무역관)

○ 2011년 1~5월간 베트남 건설장비 수입은 7575대, 1억8389만 달러로 전년동기 대비 수량과 금액에서 각각 22.30%, 16.11% 감소함.

- 2011년 5월 베트남 건설장비 수입은 1772대, 3721만 달러로 전월 대비 수량과 금액에서 각각 5.24%, 29.03% 감소했고, 전년 동월 대비 수량에서 35.19%, 금액에서 33.65% 큰 폭으로 감소함.
- 베트남 정부 공공사업 감축정책과 베트남 건설경기 침체에 따라 건설장비 수입이 감소됨.

베트남 건설중장비 연간 수입동향

(단위: 백만 달러, %)

구분	2006	2007	2008	2009	2010
수입액	155	252	392	554	568
증감률	-3.1	62.3	55.6	41.5	4.1

자료원: 산업무역정보센터

2011년 1~5월 베트남 건설장비 수입량

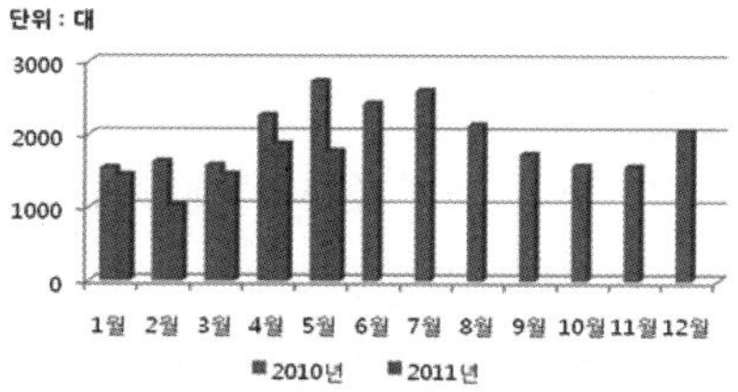

자료원: 산업무역정보센터

○ 2011년 1~5월 일본으로부터의 건설장비 수입은 4225대, 8370만 달러로 전년대비 수량과 금액에서 각각 25,47%, 21,28% 감소함.

- 일본의 주요 공급 브랜드로는 Komatsu, Hitachi, Kobelco, Sumitomo 등이나, 대부분의 품목이 감소 추세를 보임.

○ 한국은 일본에 이어 베트남에 두 번째로 많은 건설장비를 공급하는 국가임.

- 2011년 1~5월 한국으로부터의 건설장비 수입은 1293대, 4212만 달러로 전년동기 대비 수량에서 3,87%, 금액에서 3,08% 감소함.
- 베트남 수입되는 한국의 주요 건설장비 브랜드로는 Daewoo, Hyundai와 Samsung 3개사였으나, 2010년부터 Doosan 제품이 베트남 기업에 많은 관심을 받으며 수입이 증가, 특히 신제품이 주로 수입됨.
- Dawoo는 지속적으로 베트남 기업에 인지도가 쌓이며, 베트남 수입 한국 브랜드 중 약 60% 비중을 차지

2011년 1~5월 대베트남 건설장비 수출국(누계 금액 순)

(단위 : 대, 만 달러, %)

구분	2011년 1~5월		전년동기 대비 증감률		2011년 5월	
국가	수량	금액	수량	금액	수량	금액
일본	4,225	8,370,8	-25,47	-21,28	1,039	1,650,2
한국	1,293	4,212,8	-3,87	-3,08	260	853,2
미국	740	2,111,6	1,23	-7,87	203	532,4
중국	771	1,418,7	-40	-24,24	163	322,2
태국	102	747,6	-27,14	-11,8	9	75,0
독일	110	444,2	-19,71	-17,15	39	161,6
인도네시아	42	260,5	10,53	16,98	7	44,8
싱가포르	56	221,8	93,1	23,23	13	5,7
대만	58	80,3	-60	-49,09	9	12,9
캐나다	48	73,2	33,33	-15,72	8	21,5
벨기에	3	58,2	0	73,45	1	2,6
호주	32	50,9	-54,29	-69,69	3	11,8
스페인	5	48,3			1	3,3
아메리칸 사모아	12	35,1	-33,33	-23,49	5	13,4
영국	7	34,8	-53,33	-71,34	2	12,0
네덜란드	10	31,6	233,33	190,85	1	4,7
홍콩	21	5,5	-27,59	-79,2	8	2,6
포르투갈	2	4,8	-	-	1	2,4
총계	7,575	18,389,5	-22,3	-16,11	1,772	3,732,1

자료원: 산업무역정보센터

(3) 경쟁동향

현지시장에 진출해 있는 경쟁기업이나 제품을 선정하여 경쟁기업을 분석하고 경쟁우위전략을 도출해야 한다. 이미 진출해 있는 공급자들(기 진출 한국업체 포함) 간 경쟁이 치열한지 또 그들 제품이 현지에서 얼마에 팔리고 있고 어떤 수준의 상품으로 인식되고 있으며 이런 상황에서 자사 제품이 출시된다면 기존 진출 경쟁사들과 경쟁이 가능할지를 예측한다. 그리고 이러한 예측을 통해 목표시장 진출을 위한 가능하고 효율적인 마케팅 수단을 찾도록 한다.

목표시장에서의 경쟁상황을 정확히 진단하기 위해서는 [표 5]와 같이 현재 해당시장에 제품을 공급하고 있는 상위 업체별로 브랜드 인지도, 원산지, 주 구매층, 현지판매가, 시장점유율과 그 추이, 소비자들의 해당 브랜드 제품에 대한 긍정적인 평가와 부정적인 평가가 조사항목에 포함되어야 하며 필요한 경우, 경쟁기업의 마케팅 전략 및 홍보방법 등의 조사도 필요하다. 조사 결과 현지에서 시장점유율이 높은 것으로 나타난다면 그 요인이 무엇인지를 파악한다. 통상 시장점유율이 높은 것은 ▲ 현지 구입자들에게 브랜드 인지도가 높아 충성고객을 많이 확보하고 있거나 ▲ 품질과 디자인이 우수하거나 ▲ 가격이 저렴하고 할부구입이 가능하거나 ▲ 대대적인 판촉행사를 자주 실시하거나 ▲ A/S가 우수하거나 ▲ 탄탄한 유통망을 확보하고 있는 것 등이 주요인으로 작용한다.

예를 들어 알제리 텔레비전 시장에서 한국 브랜드 제품은 고급품으로 터키 브랜드 제품은 중급품으로 그리고 알제리 브랜드 제품은 저급품으로 확연히 구별되어 있다. 한국 브랜드 제품은 알제리 브랜드 제품에 비해 평균 1.8배 더 비싸게 판매되고 있다. 한국가전사도 원가절감과 수입규제[3]를 피하기 위해 현지에서 조립생산을 하고 있으며 알제리 고소득층을 주요 타깃으로 시장을 관리하고 있다. 한국 브랜드 제품은 비록 가격이 타사제품에 비해 비싸지만 써보면 그 차이를 알게 된다는 인식이 널리 펴져있어 여유가 있는 소비자라면 한국제품 구입을 마다하지 않고 있는 상황이다. 그러나 최근 들어 한국 브랜드 제품과 후발국가 제품 간의 품질 격차가 좁혀지고 있어 한국가전사들도 가격경쟁력 확보를 위해 현지생산 확대 등 다양한 원가절감 방안을 강구하고 있다.

---

3 알제리는 국내산업 보호를 위해 2017년 하반기부터 핸드폰을 포함하여 텔레비전 등 주요 가전제품에 대해 쿼터제를 실시하고 있다.

표 5 ○○○제품의 현지 경쟁력 비교

제조사	브랜드 및 원산지	소비자 평가		주 구매층	현지 판매가	시장 점유율	시장점유율이 높은 사유
		긍정 측면	부정 측면				

그림 7 사우디아라비아 스킨케어 주요 브랜드 시장점유율(Kotra 리야드무역관)

□ 주요 브랜드 시장점유율

o 사우디아라비아는 경쟁이 치열한 완제품 시장으로 다국적 기업이 사우디아라비아 스킨케어 시장의 대부분 점유하고, 브랜드 충성도도 높을 뿐만 아니라 투자 및 신규 제품 런칭을 주도하고 있어 로컬 브랜드의 점유율은 소수에 불과함.

o 2010년 기준 주요 스킨 케어 브랜드의 시장점유율은 Beiersdorf사의 'Nivea Body'가 16.8%로 1위를 차지하고, 2위 Jergens(Gulf Centre UAE) 7.0%, 3위 Dove(Unilever Arabia)가 6.2% 등을 차지함

스킨 케어 브랜드 시장점유율

(단위: %)

순위	브랜드	회사명	2008	2009	2010
1	Nivea Body	Beiersdorf AG	15.3	15.8	16.8
2	Jergens	Gulf Centre UAE	6.4	6.6	7.0
3	Dove	Binzgar Lever Ltd(Unilever Arabia)	5.1	5.8	6.2
4	Vaseline	Chesebrough-Pond's	5.2	5.3	5.5
5	Olay	Procter & Gamble Arabia	5.3	5.2	5.1
6	The Body Shop	Body Shop Plc, The	4.3	4.3	4.3
7	Nivea Visage	Beiersdorf AG	2.5	3.4	3.4
8	L'Oreal Dermo Expertise	L'Oreal Groups	3.6	3.4	3.3
9	Lancome	Lancome Parfums Beaute et Cie	3.6	3.1	3.0
10	Olay Total Effects	Procter & Gamble Arabia	2.0	2.5	2.7

자료원 : Euromonitor

o 스킨 케어시장을 주도하는 안티-에이징 제품은 2010년 기준으로 프랑스 L'Oreal의 L'Oreal Dermo Expertise가 10.7%로 시장점유율 1위를 차지함.

- 2위는 Procter &Gamble Arabia의 Olay, 3위는 Beiersdorf의 Nivea Visage가 차지하는 등 다국적기업의 Mass 브랜드가 우세를 보이며, 프리미엄 제품인 Christian Dior도 5위를 차지함.

그림 8 요르단 타이어 시장 경쟁동향 조사보고서 (Kotra 암만무역관)

(단위 : JD)

국가	브랜드	사이즈	소매가
일본	Bridgestone	185/60/14	60
	Dunlop	185/60/14	56
	Yokohama	185/60/15	54
	Toyo	185/60/14	51
한국	Kumho	185/60/14	50
	Hankook	185/60/14	49
	Roadstone	185/60/14	44
중국	Doublecoin	185/60/14	41
	Sumo	185/60/14	40
	Willy	185/60/15	38
	Durun	185/60/14	33
인도네시아	Forceum	185/60/14	43
	G.T.	185/60/15	40
대만	Maxxis	185/60/14	39
터키	Brisa	185/60/14	45
프랑스	Michelin	185/60/14	74

주) 1 JD = US$ 1.4

- 일본 제품은 높은 브랜드 이미지뿐 아니라 가격경쟁력도 갖추고 있어 압도적인 시장점유율을 보임. 중국 제품은 가격을 주요 무기로 시장을 공략함. 한국산은 일본과 유럽산 타이어에는 미치지 못하지만 현지 시장에서 브랜드 인지도가 상당히 높은 편임.

- 한국산 타이어는 현지 자동차 시장에서 한국산 차량의 수요가 꾸준히 늘고 있으므로 이와 함께 수요가 증가할 것으로 예상됨.

- 세피아, 아반떼, 엑센트와 같은 한국 중고차는 주로 중국 및 인도네시아산 저가 타이어를 사용하는 경우가 대부분임. 반면, 한국산 신차는 한국산 타이어를 사용하는 소비자가 많음.

- 과거에는 일본 제품이 한국 제품에 비해 훨씬 비싼 편이었으나, 현재는 일본 제품과 한국 제품의 가격이 비슷한 수준임. 일반적으로 동일 수준의 가격에서는 보통 일본 제품을 선택하는 소비자가 많음. 이는 일본 제품의 품질과 기술력을 높게 평가하기 때문임.

- 최근 고급차는 주로 DUNLOP, YOKOHAMA, TOYO, BRIDGESTONE과 같은 일본 제품을 주로 사용함.

- 저가 차량은 보통 DOUBLECOIN, MAXXIS와 같은 중국, 대만, 말레이시아 제품을 주로 사용함.

- 한국 제품 중에는 NEXEN보다는 KUMHO 타이어를 선호하는 경향이 큼. 그 이유는 KUMHO 타이어가 품질 면에서 우위를 차지하기 때문인 것으로 추정됨.
  - 요르단 시내에는 KUMHO 타이어 광고판이 설치돼 있음.

- 한국 제품의 주경쟁국으로 얼마 전까지는 일본 및 중국만을 꼽았지만, 현재는 인도네시아 및 대만산도 상승세를 타고 있어 이들 국가 또한 주경쟁국으로 꼽힘. 현지 한 에이전트에 따르면, 2011년 하반기 요르단 타이어 시장은 인도네시아 및 중국산 타이어 수요의 증가로 한국산과 일본산 타이어 수요의 감소가 예상됨.

그림 9 캐나다 포장기기 브랜드별 가격 및 시장점유율(Kotra 뱅쿠버무역관)

(단위: 달러, %)

제조업체명	브랜드명	가격	사진	시장점유율	원산지
Enercon Industries Corporation	Super Seal	12,000~15,000		15~20%	미국
Enercon Industries Corporation	Super Seal Jr.	5,000~8,000		10~15%	미국
Pillar Tech	Unifoiler	8,000~10,000		10~15%	미국
Steeltek	ST80	10,000~12,000		10~15%	캐나다

자료원: 현지 바이어 인터뷰

그림 10 일본 가구시장 경쟁동향(Kotra 도쿄무역관)

○ 가정용가구 판매를 업태별로 보면 대형 체인점이 시장을 주도, 백화점 판매는 매년 감소하고 있음.
- 한편, 라이프스타일을 제안함으로써 젊은층의 인기가 높은 인테리어숍과 같은 업태의 존재감이 커짐.
- 대형 가구소매체인점의 경우 신규 점포 개설 확대, 상대적으로 저렴한 판매 가격, 넓은 점포면적을 살린 공간 제안 등의 판매수법으로 점유율을 확대, 상위 10개사가 30% 이상의 시장점유율을 차지함.

○ 주요 업체 동향
- 니토리홀딩스: 가구업계 최초의 SPA(제조소매)사업자. 중저가 가구를 선호하는 소비자층을 겨냥한 자주기획·개발상품을 강화. 철저한 가격 전략은 2012년부터 전환, 가격 하락은 억제하는 경향. 국내외 점포 수는 311개(해외는 대만 16개, 미국 2개)
- 오츠카가구: 고가 상품을 중심으로 상품 판매. 경기 침체로 매출이 정체됐으나 구입 고객에 대한 팔로우업 강화 등 마케팅 전략 수정과 2013년의 주택 신설 증가로 인한 소파류 판매 증대로 매출 증가세
- 이케아: 2006년에 일본 시장 진입. 현재 점포수는 6개. 2020년까지 14개로 확대할 방침임을 발표. 저가의 심플한 북유럽 디자인과 '룸세트'에 의한 공간 제안이 젊은 가족층을 중심으로 인기

주요 가구 소매업체 현황

(단위: 억 엔, 개)

업체명	매출액	점포 수	특징
니토리홀딩스	3,488	300	가구 SPA, 개발수입품 중심
오츠카가구	545	15	국산품 및 수입가구 취급
나프코	2,241	322	메이커와의 공동개발에 주력
시마츄	1,595	54	저가품부터 고급품까지 취급
이케아(스웨덴)	31,496	298	세계 26개국에 전개

주: 가구 이외의 매출액도 포함
자료원: 업계지도 2014(세이비도)

(4) 유통 및 시장구조

생산자나 수입업자가 상품을 최종소비자에게 직접 공급하는 경우는 매우 드물다. 생산과 수입단계에서부터 최종소비자에게 어떤 경로를 통해 공급되는지 그리고 유통경로에 어떠한 변화가 일어나고 있는지 파악한다. 아울러 시장이 특정 공급원에 의해 독과점적으로 움직이고 있는지 다수 공급원에 의해 경쟁적으로 공급되고 있는지 조사한다. 또한 유통경로가 단순한지 복잡한지도 살피고 경로별로 공급가가 어떻게 변화하는가도 파악하면서 주요 유통업체의 규모, 자본금, 취급품목, 주요수입국, 한국으로 부터의 수입경험, 마케팅 능력 등도 조사한다. 조사 결과에 따라 유통경로를 단순화하여 판매가를 낮출 수 있는 여지가 있는지도 점검되어야 한다. 또한 수출하려는 제품이 재래시장, 현대적 유통망, 온라인 쇼핑(해외직구 포함), TV 홈쇼핑 등에서 어떤 비중으로 판매되고 있는지도 체크한다.

그림 11 호주 화장품 유통채널 조사(Kotra 시드니무역관)

○ 다양한 소매 유통망을 보유한 Cosmax

- Cosmax사는 '91년 설립된 연매출 5000만 달러 규모의 호주의 주요 화장품 시장 유통업체이며 독립 유통 업체로서는 글로벌 기업의 수준의 대규모의 유통기업임.
- 향수 제품 유통에 주력하던 기업이었으나 2014년 중반기부터 '시세이도' 유통망을 인수해 화장품 유통사업에서도 급성장
- Myer나 David Jones, Priceline, Pharmacy 체인 등 호주의 대형 바이어들과 거래
- 주로 고급 브랜드 제품만 유통했으나 최근 다양한 브랜드들을 염두에 두고 공급선을 확대하고자 함.

유통 화장품 브랜드

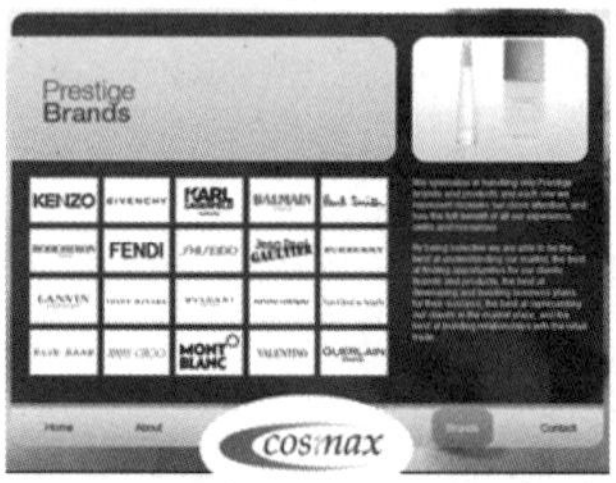

화장품 카테고리

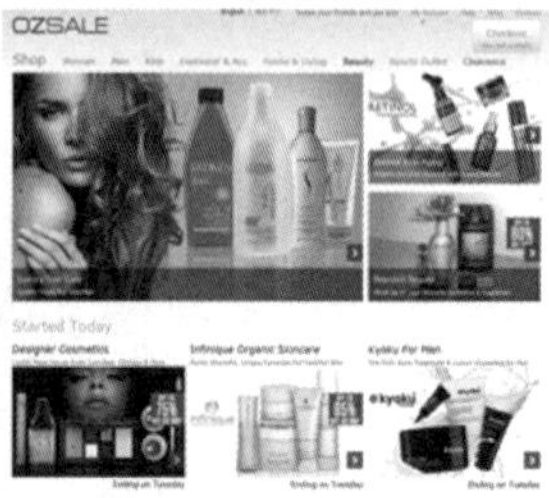

자료원: Cosmax 웹사이트, Ozsale 온라인 쇼핑몰

○ 대양주 최대의 온라인 쇼핑몰 Ozsales

- 연매출 1억 달러 이상의 대양주 최대의 온라인 쇼핑몰. 1600만 회원을 보유하고 있으며 호주, 뉴질랜드, 아시아, 영국 등 9개국에 쇼핑몰 및 사무실 운영
- 특이한 점은 주로 'Supplier Sale' 형태가 일반적이어서 기업 내에서 자체적으로 제품을 검증한 후 마케팅 전략을 세워 가입된 회원들을 대상으로 3~5일간 온라인으로 반짝 세일(Sales Offer)을 공고해 구매할 의사가 있는 회원들이 구매
- 기업은 판매량을 확인 후 공급선에 구매된 양만큼 물량을 요청해 주문 고객에게 5일 내로 배송하는 방식으로 운영
- 그 외에도 'Retailer Sale', 'Secret Sale' 등이 있어 특정회원에게만 판매하는 방식도 있음.

그림 12 중국 화장품 유통방식 변화조사(Kotra 상하이무역관)

□ 중고가 브랜드, 백화점 위주 유통...직영점+대리상 형태로 판매

○ 중고가 스킨브랜드의 유통 채널은 주로 백화점임.
- 유로모니터에 따르면 2010년 전체 화장품 유통에서 백화점 비중은 37.6%임.
- 다른 유통채널도 스킨케어 제품 취급을 시도하지만, 고급 이미지에 부합하는 백화점이 스킨케어 제품 판매의 적소로 꼽힘.
- 중국 시장에 신규 진출하는 고급 브랜드는 이미지 형성을 위해 백화점 유통을 선호하는 편임.
- 신규 브랜드들은 백화점 유통이 안정세를 보이면 스킨케어 전문매장 등 다른 유통채널로 확장함.
- 고급 스킨케어 브랜드들은 중국에서 직영과 대리판매 방식을 결합해 영업함.
- 랑콤은 1선 시장에서는 직영점 위주, 2·3선 시장에서는 대리 판매함.

□ 해외 고급 화장품 브랜드도 중국 온라인시장 진출 적극 모색

○ 중국 최대 온라인 쇼핑몰 타오바오에서는 의류와 디지털 제품 다음으로 스킨케어 제품 판매가 많음.
- 온라인시장에서 화장품이 인기를 끌면서 러펑망(樂蜂網), 쥐메이요핀(聚美優品), 톈톈망(天天網)등 중국 B2C 온라인 화장품 쇼핑몰이 등장함.
- 온라인쇼핑 개념이 처음 등장했을 때 해외 고가 브랜드는 온라인 시장의 불확실성을 우려해 진출을 고사함.
- 반면, 중국 토종 브랜드는 해외 브랜드보다 온라인시장 진입 시기가 빨라 온라인시장을 선점한 상태임.
- 2011년 중국 토종화장품 브랜드 상이번차오의 온라인 매출액은 1억9900만 위안이며 총 매출의 15%를 차지함.
- 올 11월 11일 중국의 '광꾼제(光棍節, 솔로데이)' 당일 타오바오가 191억 위안의 매출액을 달성하는 등 중국 온라인시장이 급속도로 발전함.
- 온라인쇼핑은 매출 증가뿐만 아니라 브랜드 발전 및 홍보에도 중요한 역할을 함.
- 또한, 톈마오(包括天貓), 징둥상청(京東商城) 등이 가짜제품 등 문제점을 점차 해결해 나가면서 외국 브랜드도 중국 온라인 쇼핑시장으로 진입함.
- 에스티로더, 로레알, 피앤지, 유니레버 등 해외 브랜드도 톈마오에 플래그십 스토어를 개설함.

□ 일용화학품 전문점 유통비중 빠르게 늘어

○ 현재 스킨케어 제품의 절반가량은 주로 백화점 판매코너와 할인마트를 통해 유통됨.

중국 스킨케어 제품 유통채널 분포도

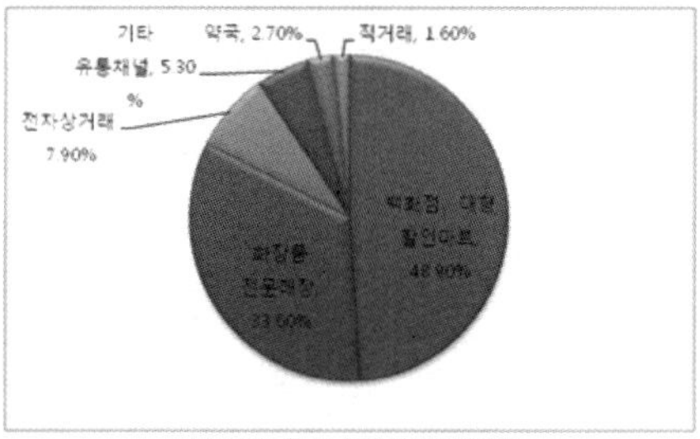

자료원: 중국 스킨케어제품망

○ 최근에는 일용화학품 전문점이 화장품 유통에서 차지하는 위치가 점차 중요해짐.
- 2011년 왓슨스 그룹은 2009년 수립한 '백 개 도시 천 개 점포 전략'을 실현함.
- 광저우 지아오란쟈런화장품유한공사(廣州嬌蘭佳人化妝品有限公司)의 Gialen 매장도 10년 안에 1만 개 매장을 개점할 목표가 있으며 점포 확대에 속도를 냄.
- 상하이 거쓰마화장품유한공사(上海歌詩瑪化妝品有限公司)의 COSMART는 현재 중국 전 지역에 500개 매장이 있고 5년 내 300% 이상의 매장 확대를 목표로 함.
- 중국 최대 규모의 일용화학품 매장은 왓슨스임.
- 2011년 왓슨스의 전 세계 매출액은 1435억 홍콩 달러임. 이 중 중국 매출이 131억 홍콩 달러이며 중국 최대의 헬스, 뷰티제품 매장으로 꼽힘.
- 중국 매출은 왓슨스 전 세계 매출의 18.7%에 달하는 등 실적이 우수함.
- 본사가 홍콩에 있는 화장품 체인점 사사(Sasa)의 홍콩 매출 2/3는 홍콩을 여행하는 중국 관광객 주머니에서 나옴.
- 2011년 사사의 영업매출은 64억 홍콩 달러인데, 이 중 중국 매출액은 2억9000만 홍콩 달러이지만 사사 총 매출의 절반 이상에 해당하는 제품이 직간접적으로 중국 대륙에서 사용됨.

(5) 수입관리제도

목표시장 국가에서 자사 제품이 완전 수입자유화 대상 품목인지 수입금지, 수입허가, 수입제한 품목은 아닌지 확인한다. 특히 품질 및 수입인증, 원산지증명, 환경평가 등을 요구하는 품목인지 사전조사하고 이러한 조건을 충족시키기 위한 절차와 비용도 점검토록 한다. 아울러 관세, 부가세, 판매세, 에너지세 등 각종 세제와 세율을 조사하고 통관과 검역상의 문제점은 없는지 수입품과 국산품간의 차별정책[4]이 있는지도 확인한다. 그리고 각종 수입규제로 인해 직접 진출이 난망 시 된다면 인근국을 통한 우회 진출(방안) 가능성도 파악토록 한다.

그림 13 베트남 화장품 신규 규제(Kotra 호치민무역관)

□ 화장품시장에 대한 신규 규제: 파라벤 성분 금지

○ 베트남 보건부 산하 약품관리국(the Drug Administration of Vietnam, DAV)은 화장품 및 제약품에서 방부제로 널리 쓰이는 파라벤이 인체에 치명적인 영향을 미칠 수 있다고 보고 2015년 8월 1일부터 이소프로필파라벤, 이소부틸파라벤, 페닐파라벤, 벤질파라벤, 펜틸파라벤 등 다섯 가지 파라벤을 함유한 화장품의 베트남 내 판매를 금지함.
- 파라벤은 유방암과 남성 불임의 원인이 되는 것으로 의심되고 있음.

○ 이에 따라 파라벤을 함유한 약 2100개의 수입제품과 142개의 베트남 현지제품이 회수조치 대상이 됐으며, 대상 기업 수는 231개사에 이름.
- 이들 기업은 15일 안에 제품 회수를 완료해야 함.

○ 회수 조치가 내려진 수입브랜드로는 Kose, 랑콤, 로레알, 엘리자베스 아덴, Vichy, Olay, 라네즈, 더페이스샵 등이 있으며, 현지 브랜드로는 Thorakao, Victory, V-day, Yen Phuong 등이 있음.
- 회수 조치가 내려진 화장품 종류는 스킨케어 제품, 메이크업 제품, 위생제품 등 매우 다양

○ 파라벤 금지 조치는 아세안 화장품 위원회(ACC, ASEAN Cosmetic Committee)의 규정을 준수하기 위한 것으로, 아세안 화장품 위원회에서는 파라벤을 보다 안전한 다른 성분으로 대체하기로 결정한 바 있음.
- 베트남 약품관리국은 사전에 화장품 제조 및 판매기업에게 파라벤 사용이 금지될 것임을 통보하고 파라벤 함유 제품을 기업 스스로 회수하도록 권고한 바 있음. 동시에 각 성·시의 보건과로 하여금 다섯 가지 파라벤 성분을 포함한 화장품 제품 목록과 이들 제품을 공급한 기업 및 개인사업자 목록을 작성해 관리하도록 지시

4 일례로 WTO 비회원국인 알제리는 국내 자동차산업을 보호하기 위해 국산차량에 대해서는 은행 융자를 통한 할부 구입을 허용하고 있는 반면 외국완성차 수입을 억제하기 위해 강력한 쿼터제 실기와 함께 소비자들에게는 할부 구입을 허용하지 않고 있다.

그림 14 알제 의약품 수입규제 강화(Kotra 알제무역관)

○ 지적재산권 보호
- 알제리는 세계무역기구(WTO)의 회원국이 아니며 무역관련 지적재산권에 관한 협정(TRIPS)을 이행하지도 않음.
- 알제리는 이론적으로는 의약품의 특허권을 보호하지만, 특허권자의 기본 권리 침해를 막는 실질적인 사법적 구제는 부재하다고 함.
- 최근 몇 년간, 알제리 특허권 위반은 여전히 빈번하며 의미 있는 데이터 보호 규제 역시 부족하다고 함.

○ 참조가격제
- 알제리 시장의 복제의약품 가격은 의약품 구입 보조금 책정시 참조 대상임.
- 알제리의 의약품 구입 보조금 책정은 같은 약효를 가진 의약품군에 대해 일정 수준까지만 약값을 의료보험에서 보상하고 이를 넘는 고가약은 차액을 환자가 부담하도록 하며, 참조가격제를 도입한 경우 더 낮은 금액의 의약품을 찾기 때문에 복제의약품 시장이 활성화
- 실제로, 상응하는 복제의약품이 없는 특허 의약품의 경우 동일한 치료분야의 복제의약품으로 간주돼 가격이 책정됨.
- 특허의약품에 관한 상환가격은 동일한 치료 종류 내의 가장 낮은 복제의약품 가격으로 지불돼, 다국적 제약회사들에게 알제리 의약품시장의 매력을 감소시키고 있음.
- 알제리 시장에 의약품을 가져오는 데 소요되는 혁신과 개발비용이 낮은 가격으로 인해 과소평가됨.
- 의약품 가격 결정 과정은 공개되거나 재검토되지 않으며 특정 항소제도를 제공하지도 않음.
- 현재의 지속적인 논의는 정부가 이러한 가격통제제도에 관한 문제점을 인식하고 있음을 알려주지만, 아직까지 아무런 개혁도 일어나지 않음.

○ 수입 제한
- 알제리 국내에서 제조되는 제품과의 경쟁을 야기하는 유사품의 수입은 금지돼 있음.
- 정책이 불투명하고 일관성 없는 방법으로 진행됨에도 보건부는 100여 개의 브랜드를 포함하는 수입금지 의약품 항목을 발표함.
- 이러한 정책은 미국제약협회(PhRMA) 회원기업을 불공정하게 차별하고 특허의약품의 시장진입을 지연시켜 특정 의약품의 부족이라는 결과를 낳으며, 알제리 환자들에게 좋지 않은 영향을 미침.
- 규제를 피하기 위해 일부 혁신의약품 제약회사는 알제리 국내에서 제조함. Sanofi사는 알제리 내에서 완전자회사를 운영하며 두 제조공장을 소유하고 있고 추가로 하나의 제조공장이 건설 중에 있음.
- Sanofi사의 이러한 직접 제조방식은 다른 다국적 기업들보다 큰 이점을 가지며, IMS Health care에 따르면 2013년 4억8000만 달러의 매출을 기록하며 국내 제약회사 1위를 차지
- 2위는 GlaxoSmithKline(GSK)사로 이 또한 알제리 국내에서 제조하고 있음.

그림 15 캐나다 장신구 관세 및 규제사항(Kotra 토론토무역관)

□ 관세 및 비관세장벽(쿼터, 표준, 인증, 규격, 통관)

○ 관세
- 장신구제품 관세는 종류에 따라 무관세에서 5%까지 다양하므로 자세한 사항은 '캐나다, 장신구 제품 관세 현황' 첨부파일 참조 바람.
- 장신구제품은 HS Code 7113~7117에 포함(Page 9~12)
- 한국, 중국, 인도, 이스라엘은 GPT가 적용되며 미국, 일본, 유럽 선진국가들은 MFN이 적용

○ 납성분 관련 규제사항
- 캐나다 보건부는 2009년 9월 어린이 보호를 위한 납성분 허용치 규제 강화계획을 발표
- 이러한 납성분 허용치 규제 강화계획은 어린이용 장신구나 장난감을 주 타깃으로 함.
- 현재 캐나다에서 15세 미만의 어린이를 대상으로 판매되는 모든 장신구제품의 납성분 함유량은 1kg당 600㎎ 이하로 제한되고, 어린이의 침이나 기타 액체성분에 닿았을 때 제품에서 녹아나오는 납성분을 일컫는 Migratable Lead의 허용치도 1kg당 90㎎ 이하로 규제됨.
- 납성분 규제 관련 자세한 사항은 토론토KBC에서 2009년 9월 작성한 '캐나다, 소비재 납성분 규제 강화 계획 발표'를 참조 바람.
- 발암물질에 대한 경각심이 높아지면서 어린이가 아닌 일반 성인들을 대상으로 하는 장신구에 대해서도 납성분 규제가 강화될 수 있으므로 이에 대한 한국 수출업체들의 대비책 마련이 필요함.

(6) 향후전망 및 진출방안

끝으로 목표시장의 향후전망과 함께 효과적인 진출을 위한 전략과 실행방안을 제시한다. 이 조사항목은 가장 중요하고도 작성하기 어려운 부분이다. 시장은 끊임없이 변하기 마련이므로 장·단기적으로 목표시장에서 어떠한 변화가 있을지를 전망해본다. 이러한 전망에 따라 진출방안을 모색해야 하는데 한 시장에 다수 바이어들을 두고 이들을 통해 제품을 공급할 것인지, 독점 에이전트를 두고 시장을 관리할 것인지, 제3국을 통해 우회수출을 할 것인지, 현지 유통망을 구축하여 직영체제를 구축할 것인지, OEM방식으로 시장에 참여할 것인지, 현지 생산시설을 두고 목표시장에 상품을 공급할 것인지 등 진출방식을 우선 결정한다. 또한 타깃 구매층을 정해 거기에 맞는 가격, 품질, 홍보정책을 수립한다. 기존 진출업체들과 경쟁에서 충분한 승산이 있다고 판단된다면 시장규모가 가장 큰 계층을 타깃으로 정해 진입할 수도 있겠지만 아무래도 무리라는 판단이 선다면 시장규모가 작더라도 틈새시장[5]을 겨냥하도록 한다. 그리고 이에 맞추어 액션 프로그램으로 개별 세일즈출장, 무역사절단 또는 해외전시회 참가, Kotra 지사화사업 참가, 종합상사나 교포무역인을 통한 대리판매 등 활용 가능한 마케팅 수단을 선택하고 실행 계획을 수립한다.

5 현지시장에서 치열한 경쟁으로 완제품 수출이 어렵다면 현지 생산업체에게 부품을 공급하는 방안을 모색할 수도 있다.

그림 16 캐나다 장신구시장 진출방안(Kotra 토론토무역관)

3. 진출방안 및 관세·비관세 장벽

□ 진출방안

○ 가격경쟁력 부담을 상쇄하기 위한 가격대별 차별화된 디자인 전략 필요
- 실리콘 몰딩을 사용하는 저가 모조장신구 제품의 경우, 유행에 매우 민감하며 일회성으로 구입하는 경우가 많으므로 컨셉트에 맞는 우수한 디자인 제작에 최대한 치중해야 함.
- 중가 제품의 경우, 너무 유행을 타지 않는 차분하고 세련된 디자인과 저가제품보다는 뛰어난 품질 보유 여부가 핵심
- 고가 제품의 경우, 상대적으로 세련되고 심플한 디자인과 뛰어난 세공기술을 바탕으로 한 디테일한 제품 제작 필요

○ 재료 수출 확대
- 상기 '현지생산'에서 언급한 바와 같이 Custom Made 장신구에 대한 수요가 확대되면서 1인 기업 형식의 소규모 제작업체가 증가
- 이에 따라 비즈, 크리스탈 형식의 액세서리 재료 및 제작도구 수요가 증가
- 여성들 사이에서는 취미로 직접 장신구를 제작하는 사례도 늘고 있으므로 장신구 제작용 재료 수출에 대한 수요는 더욱 증가할 것으로 예상

○ OEM 형태 시장 진출
- 브랜드 라이선스를 통한 브랜드 장신구 판매비중이 높아지는 추세임. 캐나다 최대 생산 및 유통업체인 Artistic Jewellery사는 Marvel Cosmics와 Simon Chang 브랜드 취급 라이선스를 정식으로 획득하고 활동 중임.
- 현지에서 자체 브랜드가 전무한 한국산의 경우, 자체 브랜드나 브랜드 라이선스를 확보한 수입 및 유통업체들에 OEM 방식으로 납품계약을 맺는 방식이 가장 적합할 것임.
- 실제로 캐나다 본사에서 디자인이 완료된 후 이를 바탕으로 중국이나 인도 등지에서 OEM 방식으로 생산하는 경우는 빈번함. 일례로 Artizan Jewellery사의 경우, 디자인은 캐나다 본사에서 완료한 후 제품 생산은 OEM 방식으로 중국에서 생산함.

○ 다양한 유통업자를 이용한 판매방식 활용
- 기존의 장신구 전문 수입 및 유통업체뿐만 아니라 TV 홈쇼핑, 인터넷 유통판매업체 등 다수의 유통채널을 활용하는 방안 필요
- 전국적 홈쇼핑채널인 The Shopping Channel이나 프랑스어권 홈쇼핑채널인 Shopping TVA에서 매출 중 장신구는 비중이 높은 품목임.
- 대표적인 캐나다 인터넷 장신구 유통판매업체로는 수입업체인 Syndicate One Inc.의 Freesia(www.freesia.ca)과 Wholesale Jewelry.ca(www.wholesalejewelry.ca)를 꼽을 수 있음.

주요 캐나다 장신구 수입 및 유통업자

회사명	본사 위치	담당자명	연락처
Martin Ross Group	Toronto, ON	Allen Shechtman (President)	전화 :1-416-667-1800 이메일 : ashechtm@martinross.ca
Canadian Jasper Trading Co.	Markham, ON	Kate Tu (구매 담당)	전화 : 1-905-479-7667 이메일 : service@jaspwerintl.com
Les Placements Arden Inc.	Montreal, QC	Steve Roby (구매 담당)	전화 : 1-514-383-4442 이메일 : sroby@ardene.ca
The Shopping Channel	Mississauga, ON	Tanya Salh (구매 담당)	전화 : 1-905-362-7744 이메일 : tanya.salh@tsc.rogers.com
Shopping TVA	Montreal, QC	N/A	전화 : 1-514-526-9251 이메일 : Achats@shoppingtva.ca

자료원 : KOTRA 토론토KBC 보유자료 종합

○ 고객 접근 강화
- 캐나다 시장진출을 계획하는 기업들은 전시회 참가, 관련 매거진을 이용한 프로모션 활동, 적극적인 판촉활동 등을 통해 능동적으로 고객에게 다가가야 함.
- 장신구 관련 2010년 캐나다 전시회 목록은 다음과 같음.

C•H•A•P•T•E•R

06

해외시장 거래선 발굴요령

01 거래선 정보의 중요성

02 디렉토리 및 인터넷을 통한 발굴

03 무역전문기관, 사설전문기업 이용

04 현지 직접방문 및 행사 참가

실무해외시장조사론

CHAPTER

06

해외시장 거래선 발굴요령

1 거래선 정보의 중요성

목표시장에 대한 조사를 통해 마케팅 가능성이 있는 것으로 판단되면 그 다음 단계로 유망 또는 적격 바이어 발굴에 나서야 한다. 수출을 원하는 품목을 취급하는 적격 바이어를 찾아내기란 참으로 어려운 일이다. 더구나 그 바이어를 설득하여 오더를 받아내기 위해서는 더 많은 노력을 기울여야 한다. 그러므로 정확한 잠재 바이어를 찾아내는 것이야 말로 해외마케팅의 가장 중요한 과정이자 첫걸음이라 할 수 있다. 따라서 수출기업이라면 적격 바이어를 찾아내기 위해 모든 전력을 쏟는다. 바이어를 발굴하는 방법도 시장조사와 마찬가지로 인터넷이나 디렉토리를 활용하여 찾는 방법과 직접 해당국가를 방문하여 바이어를 발굴하는 방법, Kotra와 같은 무역진흥기관이나 한국콤파스와 같은 사설 알선기업들로부터 유료로 바이어 발굴 서비스를 받는 방법 등이 있다. 이들 방법 역시 각기 장단점이 있으므로 자사 사정에 따라 선택하도록 한다. 바이어 정보는 시간이 지날수록 그 가치를 잃어간다. 바이어가 더 이상 그 제품을 수입하지 않을 수도 있고 연락처가 바뀔 수도 있다. 조사된 지 오래된 바이어를 접촉하게 되면 연락조차 되지 않는 경우도 흔히 있다. 특히 후진국 바이어일수록 이러한 현상은 더욱 두드러진다. 바이어 정보는 가장 최근에 조사된 자료를 활용하여야 한다. 따라서 바이어 정보는 정확해야 하며 바이어 발굴 시 [표 1]과 같은 항목들이 조사되어야 한다. 여기에 더해 특히 첫 거래 바이어라면 전문기관에 의뢰하여 바이어 신용상태도 반드시 확인토록 한다.

표 1 바이어 정보 취득 시 조사해야 할 항목
▪ 바이어 회사명
▪ 바이어 주소, 전화 및 팩스번호, 홈페이지
▪ 바이어 회사 CEO 및 실무담당자(직위 포함) 이름, 핸드폰번호, 이메일
▪ 자본금, 연간매출액 및 수입액
▪ 설립연도 및 종업원 수
▪ 주거래은행
▪ 주요취급품목
▪ 주요수입품목
▪ 주요수입국
▪ 주거래처
▪ 한국기업과의 비즈니스 경험 및 현황
▪ 사용가능언어
▪ 현지평판
▪ 우리 제품으로 구매선을 전환할 가능성
▪ 기타 특이사항, 추가파악이 필요한 사항 등

잠재 바이어 정보를 입수하였으면 바이어에게 자기 회사와 제품을 소개하고 우수한 점을 객관적으로 설명하여 바이어의 관심을 유도하여야 한다. 즉 자사와 거래관계를 맺게 되면 바이어에게는 어떤 이득이 돌아가는지를 제시하여야 한다. 첫 거래를 시도하는 바이어에게는 신뢰를 주는 것이 매우 중요하다. 통상 잠재 바이어 정보를 입수하여 첫 접촉을 하게 되면 회신이 없는 경우가 훨씬 많다. 회신을 받지 못하는 이유는 대부분 ▲ 거래를 제의한 제품에 대해 관심이 없거나 ▲ 기존 거래처와 비교할 때 특별히 우월점을 찾아보기 어렵거나 ▲ 바이어가 다른 일로 바빠 즉각 회신을 할 수 없거나 ▲ 구매시즌이 아니거나 ▲ 재고가 많이 쌓여 지금 당장 오더할 형편이 아니거나 ▲ 자금 사정이 악화되어 주문 자체가 어려운 경우 등이다. ▲ 또한 경우에 따라서는 더 이상 그런 제품을 취급하지 않는 바이어일 수도 있다. 그럼에도 불구하고 바이어를 처음 접촉한 후 회신이 없더라도 포기하지 말고 인내를 갖고 지속적으로 부단히 접촉하여 거래의사를 밝힌다.

2 디렉토리 및 인터넷을 통한 발굴

디렉토리를 통한 바이어 발굴은 인터넷의 발달로 종전만큼 많이 이용되지는 않지만 여전히 활용되는 바이어 발굴 수단이다. 디렉토리에는 세계 각국 제조업체 및 수출입업체의 연락처와 취급 품목들에 관한 정보가 수록되어 있다. 많은 비용을 들이지 않고 가장 쉽게 바이어들을 찾을 수 있으나 이미 여러 수출기업들에게 노출되었고 특히 책자 형태의 디렉토리에 수록된 바이어들은 어느 정도 수입할 의사가 있는지 알 수 없기 때문에 이들에게 오퍼했다 하더라도 회신율은 극히 떨어진다. 또한 오래전에 발행된 디렉토리라면 부정확한 정보가 수록되어 있을 수도 있겠으나 최근에 개최된 해외전시회 참가업체 디렉토리는 비교적 정확한 정보가 수록되어 있다고 볼 수 있으며 이들 참가업체들을 접촉하다 보면 의외로 협업할 수 있는 파트너나 수입상들을 찾을 수 있다. 디렉토리는 모든 품목에 관한 기업 정보가 수록되어 있는 종합품목 디렉토리와 특정품목만 전문 취급하는 기업 관련 정보가 수록된 전문품목 디렉토리로 분류된다.

표 2 종합 및 전문 품목 유명 디렉토리

종합품목 디렉토리	▪ The International Directory of Importers ▪ The International Directory of Agents Distributors & Wholesalers ▪ The Directory of Mail Order Catalog ▪ Directory of Department Stores ▪ Directory of United States Importers
전문품목 디렉토리	▪ International Pulp&Paper Directory ▪ The Directory of International Chemical Supplies ▪ Metal Traders of the World ▪ World Food Industry Sourcebook ▪ Major Telecommunications Companies of the World ▪ Major Information Technology Companies of the World

그림 1 책자 형태의 무역관련 디렉토리

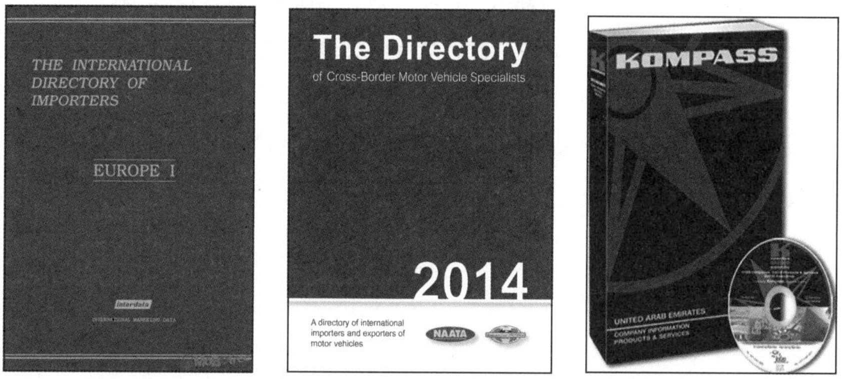

Kotra 무역자료실을 방문하면 바이어 검색 뿐 아니라 해외무역관을 통하여 수집한 국가정보, 경제·무역·투자 관련 최신 자료를 열람할 수 있다. 또한 국별 투자 실무가이드 및 95개국 국가정보(국가별 개황, 경제무역통계, 주요산업, 투자환경, 출장 시 유의 및 참고사항 등 국별심층정보 제공) 관련 간행물을 유료로 구입할 수 있다.

표 3 Kotra 무역자료실 제공 자료

유형	내용
자료열람	해외업체 디렉토리, 각종 통계, 관세율표 등 경제·무역·투자 관련 6만여 권 단행본 및 800여 종 정기간행물 열람 가능
해외업체 검색서비스	KOMPASS DB를 자료원으로 해외 수입상 정보 제공(유료) 내방 또는 홈페이지를 통한 신청(http://openknowledge.korea.or.kr)
관세율/무역통계 팩스 서비스	HS 코드에 따른 관세율표 및 무역통계 자료 팩스 서비스(무료), 홈페이지를 통한 신청
발간자료 원문 서비스	Kotra 발간자료 중 무료 자료 원문을 홈페이지에서 검색 무역자료실 > 소장자료검색 > 검색 후 원문보기 클릭

표 4 디렉토리를 통한 바이어 발굴 장단점

장점	▪ 비용이 절감된다. ▪ 가장 쉽게 바이어들을 찾을 수 있다. ▪ 다양한 디렉토리를 통해 바이어를 발굴할 수 있다.
단점	▪ 수많은 수출업체들에게 노출된 정보라서 거래 성사 가능성이 높은 바이어들을 발굴하기가 쉽지 않다. ▪ 바이어에 대한 신뢰도를 확신할 수 없다. ▪ 업데이팅이 안 된 바이어 정보일 수도 있다. ▪ 자사 상품에 대해 관심있는 바이어인지 확인이 곤란하다.

요즘은 인터넷의 발달과 보급으로 인터넷을 통해 바이어를 발굴할 수도 있고 자사 제품을 포스트하여 B2B거래도 할 수 있다. Kotra, 무역협회 등과 같은 무역진흥기관과 단체에서도 국내업체의 제품 홍보 및 바잉오퍼 전파를 통한 거래알선과 결제뿐만 아니라 배송 관련 일괄 프로세스를 제공하는 사이트를 운영하고 있으며 사설전문기업들도 이와 비슷한 사이트를 개설하고 있다. 해외에서도 알리바바, 콤파스와 같은 유명 전자상거래 사이트가 운영되고 있다.

표 5 국내외 유명 전자상거래 사이트		
제공기관	사이트	특징
Alibaba	www.alibaba.com	세계 최대 거래 알선사이트
tradeKorea.com	www.tradekorea.com	무협 운영 해외거래알선사이트
Trade NAVI	www.tradenave.org	Kotra(BuyKorea), EC21, Gobizkorea, tradeKorea 등 4개 기관 통합검색 가능
BUY KOREA	www.buykorea.org	Kotra 운영 해외거래알선사이트 - Kotra 기업회원에 한해 검색 가능
EC21	www.ec21.com	한국 최대 글로벌 B2B 사이트
ecplaza	www.ecplaza.com	영어, 중국어, 일어, 한국어 4개 언어 지원 사이트
globalsources	www.gobalsources.com	전시회 정보를 활용한 고급 바이어 정보 제공
Tpage	www.tpage.com	
Kompass	www.kompass.com	
Thomas register	www.thomasnet.com	
Tradekey	www.tradekey.com	

회원제 또는 유료로 운영되고 있는 이들 사이트를 통해 수출기업들은 자사 제품 정보를 등재하여 관심 바이어들이 주문할 수도 있고(Selling Offer) 수입을 희망하는 바이어들의 인콰이어리를 검색하여 수출기업들이 공급의사를 표명할 수도 있다.(Buying Offer) 이와 같은 전자상거래 사이트에서는 얼마나 많은 그리고 유효한 바이어와 공급자들의 정보가 수록되어 있고 노출되느냐가 실제 거래로 이어질 수 있는 관건이라 할 수 있다. 특히, 목표시장으로의 수출을 희망하는 기업들은 목표시장 바이어들이 올린 인콰이어리에 대해 적극 회신 및 대응을 하도록 한다.

그림 2 BUY KOREA의 Selling Offer와 Buying Offer

3 무역전문기관, 사설전문기업 이용

국내외 무역관련 기관을 방문 또는 접촉하여 해외 바이어 명단을 입수할 수 있다. 국내 무역관련 기관은 바이어 명단 제공 서비스를 회원제로 운영하거나 유·무료로 제공하고 있다. 특히 일반적으로 사설 전문기업들이 제공하는 바이어 정보 이용료는 Kotra나 무역협회와 같은 공공기관이나 단체에 비해 훨씬 비싸다. 무역 전문기관이나 사설 전문기업을 이용하여 바이어 정보를 수집하는 것은 디렉토리나 인터넷을 통하는 것보다 비용이 많이 들 수 있겠지만 보통 제공되기 전에 걸러진 정보(휠터링 된 정보)이기 때문에 더 신뢰할 수 있는 자료라 할 수 있다. 그러나 Kotra 해외무역관이 바이어 리스트를 작성하기 전, 일일이 각 잠재바이어들을 접촉하여 실태를 파악하고 조사 의뢰한 국내업체의 상품에 관심을 표명했던 바이어들로 한정하여 바이어 정보를 조사해서 의뢰업체에 제공한다 하더라도 막상 국내업체가 직접 바이어들을 접촉하여 거래를 제의할 때 바이어들의 마음을 움직일 만큼 매력 있는 거래 제의가 아니라면－즉 기존 거래처보다 가격경쟁력, 품질경쟁력 및 거래 조건 면에서 획기적으로 좋은 제의가 아니라면－회신조차 안 하는 경우도 있음을 유념해야 한다.

표 6 바이어 정보제공 무역관련 기관 및 국내외 사설기업

구분	기관명 및 사이트
국내무역 관련기관	▪ Kotra www.kotra.or.kr ▪ 한국무역협회 www.kita.net ▪ 중소기업진흥공단 www.sbc.co.kr ▪ 대한상공회의소 www.korcham.net ▪ 한국수입업협회 www.koima.or.kr ▪ 각 품목별 협회 ▪ 지자체별수출진흥기관 - 서울산업진흥원 sba.seoul.kr - 경기중소기업종합지원센터 www.gsbc.or.kr
국내사설 전문기업	▪ EC21 kr.ec21.com ▪ 한국콤파스 www.kompass.co.kr ▪ 프로스트&설리번인터내셔널 www.frost.com ▪ 브릿징그룹코리아 www.koreabridging.com ▪ ㈜한국무역정보통신 www.ktnet.co.kr ▪ ㈜매경바이어스가이드 www.buyersguide.co.kr ▪ ㈜나이스디앤비 http://nicednb.com
해외무역 관련기관	▪ World Trade Center Association www.wtca.org ▪ International Trade Administration(미국) www.ita.doc.gov ▪ European Chamber of International Business(유럽) www.ecib.com ▪ JETRO(일본) www.jetro.go.jp ▪ CCPIT(중국) www.ccpit.org.ch ▪ Latin Trade(중남미) www.latimtrade.com ▪ Department of Trade of Industry(영국) https://www.gov.uk/government/organisations/uk-trade-investment

(1) Kotra 바이어 발굴 서비스

『Kotra 무역투자정보』를 이용하면 무료로 바이어 정보를 얻을 수 있다. 이용 방법은 『Kotra 홈페이지(www.kotra.or.kr) > 무역투자정보 > 전자상거래 > 해외기업정보』를 방문하면 된다. 이 사이트에는 약 26만개의 해d외바이어 정보가 수록되어 있으며 국내기업 1개사당 연간 해외기업 200개사까지 정보 열람이 가능하다. 이 서비스를 받기 위해서는 기업회원 가입과 로그인이 필요하다. 한편 이 사이트에는 전 세계 약 130개국의 해외기업검색사이트 정보도 수록되어 있다.

그림 3 Kotra Trade Doctor 해외기업정보

그림 4 Kotra 무역투자정보 해외기업검색사이트 정보

[홍콩]홍콩무역발전국(www.hktdc.com)

□ 사이트 개요

○ 사이트 유형 : e-마켓플레이스

○ 홍콩무역발전국은 홍콩과 중국으로부터의 소싱, 사업 확장을 돕는 '비즈니스 매칭'서비스를 제공하고 있음. 홍콩과 중국을 비롯한 12만 개가 넘는 공급업체들이 HKTDC 온라인 마켓플레이스를 통한 거래를 하고 있으며 Dun & Bradstreet, Intertek 등의 인증기업이 제공하는 레퍼런스를 통해 신뢰성이 높은 공급업체 검색이 가능함.

○ 언어 : 독일어, 스페인어, 프랑스어, 이탈리아어, 포르투칼어, 일본어, 한국어, 러시아어, 아랍어, 체코어, 폴란드어, 중국어, 영어

□ 제공 정보

○ 각국의 12만 개가 넘는 수입업체, 수출업체 관련 정보(설립년도, 규모, 업종, 연간 매출 규모, 수출시장 등)를 제공하고 있으며 특히 중국 성별, 도시별 주요 공급업체 및 제조업체 관련 정보와 판매·구매 오퍼 현황 등을 제공함.

□ 메뉴 구성

○ Product
- 품목별로 상품 카테고리가 분류되어 있으며, 품목류 클릭 시 해당 상품 제조업체 리스트 조회 가능
* Filter Results 기능을 통해 해당 상품에 대한 상세검색 가능

○ Buyers
- Buying Leads를 클릭 후 상품 검색 시 해당 상품을 필요로 하는 바이어의 오퍼 조회 가능

○ Companies
- 상품류 클릭 시, 해당 상품 제조업체 및 수출업체 리스트 조회 가능
* 상단의 Filter Results 기능을 통해 전시회별 조회 가능

□ 검색 방법

○ 오퍼 검색(Buying Leads)

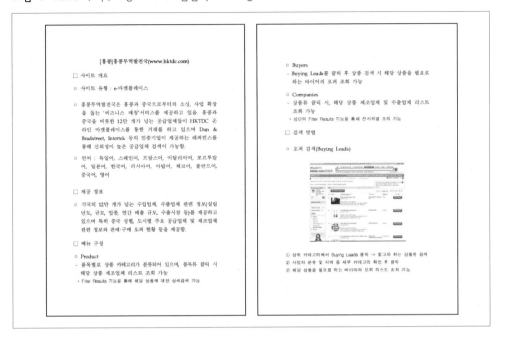

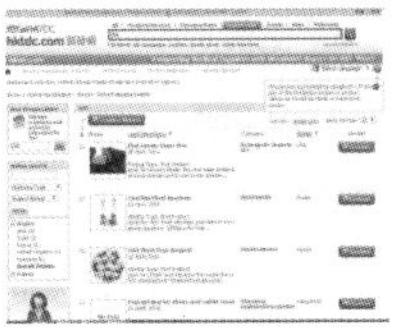

① 상위 카테고리에서 Buying Leads 클릭 -> 찾고자 하는 상품류 검색
② 사업자 분류 및 지역 등 세부 카테고리 확인 후 클릭
③ 해당 상품을 필요로 하는 바이어의 오퍼 리스트 조회 가능

한편, Kotra가 유료로 서비스하고 있는 시장조사제도에서는 종전『사업 파트너 연결서비스 I』과『사업파트너 연결서비스 II』를 폐지하고『사업파트너 연결지원』을 운영하고 있다. 그러나 국내기업이 이러한 서비스를 의뢰한다 하더라도 해당지역에서 시장성이 없는 것으로 판단되거나, 바이어 발굴이 용이하지 않거나, 또는 최근 다수 국내기업들로부터 동일 품목의 사업 파트너 연결서비스 의뢰가 들어왔다면 해당무역관은 동 조사 의뢰를 거부할 수 있다. 통상 조사까지 5~6주가 소요되며 의뢰기업은 추후 A/S를 신청할 수 있고 한번 제공된 정보는 6개월간 공개하지 않는다.『사업 파트너 연결지원』은 기본적으로 3명의 잠재 바이어를 소개하고 2개월간 교신을 지원해주는 서비스이다.

(2) 무역협회 바이어 발굴 서비스

무역협회에서는 협회가 보유하고 있는 DB를 활용하여 tradeKorea를 통해『바이어 DB타겟마케팅』서비스를 제공하고 있다.『www.tradeKorea.com>(상단) 국문>바이어 DB타겟마케팅』을 방문한다. 그리고 수출업체 담당자가 직접 맞춤형 바이어를 검색하고 거래 희망 바이어들을 대상으로 C/L(거래제의서)을 발송한다. 무역협회는 수출업체에게 tradeKorea 가입 및 활동 시 바이어 마케팅을 위한 Credit을

제공한다. 1Credit당 1건의 바이어 대상 마케팅 메일 발송이 가능하며 1회 통보 메일 발송 건수는 20건으로 제한한다.

그림 5 바이어 DB 타겟마케팅 서비스 이용 절차

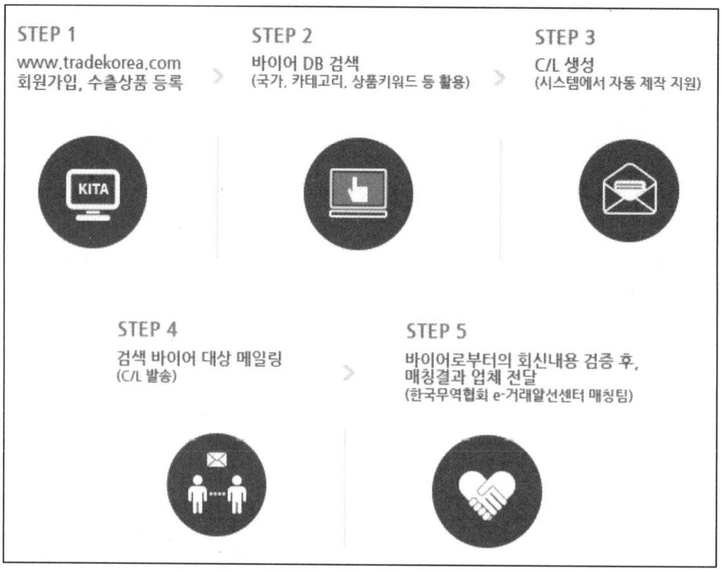

표 7 Credit 획득 및 사용 방법

Credit 획득 방법	
■ Seller	
회원가입 (Both, Seller)	200 Credits
가입 후 1년	100 Credits *단, 국내회원만 적용
상품 등록/승인	20 Credits
상품 수정/승인	10 Credits
인콰이어리 또는 오퍼 최초 발신	10 Credits
24시간 이내 인콰이어리 회신	20 Credits
24시간 이후 인콰이어리 회신	10 Credits
비디오 등록	15 Credits
거래 완료 확인	20 Credits
소액결제 완료	10 Credits
로그인	5 Credits *단, 1일 1회에 한함.
■ Buyer	
인콰이어리 최초 발신	10 Credits
24시간 이내 인콰이어리 회신	20 Credits
24시간 이후 인콰이어리 회신	10 Credits
거래 완료 확인	20 Credits
기업 정보 입력	100 Credits
Buying Leads 등록	30 Credits
소액 결제 완료	10 Credits

Credit 사용 방법		
■ Seller		
국내	바이어 DB 타겟 마케팅	-1 Credit (1개 Buyer 회사)
	해외 바이어 신용 정보 제공	-10 Credits
	Circular Letter 추가 생성	-20 Credits
	검색 엔진 상위 노출 (검색어 점유)	-30 Crefits (일주일)
	tradeKorea SNS 활용 홍보	-10 Credits
해외	Circular Letter 추가 생성	-20 Credits
	검색 엔진 상위 노출 (검색어 점유)	-30 Crefits (일주일)
■ Buyer		
해외	프리미엄 인콰이어리 발송	-50 Credits
	한국 방문 시 면세점 할인 쿠폰 배송	-300 Credits

무역협회에서는 tradeKorea 기업회원들을 대상으로 『해외비즈니스 매칭서비스』도 제공하고 있다. 서비스 지역은 러시아, 인도, 인도네시아, 일본, 미국, 중국, 베트남, 싱가포르, 말레이시아 및 유럽이며 무역협회 해외지부 및 해외 마케팅 오피스에서 1:1 타깃 마케팅 후 발굴된 복수의 바이어 정보를 각 지역별 매월 15~20개사를 선착순 지원하되 업체당 연간 3회로 제한하며 1회 신청당 1개 지역서비스를 원칙으로 한다.

그림 6 『해외비즈니스 맞춤서비스』 흐름

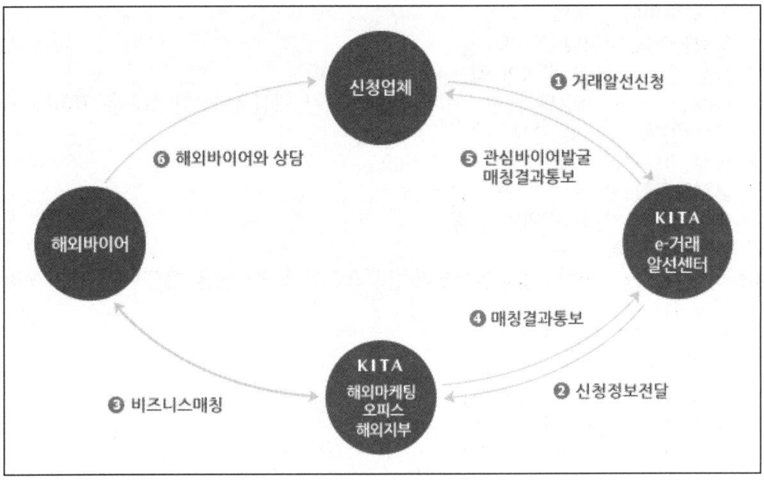

(3) 사설전문기업 바이어 발굴 서비스

우리나라 대표 해외마케팅지원 사설기업인 EC21(http://kr.ec21.com)은 고객들에게 Quick Type, Premium Type 및 Sales Agency Type 등 세 가지 형태의 맞춤형 바이어 정보 서비스를 제공하고 있다. 『Quick Type』은 진출 희망국가 내 유효바이어 리스트 확보를 원하는 기업들에게 1개국/1개 품목/15개 바이어 기본정보(일반현황, 구매담당자 컨택포인트, 주요 취급품목)와 바이어 주요 요구사항을 제공하는 서비스이다. 『Premium Type』은 자사 제품에 대한 바이어의 피드백과 핵심구매요인 획득을 원하는 기업들에게 1개국/1개 품목/15개 바이어 기본정보(일반현황, 구매담당자 컨택포인트, 주요 취급품목)와 함께 바이어 심층정보(고객사 취득 희망 정보, 거래 조건, 제품 피드백 등) 및 3건의 유력바이어 신용조사 서비스를 제공한다. 마지막으로, 바이어 발굴에서부터 온/오프라인 프로모션은 물론, 세일즈 대행까지 필요로 하는 기업들에게 『Sales Agency Type』의 서비스를 제공하는데 여기에는 1개국/1품목/(6개월 활동기간)과 바이어 기본정보 제공(일반현황, 구매담당자 컨택포인트, 주요 취급품목), 바이어별 프로모션 내역 제공 및 현지 비즈니스 미팅 지원(3건) 그리고 유력바이어 신용조사 지원(3건) 서비스가 포함된다.

표 8 EC21 맞춤형 바이어 정보 발굴 서비스 단계별 프로세스

- Quick Type … 진출 희망국내 유효 바이어 리스트 확보를 원하는 기업
  - STEP 1. 사전컨설팅 및 제품분석
  - STEP 2. 잠재 바이어군 확보
  - STEP 3. 고객참여형 바이어 리스트 검수
  - STEP 4. 유선 접촉을 통한 바이어 검증
- Premium Type … 자사 제품에 대한 바이어의 피드백과 핵심구매요인 획득을 원하는 기업
  - STEP 1. 사전컨설팅 및 제품분석
  - STEP 2. 잠재 바이어군 확보
  - STEP 3. 고객참여형 바이어 리스트 검수
  - STEP 4. 유선 접촉을 통한 바이어 검증
  - STEP 5. 바이어 인터뷰 활동
- Sales Agency Type … 바이어 발굴에서부터 온오프라인 프로모션은 물론 세일즈 대행까지 필요한 기업
  - STEP 1. 사전컨설팅 및 제품분석
  - STEP 2. 잠재 바이어군 확보
  - STEP 3. 고객참여형 바이어 리스트 검수
  - STEP 4. 유선 접촉을 통한 바이어 검증
  - STEP 5. 프로모션 및 세일즈 지원 활동

현재 국내에서 해외바이어 정보를 제공하는 대표적인 사설전문기업들은 [표 9]와 같다.

표 9 바이어 정보 제공 사설전문기업

사설전문기업명	홈페이지
EC21	http://kr.ec21.com
NEOMAC(네오맥)	www.neomac.co.kr
코리아컴퍼스	www.koreacompass.co.kr
트레이드키코리아	http://tradekeykorea.com
티베이마케팅	www.tbay.kr
웨비오코리아	www.weviokorea.com

4 현지 직접방문 및 행사 참가

조사자가 목적시장을 직접 방문하여 바이어를 발굴하는 방법이다. 직접 바이어를 대면하고 상담하기 때문에 어떤 방법보다 바이어에 대한 확실한 정보를 얻을 수 있고 거래 성사율도 높다. 일반적으로 현지를 방문하여 바이어를 발굴하는 수단으로는 개별 세일즈출장과 무역사절단이나 해외전시회 참가 방법 등이 있다. 또는 조사자가 직접 해당시장을 방문하지 않고 국내에서 개최되는 전시회나 구매상담회에 참가하여 우리나라를 찾아오는 바이어들과 상담을 통해 바이어 정보를 입수할 수 있고 Kotra의 해외지사화 사업에 참여할 수도 있다. 이러한 수단은 각기 장단점이 있는데 개별 세일즈출장은 본인이 직접 또는 Kotra 등 수출지원기관의 지원을 받아 개별적으로 목적시장에서 바이어와 대면하여 상담 활동을 벌이는 행위이다. 이 방법은 자신이 수출하려고 하는 상품과 관계없는 바이어를 만날 가능성이 거의 없고 출장일정을 자유롭게 수립할 수 있다는 장점이 있는 반면, 수출지원기관의 지원을 받지 않는다면 출장자가 스스로 바이어를 찾아내어 현지에서의 상담일정을 수립해야 하고 현지에 도착해서는 일일이 바이어를 찾아다녀야 하며 비용이 많이 든다는 단점이 있다. 더구나 처음 진출을 시도하는 시장이라 기존 거래하고 있는 바이어가 없다면 상담할 바이어를 출장자 스스로가 찾아야 하는데 이는 매우 어려운 일이기 때문에 대부분 Kotra를 통해 먼저 바이어 상담주선을 요청하고 출장을 실시한다.

지자체나 조합, 협회 및 무역관련 단체가 Kotra의 지원을 받아 파견하는 무역사절단에 참가하는 것도 바이어를 발굴할 수 있는 좋은 방법이다. 무역사절단 참가업체는 바이어들을 찾아다니지 않고 단체상담장에서 Kotra가 주선한 바이어들과 사전 일정에 따라 상담하기 때문에 시간을 절약하면서 편하게 상담할 수 있고 단체출장인 관계로 예산도 절감할 수 있다. 반면 자신의 수출품목과 관계가 없는 바이어들과 상담 주선이 되는 미스매칭 가능성도 있고 보통 3군데 지역을 순회하는 무역사절단이다 보니 시장성이 떨어지는 지역에서는 성과가 미진할 수도 있으며 본인이 꼭 가고 싶은 시장이 파견지역에 모두 포함되지 않을 수도 있다.

해외전시회 참가는 바이어 정보뿐 아니라 시장정보를 가장 효율적이고 광범위하게 수집할 수 있는 마케팅수단이다. 짧은 기간 동안 가장 많은 바이어들을 만날 수 있고 시장동향을 확실하게 수집할 수 있기 때문에 매우 인기가 높은 해외마케팅 수단이다. 반면 해외전시회 참가를 위해서는 어떤 마케팅 수단보다 많은 비용이 들고 준비기간이 길며 특히 인기 있는 해외전시회는 경쟁률이 높아 참가 자체가 어렵거나 원하는 만큼의 부스를 배정 받지 못할 수도 있다는 단점이 있다.

그림 7 해외전시회, 무역사절단, 수출상담회, 사이버상담 장면(왼쪽 상단부터 시계방향순)

한편 해외에 직접 나가지 않고 국내전시회나 수출상담회 참가를 통해 바이어 정보를 획득할 수도 있다. 국내전시회는 해외전시회에 비해 참가비용도 크지 않고 준비기간도 길지 않으나 해외바이어들이 많이 참가하는 국내전시회들이 많지 않다는 단점이 있다. 한편 Kotra나 지자체가 많은 해외바이어들을 국내로 초청하여 수출기업들에게 상담기회를 제공하는 수출상담회 참가 역시 비용, 시간 면에서는 유리하나 동일 바이어를 두고 행사 참가 국내기업들과 치열한 경쟁을 해야 한다는 단점이 있다. 또한 실시간 사이버상담회 참가를 통해서도 별도의 비용을 들이지 않고 바이어를 발굴할 수 있으나 시차로 인해 상담시간을 정하기가 어렵다는 점과 인터넷이 열악한 지역에 소재하고 있는 바이어와는 상담진행이 원활하지 않을 수도 있고 상담 참가자는 능숙하게 외국어를 구사할 수 있어야 하는 등 대면상담과는 달리 많은 제약이 따른다. 특히 상품 실물을 직접 보고 상담하는 것이 아니기 때문에 사이버상담은 주로 시장개척을 위한 보조적인 수단으로 활용된다. 이외 시장성이 있을 것으로 예상되는 지역에 소재하고 있는 Kotra 해외무역관과 연간단위로 계약을 체결하여 무역관 전담직원으로부터 집중적인 지원을 받을 수 있는 Kotra 지사화사업에 참여하는 방법이다. 해당 전담직원은 마치 해외에 주재하는 자사의 지사원과 같은 역할을 해준다. 새로운 바이어를 발굴해주기도 하고 기존 거래하고 있는 바이어로부터 지속적으로 주문이 이루어질 수 있도록 관리해준다. 그러나 참여기업은 수백만원의 연간회비를 지불해야 하고 무역관 전담직원과 유기적인 협조체제가 구축되어 있어야 소기의 성과를 기대할 수 있다.

표 10 마케팅 수단별 장단점

구분	장점	단점
해외전시회	▪ 많은 바이어와 상담 가능 ▪ 성약시간 단축 ▪ 광범위한 시장동향 현장 파악 가능	▪ 많은 비용 소요 ▪ 긴 준비기간 필요 ▪ 경쟁률 높은 전시회는 부스 확보 곤란
무역사절단	▪ 앉아서 편하게 상담 ▪ 시간 절약 ▪ 직접 상담주선 불요 ▪ 비용 절감	▪ 미스매칭 가능성 ▪ 시장성 없는 지역은 성과 저조 ▪ 방문 희망지가 일정에 포함되지 않을 가능성
개별세일즈	▪ 미스매칭 가능성 낮음 ▪ 만나고 싶은 바이어와 상담 가능 ▪ 자유로운 출장 일정 수립 가능	▪ 본인이 모든 일정 수립 ▪ 출장자가 일일이 바이어 방문
수출상담회	▪ 비용이 거의 없음 ▪ 짧은 시간 내 다수 바이어와 상담 가능 ▪ 직접 상담주선 불요	▪ 미스매칭 가능성 ▪ 원하는 바이어가 참가하지 않을 수 있음 ▪ 국내기업 간 과당경쟁
사이버상담	▪ 비용이 거의 없음 ▪ 시간 절약	▪ 바이어 성향 파악 한계 ▪ 시차 존재 ▪ 능숙한 외국어 요구 ▪ 상품에 대한 충분한 설명 한계
Kotra 지사화사업	▪ 무역관 전담직원으로부터 집중 지원 가능 ▪ 지사원 역할 수행	▪ 많은 비용 부담 ▪ 전담직원과의 유기적 협조관계가 구축되지 않으면 성과기대 곤란

C•H•A•P•T•E•R

07

바이어 신용정보 파악요령

실 무 해 외 시 장 조 사 론

CHAPTER

07

바이어 신용정보 파악요령

1 이용절차

한국무역보험공사(이하 '무보')의 신용조사를 이용하기 위해서는 무보가 운영하고 있는 사이버영업점 회원으로 가입해야 한다. 이를 위해 무보 홈페이지(www.ksure.or.kr)를 방문해서 초기 메인화면 또는 사이버영업점 메뉴를 접속하여 『회원사가입』→『사업자등록증송부』→[승인]→『회원가입』 순으로 진행한다. 이때 사업자등록증이 필요하다. 이어 로그인을 한 후 『신용조사』→『신용조사신청 메뉴』를 선택한다. 이때 무보 DB 검색을 하여 해당 바이어 회사의 정보가 있다면 따로 신용조사를 의뢰하지 않고 기존 조사자료를 구매한다.

표 1 무보 신용조사 의뢰 절차

의뢰 순서	세부 절차
1. 사이버영업점 회원가입	▪ www.ksure.or.kr 접속 ▪ 초기 메인화면 또는 왼쪽 사이버영업점 메뉴 접속 ▪ 회원사가입 → 사업자등록증송부 →『승인』→ 회원가입
2. 로그인	▪ 로그인 ▪ 공인인증서 등록
3. 신용조사 신청	▪ 『신용조사>신용조사신청』 메뉴 선택 ▪ 공사 DB검색 ▪ 조사방법 선택(구매/신규신청) ▪ 국외기업 기본정보 입력 → 신청완료
4. 공사에 의한 신용조사 및 평가	▪ 보고서 접수(평균 조사기간 3~4주 소요) ▪ 접수된 보고서 검토 후 등급평가

5. 보고서 조회	▪ 사이버영업점 접속 ▪ 『신용조사 → 신용조사 내역 및 보고서 조회』 메뉴에서 보고서 조회 가능
6. 수수료 납부	▪ 보고서 발급 익월 초(1일) 세금계산서 일괄 발급 ▪ 가상계좌로 수수료 납부 ▪ 공사 담당자 확인 후 수수료 수납

기존 조사자료는 최근 6개월 내 조사가 완료된 건이다. 기존자료가 없다면 해당 바이어 회사의 기본정보를 입력하여 신규 조사를 의뢰한다. 신용조사를 의뢰할 때 필요한 정보는 바이어가 속한 국가명, 상호, 주소, 전화번호 및 대표자명(대표자명을 모를 경우 관계자 이름이라도 알아야 한다)이다. 이들 기초정보가 없으면 신용조사가 불가능하다. 이외 팩스번호나 이메일 등을 알고 있으면 조사가 더 수월하게 이루어질 수 있다. 신용조사보고서는 무보에 의한 신용조사 완료 시 사이버영업점에서 직접 조회가 가능하다.

표 2 WEST 프로그램 지원자격

신청방법	내용	상세설명	소요기간
기존자료구매	기평가된 보고서 구매	6개월이내 기평가된 보고서 다운로드	당일
신규신청	공사 앞 조사신청	▪ 공사가 접수하여 해외조사기관 앞 조사의뢰 ▪ 해외조사기관으로부터 보고서 접수 시 등급평가 후 정보제공	통상 3주

2 세부내용

무보가 해당 국외기업의 신용조사를 하는 데 필요한 기간은 통상 3~4주가 소요되며[1] 국외기업의 자산과 업종에 따라 국외기업 유형(중기업 중공업, 중기업 비제조업 등)을 구분하고 회사 규모, 수익성, 안정성 및 유동성 등 재무적 요소와 종업원 수, 조사기관 등급 등 비재무적 요소로 각각 평가점수를 배정한 후 각 항목의 점수를 합하여 총점에 해당되는 등급을 최종 확정하게 된다. 해외신용조사기관으로부터 입수된 국외기업 신용정보를 근거로 무보의 평가기준에 따라 기업들의 신용등급을

1 각국의 상이한 공휴일, 축제, 종교행사, 근무관행 등에 따라 소요기간이 길어질 수도 있음.

평가하고 있는데 A~F급은 무역보험 가입 시 인수가능 등급이며(A급이 최고등급임) G급은 인수제한 등급(보험가입 여부를 영업담당자를 통해 문의 가능)이고 R급은 보험가입이 불가능한 인수불가 등급을 의미한다. 이때 신용등급의 유효기간은 1년이다.

표 3 무보 신용조사 등급 기준

* A-F 정상등급(무역보험 지원가능등급), G, R 불량등급(무역보험 지원제한등급)

수입자 신용등급	신용상태 & 설명
A	Excellent 수입자의 지급능력이 탁월하고 재무적으로 우수한 신용등급 유지
B	Very Good 수입자의 지급능력이 양호하고 전반적으로 강한 재무적인 신용 상태유지
C	Good 수입자의 지급능력 및 전반적인 신용상태 양호
D	Average 수입자의 전반적인 신용상태가 보통 수준
E	Poor 수입자의 지급능력이 열등한 상태이고 전반적인 신용상태가 낮은 수준
F	Very Poor 수입자의 지급능력이 매우 열등한 상태이고 전반적으로 불안정한 신용상태
G	Cautious or Uncertain 수입자의 신용상태가 불량인 수준으로 추정되거나 신용정보 자료 불충분으로 정확한 신용상태를 평가하기 어려운 상황
R	Restricted or Bankrupt 수출보험사고가 난 상태이거나 이와 관련된 수입자 또는 영업중지나 파산 선고를 당한 수입자

무보가 제공하는 신용조사보고서에는 특정 국외기업의 일반현황, 신용등급평가정보 및 수출보험이용정보 등이 수록된 『요약보고서』와 신용조사보고서 원본까지 제공되는 『Full Report』 등 두 종류가 있는데 수수료는 각각 상이하다. 또한 6개월 이내 기 평가되어 새로 또는 추가 조사하지 않고 기존 자료를 구매하는 방법이 있고 처음 조사되거나 기존에 조사된 적이 있더라도 6개월 이상이 지나 신규로 조사가 필요한 경우도 있다. 기존자료를 구매하는 경우, 신청 당일 받아볼 수 있지만 신규로 조사해야 하는 경우, 접수 후 통상 3주가 소요된다. 특히 신규신청의 경우, 현지 사정에 따라 조사거절, 불가, 지연이 발생할 수 있으므로 시간을 두고 여유있게 신청해야 한다. 또한 현지 사정에 따라 재무자료를 입수하지 못해 보고서 내에 포함되지 않을 수도 있으며 미주 및 일부 아시아 지역에서는 신용조사기관의 사정에 따

라 『Full Report』가 제공되지 않을 수도 있다.

『요약보고서』에는 국외기업 개요, 최근 신용평가 이력, 특이사항, 주요주주, 관계회사, 거래은행, 결제상태, 결제조건, 무역보험이용정보, 재무사항, 주요재무항목 추가정보(매출액, 순자산, 순이익, 부채비율 추이), 산업, 국외기업과 동종업종 평균신용등급 비교, 국가정보, 국가등급, 무역보험 국별인수 방침, 해당국가 정치 및 경제동향 등이 포함된다.

표 4 무보 신용조사 수수료(2018년 1월 현재)

보고서 종류	기업규모	가격(VAT 포함)		
		일반조사	재무제표 미비	신용조사 불가자 또는 장기소요(40일 초과)
요약 보고서	중소·중견 기업	33,000원	22,000원	면제
	대기업	66,000원	22,000원	면제
Full Report	중소·중견 기업	49,500원	33,000원	면제
	대기업	99,000원	33,000원	면제

무보를 통한 신용조사 수수료는 보고서 종류(요약보고서, Full Report)와 기업규모(중소·중견기업, 대기업) 그리고 재무제표의 포함 여부에 따라 상이하다. 신용조사 자체가 불가능하거나 40일 이상이 소요된 경우는 수수료가 부가되지 않는다. 또한 수수료 수납방식은 후불제를 채택하고 있다. 무보는 당월 중 조사 완료 건에 대한 수수료를 익월 1일자로 일괄청구하며 이때 세금계산서도 동시 발행된다. 특히 무보는 2010년 1월부터 청구서와 세금계산서를 매월 초 마스터 사용자 이메일로 발송하고 있다. 신용조사 의뢰인은 세금계산서 발행 월 27일까지 수수료를 납부해야 하며 이때까지 수수료를 납부하지 않을 시에는 향후 신용조사서비스를 이용할 수 없게 된다.

그림 1 무보 신용조사 요약보고서 샘플

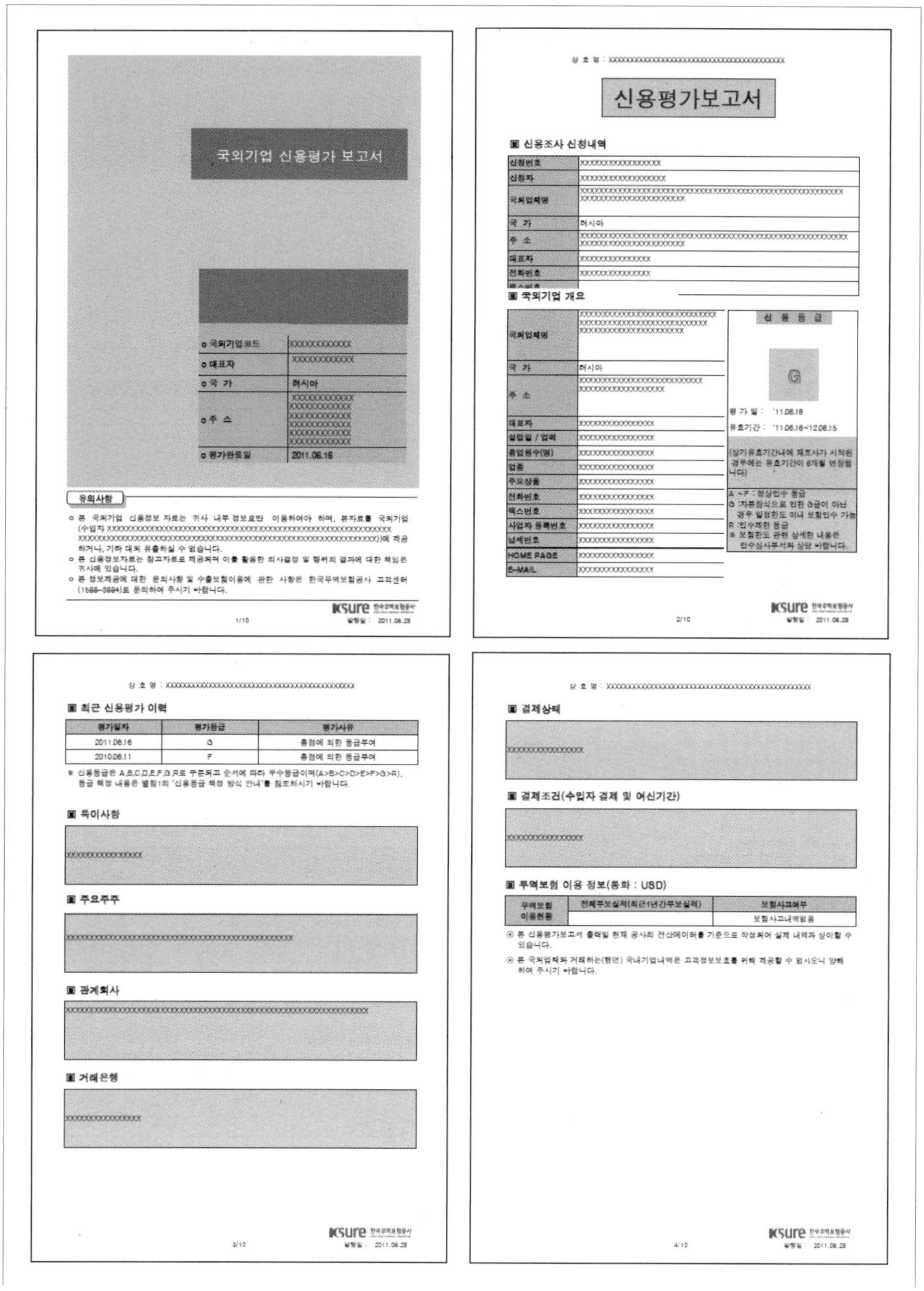

상 호 명 : XXXXXXXXXXXXXXXXXXXXXXXXXXXXXXXXXXXXXXXXXXXXXXXXXX

■ 재무사항

(결산기준 년월 : 2009.12, 통화 : RUB)

▶ 재무상태

자산		부채 및 자본	
유동자산	[illegible]	유동부채	[illegible]
재고자산	310,744,000	고정부채	79,455,000
고정자산	60,489,000	기타부채	0
이연자산	0	이익잉여금	34,121,000
투자 및 기타자산	0	순자산	34,131,000
자산총계	599,824,000	납입자본	10,000
자산총계(전년도)	632,690,000	부채및자본총계	599,824,000

▶ 경영성과

매출액	780,569,000	순이익	4,377,000
매출액(전년도)	915,196,000	순이익(전년도)	4,768,000

▶ 재무비율

(단위 : %)

수익성	총자산순이익율	0.73
	매출액순이익율	0.56
	총자산순이익변화량	-0.02
안정성	자기자본비율	5.70
	부채비율	1,654.49
	유동비율	117.12
	부채총계/자산총계	94.30
	유동자산/자산총계	94.91
	이익잉여금/자산총계	5.70
유동성	순유동자산/자산총계	15.88
	재고자산/순유동자산	373.95
활동성	총자산회전율	130.35
	재고자산회전율	251.19
	순유동자산회전율	959.35
성장성	매출액증가율	-14.71
	순이익증가율	-8.20

상 호 명 : XXXXXXXXXXXXXXXXXXXXXXXXXXXXXXXXXXXXXXXXXXXXXXXXXX

■ 주요 재무항목 추세정보 (통화 : RUB)

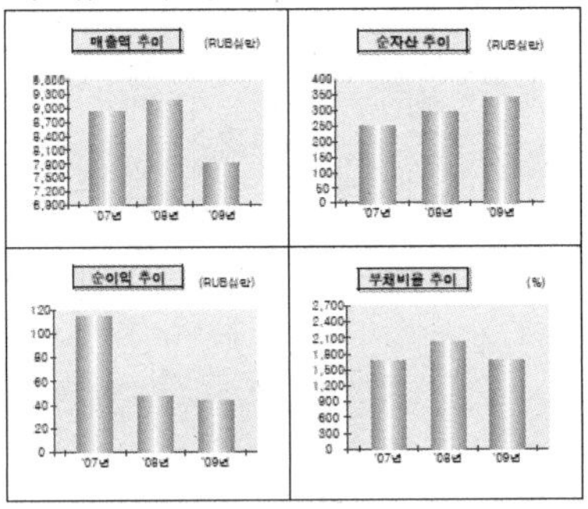

(단위: RUB십만, %)

년도	매출액 추이	순자산 추이	순이익 추이	부채비율 추이
'07년	8,919	250	114	1,671
'08년	9,152	298	48	2,026
'09년	7,806	341	44	1,654

상 호 명 : XXXXXXXXXXXXXXXXXXXXXXXXXXXXXXXXXXXXXXXXXXXXXXXXXX

	교역규모	주요 교역품
우리나라와의 관계	○ 수출: 79억달러 ○ 수입: 99억달러	○ 수출품: 자동차, 석유화학, 전자제품, 건설중장비 ○ 수입품: 원유, 나프타, 유연탄, 천연가스, 비철금속

■ 국가등급

국가등급	무역보험 국별인수방침	
	신용장 거래	무신용장 거래
6등급	정상인수	정상인수

※ 국가등급은 1~7등급까지 분류
(1>2> ~>6>7)

■ 무역보험 국별인수방침

파일명
국별인수방침변경 (11.6.29시행)

■ 러시아 정치/경제 동향

순번	국가명	파일명	작성일자
1	러시아	러시아 정치경제 동향	2011.02.14

※ 신용조사 수수료 관련해서는 별첨2의 '신용조사 수수료 납부안내'를 참조하여 주시기 바랍니다.

상 호 명 : XXXXXXXXXXXXXXXXXXXXXXXXXXXXXXXXXXXXXXXXXXXXXXXXXX

■ 산업

▶ SRR지수 : XXXXXXXXXXXXXXXXXXXXXXXXXXXXXXXXXXX

SRR지수	위험도
10~6.1	고위험
6.0~4.6	중위험
4.6 미만	저위험

SRR지수별 국외기업

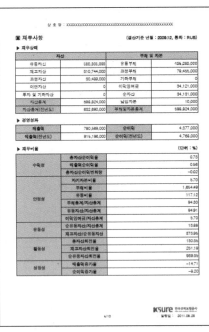

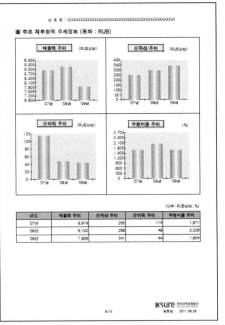

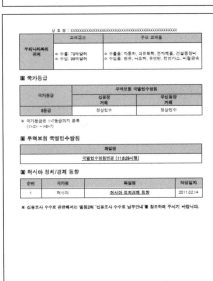

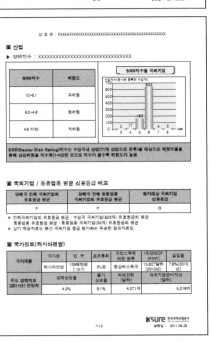

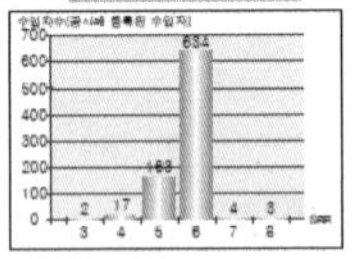

SRR(Sector Risk Rating)지수는 수입국내 산업(71개 산업으로 분류)을 대상으로 계량모델을 통해 산업위험을 지수화(1~10)한 것으로 지수가 클수록 위험도가 높음

■ 국외기업 / 동종업종 평균 신용등급 비교

당해국 전체 국외기업의 유효등급 평균	당해국 전체 동종업종 국외기업의 유효등급 평균	평가대상 국외기업 신용등급
F	F	G

※ 전체국외기업의 유효등급 평균 : 수입국 국외기업(823개) 유효등급의 평균
동종업종 유효등급 평균 : 동종업종 국외기업(35개) 유효등급의 평균
※ 상기 제공자료는 본건 국외기업 등급 평가와는 무관한 참고자료임

■ 국가정보(러시아연방)

국가개황	국가명	인 구	표준통화	국민소득에 의한 분류	1인당GDP (PPP)	실업률
	러시아연방	139백만명 ('10.7)	RUB	중상위소득국	15,827달러 (2010년)	7.6%(2010년)
주요 경제지표 (2011년) 전망치	경제성장률		물가 상승률	외채잔액 (달러)	대외지급준비자산 (달러)	
	4.3%		9.1%	4,371억	5,019억	

별첨2

<신용조사 수수료 납부 안내>

한국무역보험공사는 해외 현지 신용조사기관 혹은 글로벌 해외신용조사기관에 의뢰하여 국외기업 신용조사를 하고 있으며, 해당 조사기관에 신용조사 수수료를 지급합니다.

특히, 조사가 어려운 분쟁 지역, 조사기관이 상주하지 않는 지역, 영업현황 및 재무사항 등에 대한 공시의무가 없어 신용조사가 원활히 진행되지 않는 지역 등의 경우 상대적으로 높은 수수료를 지급하고 있습니다.

이러한 사유로 귀사 앞으로 신용조사 수수료를 청구하는 것이며, 적극적인 수출지원을 위하여 우리 공사가 해외신용조사기관에 지급하는 조사수수료(약6~13만원)보다 훨씬 낮은 가격(요약보고서:3.3만원, 부가세 포함)으로 신용평가보고서를 제공하고 있습니다.

< 수수료 납부방식 및 시기 >

납부방식	청구시기	세금계산서 발행시기	납부기한
후불제	당월 중 조사 완료건에 대한 수수료를 다음달 1일자 일괄 청구	당월 중 조사완료건 전체에 대하여 다음달 1일자 일괄 발급(1장/월)	세금계산서 발행월 27일까지

※ 청구서 및 세금계산서는 매월초 마스터 사용자 이메일로 발송('10년 1월부터 시행)되며, 사이버영업점에서도 직접 조회·출력하여 사용이 가능합니다.

※ 개별보험 이용업체의 경우 세금계산서 발행월 27일까지 수수료를 납부하지 않을 시에는 향후 신용조사서비스를 이용하실 수 없습니다.

수수료 납부에 다소 어려움이 있으시더라도 양해해 주시기 바라며,
앞으로도 더 좋은 서비스를 제공하기 위해 최선을 다하겠습니다.
한국무역보험공사에 더 많은 관심과 성원을 부탁드립니다. 감사합니다.

10/10

Ksure 한국무역보험공사
발행일 : 2011.06.28

별첨1

<신용등급 책정 방식 안내>

한국무역보험공사의 국외기업 신용등급 책정방식에 대해 안내 드립니다.
우리공사는 해외 신용조사기관으로부터 신용조사보고서를 접수한 후 해당 국외기업의 자산과 업종에 따라 제조 일반기업, 비제조 일반기업, 소기업, 약식평가기업으로 분류하여 신용 등급을 책정하고 있습니다.

신용등급책정은 재무적 요소와 비재무적 요소로 각각 평가점수를 배정하고, 각 평가항목의 점수를 합하여 총점에 해당되는 등급(A~G, R)을 최종 확정합니다.

※ G, R급으로 등급이 평가된 국외기업의 경우 보험인수 가능 여부 및 한도 관련상담은 보험인수심사부서와 진행하시면 됩니다.

주요 평가항목은, 재무적 요소로 회사규모, 수익성, 안정성, 유동성등이 있으며, 비재무적 요소로는 종업원수, 조사기관등급 등으로 구분됩니다.
우리공사는 고객님들의 의견을 항시 반영하고자 국외기업 신용평가 보고서 제공시 만족도 평가를 실시하고 있사오니 적극적으로 참여 하여 주시기 바랍니다.

기타 자세한 사항은 담당자와 상담하여 주시기 바랍니다. 감사합니다.

※ 고객센터 전화번호 : 1588-3884, 02-399-6800

9/10

Ksure 한국무역보험공사
발행일 : 2011.06.28

그림 2 무보 신용조사 Full Report 샘플

informa

Synthesis(종합평가)

FINANCIAL SITUATION(재무상황)			
	negative positive		
PROFITABILITY (수익성)		6/9	Average(평균)
TREASURY(자금)		9/9	Excellent(우수함)
BALANCE SHEET (대차대조표)		9/9	Excellent(우수함)
DEBT(부채)		9/9	Nil(전무)
INCIDENTS (부대사항)			
	negative positive		
COMMITMENTS (세부사항)		9/9	Respected (훌륭함)
INCIDENTS (부대사항)		9/9	None or Negligible (없음 또는 무시)
PREVIOUS EXPERIENCE (이력)			
	negative positive		
PREVIOUS EXPERIENCE (이력)		8/9	Favourable (호의적임)

Credit Appraisal(신용 평가)

CREDIT ACCORDING TO OBJECTIVE DATA
(From 0 to 500.000,00 Euros):
객관적자료에 따른 신용(0~5000.000,00 유로)
FAVOURABLE TOWARDS 500.000 Max.(최대 500.000까지 증액가능)
SOLVENCY RATING:(지불능력 평가)
17/20 (BASED ON HOMOGENEOUS FORMULATION)
(17/20 동종산업에 근거하여 산출)

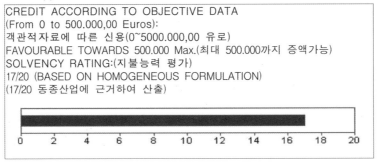

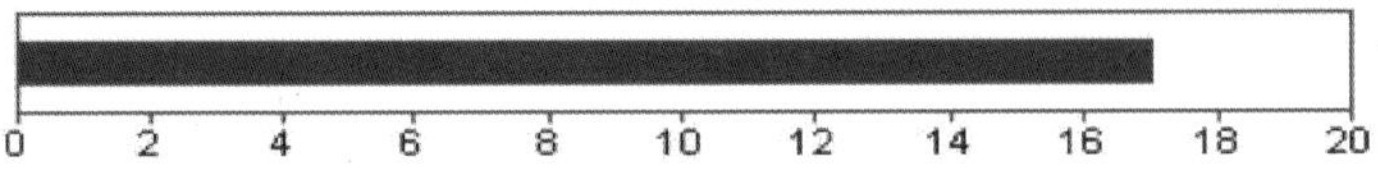

Financial Report: BARCELONEA PRODUCTOS Page

www.informa.es All the economic, financial and business information.

Informa S.A.
Avda. Industria, 32
28108 Alcobendas (Madrid)
tel.: 902 176 076 Fax: 91.661.90.60

www.informa.es
e-mail: clientes@informa.es

- 2 -

INFORMA

Financial Elements(재무 구성요소)
Figures given in Euros (단위: 유로)

	Balance sheet 2.001(12)	Balance sheet 2.002(12)	Balance sheet 2.003(12)	% Sales
SALES (매출)	25.346.593,10	28.300.014,33	28.232.166,23	
ADDED VALUE (제조원가)	4.662.584,78	5.827.525,90	6.215.305,99	22,01
BUSINESS RESULT (영업이익)	373.719,23	1.463.223,56	1.716.588,32	6,08
OWN FUNDS (자기자본)	12.821.669,40	17.609.972,90	19.326.561,22	
DEBT (부채)	4.587.384,08	4.470.572,14	4.203.842,45	
TOTAL ASSET (총계)	18.033.637,32	22.705.128,88	23.987.224,97	

Evolution of financial elements (주요재무사항 변화추이)

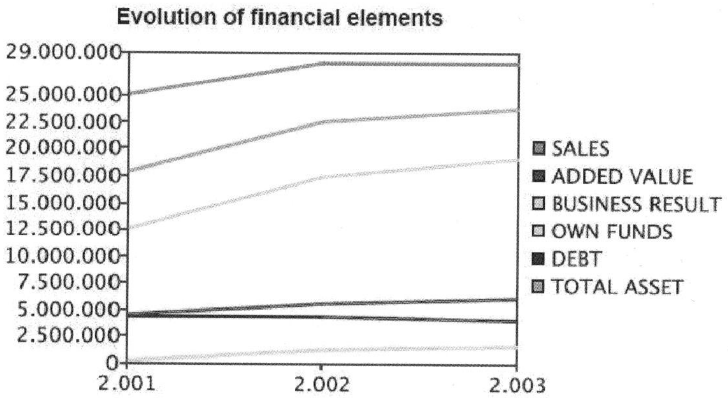

The sales of 28.232.166,23 Euros show a change of -0,24% compared with 2.002.
Between 2.001 and 2.002, this change was 11,65% .
Added value grew by 6,65% compared with the previous year.
Shareholders equity are 19.326.561,22 Euros for an indebtedness of

Informa S.A.
Avda. Industria, 32
28108 Alcobendas (Madrid)
tel.: 902 176 076 Fax: 91.661.90.60
www.informa.es
e-mail: clientes@informa.es

4.203.842,45 Euros.
The result 1.716.588,32 Euros means financial profitability of 8,88% and economic profitability of 7,16% .
This result means growth of 17,32% compared with the 2.002 .

2003년 28.232.166,23 유로의 매출실적은 2002년과 비교 0,24%가 감소하였음을 보여주며 2001년과 2002년 비교시는 11,65%가 증가함.
제조원가는 전년도와 비교했을 때 6,65% 증가함.
주주지분은 부채 4.203.842,45유로에 대해 19.326.561,22 유로 상당임.
1.716.588,32 유로의 이익은 8,88%의 재무이익과 7,16%의 경상이익을 의미함.
이 이익은 2002년과 비교했을때 17,32% 순증했음을 의미함.

THE FIGURES FOR THE LAST BALANCE SHEET ARE RELEVANT:
(최근 대차대조표상 수치는 적정한 것으로 인정됨)
SOURCE: FROM THE MERCANTILE REGISTER
(출처: 상공회의소)
DATE: 13/09/2004

Auditors' opinion:(회계사의견)
FAVOURABLE (2.003) (적정)
Auditors:(회계감사)
MARDRID AUDITORS S.L.

Informa S.A.
Avda. Industria, 32
28108 Alcobendas (Madrid)
tel.: 902 176 076 Fax: 91.661.90.60
www.informa.es
e-mail: clientes@informa.es

INFORMA

Comparative Sector Analysis (부문 비교분석)

	Company(회사) (2.003)	Sector (부문)	Difference (차이)
% of PRODUCTION VALUE (백분율)			
SALES (매출)	99,66	99,22	0,44
ADDED VALUE (제조원가)	21,94	14,17	7,77
BUSINESS RESULT (영업이익)	6,06	3,06	3,00
% OF TOTAL ASSETS (총자산 백분율)			
OWN FUNDS (자기자본)	80,57	40,10	40,47
DEBT (부채)	17,53	59,90	-42,37

Compared sector (CNAE) (업종부문): 515 - Comercio al por mayor de productos no agrarios semielaborados, chatarra y productos de desecho (화학제품도매업)

Number of companies (회사 수):601

Size (Sales Figure) (매출액, 크기): 7.000.000,00 - 40.000.000,00 Euros

The turnover of the company is 0,44% above the mean for the sector.
(회사의 매출액은 동종업계의 평균보다 0,44% 높음.)
The company's added value was 21,94% s/ the production value, and 7,77% above the mean for the sector.
(회사의 제조원가는 21,94%로서, 동종업계의 평균보다 7,77% 높음.)
The company's business result was 6,06% of the PV, 3,00% above the mean for the sector.
(회사의 영업이익은 6,06%로서, 동종업계의 평균보다 3,00% 높음.)
The company's own resources are 80,57% , 40,47% above the mean for the sector.
(회사의 자기자본은 80,57%로서, 동종업계의 평균보다 40,47% 높음.)
The company's outside resources are 17,53% , 42,37% below the mean for the sector.
(회사의 부채는 17,53%로서 동종업계의 평균보다 42,37% 낮음.)

INFORMA

Legal Actions (법적 분쟁여부)

No legal incidences registered for this company in the official source (공식적인 출처에서 어떠한 법적인 사건이 회사에 되어 있지 않음.)
No claims registered for this company in the official sources (공식적인 출처에서 어떠한 배상 신청도 회사에 등록되어 있지 않음.)
AFFECTED BY: 3 Company / Companies in Insolvency Proceedings (파산절차중인 3개 회사에 의해 영향을 받을 수 있음)

Main Board members, Directors and Auditor

Position (직위)	Surname and name (성을포함한 이름)	Date of appointment (임용날짜)
CHAIRMAN (이사장)	CORILL PASCAEL JHON	31/01/2003
BOARD MEMBER(이사진)	CORILL GALCIRUN ENRICK	31/01/2003
BOARD MEMBER(이사진)	CORILL GALCIRUN ALBERTO	31/01/2003
AUDITOR (회계감사)	MARDRID AUDITORS SL	02/02/2005

INFORMA

Financial Links (금융연계성)
Shareholders (주주)

Company Name	CIF/ Country	Percent	Source	Information Date
CORILL PASCAEL JHON		59,71%	OWN SOURCES	24/01/2005
JHON CORILL PASCAEL SA	B50361159	21,37%	M.REGISTER	31/12/2003
· COMPUTER QIMAKA S.L.	A30162586	10,12%	OWN SOURCES	24/01/2005
GALCIRUN AGUILON ANTON		8%	M.REGISTER	31/12/2003
CORILL GALCIRUN ALBERTO		0,40%	OWN SOURCES	24/01/2005
CORILL GALCIRUN ENRICK		0,40%	OWN SOURCES	24/01/2005

· Company with solvency rating below 7 (부도확률 7 이하의 회사)

Shareholdings(보유주식)

Company Name	CIF/ Country	Percent	Source	Information Date
· EXTER CADALON SA	A62097683	99,94%	OWN SOURCES	24/01/2005

· Company with solvency rating below 7 (부도확률 7 이하의 회사)

Proceedings published in the B.O.R.M.E. (Official Mercantile Register Gazette) (B.O.R.M.E(상공회의소)에 등록되어진 사항)

Proceedings(사항)	Date (날짜)	Notice Num. (공지번호)	Mercantile Reg. (상공회의소)
Appointments (임명)	02/02/2005	021434	BARCELONA
Registration of accounts (2003) (2003 재무자료 공시)	18/10/2004	628610	BARCELONA
Registration of accounts (2002) (2002 재무자료 공시)	04/12/2003	905212	BARCELONA
Appointments (임명)	03/11/2003	310185	BARCELONA
Capital decrease (자본감소)	11/03/2003	112163	BARCELONA

Informa S.A.
Avda. Industria, 32
28108 Alcobendas (Madrid)
tel.: 902 176 076 Fax: 91.661.90.60
www.informa.es
e-mail: clientes@informa.es

INFORMA

Press articles (기사)

15/10/2002 SL V. CETILUNA LEGAL ANNOUNCE LA JINTA GREL. DE ESTI SDAD. CELEBRADA EL 25/11/02 ACIRDO REDICUR EL CAPITAL SOCIAL EN LA CENTIDAD DE 2.058,84 EUROS, CON LA FINALIDAD DE DIVOLVER APER TACIONES.

Brands, Signs and Commercial Names (상표, 등록, 일반 이름)

Prevailing Brands (주요 상표)

Name:		DIPARC			
Kind of Brand:		DENOMINATIVE		File:	M6201578
Request Date:	04/12/1993	Bulletin Date:	Bulletin(게시) Date:	Current situation:	APPROVED REGISTER(등록)
Types:	1				

Total Marcas: 1

Complementary Information (보충정보)

El balance cerrado a 31/12/1998 (Deposito 1998) esta disponible en INFORMA, pero no ha sido cargado por tener una duracion inferior a tres meses por cambio en la fecha de cierre.

21/01/05 BLOQUE DE INVESTIGACION

- Direccion social: En PG. Famades, C/ Cromo, 11 situado en zona de ciudad en Cornella de Llobregat (Barcelona).
- Fiscal: En C/ Rosello, 13 en Cornella de Llobregat (Barcelona).
- El 10% de sus ventas son operaciones intrecomunituritas con Francia.
- El 10% de sus ventas son operaciones de exportacion con Argelia.
- El 10% de sus ventas son operaciones de exportacion con Marracos.
- El 30% de sus compras son operaciones intracomunitarias con Alimania
- El 20% de sus compras son operaciones de importacion con China.

El Bloque de Investigacion no esta sujeto a actualizaciones sistema ticas. Los datos mostrados fueron aportados por las fuentes consultada en la fecha de encabezamiento.

Informa S.A.
Avda. Industria, 32
28108 Alcobendas (Madrid)
tel.: 902 176 076 Fax: 91.661.90.60
www.informa.es
e-mail: clientes@informa.es

INFORMA

The information on the last account contained in this report is extracted from the Mercantile Register file of the legal address of the Company and dated 13/09/2004
(최근 재무자료는 회사의 법적 주소지의 상공회의소로부터 얻어낸 보고서에 포함되어져 있고, 2004/9/13일에 등록되어짐.)
Balance Sheet (ASSETS) (대차대조표(자산))

(Figures given in Euros) (단위:유로)	2.001 (12)	2.002 (12)	2.003 (12)
A) DUE FROM SHAREHOLDERS FOR UNCALLED CAPITAL (미납입자본)			
B) FIXED ASSETS (고정자산)	5.942.398,57	8.604.254,14	7.712.380,32
I. Establishment expenses (설립비용)			
II. Intangible assets (무형자산)	51.621,83	62.077,23	368.709,24
Software (소프트웨어)	298.301,74	340.322,10	371.525,63
Prepayments (선급금)			305.386,13
Amortization (감가상각)	-246.679,91	-278.244,87	-308.202,52
III. Tangible assets (유형자산)	2.983.810,20	6.707.007,28	6.627.434,58
Property, plant and equipment (자산, 공장, 설비)	2.478.179,16	6.285.432,78	6.347.003,45
Machinery, equipment and other (기계, 기타 설비)	1.648.163,49	1.710.923,62	1.848.616,02
Other property plant and equipement (기타 자산, 기타 설비)	313.880,87	407.381,53	457.047,92
Prepaid expenses on fixed assets (고정자산 선급비용)	56.161,56	61.570,67	
Other assets (기타 자산)	501.810,31	579.096,84	598.422,63
Depreciation (감가상각)	-2.014.385,19	-2.337.398,16	-2.623.655,44
IV. Financial assets (금융자산)	2.906.966,54	1.835.169,63	716.236,50
Shares in affiliated companies (관계회사 출자분)	1.174.229,75	1.174.229,75	1.174.229,75
Securities (증권)	986.268,85	986.268,85	12.629,24
Other loans (기타 대출금)	1.071.796,91		12.605,02

Financial Report: **BARCELONEA PRODUCTOS** Page

www.informa.es All the economic, financial and business information.

Informa S.A.
Avda. Industria, 32
28108 Alcobendas (Madrid)
tel.: 902 176 076 Fax: 91.661.90.60
www.informa.es
e-mail: clientes@informa.es

informa

Long term deposits and guarantees (장기성예금,보증채무)	632.700,70	632.700,70	474.802,16
Provisions (충당금)	-958.029,67	-958.029,67	-958.029,67
V. Owners equity (소유자 지분)			
VI. Long term trade liabilities (장기 매입채무)			
C) DEFERRED EXPENSES (이연비용)			
D) CURRENT ASSETS (유동자산)	123091.238,75	14.100.874,74	16.274.844,65
I. Not paid in shareholder capital (납입되지 않은 주주 자본)			
II. Inventory (재고)	3.314.712,41	4.082.082,27	4.614.359,13
Goods available for sale (상품)	1.894.697,22	2.119.156,24	2.325.928,47
Raw material inventory (원재료)	1.450.229,73	1.966.762,03	2.288.430,66
Provisions (충당금)	-30.214,54	-3.836	
III. Debtors (채무자)	6.430.890,06	7.209.112,42	6.965.762,97
Clients (매입채무)	6.393.429,39	7.145.682,14	6.789.615,46
Other debts (기타 부채)	2.482,32	31.447,76	32.778,09
Labor costs (노동비용)	2.103,52	4.919,03	2.620,23
Taxes refunds (세금환급)	32.874,83	27.063,49	140.749,19
IV. Short term financial assets(단기 금융자산)	648.084,01		2.120.770,30
Receivables in affiliated companies(관계회사 매출채권)			5.578,89
Short term investment (단기투자)	601.296,38		2.115.191,41
Other loans (기타 대출금)	46.787,63		
V. Short term owners equity (단기 소유주지분)			
VI. Cash (현금)	1.667.438,33	2.763.241,66	2.501.016,84
VII. Prepaid expenses and accrued income (선급비용, 누적이익)	30.113,94	46.438,39	72.935,41
ASSETS (A + B + C + D) (자산)	18.033.637,32	22.705.128,88	23.987.224,97

Informa S.A.
Avda. Industria, 32
28108 Alcobendas (Madrid)
tel.: 902 176 076 Fax: 91.661.90.60
www.informa.es
e-mail: clientes@informa.es

INFORMA

BalanceSheet(LIABILITIES)(대차대조표,부채)

(Figures given in Euros) (단위:유로)	2.001 (12)	2.002 (12)	2.003 (12)
A)SHAREHOLDERS EQUITY (주주지분)	12.821.669,40	17.609.972,90	19.326.561,22
I. Capital (자본)	60.200	75.256,02	75.256,02
II. Premium share account (자본잉여금)			
III. Revaluation reserve (재평가 적립금)			
IV. Reserves (이익준비금)	12.387.848,96	12.393.388,47	13.856.612,03
Retained earnings (잉여금)	12.020,24	12.040	15.051,20
Other funds (기타 자금)	12.375.828,72	12.381.348,47	13.841.560,83
V. Prior year earnings (전년손실)	-98,79		
Prior years losses (결손금)	-98,79		
VI. Prior year profit or losses (전년손익)	373.719,23	1.463.223,56	1.716.588,32
VII. Dividend paid during the year (당기배당금)			
VIII. Own shares for change in capital (자본변동사항)			
B) DEFERRED INCOME (이연이익)			
C) PROVISIONS FOR LIABILITIES AND EXPENSES (대손충당금)	624.583,84	624.583,84	456.821,30
Other provisions (기타 충당금)	624.583,84	624.583,84	456.821,30
D) LONG TERM LIABILITIES (고정부채)	11.035,69	146.233,38	148.968
I. Bonds (회사채)			
II. Bank loans (은행차입금)			
III. Debts with associed and affiliated companies (관계회사 부채)		126.212,54	126.212,54
Debt with affiliated companies (관계회사부채)			126.212,54
Debts with associed companies (관계회사부채)		126.212,54	
IV. Other creditors (기타채권)		8.985,15	11.719,77

Informa S.A.
Avda. Industria, 32
28108 Alcobendas (Madrid)
tel.: 902 176 076 Fax: 91.661.90.60
www.informa.es
e-mail: clientes@informa.es

INFORMA

Long term deposit and guaranties (장기성예금,보증채무)		8.085,15	11.719,77
V. Deferred debts on shares (자본거치부채)	11.035,69	11.035,69	11.035,69
Other companies(기타회사)	11.035,69	11.035,69	11.035,69
VI. Long term debt with creditor(장기채권)			
E) SHORT TERM LIABILITIES(단기부채)	4.576.348,39	4.324.338,76	4.054.874,45
I. Negotiable bonds (양도성회사채)			
II. Bank loans(은행차입금)	1.621.257,47	186.014,51	450
Loans and other debts (대출금, 기타부채)	1.621.257,47	186.014,51	450
III. Short term debts with associated and affiliated companies (관계회사 단기 부채)	126.212,54	4.191,52	7.510,90
With affiliated companies (관계회사)			7.510,90
Associeted companies (관계회사)	126.212,54	4.191,52	
IV. Trade creditors (매입 채무)	2.341.936,15	3.192.285,12	3.244.467,55
Expenses (비용)	2.341.936,15	3.192.285,12	3.244.467,55
V. Other non trade payables (기타 매입채무)	486.942,23	941.847,61	802.446
Government (정부)	294.554,24	706.196,02	541.855,65
Other debts (기타 부채)	1,87	1,87	1,87
Accounts receivable (매출채권)	192.386,12	235.649,72	260.588,48
VI. Provisions for current assets (유동자산 충당금)			
VII. Accruals and deferred incomes(이익잉여금 누적액)			
F) SHORT TERM PROVISIONS FOR LIABILITIES AND EXPENSES (단기 대손충당금)			
LIABILITIES (A + B + C + D + E + F) (부채)	18.033.637,32	22.705.128,88	23.987.224,97

Informa S.A.
Avda. Industria, 32
28108 Alcobendas (Madrid)
tel.: 902 176 076 Fax: 91.661.90.60
www.informa.es
e-mail: clientes@informa.es

INFORMA

Profit and Loss Account (손익계산서)

(Figures given in Euros) (단위:유로)	2.001 (12)	2.002 (12)	2.003 (12)
A) EXPENSES (A.1 a A.16) (비용)			
A.1. Change in stocks of finished goods and work in progress (제품 및 제공품 변동분)			
A.2. Supplies (원가)	17.893.657,06	19.305.276,79	18.788.588
Material consumed (자재비용)	17.741.012,03	19.343.119,18	18.539.442,04
Raw materials consumed (원자재비용)	152.645,03	-37.842,39	249.145,96
A.3. Labor cost (인건비)	3.160.177,13	3.351.863,91	3.867.080,84
Wages (임금)	2.698.872	2.820.450,41	3.249.103,59
Social security expenses (사회보장비용)	461.305,13	531.413,50	617.977,25
A.4. Assets depreciation (자산상각비)	418.840,82	374.559,47	335.671,99
A.5 Variance in provision for current assets (유동자산)	53.810,97	95.386,88	44.307,93
Variance in provision for inventory (재고관리비)	-4.722,65	-26.378,54	-3.836
Variance in provision for bad debts (부실채권관리비)	58.533,62	121.765,42	48.143,93
A.6. Other operating costs (기타 운영비용)	2.870.988,75	3.259.241,53	3.325.226,02
External costs (기타비용)	2.856.855,40	3.238.450,70	3.302.646,28
Taxes (세금)	14.133,35	20.790,83	22.579,74
A.I. OPERATING RESULT (영업이익) (B.1+B.2+B.3+B.4-A.1-A.2-A.3-A.4-A.5-A.6)	1.029.755,86	2.005.715,64	1.968.245,23
A.7. Financial expenses (금융비용)	109.488,05	60.214,40	24.779,50
Debts with related companies (관계회사 부채)	108.292,83		
Debts with associated companies (관계회사 부채)	1.195,22		
Other companies debts (기타회사 부채)		60.214,40	24.779,50

INFORMA

A.8. Variation in financial investments (투자충당금) provision (충당금)			
A.9. Exchange losses (환차손)	70.243,20	26.913,76	103.417,30
A.II. POSITIVE FINANCIAL RESULTS (재무이익) (B.5+B.6+B.7+B.8-A.7-A.8-A.9)	125.104,09	130.541,83	274.479,27
A.III. PROFIT FROM ORDINARY ACTIVIIES (A.I+A.II-B.I-B.II)(경상이익)	1.154.859,95	2.136.257,47	2.242.724,50
A.10. Variation in provision in fixed assets (고정자산감가상각충당금)			
A.11. Losses in fixed assets (고정자산 손실)	9.811,10	3.137,79	3.040,08
A.12. Losses from shares and bonds (주식,회사채손실)			
A.13. Extraordinary charges (특별비용)	394.774,59	4.191,66	117,70
A.14. Prior year's expenses and losses (결손비용)	82.152,01	2.511,78	3.162,42
A.IV. POSITIVE EXTRAORDINARY RESULT(B.9+B.10+B.11+B.12+B.13-A.10-A.11-A.12-A.13-A.14) (특별이익)		113.909,09	319.042,56
A.V. EARNINGS / LOSS BEFORE TAXES (A.III+A.IV-B.III-B.IV)(세전손익)	744.016,44	2.250.166,56	2.561.767,06
A.15. Corporate Taxes (법인세)	370.297,21	786.943	845.178,74
A.16. Other taxes (기타세금)			
A.VI. YEAR END RESULT (PROFIT) (A.V-A.15-A.16) (연간순이익)	373.719,23	1.463.223,56	1.716.588,32
B) INCOMES(B.1 a B13) (소득)			
B.1.Turnover (매출)	25.346.593,10	28.300.014,33	28.232.166,23
Sales (매출액)	25.654.414,30	28.653.546,62	28.488.546,89
Discounts (매출할인)	-307.821,20	-353.532,29	-256.380,66
B.2. Increase in inventory of finished goods (완제품재고증감)			
B.3. Expenses capitalized(비용원금화)		25.920	

Informa S.A.
Avda. Industria, 32
28108 Alcobendas (Madrid)
tel.: 902 176 076 Fax: 91.661.90.60
www.informa.es
e-mail: clientes@informa.es

INFORMA

B.4. Other operating income (기타영업수익)	80.637,49	66.109,89	96.953,78
Other incomes (기타 수익)	80.637,49	66.109,89	96.953,78
B.I. OPERATING LOSSES (A.1+A.2+A.3+A.4+A.5+A.6-B.1-B.2-B.3-B.4) (영업손실)			
B.5. Incomes from share (주식수익)			
B.6. Income from securities (유가증권수익)	57.062,38	133.093,68	173.924,35
Group companies (그룹회사)	57.062,38		
Other companies (기타회사)		133.093,68	173.924,35
B.7. Other income from interrest (이자수익)	211.407,27	78.542,36	154.927,71
From affiliated companies (관계회사)	149.125,45	40.569,47	
From other companies (기타회사)	62.281,82	37.972,89	154.927,71
B.8. Gains on exchange (환차익)	36.365,69	6.033,95	73.824,01
B.II. FINANCIAL LOSSES (금융손실) (A.7+A.8+A.9-B.5-B.6-B.7-B.8)			
B.III. LOSSES FROM ORDINARY ACTIVITIES (B.I+B.II-A.I-A.II) (특별손실)			
B.9. Gains from disposal of fixed assets (고정자산처분이익)	10.818,21		178,22
B.10. Gains from dealing in own shares (자기주식 처분익)			
B.11. Paid in surplus (잉여금자본전입액)			
B.12. Extraordinary income (특별수익)	65.075,98	61.546,61	290.760,06
B.13. Prior year's income and profits (전기잉여금)		62.203,71	34.424,48
B.IV. EXTRAORDINARY LOSSES (특별손실) (A.10+A.11+A.12+A.13+A.14-B.9-B.10-B.11-B.12-B.13)	410.843,51		
B.V. LOSS BEFORE TAXES (세전손실)(B.III+B.IV-A.III-A.IV)			
B.VI. NET LOSS (B.V+A.15+A.16) (순손실)			

Informa S.A.
Avda. Industria, 32
28108 Alcobendas (Madrid)
tel.: 902 176 076 Fax: 91.661.90.60
www.informa.es
e-mail: clientes@informa.es

iNFORMA

MainRatios

(Figures given in Euros) (단위:유로)	2.001 (12)	2.002 (12)	2.003 (12)
ACTIVITY (활동)			
Increase of the Sales Figures (매출액증가)	16,27	11,65	-0,24
Assets Turnover (총자산회전률)	1,41	1,25	1,18
Productivity (생산성)	1,48	1,74	1,61
Increase of the Added Value (제조원가 증가율)	8,66	24,99	6,65
PROFITABILITY (수익성)			
Economic Profitability(경상이익률)	2,07	6,44	7,16
Financial Profitability (금융이익률)	2,92	8,31	8,88
Financial Expenses (금융비용부담률)	0,43	0,21	0,09
BALANCE (IN DAYS OF SALES) (잔고)			
Customers' Credit (In days of sales) (구매자신용, 외상)	91	92	89
Suppliers' Credit (In days of sales) (공급자신용, 외상)	47	60	62
Working Capital (In days of sales) (운전자본)	107	124	156
Working Capital Requirement (In days of sales) (운전자본요구량)	97	92	97
Treasury (In days of sales) (일일판매액 유보액)	10	33	59
BALANCE			
Working Capital (운전자본)	7.514.890,36	9.776.535,98	12.219.970,20
Working Capital Requirement (운전자본요구량)	6.820.625,49	7.199.308,83	7.598.633,06
Treasury (판매액 유보액)	694.264,87	2.577.227,15	4.621.337,14
Balance Ratio (잔액비율)	2,27	2,14	2,58
SOLVENCY (지불능력)			
Borrowing Ratio (부채비율)	25,44	19,69	17,52
Own / Permanent Funds (자기자본 및 장기자본 비율)	95,28	95,81	96,96
Payback Capacity (회수율)	0,18	0,16	0,15
LIQUIDITY (유동성)			
General Liquidity(일반유동성)	2,64	3,26	4,01
Immediate Liquidity(순간유동성)	0,51	0,64	1,14

Financial Report: **BARCELONEA PRODUCTOS** Page

www.informa.es All the economic, financial and business information.

Informa S.A.
Avda. Industria, 32
28108 Alcobendas (Madrid)
tel.: 902 176 076 Fax: 91.661.90.60
www.informa.es
e-mail: clientes@informa.es

INFORMA

SectorialAnalysis(부분분석)

Summary of Assets, Liability & Equity (자산,부채,자본 요약)

(Figures given in Percentages) (단위:백분율)	Company	Sector	Difference
	2.003		
Assets (자산)			
DUE FROM SHAREHOLDERS FOR UNCALLED CAPITAL (주주 미 납입 자본 만기일)	0	0,19	-0,19
FIXED ASSETS (고정자산)	32,15	26,17	5,98
ACCRUED EXPENSES (미지급 비용)	0	0,29	-0,29
CURRENT ASSETS(유동자산)	67,85	73,36	-5,51
TOTAL ASSETS(총자산)	100	100	0
Liabilities(부채)			
SHAREHOLDERS EQUITY (주주지분)	80,57	40,10	40,47
ACCRUED INCOME (미수수익)	0	0,28	-0,28
RISK AND EXPENDITURE COVER (위험, 지출 충당금)	1,90	0,22	1,68
LONG-TERM CREDITORS (장기부채)	0,62	6,81	-6,19
SHORT-TERM CREDITORS (단기부채)	16,90	52,59	-35,69
SHORT-TERM RISK AND EXPENDITURE COVER (단기 위험, 지출 충당금)	0	0,01	-0,01
TOTAL LIABILITIES(총부채)	100	100	0

Informa S.A.
Avda. Industria, 32
28108 Alcobendas (Madrid)
tel.: 902 176 076 Fax: 91.661.90.60
www.informa.es
e-mail: clientes@informa.es

INFORMA

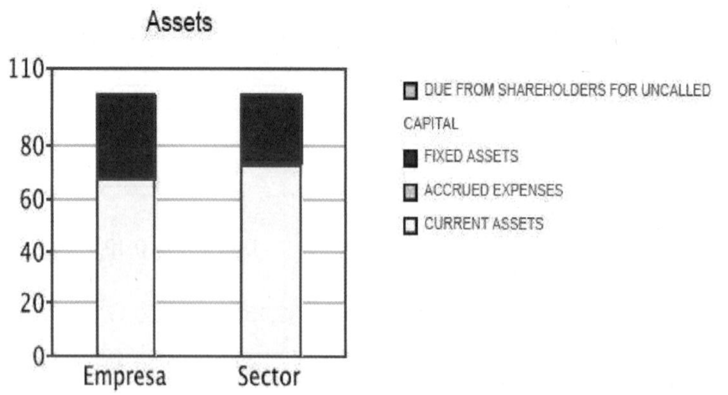

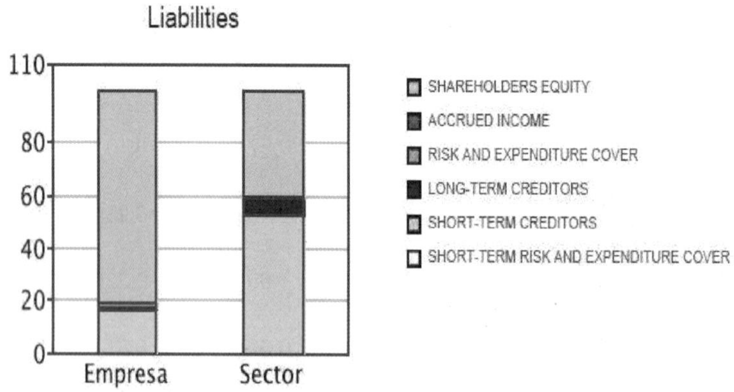

Informa S.A.
Avda. Industria, 32
28108 Alcobendas (Madrid)
tel.: 902 176 076 Fax: 91.661.90.60
www.informa.es
e-mail: clientes@informa.es

INFORMA

Analytical Account of Results(영업성과 분석 항목)			
(Figures given in Percentages) (단위:백분율)	Company 2.003	Sector	Difference
Net turnover (순매출)	99,66	99,22	0,44
Other operating income(기타영업수익)	0,34	0,78	-0,44
Production Value (제조원가)	100	100	0
Operating expenses (영업비용)	66,32	77,47	-11,15
Other operation expenses (기타 영업비용)	11,74	8,36	3,38
Added value (매출 총이익)	21,94	14,17	7,77
Labor cost (인건비)	13,65	7,60	6,05
Gross Economic Result (이익증가)	8,29	6,57	1,72
Assets depreciation (자산 감가상각)	1,18	1,36	-0,18
Variation in provision for current assets (유동자산충당금)	0,16	0,33	-0,17
Net Economic Result (영업이익)	6,95	4,87	2,08
Financial income (금융이익)	1,42	0,56	0,86
Financial expenses (금융비용)	0,45	1,07	-0,62
Variation in financial investment provision (재정투자충당금)	0	0,02	-0,02
Ordinary Activities Result (특별이익)	7,92	4,33	3,59
Extraordinary income (특별이익)	1,15	0,31	0,84
Extraordinary expenses (특별비용)	0,02	0,18	-0,16
Variation in provision in fixed assets (고정자산충당금)		0,03	-0,03
Results before Taxes (세전이익)	9,04	4,43	4,61
Corporaye taxes (법인세)	2,98	1,37	1,61
Net Result (순이익)	6,06	3,06	3,00
Assets depreciation (자산 감가상각)	1,18	1,36	-0,18
Provisions fund variation(충당금 변동)	0,16	0,39	-0,23
Net Self-Financing (순 자체자금)	7,40	4,81	2,59

Informa S.A.
Avda. Industria, 32
28108 Alcobendas (Madrid)
tel.: 902 176 076 Fax: 91.661.90.60
www.informa.es
e-mail: clientes@informa.es

INFORMA

Ratios (비율) (Figures given in thousands of Euros) (단위:1,000유로)	Company 2.003	Ptile25	Median	Ptile75
ACTIVITY(활동)				
Increase of the Sales Figures (판매액 증가)	-0,24	-2,48	4,44	11,77
Assets Turnover (총자산회전율)	1,18	1,32	1,69	2,23
Fixed Assets Turnover (고정자산회전율)	3,66	4,51	8,73	17,78
Increase of the Added Value (부가가치증가)	6,65	-4,23	5,49	15,37
PRODUCTIVITY (생산성 비율)				
Productivity (생산성)	1,61	1,48	1,86	2,39
Change of Personnel Costs (인건비변화율)	15,37	3,24	8,63	16,10
Average Personnel Costs (평균 인건비)	41.581,51	20,86	27,02	33,91
Value Added by Employees (노동 부가가치율)	66.831,25	37,02	50,98	71,12
CASH FLOW (현금흐름)				
Cash Flow (현금흐름)	2.096.568,24	244,22	467,89	808,58
Operating Cash Flow (영업현금흐름)	2.348.225,15	360,36	658,24	1.110,91
Change in Cash Flow (현금흐름 변화)	8,45	-15,33	4,93	24,15
PROFITABILITY (수익성)				
Economic Profitability (경상이익율)	7,16	1,85	4,04	6,99
Financial Profitability (금융이익율)	8,88	6,71	11,90	18,60
Financial Expenses (금융비용)	0,09	0,42	0,82	1,44
Gross Economic Profitability (경상이익율증가)	9,79	6,17	9,47	14,16
Gross Financial Profitability (금융이익율증가)	12,15	19,09	29,50	43,32
BALANCE(IN DAYS OF SALES)				
Customers' Credit (In days of sales) (구매자신용, 외상)	89	70,83	99,68	124,31
Suppliers' Credit (In days of sales) (공급자 신용, 외상)	62	25,90	65,89	102,28
Working Capital (In days of sales) (일일운전자본)	156	10,16	35,95	70,48

Financial Report: BARCELONEA PRODUCTOS Page

www.informa.es All the economic, financial and business information.

Informa S.A.
Avda. Industria, 32
28108 Alcobendas (Madrid)
tel.: 902 176 076 Fax: 91.661.90.60

www.informa.es
e-mail: clientes@informa.es

INFORMA

Working Capital Requirement (In days of sales)(운전자본요구량)	97	22,08	61,33	97,22
Treasury (In days of sales) (일일판매액)	59	-45,73	-15,21	10,16
Operating Current Assets (유동자산운용액)	208	123,88	163,20	200,49
BALANCE				
Working Capital (운전자본)	12.219.970,20	315,84	1.145,71	2.416,23
Working Capital Requirement (운전자본요구량)	7.598.633,06	561,08	1.940,06	3.421,60
Treasury (일일판매액)	4.621.337,14	-1.662,30	-433,82	298,73
Balance Ratio (잔액비율)	2,58	1,20	1,91	3,42
SOLVENCY (지불능력)				
Borrowing Ratio (부채비율)	17,52	47,47	66,01	78,20
Own / Permanent Funds (자기자본/장기자본비율)	96,96	76,52	92,67	99,77
Payback Capacity (회수율)	0,15	0,23	0,34	0,47
Long term Indebtedness(장기채무)	0,62	0	2,32	8,61
Gearing(고정금리부채)	124,12	190,37	294,24	458,63
Financing Basic Ratio (금융기본률)	1	1,00	1	1
Assets Guarantee(자산보증)	5,71	1,24	1,48	2,07
LIQUIDITY (유동성)				
General Liquidity(일반 유동성)	4,01	1,08	1,31	1,79
Immediate Liquidity(순간유동성)	1,14	0,03	0,09	0,24

The date when this report was last updated is 01/08/2005.
(이 보고서는 2005/08/01 마지막으로 업데이트되어졌음.)
This company was last displayed on 25/07/2005,
it has been viewed 14 times in the last quarter and 358 times in total .
(이 회사는 총 358번과 지난 분기에 14번 검토되어졌으며, 2005/07/25 최종적으로 검토되어졌음.)
Information without guarantee or responsibility
(정보에 보증 또는 책임이 없음.)
In this report data from individuals is just related to their business activities and should be used just in that frame
(이 보고서는 한기업의 영업활동에 관계가 있는 바, 이 목적으로서만 활용되어야만 함.)

Informa S.A.
Avda. Industria, 32
28108 Alcobendas (Madrid)
tel.: 902 176 076 Fax: 91.661.90.60
www.informa.es
e-mail: clientes@informa.es

또한 무보에서는 지방중소벤처기업청과 『중소기업 수출지원 협력체계 강화를 위한 업무협약』을 체결하고 지방중소벤처기업청이 추천하는 기업에 대해서는 해외신용조사 서비스를 무료 제공하고 있다. 또한 일부 지자체에서는 해당 지자체 통상지원사업(예 : 해외전시회, 통상촉진단, 바이어 초청 상담회 등) 참가기업을 대상으로 사후관리 지원서비스를 제공하기 위해 해외바이어에 대한 신용조사 비용을 별도로 지원하고 있다. 통상 지원절차는 해당기업이 온라인을 통해 신용조사를 의뢰하면서 지원대상 확인 증빙서류를 이메일이나 팩스로 접수한다. 지원 승인을 받은 후 해당 국내기업은 신용조사기관에 의뢰하여 신용조사를 진행한 후, 비용을 먼저 결제하고 나서 해당 지자체에 지원금을 신청한다.

그림 3 무보, 중기청 추천기업 해외신용조사 무료제공(2014.9.22. 중기청 해외시장과)

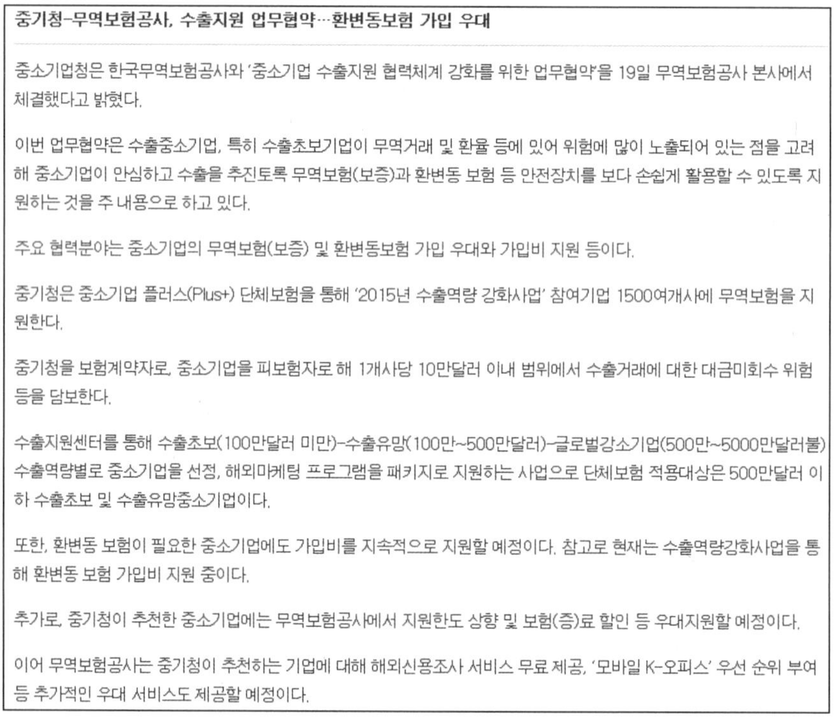

중기청-무역보험공사, 수출지원 업무협약…환변동보험 가입 우대

중소기업청은 한국무역보험공사와 '중소기업 수출지원 협력체계 강화를 위한 업무협약'을 19일 무역보험공사 본사에서 체결했다고 밝혔다.

이번 업무협약은 수출중소기업, 특히 수출초보기업이 무역거래 및 환율 등에 있어 위험에 많이 노출되어 있는 점을 고려해 중소기업이 안심하고 수출을 추진토록 무역보험(보증)과 환변동 보험 등 안전장치를 보다 손쉽게 활용할 수 있도록 지원하는 것을 주 내용으로 하고 있다.

주요 협력분야는 중소기업의 무역보험(보증) 및 환변동보험 가입 우대와 가입비 지원 등이다.

중기청은 중소기업 플러스(Plus+) 단체보험을 통해 '2015년 수출역량 강화사업' 참여기업 1500여개사에 무역보험을 지원한다.

중기청을 보험계약자로, 중소기업을 피보험자로 해 1개사당 10만달러 이내 범위에서 수출거래에 대한 대금미회수 위험 등을 담보한다.

수출지원센터를 통해 수출초보(100만달러 미만)-수출유망(100만~500만달러)-글로벌강소기업(500만~5000만달러불) 수출역량별로 중소기업을 선정, 해외마케팅 프로그램을 패키지로 지원하는 사업으로 단체보험 적용대상은 500만달러 이하 수출초보 및 수출유망중소기업이다.

또한, 환변동 보험이 필요한 중소기업에도 가입비를 지속적으로 지원할 예정이다. 참고로 현재는 수출역량강화사업을 통해 환변동 보험 가입비 지원 중이다.

추가로, 중기청이 추천한 중소기업에는 무역보험공사에서 지원한도 상향 및 보험(증)료 할인 등 우대지원할 예정이다.

이어 무역보험공사는 중기청이 추천하는 기업에 대해 해외신용조사 서비스 무료 제공, '모바일 K-오피스' 우선 순위 부여 등 추가적인 우대 서비스도 제공할 예정이다.

경기도 2015년 수출기업 사후관리 지원 사업 모집안내(7차)

Ⅰ. 사업개요

1. 지원대상 : 본사 또는 공장이 경기도내 소재하고, 2012~2015년
   경기도 통상지원사업을 참가한 기업(시, 군 및 유관기관 사업 참여가능)

※ 통상지원사업 : 수출과 관련된 모든 지원사업(해외전시회 개별참가/단체관, 통상촉진단, 프론티어 기업, 바이어초청 수출상담회 등)

2. 지원기간 : 2015년 4~11월(예산 소진 시 조기마감)

3. 신청기간 : 2015년 7월 20일~2015년 7월 31일

4. 지원한도 : 업체당 연간 400만원 이내(전체 서비스 합산금액)

5. 서비스별 지원내용

서비스 구분	지원내용	수행기관	지원한도
수출컨설팅	수출관련 전문 분야별 컨설턴트를 위촉하여 통상사업 후속관리를 위한 컨설팅 서비스 제공	- 분야별 컨설턴트 (별도 Pool에서 선택)	최대 150만원 (부가세 제외)
해외바이어 신용조사	전세계 해외기업을 대상으로 전문 신용조사 수행기관을 통한 신용도 및 대금결제 능력에 대한 신용분석 및 안전도 검토 후 국·영문보고서 제공	- 한국기업데이터 - NICE D&B - NICE신용평가정보 - 한국무역보험공사	최대 100만원 (부가세 제외)
외국어 통번역 지원	인콰이어리 및 무역서류 등 각종 수출관련 내용 외국어 번역지원 및 방문 바이어 통역 지원	- 그린서비스 - 렉스코드	최대 100만원 (부가세 제외)
해외홍보용 e-카달로그 제작 지원	전문제작기관을 활용하여 해외 홍보용 e-카달로그를 제작하고, 해외바이어에 홍보지원	- 한국콤파스 - 이씨플라자	최대 100만원 (부가세 제외)
수출전문가 무료상담	30년 경력의 수출전문위원이 온/오프라인 상담 등을 통하여 수출관련 애로해소를 지원함	-수출전문위원 (☎031-259-6243)	무료 (전화/이메일/방문상담)

※ 상기 수행기관 이용시만 지원가능함.

6. 신청 및 지원절차

사업공고 및 모집		대상확인 및 선정		서비스 신청/이용		결과물 확인 및 비용지급		지원금 지급
사후관리사업 온라인 접수 (www.egbiz.or.kr)	⇨	사업 지원대상 확인	⇨	- 신용조사 - 수출컨설팅 - 통번역 - e-카탈로그	⇨	서비스 이용에 따른 결과확인 및 비용납부	⇨	지원금 신청서류 검토 후 지급
기업 → 센터		센터 → 기업		기업 → 수행사		수행사 → 기업		센터 → 기업

II. 신청방법

1. 사후관리 지원 사업 참가신청
   ① 이지비즈 시스템(www.egbiz.or.kr)에 로그인
   ② 【수출/판로】⇒【2015년 사후관리 지원사업】에서 사업공고 하단【지원사업 신청하기】 기업일반 정보/담당자정보 입력
   ③ 지원대상 확인을 위한 증빙서류(통상지원사업 선정 공문 등)【별첨파일】첨부
   ※ 반드시 2012~2015년 통상지원사업에 참가이력이 있어야 하며 관련증빙서류 확인불가시에는 지원 대상에서 제외됨
   ④ 중소기업지원센터에서 지원대상 적격심사 후 지원결정 통보
   ⑤ 파일명은 "참가업체명_사업참여연도_참여사업"으로 권장(ex.경기중기센터_2013_G-TRADE GBC 수출상담회)

2. 선정 후 지원금 신청
   ① 사후관리 선정 후 서비스 신청
   ② 관련 수행기관 서비스 의뢰
   ③ 서비스 결과물 확인 및 서비스 비용 지급(기업→수행사)
   ④ 지원금 신청서와 증빙서류를 첨부하여 지원금 지급신청(기업→중기센터)
   ⑤ 지급신청서 및 증빙 확인 후 지원금 지급(중기센터→기업)

3. 지원금관련 유의사항
   ① 신용조사 수행기관에 서비스비용 지출시 지출방법은 인터넷뱅킹 또는 무통장입금으로 한정(신용카드결제 불가)
   ② 센터 지원금 지급신청 시 서비스별로 각각 하며, 지원금 지급신청서 및 첨부서류 우편 또는 인편으로 접수요망
   ③ 지원금 지급신청서 및 첨부서류 확인 후 입금처리 2주 정도 소요

④ 기타 유의사항

- 지원금 예산소진 시 지급신청 선착순에 의해 조기마감될 수 있음
- 지원금 신청서 또는 첨부서류 미비 시 지원금 지급이 제한될 수 있음

III. 참고사항

1. 지원제한내용 및 기간

1) 지원제한 기간 : 2년

- 신청서 허위기재 및 허위 증빙자료를 제출한 경우(지원금 환수)
- 타 기관 지원 사업에 참가하기 위하여 포기한 경우(중복지원 제한)
- 정당한 사유 없이 기업의 내부의 사정과 일정에 의하여 포기한 경우

2) 지원제한 기간 : 1년

- 노사분규, 공장이전 등으로 일시적인 제품생산 중지로 인하여 포기한 경우
- 사고로 인한 생산기계시설 파손 및 인명 사망사고 등으로 포기한 경우
- 원자재 수입 차질 등으로 정상적인 제품생산에 지장이 있어 포기한 경우
- 시제품 개발 지연 등으로 포기한 경우

3) 지원제한 면제(예외)

- 천재지변, 재난·재해 피해복구 등으로 포기한 경우
- 기업의 부도, 파산, 회생절차 개시 등으로 포기한 경우

※ 위법·부당한 방법을 통하여 지원받은 사실이 확인된 업체에 대해서는 지원센터 「기업 지원사업 운영규정」 제12조 내지 제13조에 따라 다음과 같이 제재됨을 알려드립니다. - 위법·부당한 방법으로 지원받은 지원액 전액 환수 - 형사고발(문서의 위·변조, 사기, 업무방해 등 범죄행위 수반시) - 지원배제(중기센터 뿐만 아니라 경기도의 각종 지원사업에서 배재)

2. 문의처

- 경기중소기업지원센터 마케팅지원팀 ooo 주임
- 전 화 : 031-259-6144, 팩 스 : 031-259-6258
- 이메일 : abcde@gsbc.or.kr

C•H•A•P•T•E•R

08

보도자료 작성요령

실무해외시장조사론

CHAPTER

08

보도자료 작성요령

1 언론보도의 효과

자사 제품이나 마케팅활동에 관해 언론에 보도되면 부정적인 기사가 아닌 한, 그 홍보 효과는 매우 크다. 어떠한 매체에 보도가 되었느냐에 따라 그 파급 효과가 다르겠지만 일반인들은 물론이고 해외바이어들도 국내외 언론에 보도된 내용에 대해서는 어느 정도 신뢰를 하기 때문에 기업과 제품에 대한 인지도 향상에 많은 도움이 된다. 특히 일본 바이어들은 상담 시, 언론에 보도된 기사나 증거물을 제시하면 그 제품에 대해 크게 신뢰감을 갖는다고 한다. 따라서 신제품 개발 정보, 해외대형바이어들에 대한 납품 성공 스토리 또는 기업의 두드러진 마케팅 활동 등이 언론에 보도되면 국내는 물론 해외영업에도 많은 도움이 된다. 따라서 언론홍보는 기업의 가치를 높이는 중요한 수단이라고 할 수 있다.

언론에 보도되는 방법은 기자가 현지를 방문하여 취재 및 인터뷰를 하거나 기업에서 보도자료를 작성하여 언론에 배포하는 것이다. 보도자료(영어 : press release)란 행정 기관이나 민간 기업 등에서 이슈가 있을 경우, 해당내용을 육하원칙에 따라 기사 형식으로 작성하여 언론용으로 발표된 성명이나 문서를 말한다. 중소기업들이 전국지를 대상으로 인터뷰 및 현지 방문취재를 요청하거나 또는 보도자료를 배포하는 것은 쉽지 않은 일이다. 그러나 지방지 또는 조합 및 협회에서 발행되는 간행물과 전문지에서는 중소기업들 관련 기사도 잘 실어주는 경향이 있으므로 이런 매체들을 적극 활용하도록 한다. 물론 이들 매체의 기자들을 포함하여 언론인 및 편집인들과 관계를 잘 맺어두면 많은 도움이 된다. 따라서 평소 기자들의 연락처를 확보하는 것도 중요하다. 중소기업 지원기관인 중소벤처기업부, Kotra, 중소기업진흥공단과 각 지방자치단체에는 출입기자들이 정해져 있으며 이들 기관의 홍보실이나 공보실에 출입기자 명단을 요청하면 그다지 어렵지 않게 받아볼 수 있다. 이러한 명단 확보가 어렵다면 인터넷이나 지면에서 기자들의 이메일이나 회사 전화번호를 확보하여 직접 연락하는 방법도 있다. 이와 함께, 각 매체가 갖고 있는 속성을 파악하고 있어야 한다. 경제지는 신제품으로 파생되는 매출과 관련된 기사 작성에 흥미를 갖는다. 중앙일간지는 단독으로 한 기업의 신제품이나 성공사례를 소개하는 경우는 드물며 주로 산업기사로 묶어 개별 기업의 사례를 인용하면서 보도하는 경향이 있다. 인터넷신문은 다른 매체에 비해 보도자료의 길이에 민감하지 않아 좋은 보도자료라면 조금 길어도 게재될 수 있다.[1] 또한 유명 해외전시회에 참가하게 되면 취재를 위해 방문하는 기자들을 종종 만날 수 있다. 이 경우, 기자 취재에 적극적으로 응하면서 자사 제품과 마케팅 활동을 소개한다. 보도자료 배포 시 기사마감시간 및 관련기사 섹션 요일을 파악하면 기사화될 수 있는 확률이 더 높아진다. 기자들이 출입처로 떠나기 전인 오전 9시를 전후해 연락하고 자료를 보내는 것이 가장 효과적이다. 보도자료를 보냈으면 담당기자에게 직접 전화를 걸어 보도자료에 관한 간략한 소개 및 보도자료 전달여부를 확인한다. 아울러 기사화되면 담당 기자에게 감사의 인사를 전하고 보도된 기사는 한글이든 영문이든 잘 보관하였다가 해외바이어와 상담 시 적극 활용토록 한다.

1 뉴스타운 '중소기업, 언론홍보를 적극 활용하라'에서 인용(2016. 3. 31).

그림 1 중소기업 관련 언론 보도 사례

국제신문

인쇄 닫기

부산 '월드클래스 300' 기업 <3> 한라IMS(주)

선박평형수 통합제어 국산화로 글로벌 톱3 도전

국제신문 박정민 기자 link@kookje.co.kr 2015-08-04 20:13:38 / 본지 16면

한라IMS 김영구 대표이사가 부산 강서구 화전산단 본사에 전시된 '선박평형수 통합제어감시시스템' 모형 앞에서 포즈를 취했다. 서순용 선임기자 seosy@kookje.co.kr

- 시장점유율 국내 50% 세계 30%
- 레벨계측장비로 성장 발판 다져

- 원격밸브제어·수처리 잇단 출시
- 세가지 제품 패키지 사업다각화

- 연구개발 인력·기술 꾸준히 투자
- 2020년 연매출 2000억 달성 포부

"선박평형수 통합제어감시시스템을 통해 후발주자의 약점의 극복하고 '글로벌 톱 3'를 달성할 것입니다."

1989년 설립된 한라IMS(주)는 선박용 레벨계측장비(Ballast Gauging)를 통해 초기 성장을 이뤄냈다. 레벨계측장비는 평형수(선박의 균형을 유지하기 위해 탱크에 넣고 빼는 바닷물)의 양을 계측하는 시설이다.

한라IMS의 레벨계측장비는 국내 시장의 50%, 세계시장의 30%를 점유하고 있다. 지난해에는 산업통상자원부의 세계일류상품으로 지정될 정도로 탄탄한 경쟁력을 갖고 있다.

한라IMS 김영구(56) 대표이사는 "레벨계측장비를 기반으로 사업이 성장했지만 단일 품목으로는 한계가 있다고 판단했다. 2007년 기업공개를 통해 100억 원 이상의 자금을 확보하고 본격적으로 사업 다각화에 나섰다"고 말했다.

중도일보

1951년 창간 中都日報 joongdo.co.kr

'IP스타기업' 뉴젠사우나 "브랜드 활용해 해외시장 확장"

국내 최고 원적외선 반신욕품 생산 … 中 수출 등 글로벌기업 입지다져

마케팅 강화위해 전담인력 고용

기사입력 : 2015-07-21 18:22 [박전규 기자] 지면 게재일자 : 2015-07-22 면번호 : 4면

● 'IP스타기업' 지역 경제의 미래를 밝히다 - (주) 뉴젠사우나

특허청과 지역지식재산센터는 유망 중소기업을 선정해 전략적으로 지원, 자생적으로 지식재산 경영능력을 갖추도록 유도하기 위해 IP(지식재산권)스타기업을 육성하고 있다. 국내 권리화, 해외 권리화, 특허기술 시뮬레이션, 맞춤형 특허맵, 브랜드 및 디자인개발, 비영어권 브랜드 개발 등을 선택적으로 지원한다. 이런 가운데, 지역에서도 IP스타기업의 성장이 눈에 띄고 있다. IP스타기업은 지역경제를 선도할 강소기업으로 성장하면서, 지식재산권 확보를 통한 경쟁력 강화와 경제 활성화를 도모해 나가고 있다. 지식재산을 무기로 성장하는 기업을 총 3회에 걸쳐 조명해 봤다. <편집자 주>

▲ 뉴젠사우나는 원적외선 반신욕기를 생산하는 전문기업으로, 회사의 지식재산을 앞세워 강소기업으로 성장해 나가고 있다.

대전 대덕밸리 내 (주)뉴젠사우나(대표 김민석)는 국내 최고의 원적외선 반신욕기를 생산하는 중소기업으로, 그동안 직접 생산을 통해 구축해 온 노하우를 바탕으로 국내 최고 수준의 품질 및 판매량을 유지하고 있다.

ISO 14001의 품질시스템에 준해 완벽한 원적외선 반신욕기를 생산하고 있는 뉴젠사우나는 다양한 온·오프라인에서 고정 판매망을 구축하고 있으며, 최근 홈쇼핑 입점도 성공적으로 이뤄 다양한 제품들이 판매되고 있다.

연합뉴스 인쇄하기 닫기

<"우리도 있다" CES를 빛낸 한국 강소기업>

기사입력 2015/01/09 05:31 송고

모바일 디바이스·웨어러블 등 제품군 주목

(라스베이거스=연합뉴스) 전성훈 기자 = 세계 최대 가전전시회로 꼽히는 CES(Consumer Electronics Show)는 세계적인 대기업들의 최신 기술 경연장이다.

하지만 전시장 구석구석을 돌아보면 백사장 속의 진주처럼 빛나는 기술 중소기업들이 다수 포진해 있다.

우리나라도 50여개 달하는 강소기업들이 이번 CES에 출격해 저마다 세계 최고 수준의 기술력과 아이디어를 뽐냈다.

특히 올해는 모바일 디바이스·웨어러블 등 첨단 제품군을 보유한 기업들이 다수 출전해 관심을 모았다.

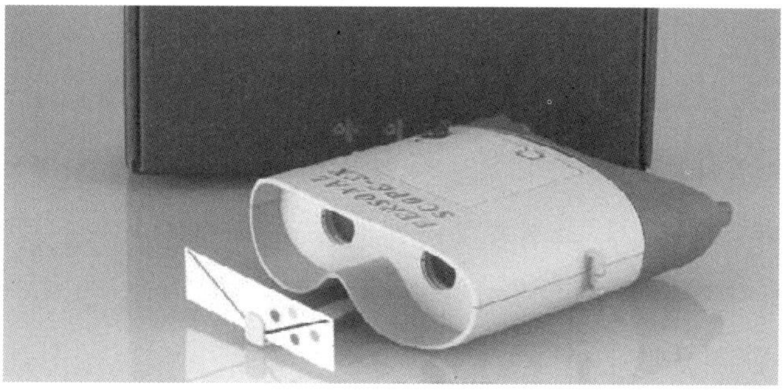

CES가 TV·스마트폰 등 눈을 혹사하는 제품들을 전시한다는 점에 착안해 시력을 향상시키는 눈 운동 기기를 출품한 '역발상' 중소기업도 있다.

아이존은 착용하는 것만으로 안구 운동이 되는 '퍼스널 스콥-EX'를 내놨다. 이 제품은 우리나라는 물론 미국·대만 등의 발명전에서 상을 받는 등 국제적으로 기능성을 인정받고 있다.

업체 관계자는 "스마트폰 과다 사용 등으로 눈 건강에 대한 관심이 많아서인지 꽤 많은 관람객이 관심을 보인다"고 말했다.

이외에 목걸이형 스마트기기(텔레웍스), 스마트폰 영상을 100인치급의 와이드 스크린으로 보는 것과 느낌을 주는 가상현실(VR) 기기(고글텍) 등도 좋은 반응을 얻었다.

2 보도자료 작성방법

중소기업들이 언론을 상대로 보도자료 또는 보도문을 내는 경우는 흔하지 않다. 그러나 언론사로부터 요청이 들어올 수도 있고 기업 스스로 먼저 언론사에 보도자료를 내고 기사화를 요청하는 경우도 가끔씩 생길 수 있다. 보도자료는 광고문안과는 확연히 다르다. 기자들은 항상 바쁘기 때문에 기업 측이 제공하는 보도자료를 거의 손대지 않고 기사화할 수 있도록 작성되어야 한다. 따라서 보도자료를 작성하기 위해서는 준수해야 할 몇 가지 유념 사항이 있다.

첫째, 보도자료에는 전달하고자 하는 분명한 메시지가 있어야 한다. 즉 독자들에게 관심을 불러일으키거나 의미 있는 정보를 제공하는 내용이 담겨야 한다. 언론사들은 누구나 다 아는 정보, 시의성[2]을 놓친 기사, 다른 언론에서 이미 다룬 기사 등 보도가치가 없거나 떨어지는 기사는 보도해주지 않는다. 통상 언론기관에서 뉴스 가치는 유명성, 참신성, 사회성, 논쟁성, 흥미성 및 시의성으로 판단 기준을 삼는다.

둘째, 보도자료에서 제목이 가장 중요하다. 제목만으로도 보도문의 성격, 전체 내용을 알 수 있도록 1줄, 10~15자 정도의 길이로 짧게 작성하며 핵심을 담은 요약된 언어로 표현하다. 또한 독자가 제목만 보고도 읽고 싶은 흥미를 유발할 수 있도록 작성하되 인위적으로 독자의 시선을 끌기 위한 낚시성 기사 제목은 바람직하지 않다. 제목은 본 제목 1개, 소제목 2~3개 정도로 작성한다.

셋째, 보도자료는 반드시 육하원칙(5W 1H)을 포함하되 철저하게 사실(Fact)에 입각해서 작성된 자료여야 한다. 기사 내용을 증명할 수 있는 공신력 있는 객관적인 데이터를 제시하고 출처를 밝힌다. 기사 중간 또는 말미에 해당 기업 관계자(사장, 임원, 개발책임자, 관련 부서장, 주요 바이어 등)의 인용문 등을 삽입하는 것도 보도자료의 신뢰성을 높일 수 있는 좋은 방안이라 할 수 있다. 반면 과장, 허위, 추측성 기사, 근거 없는 비방기사 등은 보도에서 배제된다. 이런 기사는 나중 분쟁의 빌미가 될 수 있기 때문이다.

넷째, 보도자료는 짧은 문장으로 간결하고 정확한 표현이 담기도록 작성되어야

---

2 시의성(timeliness, 時宜性)이란 때의 사정에 맞거나 시기에 적합한 성질을 말한다. 예를 들어 뉴스 가치의 결정 요소로 어떤 사건에 대한 뉴스가 새롭고 시기적으로 뒤지지 않는 것을 말한다. <출처: 오마이뉴스 2013. 12. 13>

한다. 중언부언을 하거나 애매모호한 표현, 복잡한 문장으로 작성하게 되면 의미 전달이 희석되고 문장이 엉키게 되어 보도자료로서의 가치가 떨어지게 된다. 일체의 주관적인 판단, 의견, 감정 기재, 지나친 형용사나 수식어 등은 철저히 배재한다. 또한 보도자료가 너무 길면 언론사 편집실에서 대부분 편집 또는 삭제하므로 A4지 한매 혹은 한매 반 정도로 작성한다. (글자크기 11혹은 12기준) 문단이 끝나면 한 칸씩 한 줄 띄기를 하며 전문용어는 가급적 쉽게 풀어 쓴다. 경우에 따라 보도문과 별도로 본문 뒤에 해설이나 참고자료 또는 용어설명을 붙여주는 것도 바람직하다.

다섯째, 결론을 보도문의 앞부분에 배열한다. 기사의 첫 문장을 흔히 리드(lead)라고 부르는데 뉴스에서 첫 문장은 대단히 중요하다. 첫 문장만 읽어보아도 전체의 내용이 한눈에 들어오도록 작성해야 한다. 그래야 독자들의 눈에 띄게 되고 독자들은 기사를 끝까지 읽게 되며 제목과 기사의 앞부분을 읽다가 흥미를 느끼지 못하면 다른 기사를 보게 된다. 보도자료를 반드시 역 피라미드 형식[3]으로 작성해야 하는 이유가 여기에 있다.

여섯째, 동일한 내용이나 문구를 중복 사용하지 않는다. 보도문에 같은 표현이 계속 나열되면 지루해지고 독자들의 흥미를 끌기 어렵다. 예를 들어 '~ 을 조사한다'는 표현을 반복해서 쓰는 것 보다는 '~ 을 파악한다', '~ 을 확인한다' 또는 '~ 을 점검한다' 등과 같은 비슷한 의미를 갖은 다양한 표현을 사용하다.

일곱째, 보도자료에 나오는 기업이나 사람 이름은 가능한 실명으로 작성하는 것이 바람직하나 실명을 밝히기가 도저히 곤란한 경우에 한해 영문 이니셜로 표기한다. 특히 경쟁기업 또는 타사제품과 비교할 때 실명을 적시해야 할지 심사숙고해야 한다.

여덟째, 시의성 있게 보도 자료를 낸다. 아무리 좋은 정보라도 보도할 시점을 놓치게 되면 이미 오래된 정보가 되어 정보 가치를 상실하게 된다.

아홉째, 보도자료를 낼 때 본문 내용과 관련된 사진을 곁들이면 더 좋다. 다만 사진의 무단 게재로 인한 분쟁이 발생할 수 있으므로 본인이 직접 촬영하였거나 분쟁의 소지가 없는 해상도 높은 사진을 첨부 한다. 그러나 연락처, 홈페이지 주소, 브랜드명, CI 및 기타 텍스트 글자 등이 삽입된 사진 게재는 바람직하지 않다. 이와 함께 제품을 알기 쉽게 설명한 그래픽, 연도별 추세를 나타낸 그래프나 도표를 준비

---

3 가장 중요한 정보를 앞부분에 쓰고 뒤로 갈수록 덜 중요한 내용을 나열하는 방식을 역 피라미드 형식이라고 한다.

하면 더 의미가 명확하게 전달된다.

마지막으로 보도자료 맨 상단이나 하단에는 작성자 이름과 이메일, 핸드폰 번호를 명기한다. 언론사에서 기사 작성 중 문의사항이 있을 수 있기 때문이다. 최근에는 보도자료에 웹사이트와 간단한 회사 소개글까지 붙이는 것이 보편화되고 있다.

그림 2 보도자료 작성요령 관련 기사(디지털타임스 2017. 7. 28.)

기자들이 좋아하는 보도자료 작성법은?

보도자료란 기자에게 전달되는 자료로, 홍보담당자가 기업의 이슈 등을 정리해 기자에게 제공하는 '기사거리'를 말한다. 보도자료는 홍보의 가장 중요한 수단으로 꼽히는데, 기자들의 눈에 띈 보도자료는 기사화로 이어지게 되며 이는 기업의 제품과 서비스, 인지도를 향상 시킬 수 있는 기회가 될 수 있다.

이에 종합광고홍보대행사 ㈜오픈프레스(대표 김도영)의 언론홍보대행 브랜드 뉴스캐스트에서는 보도자료 잘 쓰는 법 3가지를 공개했다.

첫째, 명확한 이슈를 주제로 잡아야 한다. 기자들은 광고성 정보 보다 새로운 소식이 담긴 내용을 원한다. 광고 내용을 무분별하게 늘어놓는 것 보다 '신제품 출시'와 같은 핵심 주제를 통해 관련 정보를 전달하는 것이 좋다. 이때 첫 문단에 중요한 내용을 넣어야 독자는 물론 기자들의 눈을 사로잡을 수 있다.

둘째, 제목은 간결하면서도 핵심 내용을 담아야 한다. 여러 번 읽어도 이해할 수 없는 제목은 기자와 독자들 모두 외면해버리기 마련이다. 제목에 키워드를 넣는다면 포털사이트 검색에서도 상위에 노출될 수 있으니 이점 또한 기억하자.

셋째, 가급적 어려운 단어는 피하고 문장은 간결하게 쓰는 것이 좋다. 뉴스 기사는 얼마나 가독성 있느냐가 관건이다. 관련 업계 사람만 알 수 있는 어려운 단어는 피하고, 최대한 쉬운 단어로 풀어써야 한다. 여기에 명확한 출처가 담긴 통계나 기업의 대표 등 인용구를 활용하면 신뢰감을 높일 수 있다.

뉴스캐스트 송재승 팀장은 "소비자들이 제품이나 서비스를 선택할 때 가장 많이 고려하는 매체가 바로 인터넷 뉴스이기 때문에, 보도자료는 오늘날 가장 중요한 홍보 수단이라고 할 수 있다"며 "자체적으로 보도자료를 작성하고 이를 배포하는 데 어려움을 느낀다면 전문 언론홍보대행사의 도움을 받는 것도 좋은 방법이다"라고 전했다.

한편 오픈프레스는 2005년 창립이래 12년 간 약 5,700개 기업에 광고/홍보 서비스를 제공해 왔으며, 언론홍보대행사로는 최초로 서울시우수기업브랜드 '하이서울브랜드'에 선정된 바 있다. 현재 결제 금액의 최대 5%를 적립해 현금처럼 쓸 수 있도록 제공하는 고객감사 이벤트를 실시 중이다.

그림 3 기고문 예

dongA.com

2012-07-23 03:00:00 편집

프린트 닫기

[세계에 이런 시장이 뜬다/조기창]〈1〉요르단 태양열온수기 시장을 공략하라

조기창 KOTRA 암만무역관장

요르단은 중동에 있지만 석유가 없다 보니 태양열 등 대체에너지 개발에 사활을 걸고 있다. 사진은 요르단 수도 암만에 위치한 한 빌딩의 태양열 집열판 모습. 최근 기름값 상승과 천연가스 공급 중단으로 에너지난에 빠진 요르단은 국가적 차원에서 각 가정에 태양열 온수기를 설치할 것을 권장하고 있지만 한국산은 없다. 암만무역관 제공

《 유럽발(發) 경제위기 여파로 우리 경제가 어려울 것이라는 예측이 많다. 미국 경기도 쉽사리 회복될 기미가 보이지 않는다. 하지만 지구촌에는 유럽과 미국만 있는 게 아니다. 중동 아프리카 등 우리가 아직 관심을 갖지 못한 시장(市場)이 널려 있다. 무역 의존도가 90%에 달하는 한국은 어떤 시장에서 돌파구를 찾을 수 있을까. 동아일보는 81개국에 나가 있는 119명의 KOTRA 무역관장들의 릴레이 기고를 통해 시장 정보를 쉽게 접하지 못하는 중소기업들의 수출 돌파구 마련에 도움을 제공하고자 한다. 첫 회는 요르단 암만 무역관장의 기고다. 편집자 》
아라비아 반도 북서부에 위치하고 있는 요르단은 중동에서 몇 안 되는 비산유국이다. 따라서 필요한 에너지의 96%를 수입에 의존하고 있어 에너지 수입액이 국내총생산(GDP)의 20%를 상회하고 있다. 최근 경제 발전과 인구 증가로 에너지 수요는 매년 7% 이상 급증하고 있다.

전체 사용 에너지의 3분의 2가량을 석유, 천연가스 등 전통적인 에너지원에 의존하고 있는 요르단은 최근 국제 유가 상승과 이집트로부터의 천연가스 공급 중단이 국가 경제 발전에 큰 걸림돌이 되고 있다. 요르단 정부는 요즘 에너지원의 다각화와 함께 온실가스 배출을 줄이기 위해 재생에너지 투자와 사용을 독려하고 있다. 여기서 정부가 가장 권장하고 있는 품목이 바로 태양열 온수기다.

요르단은 지표면 m²당 5~7kWh에 이르는 강한 햇빛을 갖고 있으며 연간 쾌청일수가 300일가량이나 된다. 아직은 요르단 전체 가정의 15%가량인 약 15만 가구만이 가정용 온수와 난방을 위해 태양에너지를 사용하고 있으나 요르단 정부는 2020년까지 이 수치를 50%로 끌어올릴 계획이다. 현지 에너지 전문가들은 이런 목표가 실현되면 요르단은 연간 원유 275만 배럴을 절약할 수 있을 것으로 추정하고 있다.

현재 태양열 온수기는 초기 설치비용이 600~1000달러로 일반 가정에서는 부담을 느껴 설치를 주저하고 있다. 하지만 설치한 후 4년 정도 지나면 비용을 모두 회수할 수 있기 때문에 설치 가정이 꾸준히 늘고 있다.

정부에서도 설치를 장려하기 위해 수입 관세와 판매세를 철폐하는 등 각종 세제 혜택을 부여하고 있다. 또 재생에너지 전문가들의 제안에 따라 정부부처인 '에너지 자원부'가 주축이 돼 경쟁 입찰을 통해 온수기를 구입해 우선적으로 요르단 남부 지역 가정에 무상으로 설치해 주고 있다. 설치비는 전기 요금에 추가해 나눠 내도록 하고 있다. 최근 요르단 정부가 전기 요금을 올려 온수기 수요는 더욱 늘어날 것으로 보인다.

이 같은 시장 확대에 따라 요르단에서는 자체 제작한 온수기들이 출시되고 있으나 열 효율성이 떨어진다는 지적을 받고 있다. 중국산도 가격이 싸서 잘 팔리는 편인데 수명이 3년이 채 안될 정도로 품질이 떨어져 불만을 사고 있다. 따라서 여유가 있는 가정은 가격이 다소 비싸더라도 독일 등 유럽산 제품을 선호하고 있다. 아직까지 한국산은 거의 찾아볼 수 없다.

요르단은 거리에서 운행되는 차량의 60%가량이 한국산 차이고 가전제품, 휴대전화 시장에도 한국 브랜드 제품이 널리 보급되어 있다. 따라서 한국 제품에 대한 인지도는 매우 높은 편이다. 태양열 온수기도 가격경쟁력을 갖추고 애프터서비스를 강화한다면 시장 개척 가능성이 매우 높을 것으로 전망된다.

또 한국은 최근 몇 년 사이 발전소 및 연구용원자로 수주에 성공하여 에너지 분야에서 기술력을 높이 평가받고 있기 때문에 태양열 온수기 설치 붐이 불고 있는 지금이야말로 시장 진출을 위한 호기라 할 수 있겠다.

조기창 KOTRA 암만무역관장

헤럴드경제

<글로벌인사이트>북부 中東에서 날개 단 한국산 가전

2010-12-13 09:52

조기창 코트라 암만KBC 센터장

중동 아라비아 반도 북부에 위치하고 있는 요르단과 시리아, 이라크, 레바논 등 소위 레반트 지역에서 한국산 가전제품이 뜨고 있다. 특히 이들 지역에서 LED, LCD TV는 한국산의 시장점유율이 60~70%에 달하고 있다.

레반트 지역에서 일본산 LED, LCD TV는 더 이상 한국산의 경쟁자가 아니다. 중국산과 터키산이 마케팅을 강화하며 시장점유율을 올리고 있지만, 기술력의 차이로 인해 아직까지는 한국의 경쟁상대가 되지 못하고 있다.

특히 현지 고소득층을 대상으로 삼성전자가 3D 입체 TV를 올 4월에 출시했고 LG전자도 곧 출시할 계획이다. 레반트 지역에서 TV 분야는 한국 가전 양사의 선두 다툼이 치열하다. 앞으로도 한국의 독주가 계속될 것으로 확실시 된다. 에어컨 시장에서도 한국산이 50% 가까이 시장을 점유하며 한국은 최대 에어컨 공급 국가로 자리매김 했다. 냉장고, 세탁기 등 백색가전에서도 한국산의 판매가 호조를 보이고 있다.

레반트 지역에서 한국산 가전제품이 크게 약진하게 된 계기가 마련된 것은 2008년 9월 LG전자가 요르단 암만에 레반트 법인을 설립하면서 부터다. 이듬해 7월 삼성전자도 레반트 법인을 설립해 서부 중동에서의 마케팅 활동을 대폭 강화하면서 한국산 가전은 점차 현지 시장을 넓혀갔다.

덕분에 LG전자 레반트 법인은 매출액이 설립 첫해 2008년 2억7000만 달러에서 올해는 4억달러로 크게 늘어날 것으로 추산된다. 내년에는 5억달러에 이를 것이란 전망이다. 삼성전자도 설립 첫해인 지난해 매출액 2억 달러에서 올해는 3억5000만달러로 2배 가까운 규모로 증대될 것으로 예상된다. 내년에는 5억 달러를 달성할 것으로 삼성전자는 내다보고 있다.

그러나 컴퓨터와 노트북, 휴대전화 등 IT 분야에서 한국산은 영상 가전에 비해 시장점유율을 크게 넓혀가지 못하고 있다. 컴퓨터 분야는 미국 휴렛팩커드(HP)와 일본 도시바가, 휴대전화는 핀란드 노키아가 워낙 인지도가 높아서다. 이 분야에서 한국 업체는 마케팅을 더욱 강화해야할 것으로 보인다. 또 저가 냉장고와 세탁기 시장에선 서부 중동과 지리적으로 가까운 터키산이 시장점유율을 지속적으로 확대하고 있어 한국 가전업체를 긴장시키고 있다.

현지에서 인지도를 높이기 위한 우리 기업들의 마케팅 활동도 늘고 있다. LG전자 레반트법인은 매출 확대와 인지도를 높이기 위해 법인 직영 서비스센터와 콜 센터를 운영하며 고객 서비스를 강화하고 있다. 최근에는 IT관련 연구개발(R&D)센터를 암만에 개설하기도 했다.

이 밖에 LG전자는 서해(死海) 마라톤 대회, 현지 소외계층 어린이를 대상으로 한 언챙이 수술, 요르단대학 한국어학과 지원 등 글로벌 기업으로서 지역사회 공헌에도 앞장서고 있다. 이 때문인지 최근 암만코리아비즈니스센터(KBC)가 요르단인 400여명을 대상으로 설문조사 한 결과, 현지인들은 LG전자를 가장 대표적인 한국기업으로 인식하고 있는 것으로 조사됐다.

요르단의 경우 한국산 가전제품과 자동차 판매 호조에 힘입어 우리나라 수출이 2009년에는 글로벌 금융위기에도 불구하고 전년에 비해 38.8%나 증가한 10억 달러를 처음으로 넘어섰다. 올해 10월까지 수출은 전년 동기대비 약 30%가 증가한 10억 달러를 상회하는 등 수출 호조가 지속되고 있다.

그림 4 보도자료에 따른 신문기사 예

코트라, 中企 해외전시 참가기회 확대

입력시간 | 2008.12.08 15:52 | 정태선 기자

참가 중소기업에 최고 70%까지 지원금

[이데일리 정태선기자] 중소기업의 해외전시회 참가 기회가 확대된다.

8일 코트라는 중소기업의 해외 전시회 참가 기회를 확대하기 위해 내년 지원예산을 올해보다 50억원 증가한 200억원으로, 지원 대상 해외전시회 수도 7개 늘어난 130개로 늘렸다고 밝혔다.

참가 중소기업에 대한 지원도 올해 전시회당 평균지원액이 9150만원에서 내년에는 1억 2300만원으로 34% 증액했다.

이에 따라 올해의 경우 해외전시회 참가에 필요한 직접 경비의 최고 45~50%가 개별 중소기업에 지원됐지만, 내년의 경우 최고 70%까지 지원금이 늘어난다.

조기창 코트라 해외전시협력팀장은 "세계적인 경기불황으로 국내 중소기업의 해외전시회 참가 의욕이 꺾일 것이 우려된다"고 지적했다.

이어 "증액된 예산으로 참가비 부담을 줄여주고 로드쇼, 수출상담회 등 해외전시회와 연계하여 다양한 마케팅 지원활동을 펼 계획"이라고 말했다.

특히 내년에 처음 참가하는 전시회도 '유러피언 광통신 전시회', '시리아 국제건축박람회', '동경 환경전'을 비롯한 총 36개에 달한다.

참가 해외전시회를 품목별로 보면 자동차 부품을 포함하는 기계류 전시회가 27개, 섬유 패션 17개, 전기 전자 16개, 정보통신 16개의 순으로 나타났다.

최근 유망 산업으로 떠오르는 의료 BT 분야 전시회 13개, 환경 에너지 관련 전시회 7개도 포함돼 있다.

내년에 참가하는 해외전시회는 전시회 전문포탈사이트인 GEP(www.gep.or.kr)를 통해 찾아볼 수 있다.

C•H•A•P•T•E•R

09

설문서 작성요령

CHAPTER

09

설문서 작성요령

1 설문조사의 의의 및 방법

설문을 통한 시장조사도 설계를 잘하고 대표할 수 있는 충분한 응답자들을 대상으로 실시된다면 신뢰할 수 있고 생생한 정보를 얻을 수 있다는 점에서 훌륭한 시장조사 방법이라 할 수 있다. 설문은 기존 자료를 활용하지 않고 조사자가 대상계층을 정해 직접 조사하거나 전문기관에 의뢰한다는 데 의미가 있다. 따라서 어떤 방법보다도 다수의 조사대상들로부터 시의성 있으면서 살아있는 많은 정보를 입수할 수 있다는 장점이 있다. 그러나 설문조사를 통해 유의미한 분석 결과를 얻기 위해서는 무엇보다도 설문조사를 실시하기에 앞서 어떠한 정보를 얻기 위해 누구를 대상으로 조사하며 어떤 방식으로 설문을 실시하고 조사된 자료를 분석할 것인가를 먼저 고려해야 한다. 설문을 실시한 후 오류가 발견되면 다시 돌이키기도 어려울 뿐만 아니라 많은 시간과 예산, 인력을 투입하여 재조사한다고 하더라도 당초 기대했던 설문 성과를 얻을 수 없기 때문에 세심한 설계가 요구된다.

설문조사는 대부분 바이어나 현지소비자들을 대상으로 자사 제품에 대한 평가, 수요동향, 구입동기, 구매를 결정하는 우선순위, 향후 시장전망, 공급자에 대한 요구사항 등을 조사할 때 주로 사용된다. Kotra 해외무역관에서도 시장정보를 생산할 때 바이어와의 인터뷰나 설문조사를 통하면 보다 살아있는 정보를 얻을 수 있기 때문에 이 방법을 자주 활용한다. 특히 해당 품목을 취급하는 바이어들이 많지 않을 때는 대부분 전수조사를 하게 되는데 이 경우, 그 어느 조사보다도 의미 있는 분석 결과를 도출해 낼 수 있다. 그러나 수많은 소비자들을 대상으로 설문조사를 실시코자 할 경우에는 우선 타깃층을 정하고 그 타깃층에 속하는 가능한 한 많은 소비자들을 설문에 참여토록 해야 정확한 정보 산출이 가능해진다.

그림 1 요르단 젊은층들이 많이 모이는 쇼핑몰 및 대학가

설문을 실시하는 방법에는 대인면접, 전화면접, 우편조사, 이메일조사, 팩스조사 또는 인터넷조사 등 여러 방법이 있는데 대부분 설문답변지의 수거율이 높지 않다는 것이 설문조사에서 가장 큰 문제점으로 꼽힌다. 우편, 이메일, 팩스 또는 인터넷 조사에는 많은 시간이 소요되지 않지만 수거율은 극히 미미하다. 전화면접은 아주 간단한 조사는 가능할지 몰라도 문항수가 많고 조금만 긴 문장의 설문이라면 실시하기조차도 어렵다. 따라서 우편, 이메일, 팩스를 통해 설문서를 먼저 보내고 전화로 회신을 요청하는 방법을 활용하기도 한다. Kotra 해외무역관이 설문조사 시 가장 보편적으로 활용하는 방법은 대면조사이다. 간단한 설문은 전화로도 실시하지만 대면조사 시 대상은 주로 Kotra를 잘 알고 있거나 이미 한국과 비즈니스 관계를 맺고 있는 바이어들을 상대로 실시한다.

대면조사는 그나마 다른 방법보다 수거율이 높다. 예를 들어 한류 바람을 타고 한국산 화장품에 대한 인식이 좋아지고 있는 요르단에서 20대 젊은 여성층을 타깃으로 시장진출을 계획하고 있다면 이들을 대상으로 화장품 선호도와 구입동기 및 구입기준 등 시장조사가 선행되어야 한다. 따라서 젊은 여성들이 많이 모이는 대학가나 현대적 시설의 쇼핑센터에서 설문조사를 하게 되면 비교적 정확한 정보를 얻을 수 있다. 설문지를 배포하는 현장에 자사 화장품으로 화장을 한 한복을 입은 한국 여성을 참여시키거나 유명한 한류 연예인의 대형 사진을 비치하면 현지 젊은이

들을 끌어 모으는 데 훨씬 도움이 된다. 또 현지인들의 자동차부품 구입 동향에 대해 알고 싶다면 자동차부품 상점 밀집지역을 방문하여 소매상들이나 이곳을 찾는 소비자들을 대상으로 설문조사를 실시한다. 대면조사 시 참여율을 높이기 위해서는 설문작성자에게 간단한 선물이나 증정품, 샘플, 기타 판촉물을 나누어 주는 것이 좋다.

그림 2 설문응답자 감사용 판촉물

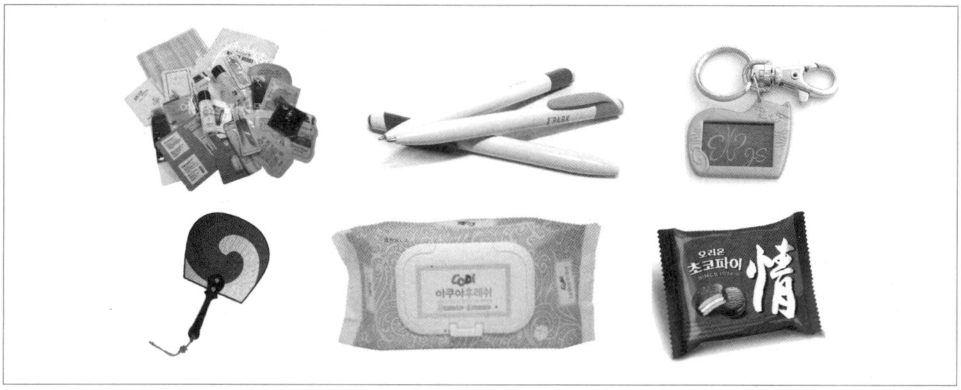

2 설문서 설계 및 분석요령

설문을 통해 필요한 정보를 취득하려면 설문조사서가 정교하게 작성되어야 한다. 작성에 앞서 설문을 실시하는 목적과 설문을 통해 얻고자 하는 정보가 무엇이냐에 따라 설문서의 설계가 이루어져야 한다. 또한 대인면담조사, 전화조사, 우편조사, 이메일조사, 팩스조사 또는 인터넷조사 등 조사방식에 따라서도 설문서 설계가 달라진다. 더구나 대부분의 설문응답자들은 설문 답변에 적극적으로 응하지 않으려는 경향이 매우 강하므로 응답자들이 가벼운 마음으로 설문을 작성할 수 있도록 설계되어야 한다. 특히 질문 문항수가 너무 많으면 응답자들이 처음부터 참여를 하지 않거나 중간에 포기하거나 무성의하게 답변할 수 있으므로 설문서는 꼭 필요한 질문만 포함시켜 문항수를 최소화한다. 소비자 대상 설문인 경우, 필요하다면 본격적인 설문에 앞서 소비자의 연령, 성별, 직업, 소득, 학력수준, 거주지 등을 선택적으로 포함시키는 것도 고려할 수 있다.

설문서는 답변자가 부담을 갖지 않고 쉽게 답변할 수 있도록 설계되어야 하며 이러한 점들을 고려할 때 설문서는 당연히 현지인이 구사하는 언어로 작성되어야 한다. 공용어를 영어로 하지 않는 국가에서 영어 설문서를 제시하면 거의 응답하지 않는다. 또한 최대한 명료하고 쉽게 작성하되 전문용어 등 어려운 언어를 사용한다든가 긴 문장으로 구성된 질문은 피해야 한다. 실명으로 개인의 신상에 관한 질문, 민감한 항목에 대한 직접적 질문, 경쟁업체들에 대한 부정적인 질문 등은 설문에 포함시키지 않는다.

설문서 조사의 질문형태에는 [표 1]과 같이 개방형 질문과 폐쇄형 질문이 있으며 각각의 장단점이 있으나 가능한 설문응답자들이 빠른 시간 내에 쉽게 답변할 수 있도록 폐쇄형 질문인 양자택일형이나 다지선다형으로 설문을 작성하는 것이 좋다. 다지선다형의 경우, 가능한 응답유형을 모두 제시한다.[4] 개방형 질문은 설문응답자들이 잘 써주지 않고 일관된 답변을 받는 데도 저해요인이 될 수 있다.

표 1 설문서 질문의 종류 및 예시

<table>
<tr><td>개방형
질문</td><td colspan="2">객관적 답변 항목 없이 응답자가 자유롭게 답을 기술하는 형태의 질문
【예】 앞으로 알제리 자동차 시장의 경기가 어떠하리라 생각하십니까?</td></tr>
<tr><td>폐쇄형
질문</td><td colspan="2">응답자에게 제시된 답변 항목 중 자신의 견해와 가장 비슷한 항목을 선택하도록 요청하는 형태의 질문</td></tr>
<tr><td rowspan="3">부수적
질문</td><td rowspan="3">다지선
다형</td><td>▪ 제시된 다수 답변 항목 중 한 가지만 선택
【예】 귀하는 중고자동차 구입 시 차량 상태 이외에 가장 먼저 고려하는 사항은 무엇입니까?
한 가지만 선택해 주십시오.
응답 : ( )
❶ 가격 ❷ 배기량 ❸ 색상 ❹ 연비 ❺ 주행거리
❻ 제조사</td></tr>
<tr><td>▪ 제시된 다수 답변 항목 중 무순위로 두 가지 이상 선택
【예】 귀하는 중고자동차 구입 시 차량 상태 이외에 가장 먼저 고려하는 사항은 무엇입니까?
순서에 관계 없이 두 가지만 선택해 주십시오.
응답 : ( ) ( ) → 순서무관
❶ 가격 ❷ 배기량 ❸ 색상 ❹ 연비 ❺ 주행거리 ❻ 제조사</td></tr>
<tr><td>▪ 제시된 다수 답변 항목 중 자신의 견해와 가장 비슷한 순서대로 두 가지 이상 선택
【예】 귀하는 중고자동차 구입 시 차량 상태 이외에 가장 먼저 고려하는 사항은 무엇입니까?
중요하게 생각하는 순서대로 두 가지만 선택해 주십시오.
응답 : 첫 번째 ( ), 두 번째 ( ) → 중요 순서대로
❶ 가격 ❷ 배기량 ❸ 색상 ❹ 연비 ❺ 주행거리 ❻ 제조사</td></tr>
</table>

4 해외시장조사론, p. 240(도서출판 두남).

<table>
<tr><td></td><td>양자택
일형</td><td>▪ 제시된 두 가지 답변 항목 중 한 가지 선택
【예】 한국산 화장품을 구입해본 적이 있습니까?
① 예 ( ) ② 아니오 ( )</td></tr>
<tr><td></td><td colspan="2">앞 질문에서 특정 답변 항목을 선택한 응답자만 대상으로 하는 질문
【예】
(질문1)
귀하는 한국 자동차를 구입해 본 적이 있습니까?
① 예 ( ) ② 아니오 ( )
(질문1-1) 질문1에서 '예'라고 답변하셨다면 지금까지 한국 자동차를 몇 번 구입하셨습니까? ( )
① 1번 ② 2번 ③ 3번 ④ 4번 ⑤ 5번 이상</td></tr>
</table>

<table>
<tr><th colspan="3">표 2 개방형 질문과 폐쇄형 질문의 장단점</th></tr>
<tr><td rowspan="2">개방형 질문</td><td>장점</td><td>▪ 미리 가능한 응답을 구체적으로 마련할 수 없을 때 유용함
▪ 예상치 않은 새로운 응답을 얻을 수 있음
▪ 응답자에게 주어진 답을 강요하지 않고 자유롭게 의사를 표현하도록 함</td></tr>
<tr><td>폐쇄형
질문</td><td>▪ 각자의 방식대로 답하기 때문에 응답자들의 응답을 분석, 비교하기 어려움
▪ 응답자들의 응답이 불필요하게 길거나 너무 짧아 분석하기 어려움
▪ 표현 능력이 떨어지는 응답자에게는 부적절하며 무응답 비율이 높음</td></tr>
<tr><td rowspan="2">폐쇄형 질문</td><td>장점</td><td>▪ 응답자들이 답하기 쉽고 분석하기가 용이함
▪ 응답자가 응답을 기피하는 질문에 대해 범주를 택하게 함으로써 응답을 받아내는 데 효과적임
▪ 응답자가 질문의 초점을 오해하거나 질문을 이해하지 못할 때 유용함</td></tr>
<tr><td>단점</td><td>▪ 응답자의 입장이나 견해를 정확하게 반영하지 못하는 답에 응답하도록 강요될 수 있음</td></tr>
</table>

또한 반복적인 유사 질문과 유도성 질문은 하지 않도록 한다. 질문지에서 특히 집중(주의)해 읽어야 할 부분과 부정으로 묻는 질문의 경우, 해당 부분은 고딕이나 밑줄로 표시를 하도록 한다(예 : … **영향을 주지 않는다고** 생각하시는 것을 선택해주십시오). 다지선다형인 경우, 복수 답변을 허락할 것인지 단 한 개만 선택해서 답변해야 하는지도 명확히 표기한다. 복수 답변도 무제한 답변을 하도록 할 것인지 복수 답변수를 몇 개로 제한할 것인지 그리고 답변 순서에 따라 가중치를 두어 분석할 것인지도 염두에 둔다(예 : … 중요하다고 생각하시는 **순서대로 3가지만 선택**해주십시오).

표 3 강조해야 할 부분은 고딕과 밑줄을 준다.

【3】 귀하는 중고자동차 구입 시 **차량 상태 이외에 가장 먼저 고려하는 사항**은 무엇입니까?
한 가지만 선택해 주십시오. 응답 : ( )
❶ 가격 ❷ 배기량 ❸ 색상 ❹ 연비 ❺ 주행거리 ❻ 제조사

【3】 귀하는 중고자동차 구입 시 **차량 상태 이외에 가장 먼저 고려하는 사항**은 무엇입니까?
순서대로 두 가지만 선택해 주십시오.
응답 : 1순위 ( ), 2순위 ( )
❶ 가격 ❷ 배기량 ❸ 색상 ❹ 연비 ❺ 주행거리 ❻ 제조사

질문순서 및 배열도 중요하다. 설문을 시작하기에 앞서 설문을 실시하는 목적을 간단히 기술하고 답변내용은 조사 목적 외에는 절대 사용되지 않으며 개인정보는 철저히 보호된다는 문구와 함께 질문서 맨 하단에는 『설문에 참여하여 주셔서 감사하다』는 표현을 담도록 한다. 흥미나 관심을 유발하는 질문은 가급적 설문서의 앞쪽에 배열하고 유사 유형의 질문들은 그룹핑하여 같은 위치에 놓이도록 한다. 또한 포괄적인 질문은 전반부에 구체적인 질문은 후반부에 배치한다.

표 4 설문서 설계 시 유의사항

❶ **설문응답자들이 사용하는 언어로 작성한다.**
- 제2외국어 지역에서 영어로 작성된 설문서를 이용하지 않는다.

❷ **객관적이고 과학적인 설문문항으로 구성한다.**
- 파악코자 하는 시장정보와 연관되어 있으며 설문응답자가 답변할 수 있는 문항으로 구성하되 문항수를 최소화한다.

❸ **초안이 작성되면 여러 차례 수정, 보완을 거쳐 완성한다.**
- 설문 완료 후, 오류가 발견되어도 되돌이킬 수가 없기 때문이다.

❹ **지나치게 긴 질문은 가능한 피한다.**
- 설문응답자들은 지문이 긴 질문은 귀찮아하며 제대로 답변하지 않는 경향이 있다.

❺ **전문용어, 약어, 속어 등은 사용하지 않는다.**
- 설문응답자 입장에서 알기 쉽고 명확한 단어를 사용한다.

❻ **애매모호한 문장이나 단어는 사용하지 않는다.**
- 설문응답자가 모두 동일한 의미로 받아들일 수 있도록 설문 내용은 명확해야 한다.

❼ **유도성 질문은 하지 않는다.**
- 설문응답자는 자신의 답변에 대해 책임지지 않으므로 유도성 질문에 넘어가기가 쉬우며 이 경우 왜곡된 정보로 모아질 수 있다.

❽ **질문의 내용을 고려하여 순서를 정한다.**
- ▪ 답변이 용이한 질문은 앞 부분에 배열
- ▪ 어렵고 지루한 질문은 가운데 부분에 배열
- ▪ 민감하거나 기술형 질문은 뒤 부분에 배열
- ▪ 유사 분야 질문은 그룹핑하여 배열

❾ **설문에서 강조할 부분은 고딕이나 밑줄로 표시한다.**
- 부정으로 질문하는 부분
- 다지선다형에서 몇 가지를 고르라는 부분

수거된 설문지는 객관식 답변의 경우, 액셀 작업을 통해 항목별 답변률을 분석하고 가중치를 부여한 질문에 대해서는 이를 반영하여 분석해야 한다. 예를 들어 두 가지를 중요성에 따라 순서대로 제시하라는 질의에 대해서 첫 번째로 답한 답변과 두 번째로 답한 답변을 별도 구분하여 분석한다. 혹은 첫 번째 답변에 대해서는 더 높은 가중치를, 두 번째 답변에 대해서는 이보다 낮은 가중치를 부여하여 분석한다. 사전 제시했던 답변 방식을 벗어난 오류 답변은 분석에서 제외한다(예 : 한 가지만 선택하도록 했는데 두 가지 이상을 선택한 답변). 주관식 답변은 비슷한 답변끼리 통합하여 분석하도록 한다.

그림 3 『KOTRA 수출선행지수』 설문서

kotra
Korea Trade-Investment Promotion Agency

Survey on import order trend from Korea(4th Quarter of 2017)

1. What products do you import from Korea?
   ① Mobile phone ② Semiconductor ③ Flat panel display ④ Home appliance
   ⑤ Automobile ⑥ Auto parts ⑦ Computer ⑧ Machinery ⑨ Steel products
   ⑩ Petrochemical ⑪ Petroleum products ⑫ Textile ⑬ Food ⑭ Other
   (HS Code: ________)

2. What is your average quarterly order amount from Korea?
   ① Less than US$10,000 ② US$10,000~US$50,000 ③ US$50,000~US$100,000
   ④ US$100,000~US$500,000 ⑤ US$500,000~US$1M ⑥ US$1M~US$10M
   ⑦ US$10M~US$50M ⑧ More than US$50M

3. What is your company's number of employees?
   ① 1~9 ② 10~49 ③ 50~99 ④ 100~299 ⑤ 300~499 ⑥ 500~999
   ⑦ More than 1,000

(Order Amount)

4.a. Evaluate your order amount in the 3rd quarter(3Q) of 2017 compared to the 2nd quarter(2Q) of 2017
   ① Increase ② Maintain ③ Decrease

\+

4.b. Forecast your projected order amount for the 4Q/2017 compared to the 3Q/2017.
   ①I ncrease ② Maintain ③ Decrease

\+

4.c. When do you expect 3Q's order to be shipped?
   ① Already shipped or within the 3Q of 2017 ② Within the 4Q of 2017
   ③ After 4Q of 2017

(Price Competitiveness)

5.a. Evaluate Korean product's price competitiveness in the 3Q/2017 compared to the 2Q/2017. ① Increase ② Maintain ③ Decrease

5.b. Forecast Korean product's price competitiveness in the 4Q/2017 compared to the 3Q/2017. ① Increase ② Maintain ③ Decrease

(Quality Competitiveness)
6.a. Evaluate Korean product's quality competitiveness in the 3Q/2017 compared to the 2Q/2017. ① Increase ② Maintain ③ Decrease
+
6.b. Forecast Korean product's quality competitiveness in the 4Q/2017 compared to the 3Q/2017. ① Increase ② Maintain ③ Decrease

(Economic Condition)
7.a. Evaluate your nation's economic condition in the 3Q/2017 compared to the 2Q/2017.
① Increase ② Maintain ③ Decrease

7.b. Forecast your nation's economic condition for the 4Q/2017 compared to the 3Q/2017.
① Increase ② Maintain ③ Decrease

7.c. Forecast your nation's economic condition for the 4Q/2017 compared to the same period(4Q) of 2016. ① Increase ② Maintain ③ Decrease

This survey is set forth to understand the current export trend and prepare the right support from the Korean government. Your participation will be a great contribution to Korea. We will surely and fully protect your private information.

그림 4 『남북 고위급 간 합의가 비즈니스에 미치는 영향』 조사 영문 설문서

This survey is implemented to ask your opinion on recent South and North Korea's agreement on defusing heightened tensions. It will be a great contribution to Korea if you answer this questionnaire. We will surely and fully protect your private information

1. How do you evaluate an agreement between South and North Korea to defuse the stand off at their heavily guarded border.
① Very Positive ② Positive ③ Neutral
④ Negative ⑤ Very Negative

2. How do you think this agreement affect your business with South Korea?
① Very Positively ② Positively ③ Neutral ④ Negatively
⑤ Very Negatively

3. If you have any other opinion about above agreement and its effect on your Business with South Korea, Please feel free to share with us.

Thank you for your time and response.

그림 5 알제리 여성들을 대상으로 실시한 설문과 분석표

- 설문내용 : 알제리 여성들의 화장품 구입 패턴 및 한국화장품 이미지 조사
- 설문일시 : 2016년 10월 5일–10월 8일
- 설문방법 : 한국화장품 홍보코너 방문 알제리 여성상대 설문지 배포 및 수거
- 응 답 자 : 총 375명

Questionnaire

1) A quelle tranche d'âge appartenez-vous ?
1. 10+ 2. 20+ 3. 30+ 4. 40+ 5. 50+ et plus

2) Combien dépensez-vous par mois pour l'achat de produits cosmétiques ?
1. Moins de 1000 DA
2. 1000 DA- 3000 DA
3. 3000 DA- 5000 DA
4. 5000 DA- 10 000 DA
5. Plus de 10 000 DA

3) Où achetez-vous vos produits cosmétiques ?
(Choisissez une réponse)
1. Magasin 2. Grande surface (ex. Ardis) 3. Salon de beauté 4. Pharmacie 5. Free shop à l'Aéroport

4) Comment choisissez-vous vos produits cosmétiques, quel est votre critère de sélection ? (Choisissez une réponse)
1. Prix 2. Qualité 3. Marque 4. Pays de production 5. Quantité 6. Sur conseille du vendeur

5) De quelle origine sont vos produits cosmétiques ?
(Choisissez une réponse)
1. Algériens 2. Français 3. Italiens 4. Espagnole 5. Chinois

6) Quel type de cosmétique achetez-vous le plus souvent ?
(Choisissez une réponse)
1. Crème hydratante 2. Rouge à lèvre 3. Fard à paupière 4. Produits de manucure 5. Mascara 6. Fond de teint

7) Si vous avez l'intention d'acheter des produits cosmétiques Coréens, que souhaitez-vous y trouver ? (Choisissez une réponse)
1. Prix bas
2. Qualité supérieure
3. Emballage attrayant
4. Echantillons gratuits

8) Avez-vous l'intention d'acheter des produits cosmétiques Coréens ?
1. Oui 2. Non 3. Je ne sais pas

9) Comment obtenez-vous des informations sur les produits cosmétiques que vous allez acheter ?
1. Publicité
2. Recommander par ceux qui ont déjà testé les produits
3. Par moi-même dans un magasin
4. Sur conseils du vendeur

10) Pour vous quel est le pays de référence pour les produits cosmétiques ? (Choisissez une réponse)
1. Algérie 2. France 3. Italie 4. Espagne 5. Allemagne 6. Amérique

11) Avez-vous déjà entendu parler de la <<vague coréenne>> ? (chanson pop coréenne, série coréenne, film coréen)
1. Oui 2. Non

12) Qu'est-ce que intéressez-vous dans la <<vague coréenne>> ?
(Choisissez une réponse)
1. Chanson pop Coréenne 2. Série coréenne 3. Film coréen 4. Gastronomie Coréenne 5. La langue Coréenne

Merci de votre coopération

문항/선택	1	2	3	4	5	6	합계
1	94	178	35	31	37		375
2	117	187	51	16	4		375
3	198	58	21	88	10		375
4	15	232	91	21	4	12	375
5	22	319	15	7	12		375
6	174	68	4	11	45	73	375
7	35	288	5	47			375
8	297	9	69				375
9	101	190	54	30			375
10	9	272	12	5	12	65	375
11	323	52					375
12	104	117	31	62	61		375

불어권인 알제리에서 일반 여성들을 상대로 화장품 구입 패턴과 한국화장품 이미지에 대한 설문을 실시하였는데 12개 객관식 설문이 불어로 작성되어 있으며 설문에 응한 총 375명의 답변을 각 문항별로 분석한 예를 [그림 5]에서 보여주고 있다.

(1) 『설문 분석 예』 취합건수 : 50건 가정

1) 다지선다형 중 한 가지만 택일하라고 하는 경우

【3】 귀하는 중고자동차 구입 시 차량 상태 이외에 가장 먼저 고려하는 사항은 무엇입니까? 한 가지만 선택해 주십시오.
응답 : (　)
❶ 가격 ❷ 배기량 ❸ 색상 ❹ 연비 ❺ 주행거리 ❻ 제조사

선택	❶	❷	❸	❹	❺	❻	계
응답건수 【50×1】	16	8	6	14	2	4	50
분석(%)	32	16	12	28	4	8	100

상기와 같이 설문 결과가 나왔다면 이 시장에서 소비자들이 중고자동차 구입 시 차량상태 이외에 가장 먼저 고려하는 사항은

- 가격(32%), 연비(28%), 배기량(16%), 색상(12%), 제조사(8%), 주행거리(4%) 순으로 중요하게 고려하고 있다고 분석할 수 있다.

2) 다지선다형 중 무작위로 두 가지만 택일하라고 하는 경우

【3】 귀하는 중고자동차 구입 시 차량 상태 이외에 가장 먼저 고려하는 사항은 무엇입니까? 두 가지만 선택해 주십시오.
응답 : (　)
❶ 가격 ❷ 배기량 ❸ 색상 ❹ 연비 ❺ 주행거리 ❻ 제조사

선택	❶	❷	❸	❹	❺	❻	계
응답건수 【50×2】	24	16	34	12	6	8	100
분석(%)	24	16	34	12	6	8	100

상기와 같이 설문 결과가 나왔다면 이 시장에서 소비자들이 중고자동차 구입 시 차량상태 이외에 가장 먼저 고려하는 사항은

- 색상(34%), 가격(24%), 배기량(16%), 연비(12%), 제조사(8%), 주행거리(6%) 순으로 중요하게 고려하고 있다고 분석할 수 있다.

3) 다지선다형 중 중요도 순위로 두 가지만 택일하라고 하는 경우(가중치 미제시)

【3】 귀하는 중고자동차 구입 시 <u>차량 상태 이외에 가장 먼저 고려하는 사항</u>은 무엇입니까?
<u>순서대로 두 가지만 선택해 주십시오.</u>
응답 : 1순위 ( ), 2순위 ( )
❶ 가격 ❷ 배기량 ❸ 색상 ❹ 연비 ❺ 주행거리 ❻ 제조사

선택		❶	❷	❸	❹	❺	❻	계
응답건수 각 【50×1】	1순위	12	8	17	6	3	4	50
	분석 (%)	24	16	34	12	6	8	100
	2순위	10	9	16	7	5	3	50
	분석 (%)	20	18	32	14	10	6	100

상기와 같이 설문 결과가 나왔다면 이 시장에서 소비자들이 중고자동차 구입 시 차량상태 이외에 가장 먼저 고려하는 사항은

- 색상(34%/32%), 가격(24%/20%), 배기량(16%/18%), 연비(12%/14%), 제조사(8%/6%), 주행거리(6%/10%) 순으로 중요하게 고려하고 있다고 분석할 수 있다. (1순위/2순위)

4) 다지선다형 중 중요도 순위로 두 가지만 택일하라고 하는 경우 (첫 번째 선택 가중치 60%, 두 번째 선택 가중치 40%)

【3】 귀하는 중고자동차 구입 시 <u>차량 상태 이외에 가장 먼저 고려하는 사항</u>은 무엇입니까?
<u>순서대로 두 가지만 선택해 주십시오.</u>
응답 : 1순위 - 가중치 60 ( ), 2순위 - 가중치 40 ( )
❶ 가격 ❷ 배기량 ❸ 색상 ❹ 연비 ❺ 주행거리 ❻ 제조사

선택		❶	❷	❸	❹	❺	❻	계
응답건수 각 【50×1】	1순위	12	8	17	6	3	4	50
	2순위	10	9	16	7	5	3	50
	가중치 환산*	11.2	8.4	16.6	6.4	3.8	3.6	50
	분석 (%)	22.4	16.8	33.2	12.8	7.6	7.2	100

* 가중치 환산 = 1순위 × 0.6 + 2순위 × 0.4

상기와 같이 설문 결과가 나왔다면 이 시장에서 소비자들이 중고자동차 구입 시 차량상태 이외에 가장 먼저 고려하는 사항은

- 색상(33.2%), 가격(22.4%), 배기량(16.8%), 연비(12.8%), 주행거리(7.6%), 제조사(7.2%) 순으로 중요하게 고려하고 있다고 분석할 수 있다.

그림 6 요르단 중고자동차 수입상 대상 시장조사 설문분석

요르단 중고차 바이어 100명에게 물었습니다

- 2000년 이전 모델 아반떼 가장 많이 구매 -

- 올 하반기 요르단 자동차 시장 전망 어두워 -

암만 코리아비즈니스센터에서는 지난 7월 5일부터 13일까지 요르단 중고자동차 수입상 100인을 대상으로 중동 정치 혼란 이후에 한국산 중고차에 대한 바이어의 인식과 수입 상황, 그리고 올해 시장전망에 관한 설문을 실시했음. 설문 분석 결과를 다음과 같이 게재함.

○ 설문 실시

기간: 2011년 7월 5일부터 13일까지

대상: 한국으로부터 중고차를 수입하는 바이어 100명

방법: 설문지를 팩스나 e-mail 발송 후 전화 문답

설문유형: 20개 각 문항 중 1개만 선택 답변하도록 작성

□ 설문 결과

1. 귀하는 2011년 상반기(1~6월) 동안 한국중고차를 몇 대나 수입하셨습니까?

→ 요르단 바이어들은 2011년 상반기 동안 한국자동차를 20~300대까지 다양하게 수입했음.

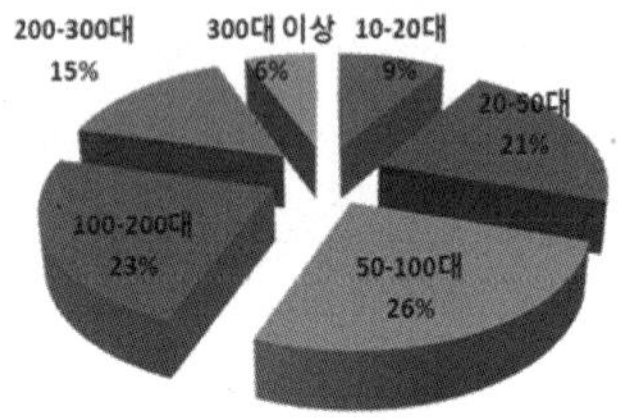

2. 귀하는 2011년 상반기 한국 중고차 중 어떤 차량을 주로 구매하셨습니까?

→ 요르단 바이어들은 아반테를 가장 선호하며 그 외에도 엑센트, 세피아, 소나타 등을 선호함.

기타 보기: 클릭 투산, 스포티지, 소렌토, 산타페(선택바이어 없음.)

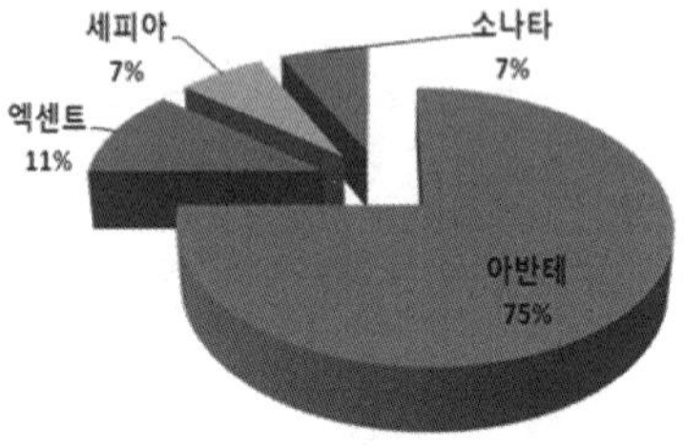

3. 귀하는 2011년 상반기 동안 어떤 연식의 차를 가장 많이 구매하셨습니까?

→ 요르단 바이어들은 주로 2000년 이전 모델을 가장 많이 구매했으며, 다음으로 2005년 이전 모델을 많이 구매했음.

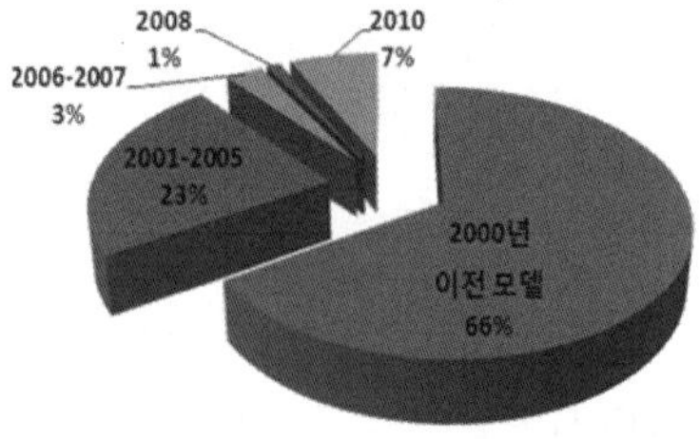

4. 귀하는 주행거리가 얼마인 차를 가장 많이 구매하셨습니까?
→ 요르단 바이어들은 주로 10만km 이상의 주행거리가 있는 차를 구매함.

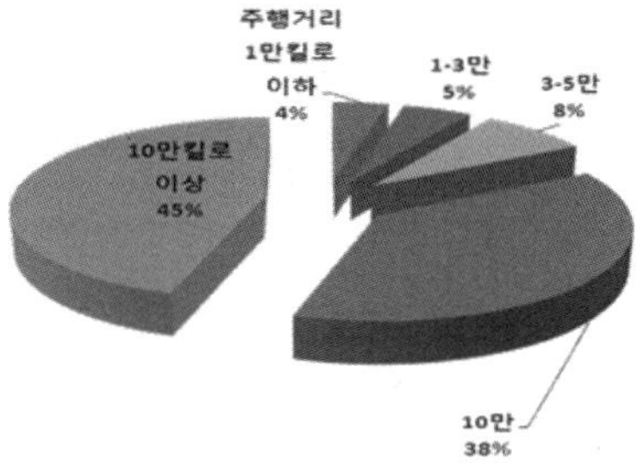

5. 귀하는 한국에서 얼마짜리 중고차를 가장 많이 구매하셨습니까?
→ 요르단 바이어들은 주로 3000달러 이하의 중고자동차를 가장 많이 구매함.

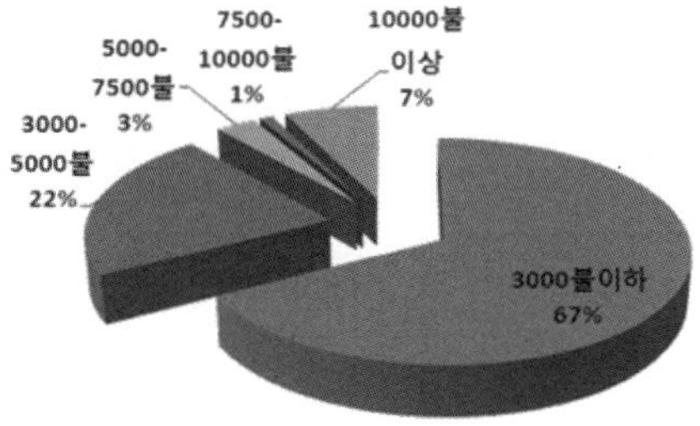

6. 귀하는 한국에서 중고차를 구매해 주로 어느 나라에 판매합니까?
→ 요르단 바이어들은 수입한 중고차를 주로 요르단 내에서 판매하고 일부는 이라크에서 판매함.
기타보기: 시리아, 레바논, 이집트(선택바이어 없음.)

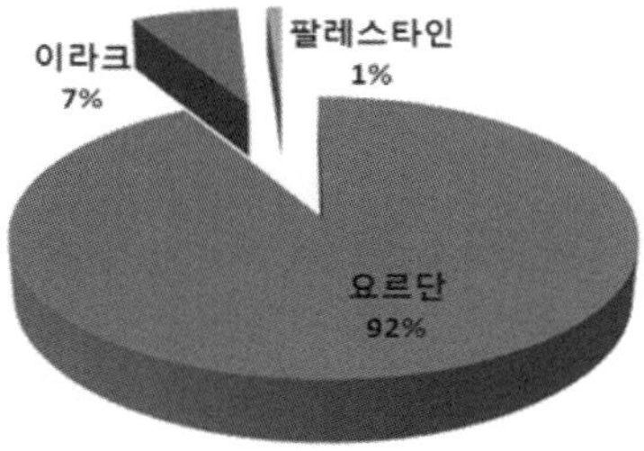

7. 귀하는 한국에 한번 가면 주로 중고차 몇 대를 구매하십니까?
→ 요르단 바이어들은 한국에 한번 방문 시 주로 20~50대의 중고차량을 구매함.

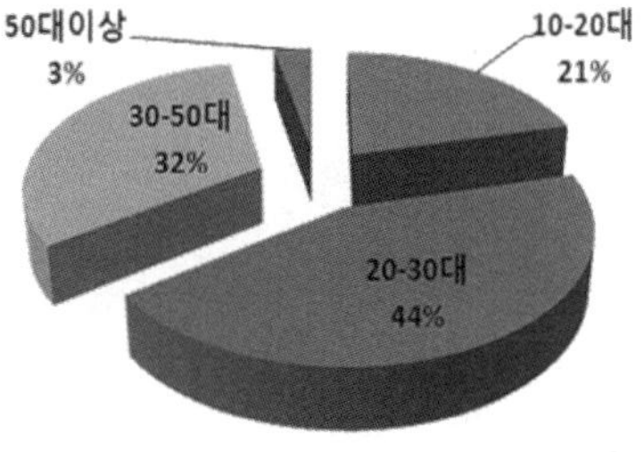

8. 귀하는 현재 서울에 중고자동차 공급선(파트너)이 있습니까?
→ 요르단 바이어들은 절반가량이 서울에 중고자동차 공급선이 있음.

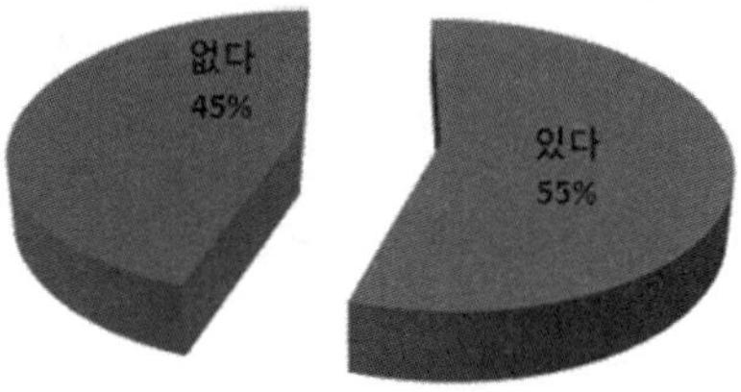

9. 귀하는 한국 중고차 수입 시 어떤 색깔의 차량을 선호합니까?
→ 요르단 바이어들은 주로 은색 차량을 선호함.

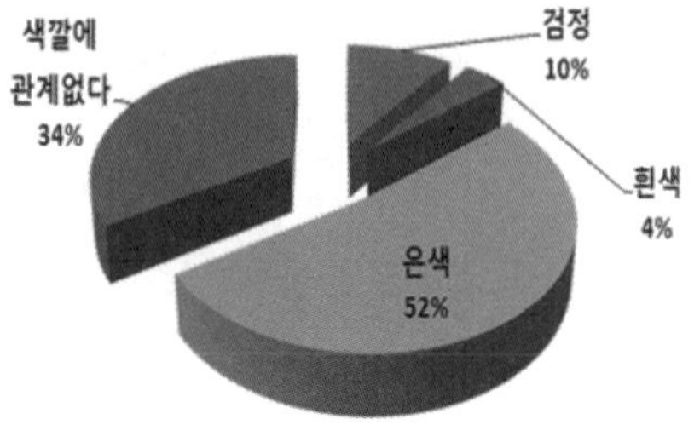

10. 경쟁국들과 비교할 때 한국 중고차의 가장 큰 장점은?
→ 요르단 바이어들은 한국 중고자동차의 장점을 저렴한 가격과 용이한 부품조달이라고 생각함.
기타 보기: 우수한 성능, 우수한 디자인(선택바이어 없음.)

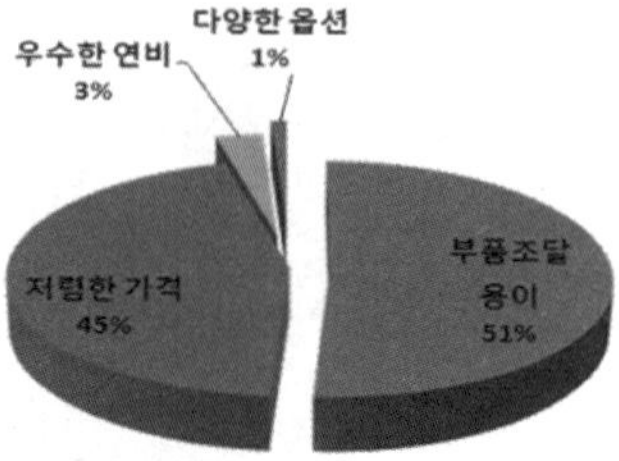

11. 귀하가 한국에서 중고차를 구매할 때 2011년 상반기 구매가격에 대한 귀하의 견해는?
→ 보통이다와 약간 저렴하다가 90%로, 대부분의 바이어는 한국 중고차 가격이 여전히 적당하다고 생각함.

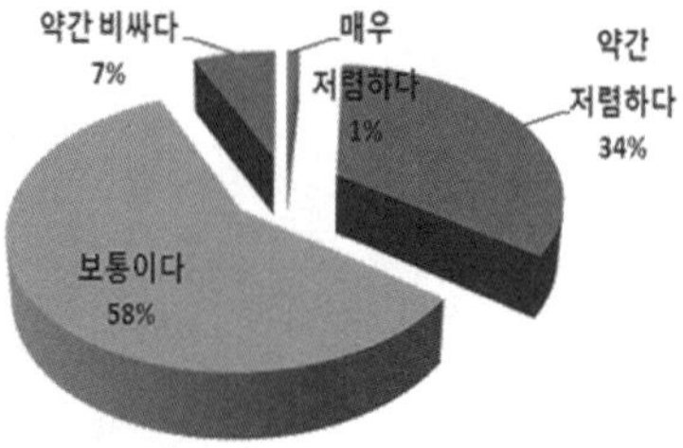

12. 요르단 소비자들은 몇 년형 중고차를 가장 많이 선호합니까?

→ 요르단 바이어들은 주로 2005년 이전 모델을 선호함.

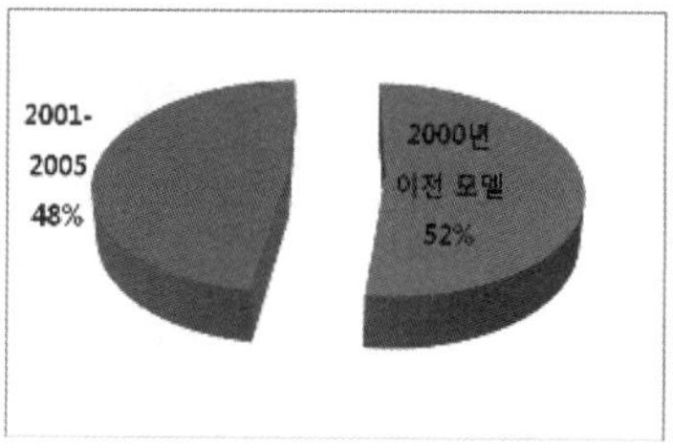

13. 한국 중고차와 가장 경쟁이 되는 국가 차량은?

→ 요르단 바이어들은 미국차가 한국 중고차의 경쟁상대로 봄.

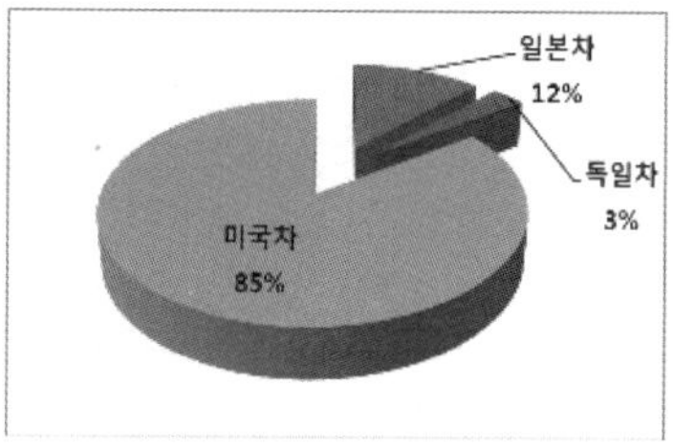

14. 귀하는 한국에서 중고차 구매 시 어떤 요소를 가장 중요하게 생각하십니까?

→ 요르단 바이어들은 중고자동차 구매 시 사고여부, 가격, 색상 순으로 중요하게 여김.

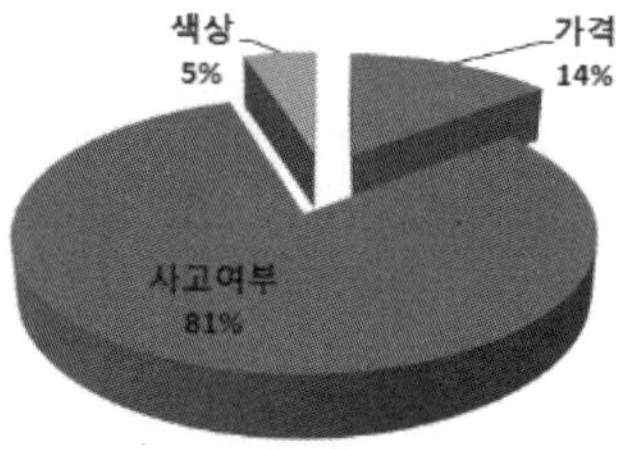

15. 2011년 상반기 중동사태 이후 올해 요르단 중고차 시장 전망은?

→ 2011년 상반기의 중동 사태 이후 중고자동차 시장도 약간 혹은 크게 위축될 것으로 예상함.

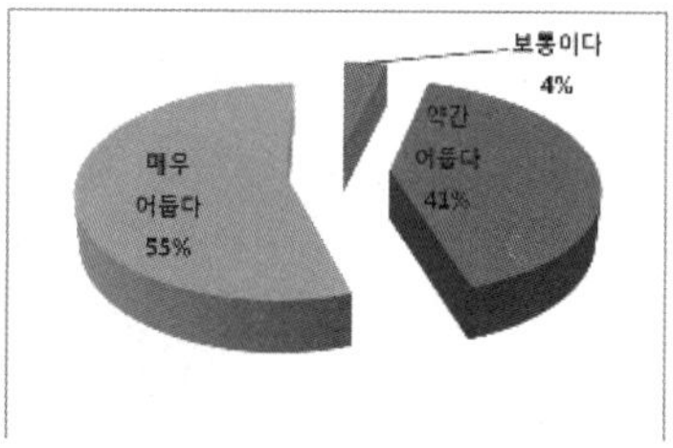

16. 최근 주변국을 비롯한 시위 확산 등 중동사태가 귀하의 비즈니스에 미치는 영향은?

→ 전 100명의 중고자동차 바이어들은 영향이 있다고 대답했으며, 그중 영향이 매우 크다고 답한 바이어가 76%를 차지함.

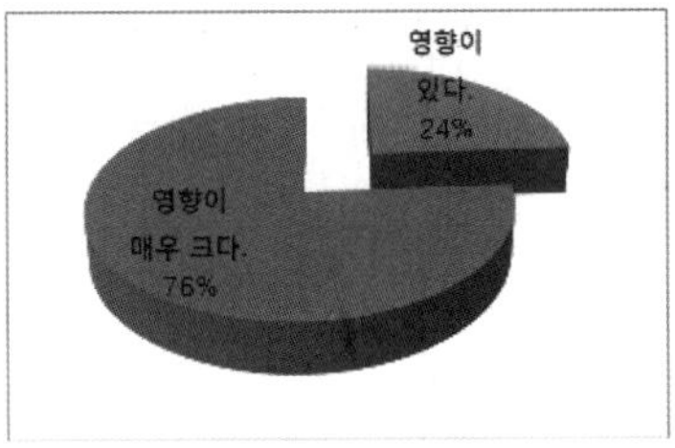

17. 2010년 하반기에 비해 2011년 상반기 한국산 중고차 구매 가격은 어떻습니까?

→ 2011년 상반기 한국 중고차 가격은 약간 큰 변화 없이 유지됐음.

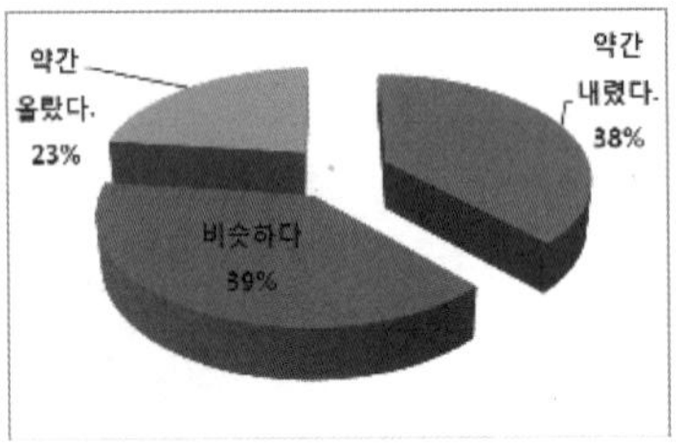

18. 2011년 상반기 중동사태 이후 한국산 중고차 판매 가격은 어떠합니까?

→ 중동사태의 영향으로 판매가가 떨어졌다는 응답이 75%로 1위임.

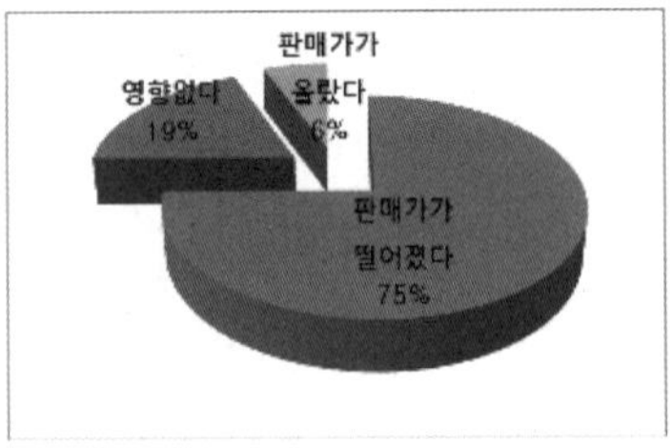

19. 한국에 가면 귀하가 찾는 차종이 많이 있습니까?

→ 한국에 가서 중고차를 찾을 때 물량확보가 매우 어렵거나 약간 없는편이 94%로 물량확보에 어려움을 겪고 있음.

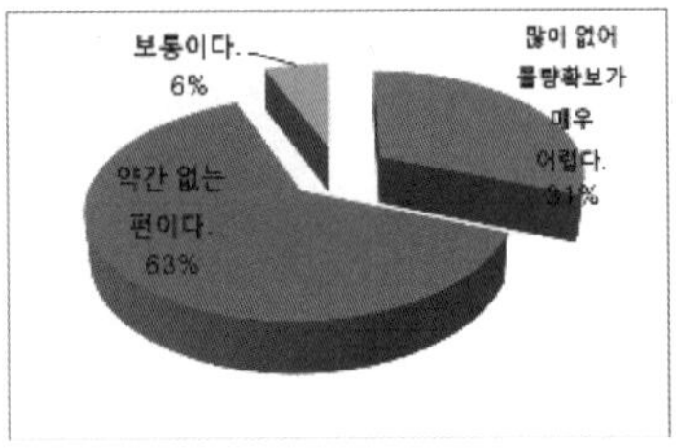

20. 2011년 하반기 중고자동차 시장 위축 요인은 무엇입니까?

→ 2011년 하반기 중고자동차 시장위축 요인으로 수요 격감및 중동정치 혼란을 꼽음. 올해 초 같은 질문에 대한 응답결과에서 경쟁심사, 연료값인상이 50%를 차지 했던 것에 비교해 볼 때 2011년 후반기에는 중동정치 혼란이 미칠 영향이 더 클 것으로 예상하기 때문이라고 보임.

기타 보기: 연료값인상, 은행융자의 어려움, 경쟁심사(선택자 없음.)

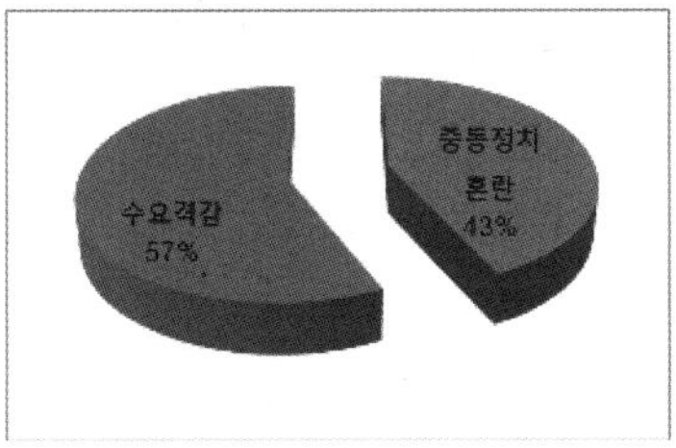

자료원: 바이어 직접 설문 조사

C•H•A•P•T•E•R

10

해외전시회와 시장조사

실 무 해 외 시 장 조 사 론

CHAPTER

10

해외전시회와 시장조사

1 전시회 기간 중 시장조사

해외전시회는 짧은 시간 동안 많은 바이어들과 상담을 할 수 있기 때문에 가장 좋은 마케팅 수단 중의 하나로 인식되고 있다. 이런 이유로 전시회에 참가하는 대부분의 국내기업 출장자들은 전시회 기간 내내 부스에 머물며 상담하는 데 대부분 시간을 보낸다. 물론 전시회 참가 주목적이 되도록 많은 바이어들을 만나 많은 오더를 받기 위함이므로 상담에 몰두할 수밖에 없고 더구나 파견자가 혼자일 경우는 더욱 더 그러하다. 그러나 전시회는 상담이외 최근 시장정보를 파악할 수 있는 최적의 기회도 제공한다는 점에 유념해야 한다.

최근 시장 트랜드, 자사 제품에 대한 경쟁력 파악, 경쟁기업들의 신제품 개발 및 출시 현황, 바이어들의 관심분야 및 인적 네트워크 구성도 전시회를 통해 얻을 수 있는 부수 효과들이다. 또한 이 전시회의 전체적인 분위기는 어떤지, 어떤 기업들이 어떤 규모로 어떤 제품을 갖고 나왔으며 바이어들과 얼마나 활발한 상담을 하고 있는지 파악하는 것도 중요하다. 3~4일간 계속되는 전시회 기간 내내 자기 부스에만 머물다 보면 전체적인 전시회 분위기를 파악하기가 어려워진다.

함께 참가한 국내기업 출장자는 물론이고 외국 참가기업, 전시주최자 및 바이어들과 네트워킹을 할 수 있는 좋은 기회를 최대한 활용해야 한다. 일부 전시주최자들은 전시회 기간 중 저녁 때 별도의 리셉션을 마련하기도 하고 일부 참가업체들은 식음료를 준비하여 전시장 내에서 네트워킹을 하기도 한다. 이런 자리에 나가게 되면 최신 시장정보를 얻을 수 있고 유력인사들과 친분을 쌓을 수도 있다.

그림 1 Bio 2014 환영 리셉션

또한 전시장을 돌면서 어떤 신제품들이 전시되었는지 어느 부스로 참관객들이 몰려드는지 그리고 그 이유는 무엇인지도 살펴본다. 경쟁기업들은 어떤 규모로 어떤 제품을 갖고 나왔는지 그리고 부스 디자인은 어떻게 했는지도 조사하면서 벤치마킹이 가능한 것은 자료 수집도 하고 허락된다면 사진 촬영을 해둔다.

그림 2 참관객들이 몰려드는 부스는 그 이유가 있다. 새로운 전시품들도 눈여겨 봐둔다.

그리고 시간이 허락된다면 전시회에서 개최되는 부대행사에도 참가하도록 한다. 신제품, 신기술 관련 세미나에도 참석해본다. 특히, 그 해 출품한 전시품 중 우수상품(우수디자인)으로 선정된 상품만을 별도로 전시하는 관이 있다면 반드시 가보도록 한다.

그림 3 부대행사로 개최되는 세미나, 우수상품전시관 등도 가보도록 한다.

유명전시회 기간 중에는 현지 언론인들뿐 아니라 우리나라 취재진들도 전시장을 방문한다. 중소기업들이 언론인들을 만나기가 쉽지는 않겠지만 기회가 된다면 언론인들의 취재 협조에 적극 참여한다. 실제 중소기업들이 전시장에서 언론인과 인터뷰를 통해 현지 및 우리나라 언론에 보도되기도 하는데 이는 추후 상담 시 적극 활용할 수 있는 소스가 되기도 한다. 특히 일본 바이어들은 국내외 언론에 보도된 자료를 보여주면 그 회사를 높이 평가하는 경향이 있다고 한다. 전시회 기간 또는 종료 후, 전시주최사를 접촉하여 다음해 전시회 참가신청서를 제출하고 부스 배정 시 배려해 줄 것을 요청한다. 아울러 인근 Kotra무역관도 방문하여 현지 시장정보를 수집한다.

그림 4 전시회 기간 중 언론을 활용한 예

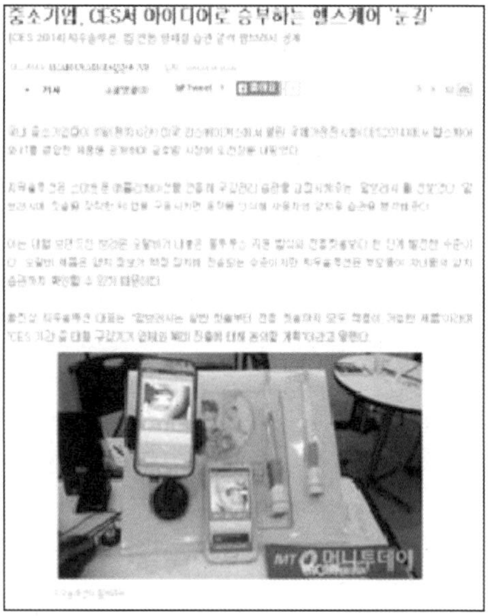
중소기업, CES서 아이디어로 승부하는 헬스케어 '눈길'

2 전시회 세미나 참가요령

최근에는 많은 해외전시회에서 세미나, 신제품 발표회, 체험행사, 패션쇼, 우수 전시품 특별전시회, 채용박람회 등 다양한 부대행사가 동시에 개최되고 있다. 이중 가장 흔한 부대행사는 설명회 또는 세미나이다. 세미나에서는 신기술 소개나 산업 동향, 시장동향 및 전망, 유통구조, 법적 제도 소개 등 그 주제가 다양하여 많은 참관객들이 몰려들고 있다. 그러나 국내기업이 전시회에 1명만 파견하는 경우, 부스에서 상담하면서 이러한 세미나에 참석하기란 쉽지 않다. 따라서 통상 2명 이상이 파견되거나 참가가 아닌 참관 목적으로 전시장을 방문하는 기업인들이 주로 이들 세미나에 참석하게 된다. 상담에 치중하다 보니 설명회나 세미나 참석이 어려울 경우에는 행사 주최 측에서 배포하는 설명회 자료만이라도 챙기도록 한다.

전시회 기간에 개최되는 여러 세미나 중 어느 행사에 참석할 것인가는 전시장 현장에 와서 결정하는 것보다는 사전에 해당 전시회 홈페이지를 통해 관심 세미나를 선정하고 가능하면 미리 신청하는 것이 좋다. 온라인 사전 예약제는 보통 할인 혜택이 주어지고 현장에서 등록하는 데 필요한 시간을 절약할 수 있기 때문이다. 세미나를 통해 전문가들로부터 최신 정보를 수집할 수 있기 때문에 적극 참가하는 것이 좋다.

그림 5 Bio 2017 기간 중 세미나 일정(2017년 6월 19일)

Monday, June 19	
7:00 am - 9:00 am	**5K Walk/Run*** **Separate registration required. Registration is now open.*
7:30 am - 5:00 pm	**Registration Open**
7:30 am - 5:00 pm	**BIO Executive Training Courses*** ** Add on to your BIO registration*
8:00 am - 12:00 pm	**Special Program** - SelectUSA Investment Seminar
8:00 am - 5:00 pm	**Education Sessions** Brain Health Business Development & Finance Critical Cross Disciplinary Issues Intellectual Property Translational Research Value, Patient Access & Commercialization
8:30 am - 6:30 pm	**13th Annual Biotechnology Entrepreneurship Boot Camp*** **Separate registration required*
9:00 am – 4:30 pm	**BioBriefing: Biotech for the Non-Scientist*** ** Separate registration required*
9:00 am - 3:00 pm	**BioGENEius Challenge Judging Open**
9:00 am- 4:30 pm	**The BioGENEius Challenge**

유명 전시회에서 병행 개최되는 대부분의 세미나는 유료인 경우가 많다. 일례로 매년 미국과 캐나다의 주요 도시를 순회하며 개최하고 있는 세계적으로 유명한 BT 분야 전시회인 『Bio International Convention』의 경우, 2017년 샌디에이고에서 개최되었는데 전시장 입장료만 참관객 1인당 200달러였고 입장허용 부대행사 수에 따라 2017년 4월 27일까지 등록하는 회원사는 최저 720달러에서 최고 2,200달러를, 비회원사인 경우 최저 900달러에서 최고 2,800달러였다. 더구나 4월 27일 이후에는 회원사의 경우 참관객 1인당 최저 720달러에서 최고 2,400달러, 비회원사의 경우 1인당 최저 900달러에서 최고 3,000달러로 오른 가격을 받았다. 따라서 제한된 시간

에 많은 비용을 지불하고 참가하는 부대행사인 만큼 자신과 기업에 필요한 주제를 다루는 세미나를 선정하여 미리 신청하는 것이 바람직하다.

그림 6 Bio 2017 부대행사 참가비

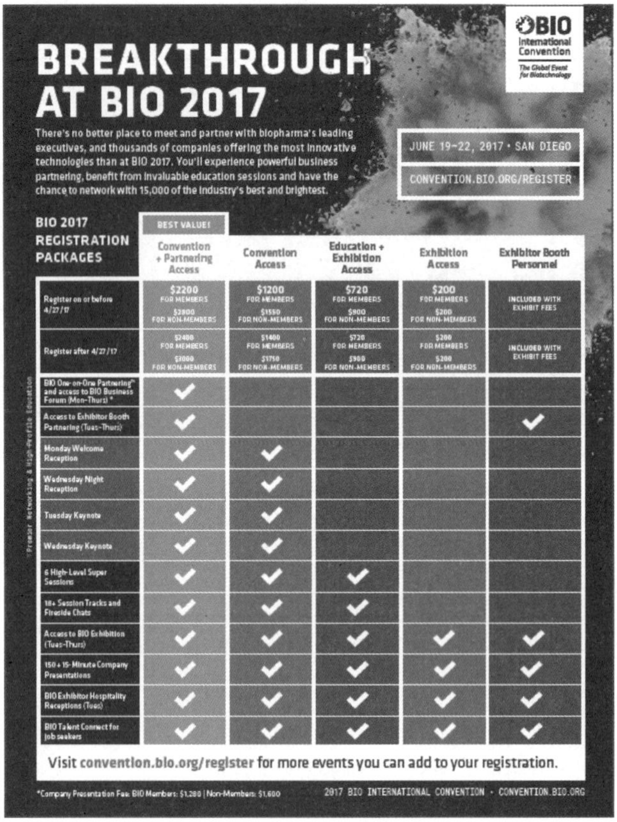

주로 영어로 강의하는 세미나에는 영어 구사가 가능한 직원이 참석토록 해야 하며 언어 문제로 세미나를 완벽하게 이해하기 곤란한 경우를 대비하여 행사장에서 배포하는 자료들을 잘 챙기고 허락된다면 PPT 자료를 촬영하거나 연사의 설명을 녹음, 녹화하여 추후 다시 들어보는 것도 권할 만하다. 또한 세미나 개최 장소와 시간을 미리 숙지하여 행사에 늦지 않도록 유념한다.

이러한 언어상의 문제를 극복하기 위해 Kotra가 단체로 파견하는 해외전시회인 경우, 관할 무역관에서 국내 참가기업들을 위해 주로 현지 한국인 전문가들(예 : 변호사, 변리사, 유통전문가, 대형수입상, 비즈니스 컨설턴트 등)을 초청, 전시회 개막 전날, 호텔이나 식당에서 다양한 주제로 설명회를 개최하고 있으며 참가기업들로부터 많은 호평을 받고 있다.

그림 7 라스베가스 CES와 마이애미 의료기기전 국내참가기업 대상 설명회

표 1 무역관 주최 참가기업을 위한 설명회 주제

CES 2014	라스베가스 자동차부품전	시카고 Bio 2013
▪ 미국 CE 산업 동향 ▪ 공동 A/S 및 Call Center 운영 방안 ▪ IP Desk 소개	▪ 미국 자동차 애프터마켓 시장동향 ▪ 한미 FTA 활용 자동차 부품 진출 확대방안 ▪ ISA기관으로서 한국 특허청 위상 및 역할	▪ 미국 바이오 시장 동향 ▪ 바이어 특허법 소개

3 해외전시회 참관요령

전시부스를 빌려 해외전시회를 참가하지 않더라도 최근 많은 국내 기업들은 수입 상담을 위해 또는 시장정보를 수집하거나 해당 전시회를 처음 참가하기 전, 직접 참관하여 참가 시 예상 성과 등을 살펴보기 위해 전시장을 찾는다. 많은 예산과 시간을 투입하여 전시회를 참가하였다가 잘못된 전시회 선정으로 낭패를 보는 일보다는 번거롭지만 참가에 앞서 직접 눈으로 전시회 성격과 가능성을 타진해보는 것도 의미 있는 일이라 할 수 있기 때문이다. 이외 해외전시회 참관은 직원 교육을 위해서나 사기 앙양을 위한 인센티브 차원에서도 바람직하다고 할 수 있다.

대부분 해외전시회 참관은 개별적인 출장으로 이루어지나 해외전시회 참관단을 구성하여 파견하는 전문여행사를 이용하는 경우도 흔히 있다. 이들 여행사들은 우리 기업들이 자주 찾는 유명전시회를 중심으로 참관단을 구성하여 짧은 시간 동

안 효과적으로 참관할 수 있도록 프로그램을 제공하고 있으며 이외 관련 조합이나 협회에서도 단체로 참관단을 모집하여 전시회에 파견하고 있다.

그림 8 참관단을 구성하여 전시회 참관을 하기도 한다.

우리 기업들이 흔히 방문하는 해외전시회는 지명도도 높고 대규모로 개최되는 전시회가 대부분인 관계로 짧은 시간에 많은 참가기업들을 만나고 참관하기 위해서는 시간을 효율적으로 활용해야 한다. 시간 절약을 위해 사전 인터넷으로 해당 전시회에 대한 정보를 최대한 수집한 후, 참관 등록과 함께 현지 체류기간 중 만날 참가업체를 선정하고 필요하면 시간 약속까지 해두는 것이 좋다. 또한 시장조사를 위해 자료 수집과 부대행사 참가 계획도 수립한다. 통상 2~3일 참관할 계획이라면 참관 목적에 따라 일일 계획을 수립하는 것이 바람직하다.

이와 함께 항공편과 투숙호텔 예약도 서두른다. 유명 전시회 개최 기간 중에는 호텔 예약은 물론이고 항공티켓 구입도 쉽지 않다. 특히, 유럽 및 홍콩에서는 전시회 개최기간 중 일찌감치 호텔 예약이 동나버리고 숙박비도 평소보다 3~4배 가량 오르는 경우도 흔히 있다. 호텔 빈방 구하기가 도저히 불가능하다면 교민이 운영하는 게스트하우스나 전시장에서 다소 멀리 떨어져 있는 호텔이라도 찾아봐야 한다.

현지 호텔에 도착하면 전시장과 주요 호텔간 셔틀버스가 운영되는지를 알아보고 타는 곳을 미리 확인해 둔다. 전시장 등록대에서 참관 등록을 하는데 전시회에 따라 참가비가 매우 비싼 경우도 있으므로 인터넷을 통해 미리 확인하여 당황해 하는 일이 없도록 한다. 일부 전시회는 단순히 전시장 입장료만 몇 백달러씩하고 여기에 부대행사까지 참가하게 되면 수천달러에 이르는 경우도 있다. Information Desk에서 전시회 전체 위치도(Floor Plan 또는 Floor Map)와 전시회 디렉토리(Official Catalogue 또는 Show Directory)를 입수한다. 전시회 디렉토리는 대부분 유료로 판매된다.

그리고 각 Hall이 어떻게 구성되어 있는가를 가장 먼저 파악한 후, 방문해보고 싶은 업체들을 일일이 체크해보며 사전에 약속한 참가업체들이 있다면 그들 부스 위치를 파악하여 위치도(전시장 도면)에 표시해 둔다. 이와 같은 관심업체들을 염두에 두면서 전시장 각 Hall을 둘러보는 가운데, 전시장 전체 분위기나 어떤 곳에 무슨 전시품이 나와 있는지 눈여겨 본다.

이때 각 Hall은 중앙통로와 대통로에 나와 있는 출품업체들을 먼저 보는 것이 전체 분위기를 파악하는 데 도움이 된다. 전체 분위기를 파악 한 후, 관심을 가졌던 업체들을 중심으로 전시품을 세밀히 둘러본다. 특히, 카탈로그 등 각종 자료를 수집하기 위해 참가업체들이 무료로 나누어주는 어깨 끈이 달린 대형 손가방을 활용하거나 바퀴달린 가방을 휴대해서 전시장을 찾아간다. 또한 특이한 사항은 자세히 메모를 해두되 전시장 내에서 사진 촬영이 허락되는지도 미리 파악한다. 설사 사진 촬영을 금하지 않는 전시회라도 특정 부스나 전시품을 가까이서 촬영하려면 출품자의 허락을 받아야 하며 전시장은 가능한 여러 번 둘러보는 것이 좋다. 정보 수집을 주 목적으로 참관하는 경우라면 국내외 참가업체를 만나보고 컨퍼런스나 세미나 등 부대행사와 리셉션 및 환영 전야제에 참석하도록 한다. 아울러 현장에서 배포되는 홍보물 및 간행물들과 샘플을 최대한 수집하고 우수 전시품 전시관을 별도로 운영하고 있는 전시회라면 이곳 방문도 놓치지 않도록 한다. 차년도 전시회 참가를 위해 사전 참관하는 경우라면 가능한 전시주최자를 만나보고 인근 Kotra 무역관을 방문하여 해당 전시회에 대한 무역관 의견을 들어보도록 한다. 이와 함께 향후 벤치마킹을 위해 경쟁기업들이 어떤 제품을 갖고 출품했는지 그리고 어떻게 Dispaly 했는지도 알아두어야 하며, 특히 바이어들이 많이 몰려드는 부스를 방문하여 그 요인이 무엇인지도 파악해 둔다.

유럽 전시장들은 한국에서 가장 큰 전시장인 KINTEX의 3~4배나 될 정도로 넓다. 이런 전시장들을 짧은 시간 내 참관하려면 사전 면밀한 준비와 조사가 필요하다. 또한 유럽의 대형전시장에서는 전시장 내의 전시홀 간 무료 셔틀버스를 운행하기도 하므로 도보로 움직이지 말고 이들 셔틀버스를 이용하도록 한다. 그리고 전시장에는 많은 사람들이 모이는 곳인 만큼 분실사고가 빈번하므로 특별한 주의가 요망된다.

그림 9 이 넓은 전시장을 참관하려면 효율적인 일정 수립이 필수적이다.

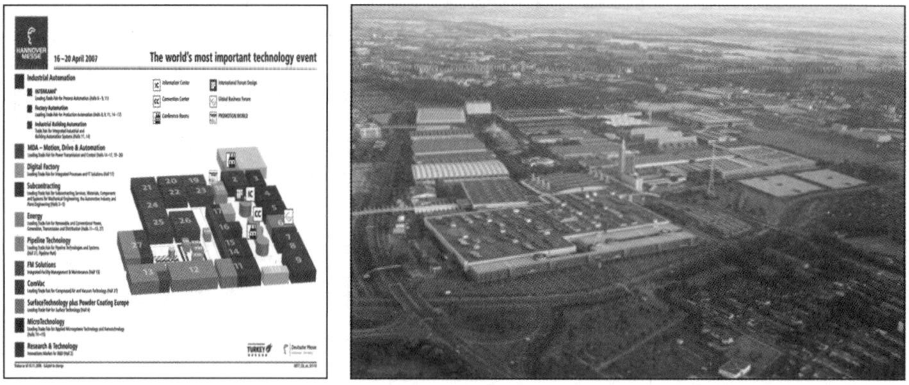

4 전문여행사를 통한 해외전시회 참관

최근 많은 국내 비즈니스맨들이 수입상담, 파트너 발굴, 시장조사 및 해외전시회 참가신청에 앞서 해당 전시회 사전 현장 확인을 위해 해외전시회 방문이 크게 늘어나고 있다. 해외전시회 참관 형태도 개별적인 방문뿐 아니라 전문여행사를 통한 단체 방문도 활성화되고 있다. 해당 전시회를 여러 번 방문하여 잘 알고 있거나 현지 숙박과 교통편 확보가 그리 불편하지 않다면 개별 참관도 좋겠지만 처음 가보는 전시회라든가 숙박과 교통편 해결이 어려울 것으로 예상된다면 여행사를 통한 단체 참관도 권할 만하다. 이러한 수요에 맞추어 전시회, 컨벤션, 산업시찰, 해외학회 및 기업연수에 특화하여 영업 중인 전문여행사들도 있으며 일부 대형 관광 여행사들은 별도의 해외전시팀을 두고 참관단을 모집하기도 한다.

표 2 전시회 참관단 프로그램을 운영중인 전문여행사

여행사명	홈페이지
지오엑스포투어	www.goexpo.co.kr
국제박람회여행사	www.icetour.co.kr
㈜투어타임	www.tourtime1.com
하나투어	www.hanatour.com
IEBTOUR	www.iebtour.com
케이비즈투어	www.kbiztour.com
신풍항공	www.worldcoex.com
인터메세항공	www.expoguide.co.kr
토탈항공여행사	www.expodesk.co.kr
인하여행사	www.해외전시.kr
㈜트레블리아	www.travelria.com
하나엑스포	www.hanaexpo.net

전문여행사를 통한 단체 참관의 장점으로는 ▲ 참관 희망 전시회 정보 제공 ▲ 항공권 구입, 현지 숙박 및 교통편 제공을 여행사가 대행하고 ▲ 전시회 등록 대행을 통한 전시회 입장권 확보 ▲ 효율적인 시간 관리 ▲ 상대적으로 저렴한 가격 ▲ 본사나 현지 가이드 안내 ▲ 전시회 종료 후 관광 연계 가능 ▲ 동종 업종의 참관객들과 정보 교환 가능 등을 들 수 있다. 대부분의 여행사들은 참관단이 15명 이상 구성되면 본사에서 가이드를 파견하며 10명 이상, 15명 미만이면 본사 파견 가이드 없이 현지 가이드가 안내를 한다. 그러나 10명 미만으로 구성되면 항공과 원하는 호텔만 제공해준다. 전문여행사들이 운영하는 전시회 참관 프로그램은 같은 전시회라도 체류기간, 이용 항공편과 호텔, 관광 프로그램 연계 등 여러 옵션을 두어 참관자들이 자신의 일정, 예산에 맞추어 선택할 수 있도록 판매되고 있다. 여행경비에는 왕복항공료, 호텔, 여행자보험, 일정상 식사, 현지 공항세, 전용차량비, 유류할증료, 전시장입장료 등이 포함되지만 전시관 참관 당일 중·석식과 개별 비자수속비와 가이드 및 운전기사 팁은 제외되는 것이 보통이다. 아울러 여행사에서는 참가기업들이 경비 처리를 할 수 있도록 거래명세서 원본, 입금표, 현지영수증 등을 제공한다.

그림 10 해외전시회 참관신청서

㈜국제박람회여행사

http://www.icetour.co.kr International Convention & Exhibition Tours

서울시 서초구 서초동 1338-21 코리아비지니스센터 801호 TEL:(02)585-1009 FAX:(02)585-1102

국제박람회 참관신청서

★ 아래의 신청서를 작성하신 후 FAX로 보내주십시오(TEL:02-585-1009 FAX:02-585-1102)

★ FAX 후 참관 신청금을 입금해 주시기 바랍니다 (신청다음날까지)

[취소수수료] 출발 7일 전~1일전 취소시 참관 경비의 20%, 출발당일 취소시 참관경비의 50% 부가(재정경제부고시)

★ 계좌번호 : 하나은행 : 374-810031-68904 예금주 : (주)국제박람회여행사

참관희망 박람회명				
성명	한글		여권상 영문	
	한문		주민등록번호	
	자택주소			
	자택전화		E-MAIL	
직장	회사명		영문회사명	
	직위		핸드폰	
	회사전화		회사팩스	
	주소			
여권 소지 여부		여권 (유. 무) 만료일	여권번호	
VISA 소지 여부 (개최국)		비자 (유. 무)	만료일	
신청안 구분		□ 제1안 □ 제2안 □ 제3안 □ 제4안 □ 제5안 □ 제6안 □ 제7안 □ 제8안 □ 제9안 □ 제10안 □ 제11안 □ 제12안		
신청회사 담당자명	성명/직위		E-MAIL	
	회사전화		회사팩스	
기타 주문 사항				

[illegible]

본인은 상기 박람회의 참관을 신청합니다

년 월 일

신청인 (인)

참가희망자는 전시회 개막 1달 전까지는 신청금 납입과 함께 신청을 완료하고 출발 1~2주 전까지(여행사에 따라 차이) 잔액을 완불해야 한다. 참가신청은 각 여행사 홈페이지를 통해 온라인 예약을 하거나 신청서 양식을 다운로드 받아 작성 후, 팩스로 송부한다.

표 3 두바이 정보통신 전시회 참관단 일정 예

⇨ **제2안 대한항공(KE)**

일자	지역	교통편	시간	세부일정	식사
제1일 10/11 (토)	인천 두바이	KE951 전용차	11:00 13:10 18:30	인천공항 3층 A카운터 옆 만남의 장소 집결 인천 출발 두바이 도착 후 가이드 미팅 후 호텔이동 호텔 CHECK-IN	기내식
제2일 10/12 (일)	두바이	개별이동	전일	호텔 조식 후 박람회장으로 이동 **두바이 정보통신 (GITEX)박람회 참관** 호텔 투숙	호텔식 X X
제3일 10/13 (월)	두바이	개별이동	전일	호텔 조식 후 박람회장으로 이동 **두바이 정보통신 (GITEX)박람회 참관** 호텔 투숙	호텔식 X X
제4일 10/14 (화)	두바이	전용차 KE952	전일 22:55	호텔 조식 후 박람회장으로 이동 두바이 정보통신 (GITEX)박람회 참관 또는 희망자에 한하여 **두바이 시내관광**-구도시 데이라(아부라 수상택시-올드수쿳-금시장-향신료 시장) 중식 후 신도시 쥬메이라 관광-쥬메이라 모스크, 쥬메이라 비치, 마디낫 수쿳, 팜쥬메이라(아틀란티스 호텔), 에미레이트 몰(실내 스키장), 두바이 몰, 왕궁 **[선택관광-별도요금]** **사막 사파리투어** 석식 후 공항으로 이동 두바이 출발	호텔식 중식 석식
제5일 10/15 (수)	인천		12:20	인천 도착 후 해산	기내식

▶ **호텔 : ASIANA HOTEL DUBAI(5성급)**
상기일정은 항공편 및 현지사정에 의하여 다소 변경될 수 있습니다.

예약 후 여행자가 여행을 취소할 경우, 국외여행표준약관 제14조의 소비자피해 보상규정에 따라 다음과 같은 비율로 취소료가 부과된다.

- 여행출발일 ~20일 전까지 취소 통보 시 → 계약금 환급
- 여행출발일 19~20일 전까지 취소 통보 시 → 여행요금의 5% 배상
- 여행출발일 9~8일 전까지 취소 통보 시 → 여행요금의 10% 배상
- 여행출발일 7~1일 전까지 취소 통보 시 → 여행요금의 20% 배상
- 여행출발 당일 취소 통보 시 → 여행요금의 50% 배상

C•H•A•P•T•E•R

11

해외시장설명회

01 해외시장설명회 장점 및 참석요령

02 해외시장설명회 종류 및 활용법

CHAPTER

11

해외시장설명회

1 해외시장설명회 장점 및 참석요령

해외시장설명회 참석을 통해서도 유용한 해외시장정보를 얻을 수 있다. 해외시장설명회는 Kotra, 중소기업진흥공단, 무역협회, 조합 등 무역관련 기관이나 단체 또는 지자체에서 주로 개최한다. 이들 기관들은 해외시장설명회 개최를 통해 정확하고 시의적절한 해외시장 정보를 필요로 하는 국내기업들에게 각국의 시장동향, 상품 및 마케팅정보, 투자환경 및 투자절차 등 무역 및 투자정보를 제공하여 국내업계의 수출증진 및 해외투자진출을 지원하고 있다. 특히 Kotra는 설명회 개최를 통해 세계 각지에 있는 해외무역관에서 수집한 현지 유력바이어의 구매정책 및 유통업체 정보, 각국의 무역 및 투자 정책에 관한 생생한 정보를 제공하고 있으며 구매상담회, 전시회, 프로젝트 플라자 등을 개최하면서 부대행사로 연계하여 설명회, 세미나 등을 동시 개최하기도 한다.

표 1 Kotra 주최 글로벌바이어메디컬포럼 연계 설명회

GBMF(글로벌바이오메디칼포럼) 연계
해외 의료기기시장 진출전략 설명회 개최

▪ 동유럽(408 A)

시 간	내 용	연 사
10:00~10:30	동유럽 의료기기 시장 및 관련 프로젝트 동향	김승호 (부다페스트무역관장)
10:30~11:00	헝가리 의료기기 공공조달 진출방안	Bence Haidekker (AEEK : 공공의료조달기관)
11:00~11:30	크로아티아 의료기기 시장 진출방안	Krunoslav Kranjčec (HALMED : 의료기기 감독기관)
11:30~12:00	체코 의료기기 시장 진출방안	Zenek Gutter (올로모우츠 국립 대학병원)
12:00~12:30	*폴란드 의료기기 시장 진출방안(잠정)	(POLMED : 의료기기상공회의소)

▪ CIS(408 B)

시 간	내 용	연 사
10:00~10:30	CIS 의료기기 시장 동향	Petr Kuznetsov (메드스타라흐)
10:30~11:00	우크라이나의 의약품 시장동향	Vitaliy Ostashko elemedice Centre(보건부 산하)
11:00~11:30	인증 및 인허가 제도 및 절차	한국화학융합시험연구원(KTR)
11:30~12:00	인증 및 인허가 실제 사례	이재성 (인트라로스)
12:00~12:30	질의응답	

▪ 서남아/중동(408 B)

시 간	내 용	연 사
14:00~14:20	인도의 병원산업	Bimal Sha (Bhaktivedanta Hospital)
14:20~14:40	스리랑카 의료시장 전망 및 투자 방안 모색	Vajira 콜롬보 대학교
14:40~15:00	파키스탄 의료기기 시장 현황 및 진출 방안	Ahsanullah Khan Wazir 주정부
15:00~15:20	질의응답(서남아)	
15:20~15:40	이집트 의약품 및 의료기기 시장 동향 및 등록 절차	Ossama Anter (Pharma Care)
15:40~16:00	쿠웨이트 의약품 및 의료기기 수입절차	Youssef M. Amine(Hadi Pharmacy)
16:00~16:20	오만 중장기 의료분야 개발계획	Ahmed Mohamed Al Qasmi (오만 보건부)
16:20~16:40	질의응답(중동)	

해외시장설명회에서는 설명회 주제에 정통한 전문가들이 나와 참석자들에게 자세한 정보를 제공한다. 최근에는 국내 참석 기업들이 쉽게 이해할 수 있도록 연사가 외국인인 경우 동시 또는 순차통역 서비스를 제공한다. 대부분 파워포인트로 자료를 작성하여 참석자들에게 설명하며 이와 별도로 인쇄된 자료도 제공한다. 해외시장설명회에 참석하게 되면 전문가들로부터 생생한 정보를 들을 수 있을 뿐만 아니라 질의/응답시간을 이용해 궁금한 사항도 직접 물어볼 수 있는 좋은 기회를 가질 수 있다. 따라서 해외시장설명회에 참석하게 되면 짧은 시간 안에 원하는 정보를 가장 쉽게 취득할 수 있다. 특히 시의성 있는 정보를 원한다면 관련 시장설명회에 참석하는 것이 가장 바람직하다.

설명회 참석을 고려할 때 가장 중요한 것은 설명회 주제가 내가 필요로 하는 정보와 연관이 있느냐는 것이다. 아울러 얼마나 많은 지식과 경험을 갖고 있는 연사인가를 살핀다. 가능하면 이론과 실무 경험이 풍부한 연사가 가장 바람직하다. 다음은 설명회 개최기관, 개최 일시와 장소를 확인한다. 설명회에 따라 유료인 경우도 있고 예약자에 한해 입장이 허용되거나 일정한 요건을 갖추어야만(예 : 회원사만 입장) 참석이 가능한 설명회도 있다. 대부분의 설명회는 주최기관이 회원사를 중심으로 온라인을 통해 참가안내장을 발송하거나 개최기관 홈페이지에 행사 일정과 신청방법을 소개하고 있으며 인터넷이나 팩스로도 참가신청을 받는다.

그림 1 해외진출기UP 지원 설명회 안내 팝업창 및 개최기관 홈페이지 설명회 참가신청 안내

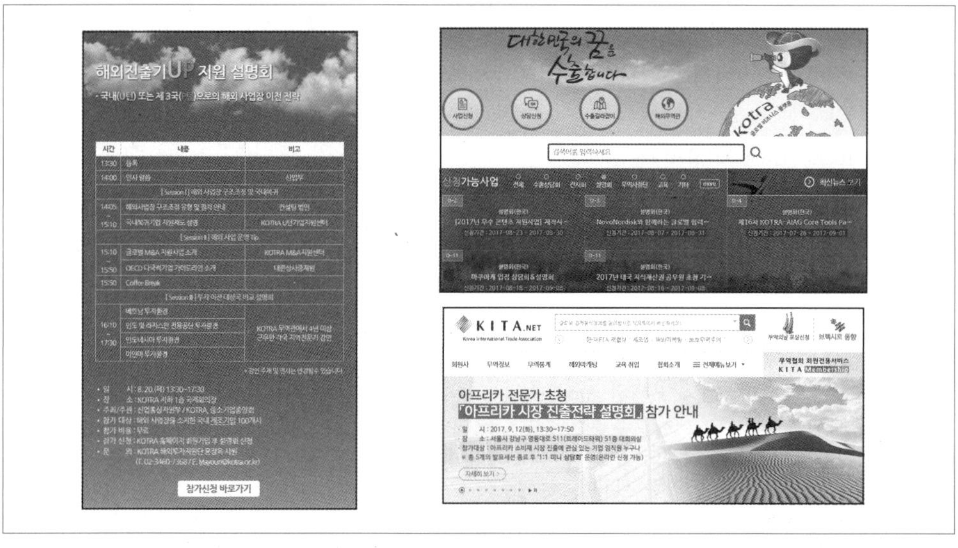

그림 2 무역협회『유럽 공공조달시장 설명회』 개최 안내문

유럽 공공조달시장 설명회 및 개별 비즈니스 컨설팅 안내

2014. 4. 18(목) 한국무역협회 유라시아실

한국무역협회에서는 오는 4월 28일(월) 유럽공공조달시장 설명회 및 개별 비즈니스 컨설팅을 개최합니다. 이번 설명회에는 유럽공공조달 시장 진출 전문가인 Opera Global Business사의 오스카 페레즈 상무를 초청하여, 유럽의 공공조달 시장의 개요, 절차 및 트렌드를 듣습니다. 또한 국내 기업의 현지 공공시장진출 성공사례 소개 및 오페라사와의 개별 비즈니스 컨설팅을 통해 유럽공공조달 시장과 관련된 궁금증을 해소해 드리고자 하오니, 유럽공공조달 시장 진출을 희망하는 회원사의 많은 신청 부탁드립니다.

▪ 행사 개요
- ◦ 일 시 : 2014년 4월 28일(월) 13:30 ~ 18:30
  - 설명회 : 13:30 ~ 16:00
  - 컨설팅 : 16:00 ~ 18:30
- ◦ 장 소 : 트레이드타워 51층 대회의실
- ◦ 발표자 : 오스카 페레즈 상무(Oscar Perez, Opera사)
- ◦ 참석자 : 유럽 공공조달 시장 진출 관심 회원사 약 100개사

▪ 행사일정(안)(※ 발표자료 국·영문 공동 표기)

시 간	내 용		발표자
13:30~13:40	인사말씀		협회 임원
13:40~14:30 (50분)	Part Ⅰ	공공조달의 이해	오스카 페레즈
	◦ 계약자, 일반 혹은 지명입찰, 응찰 개념과 공공조달 Trend		
14:30~15:20 (50분)	Part Ⅱ	동·서유럽 공공조달 시장	
	◦ EU 공공조달시장 구조기금(Structural Funds) 활용 ◦ 동·서유럽 시장의 발주시장의 특징 및 차이		
15:20~15:30	Q&A 및 휴식		
15:30~15:50 (20분)	PartⅢ	국내 기업 진출 성공사례 소개	TBA
15:50~16:00	Q&A 및 휴식		
16:00~18:30 (2시간30분)	Part Ⅴ	개별 1:1 비즈니스 컨설팅	오스카 페레즈 외 3명
	◦유럽시장 진출 관련 기업별 비즈니스 컨설팅		

▪ 참가 신청
- ◦ 신청기한 : 2014년 4월 24일(목) 15:00
- ◦ 신청방법 : 붙임의 참가신청서 작성 후 이메일 lamnotwind@kita.net로 제출
  ※ 비즈니스 컨설팅 희망업체는 신청서에 반드시 표기

▪ 문의처(한국무역협회 유라시아실)
- ◦ 담당자 : 방민수 사원, 조재동 대리
- ◦ 연락처 : ☏ 02-6000-5276, lamnotwind@kita.net

【참고】 현지 공공조달시장 현황

① 공공조달시장 규모

- 현재 유럽 50여 개국 전체 공공조달시장은 약 4,250억 유로 규모임
  ⇒ 주요 다자기구(세계은행, 개발은행, UN, EU) 4군데의 공공조달시장만 총 500억 달러 규모임

- 공공조달을 통하여 입찰하는 프로젝트는 평균 1만 달러 수준이며, 전체 프로젝트의 상위 2%만이 10만 달러 초과
  ⇒ 따라서 공공조달 입찰시 참여회사의 규모는 중요하지 않음

- 국제 금융기구 프로젝트는 50만 달러에서 1,000만 달러까지 다양함

② 주요 입찰기관 : 유럽연합 의회(및 각료 이사회), 유럽연합 집행 위원회, 유럽 사법재판소, 유럽 회계감사원, 유럽 사회경제위원회, 유럽 투자은행 등

[붙임] 참가신청서 1부. 끝.

【붙임】 참가신청서

【 유럽 공공조달시장 설명회 및 개별 비즈니스 컨설팅 】
참가 신청서

□ 참가자 정보(Name of the participant)

성 명 (Mr/Mrs)			직 위 (Position)		
휴대폰 (Mobile)			E-mail		
회사명 (Company name)					
사업장 주소 (Address)					
전화번호 (Phone)		팩 스 (Fax)		웹사이트 (Website)	

□ 개별 비즈니스 컨설팅 참가희망 유무 ※ 아래는 개별 비즈니스 컨설팅 참가 희망 업체만 표기	참 가	□	불 참	□

귀사의 주요 상품/서비스	
컨설팅 희망 분야 (상세기술)	

위와 같이 참가 신청을 합니다.

2014년 4월 일

신청자 ________

설명회에 참석하기 전, 꼭 물어보고 싶은 질문이 있다면 미리 준비해둔다. 설명회에 따라 시간이 제한되거나 질문자가 많은 경우에는 질문할 기회를 갖지 못할 수 있으니 꼭 하고 싶은 질문이 있으면 주최 측이나 사회자에게 질의 기회를 먼저 달라고 사전 요청한다. 그럼에도 불구하고 질의 기회를 갖지 못했다면 휴식시간 도중 강사에게 개별적으로 질문하도록 한다. 또한 인기설명회는 늦게 신청하면 입장이 마감될 수 있으니 조기 신청하도록 하고 늦게 오면 설명회장 구석에 앉아 강의를 들을 수밖에 없으므로 시작 시간보다 다소 일찍 설명회장에 도착하도록 한다. 설명회장에 도착하면 등록데스크로 가서 참석자 명단에 기재 한 후 가능한 앞자리에 착석하도록 하고 강의 시작 전, 배포된 자료를 훑어본다. 주최 측에서 허락한다면 녹음이나 녹화하는 것도 바람직하다. 강의 도중 중요한 사항은 배포된 자료 여백에 기입하도록 한다.

그림 3 설명회 자료 및 등록 데스크

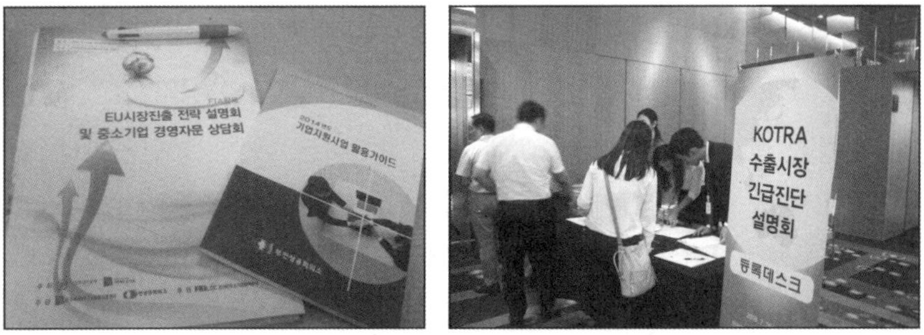

강의가 진행되는 동안 강의에 집중하지 않고 존다던가 잡담을 하는 행위는 예의도 어긋날 뿐 아니라 강의장 분위기를 망치는 행위이므로 절대 피한다. 아울러 핸드폰은 전원을 꺼두든가 진동으로 맞춰놓는다. 부득이 강의가 끝나기 전, 강의장을 떠나고자 할 때는 강의에 지장을 주지 않도록 조용히 퇴장한다.

2 해외시장설명회 종류 및 활용법

Kotra가 개최하는 해외시장설명회는 크게 『해외시장 진출전략 설명회』와 『해외 투자진출 설명회』로 구분된다. 『해외시장 진출전략 설명회』는 세계 11개 권역별로 현안 사항 및 유망시장, 상품정보를 신속하게 입수하여 현지 및 국내연사를 초빙, 국내고객들에게 해외시장 진출가이드를 제공하고 있으며 『해외 투자진출 설명회』는 국내기업의 해외 투자진출을 돕기 위해 유망시장의 투자환경, 투자진출 절차 및 성공사례 등의 정보를 현지 관련기관 관계자와 전문가, 기 진출한 우리 기업 관계자 등을 초빙하여 생생한 정보를 제공한다. 해외시장설명회는 주최 측이 연간 일정에 따라 개최하기도 하고 시장상황에 따라 시의성 있는 주제로 긴급하게 개최하는 경우도 있다. 『중동 민주화 시위에 따른 중동·북아프리카시장 긴급점검 설명회』, 『주력시장 긴급점검 설명회』 등이 대표적인 시장상황 급변에 따라 시의성 있게 개최되는 Kotra 주관 시장설명회이다. 일반적으로 해외시장설명회는 특정품목이나 산업 등에 한정하여 주제를 정해 개최되기도 하고 전체적인 시장상황 및 전망, 진출방안 등을 주제로 개최되기도 하며 법령이나 제도 소개 등을 주제로 하는 설명회, 마케팅 기법을 제시할 목적으로 개최되는 설명회 등 주제에 따라 다양한 프로그램이 있다.

Kotra는 매년 연초 세계시장을 조망하고 Kotra 해외지역본부장의 권역별 이슈 점검 및 수출유망분야를 제시하는 『신년 세계시장 진출전략 설명회』를 서울과 지방 주요도시를 순회하며 개최하고 있다. 이 설명회는 전년도 12월부터 Kotra 웹사이트를 통해 신청을 받으며 서울 설명회의 경우, 참가비는 1인당 10만원이나 조기신청고객, 장애인 및 사회적 기업에게는 참가비 할인 혜택이 주어진다. 또한 Kotra는 매년 2월과 8월, 정기인사에 따라 본사 귀임하는 해외무역관장이나 관원들이 전국을 순회하며 무역관 근무 시 체득한 최신 시장현황과 진출방안을 소개하는 설명회를 개최하고 있다.

표 2 2015년 세계시장 진출전략 설명회 일정

구 분	서울 설명회	주요 산업/지역 비즈니스 포럼	지방 설명회
일 자	2015. 1.6(화)	2015. 1.7(수)	2015. 1.8(목)
장 소	코엑스 인터콘티넨탈호텔 B1 하모니볼룸	KOTRA 본사 및 IKP 회의실	추후 공지 예정
대상기업	2015년 해외시장진출 방안을 고민하는 기업, 유관기관(산업별 협회 등) 및 연구기관 관계자		
주요 프로그램	세계경제전망 및 권역별 진출전략소개	유망 산업 및 지역별 시장 진출 및 투자유치 전략	권역별 진출전략
참가비	100,000원 (*조기신청고객, 장애인 및 사회적 기업 참가비 할인)	추후 공지 예정	무료
신청방법	2014.12월부터 KOTRA 웹사이트를 통해 신청		

그림 4 Kotra『중동아프리카시장 긴급점검 설명회』 관련 기사

[일반] 코트라, 중동 북아프리카 시장 긴급점검 설명회 개최

기사입력 2011.03.29 11:00 최종수정 2011.03.29 11:00

-리비아 대체시장으로 사우디, 러시아 등 11개 신흥시장 제시

[아시아경제 이창환 기자] 코트라(사장 조환익)는 29일 중동사태에 따른 대체시장 발굴을 위해 중동 북아프리카시장 긴급 점검설명회를 본사(염곡동 소재) 국제회의장에서 개최했다.

이번 설명회에는 중동사태 현장을 생생하게 경험한 UAE, 이집트, 요르단, 알제리 등 현지 KBC 센터장이 급거 입국해 중동 시장점검 및 사태 이후 진출 유망분야에 대해 소개했다. 이와 함께 국내외 중동 전문가 및 민간기업 연사들의 발표가 있었으며 200여명의 중소기업이 참가해 중동사태 이후 대체 시장기회에 대한 높은 관심을 반영했다.

연사로 나선 오응천 중동 북아프리카 총괄KBC 센터장은 "중동사태 이후 단기적으로는 투자, 수입규모 위축이 예상된다"면서도 "각국 정부가 일자리 창출을 위한 산업에 대한 투자를 확대하고 생필품 보조금 무상지급, 임금인상 등 민생안정책을 내놓고 있어 소비수요는 늘어나고 있다"고 말했다.

오 센터장은 "긴급 공공프로젝트 조기시행 등으로 기자재 수출 등 우리기업의 진출기회 역시 확대될 것"이라며 "특히 의료 교육 교통 등 민생 복지 직결 분야에 대한 관심이 필요하다"고 강조했다.

조기창 암만KBC 센터장, 노철 카이로KBC 센터장도 중동시장이 현재는 급격한 변화를 겪고 있지만 시장이 안정되면 성장잠재력이 높은 유망시장으로 성장할 것이라며 중동시장에 지속적인 관심을 가져줄 것을 당부했다.

그림 5 Kotra에서 개최하는 각종 설명회

또한 Kotra는 연간 계획에 따라[5] 2017년의 경우, Kotra 세계시장 진출전략 설명회(1분기), 이란 투자진출 세미나(1분기), 중국 소비재 수출환경 변화 및 진출전략 설명회(2분기), 베트남 하남성 투자유치 설명회(3분기), 국가별 방산시장 동향 구매정책 설명회(4분기) 등 해외시장 상황에 따라 시의성 있는 설명회를 개최했다. 또한 Kotra는 설명회[6] 종료 후, 주요 설명회 동영상과 자료를 Kotra 해외시장뉴스에 등재하고 있으므로 별도 온라인 수강도 가능하다.

그림 6 Kotra 연간 사업계획 일정(www.kotra.or.kr)

5 Kotra 홈페이지 > 사업일정 > 수출마케팅 > 해외시장설명회 > 연간일정보기에서 Kotra 주최 설명회 연간일정 검색 가능

6 Kotra 주최 설명회의 지원내용은 ▲ 설명회 연사 발표자료 및 시장현안 등의 설명회 책자 제공 ▲ 참가업체의 의사소통에 불편이 없도록 통역 서비스 제공 ▲ 설명회 참가자에게 지속적인 관련정보 및 향후 개최되는 설명회 자료 제공 등이다.

그림 7 Kotra 해외시장뉴스 설명회 · 세미나 동영상

그림 8 Kotra 해외시장뉴스를 통해 동영상 시청 및 자료 다운로드가 가능하다.

세계 할랄 시장 진출 설명회 2016-11-17 목요일

세션	발표	런타임	파일
개회사	이태식 KOTRA 부사장	5 분	
세계 할랄 시장 동향 및 진출방안	서강석 KOTRA 시장조사실장	18 분	PDF
무슬림 소비자, 그들은 누구인가 무슬림 소비자 SEGMENT	엄익란 GCC 국가 연구소 박사	19 분	PDF
할랄식품 육성 지원사업	오승용 한국식품연구원 센터장	20 분	PDF
MALAYSIA HALAL CERTIFICATION	Mr. Muhammad Naim Bin Mohd Aziz JAKIM Senior Assistant Director	20 분	PDF
HALAL POLICY AND REQUIREMENT OF INDONESIA	Ms. Muti Arintawati LPPOM MUI Vice Director	18 분	PDF

무역협회에서 개최하는 설명회 관련 정보를 얻기 위해서는 무역협회 홈페이지 메인화면 상단 『회원사』를 클릭하고 다시 『협회사업 참가신청』을 클릭하여 『설명회』를 검색하면 된다.

그림 9 무역협회 주최 설명회 참가신청

표 3 2016년 하반기 무역협회 개최 설명회
▪ 2016 한중FTA 원산지관리 집중 실무교육
▪ 對중국 수출 주요이슈 및 인증획득 지원 설명회
▪ 알리바바닷컴을 통한 해외 이커머스 시장 공략 세미나
▪ 수출안전망 보험 무료 가입 안내(5차)
▪ [아카데미] 2차 무역서류작성강좌
▪ 인천 한-콜롬비아FTA 발효계기 중남미 진출전략 설명회
▪ 2016년도 무역기금 융자사업 안내
▪ [무역협회 인천]FTA 활용 무료 컨설팅 안내
▪ 공급망 중심 원산지 관리 교육

무역협회에서는 본부이외 지부에서도 각종 설명회를 별도 개최하고 있으며 최근에는 지자체에서도 관내 수출기업들의 해외마케팅을 지원하기 위해 각종 설명회를 독자적으로 개최하고 있다.

그림 10 무역협회 및 지자체 설명회 개최 보도자료

무역협 대전.충남지부, 베트남.인도.중국 시장진출 설명회

NEWSIS 기사입력 2006-07-05 11:36 | 최종수정 2006-07-05 11:36

【대전=뉴시스】

한국무역협회 대전.충남지부(지부장 배명렬)는 관내 무역업체들의 해외 시장진출 지원을 위해 6일 오전 10시부터 오후 5시까지 대전중소기업종합지원센터 6층 종합연수실에서 '베트남.인도.중국 시장진출 설명회'를 진행한다고 5일 밝혔다.

이번 설명회 내용은 ▲베트남시장 진출전략 ▲인도시장 진출전략 ▲중국마케팅 전략 실무 등으로 각국의 시장특성, 진출유망품목, 상담기술 및 시장진출 전략의 수립요령 등을 중심으로 지역전문가를 강사로 초빙, 개최된다.

[전북] 한 • 중 FTA 중국시장 진출 전략 설명회

2015.09.21 17:25 입력

전북도는 한 • 중 FTA 대응을 위해 '한 • 중 FTA 중국시장 진출 전략 설명회'에 참가할 업체를 10월 5일까지 모집한다. 설명회는 도내 중소기업을 대상으로 10월 6일 13시 전북 경제통상진흥원에서 개최된다.
문의: 전라북도경제통상진흥원 해외시장팀
전화: 063-711-2046
메일: khm@jbba.kr
홈페이지: www.jbba.kr

최근에는 국내전시회에서도 부대행사의 일환으로 해외 유명 전시회와 같이 다수의 세미나 혹은 설명회가 개최되고 있다. 대부분의 이들 설명회는 무료로 개최되고 있으며 사전예약 없이도 참가할 수 있으나 간혹 유료로 개최되는 설명회도 있다. 해당 전시회 홈페이지나 전시장에서 배포하는 홍보물을 통해 병행 개최되는 설명회에 대한 정보를 얻을 수 있다. 전문전시회의 부대행사로 개최되는 설명회의 특징은 해당 산업 및 상품과 관련된 전문분야의 주제가 다루어진다는 점이다. 특히 해외마케팅과 관련된 설명회는 해외시장 파악에 큰 도움이 되므로 가능한 이런 설명회에 꼭 참석하도록 한다.

표 4 2015 국제의료기기병원설비전(KIMES) 부대행사 일부

5. Global Trade Conference 컨퍼런스센터 3층

일자	시간/장소	세미나 내용	연락처
3/5 (목)	14:00~16:00	주제 : 미국의료기기시장 현황 및 미경부조달 설명회	070-4837-5900 www.medinet.or.kr
	16:00~18:00 307C호	주제 : 러시아 의료기기 시장 및 조달 설명회 주관 : 한국의료기기공업협동조합	
3/6 (금)		**대주제 : 글로벌의료의 블루오션, 신기술기반의 적정의료산업 전략**	02-577-8300 www.kohea.co.kr
	10:00~10:30	주제 : 개도국을 위한 적정기반의 의료산업 전략 강사 : 이민화 이사장 (한국디지털병원 수출사업협동조합)	
	10:30~11:00	주제 : 통일시대 대비 HT R&D 추진방향 강사 : 박수경 박사 (한국보건산업진흥원)	
	11:00~11:30	주제 : 디지털 기술 혁신에 의한 의료의 현재와 미래 강사 : 최윤섭 박사 (서울대병원)	
	11:30~12:00 317BC호	주제 : 의료기기 산업의 미국시장 진출시 꼭 알아야할 5가지 미국법 강사 : 장준환 변호사 (장인터내셔널 로펌) 주관 : 한국디지털병원 수출사업협동조합	
	14:00~17:00 308A호	주제 : 동남아 의료기기 시장현황 및 인허가제도 설명회 주관 : 한국의료기기공업협동조합	02-467-0350 www.medinet.or.kr

그림 11 2015 KIMES 세미나 장면

C•H•A•P•T•E•R

12

무역연수강좌 참여와 시장정보

실 무 해 외 시 장 조 사 론

CHAPTER

12

무역연수강좌 참여와 시장정보

1 무역연수원 활용 및 교육비 환급

우리나라에서 무역과 관련된 실무교육을 실시하고 있는 대표적인 연수기관 및 단체로는 Kotra 아카데미(www.kotraacademy.com)와 무역협회가 운영하고 있는 무역아카데미(www.tradecampus.com)를 들 수 있다. 이외 일부 지자체와 수출관련 조합, 협회에서도 무역관련 연수 프로그램을 정기 또는 비정기적으로 운영하기도 한다. 이들 연수원에서는 대체로 무역실무 함양, 외국어 능력 향상, 직무역량 강화, 지역전문가 양성 등을 목적으로 다양한 무역 및 투자관련 교육 프로그램을 운영하고 있으며 최근에는 온라인 강의도 활발하게 개설되고 있다. 특히 조합, 협회 중에는 회원사들을 대상으로 외부강사를 초빙하여 해당 산업에 적합한 맞춤형 교육프로그램을 운영하는 경우도 있다. Kotra나 무역협회 등이 운영하고 있는 연수원에서는 이론에 치우치기 쉬운 대학 교육과는 달리 철저하게 실무 위주로 교육을 실시하고 있으며 사전에 교육 프로그램과 일정을 고지하고 있다. 따라서 수출기업들은 각 연수기관 홈페이지를 방문하여 자사에 적합한 교육과정을 선정하고 기한 내 신청하도록 한다. Kotra 및 무역협회 아카데미 프로그램은 유료 또는 무료로 실시되고 있다. 그러나 무료 프로그램이라 하더라도 누구나 수강할 수 있는 과정도 있고 일정한 요건과 자격을 갖춘 수강생에게만 문호를 개방하는 프로그램도 있다.

강사들은 해당 분야에서 풍부한 지식과 경험을 갖춘 전문가들로 구성되어 있을 뿐만 아니라 실무, 사례 위주로 강의하기 때문에 이들 연수 프로그램에 참여하게 되면 짧은 시간 내 많은 정보를 취득할 수 있게 된다. 연수기관들은 자체 교수(강사)진을 확보하고 있으며 필요한 경우 외부전문가를 초빙하기도 한다. 따라서 사내 자체 교육시설과 프로그램을 갖추지 못하고 있는 많은 수출기업들이 이와 같은 외부 연수과정을 적극 활용하고 있다. 교육과정은 하루, 또는 몇 일씩 이루어지는 과정도 있고 해외연수과정과 같이 해외 현지에서 실시되는 과정도 있으며 수강생이 총 교육시간의 일정 이상을 수강하게 되면 연수원에서는 수료증을 발부해준다.

또한 Kotra 아카데미, 무역협회 무역아카데미 및 경기중소기업종합지원센터(GSBC) 아카데미 교육과정 중에는 교육비를 환급받을 수 있는 프로그램이 있다. 이를 「사업주 직업능력개발훈련」이라고 하는데 사업주가 소속근로자의 직무능력 향상을 위해 훈련(자체·위탁)을 실시하는 경우, 소요되는 훈련비용의 70~80%를 고용보험기금으로 지원하는 제도다. 지원금은 해당연도 고용보험료 중 사업주가 부담하는 고용안정·직업능력개발사업 보험료의 최대 240%(우선지원대상기업, 그 외 100%) 한도(최저한도 500만원)로 지원 가능하며 훈련비는 직종별 기준단가를 토대로 인원 및 시간, 기업규모 등에 따라 산정된다. 고용보험에 의한 교육비 환급을 받기 위해서는 ① 학습자가 근무하는 사업장이 고용보험에 가입되어 있고 ② 일정액의 고용보험료를 납부하고 있어야 하며 ③ 고용보험 환급과정을 신청한 학습자에게, 소속된 직장의 사업주가 학습자의 교육비 전액을 지원하는 경우에만 해당된다. 즉, 회사명의의 영수증(세금계산서)이 발급되어야 하며, 개인이 개인명의로 교육비를 납입하면 고용보험 환급이 되지 않는다. ④ 또한 학습자는 해당 과정을 수료하여야 한다(수료기준 : 출석률 80% 이상).

교육비 환급을 위해 종전(2016년 까지)에는 사업주가 교육 종료 후 30일 후부터 3년 이내, 중소기업의 경우[1] ❶ 신청서 법정양식 ❷ 세금계산서(영수증) 사본 ❸ 교육이수필증 사본 ❹ 입금통장 사본 등을 해당 한국산업인력공단 관할 지역본부 또는 지사에 제출하여 환급신청하면 접수일 기준 30일 이내에 환급 받을 수 있었으나 2017년 이후부터는[2] 훈련기관이 직접 신청과 환급을 대행 해주고 있다. 환급금은

1 대기업의 경우, 이와 별도로 ① 회사별 훈련비 내역서, ② 정산내역서 등을 추가로 제출을 요구했다.

2 ① 1형 : 사업주가 자기부담금만 납부하는 방식
- 사업주 : 훈련비 중 정부지원금을 제외한 자기부담금을 훈련기관에 납부
- 훈련기관 : 훈련비 중 정부지원금을 신청하여 수령

② 2형 : 사업주가 실제훈련비(자기부담금 + 정부지원금)를 납부하는 방식

교육훈련위탁계약서 상에 기재된 비용수급 사업장의 법인통장으로 입금되며 환급 시기는 과정 종료 후 6주 이내 회차별로 이루어진다. 고용보험 환급을 위해 사업주는 교육훈련위탁계약서, 개인정보이용동의서, 사업자등록증, 기업통장 사본을 제출하여야 한다.

그림 1 교육신청절차(GSBC 아카데미)

표 1 GSBC 훈련과정 중 예상환급액 사례

과정	교육비	예상환급액 ( )은 상시근로자수 50인 이상
경리실무기초	390,000	134,800 (121,320)
법인세와 부가가치세 실무	390,000	134,800 (121,320)
비즈니스 협상스킬 향상	320,000	103,450 (93,100)
생산관리기본	320,000	84,140 (75,720)
자재재고관리기본	390,000	126,210 (113,580)

- 사업주 : 실제훈련비(자기부담금 + 정부지원금)를 훈련기관에 납부
- 훈련기관 : 훈련비 중 정부지원금을 신청·수령 후 사업주에게 환급

■ 예시 : 훈련비가 1인당 100,000원의 훈련과정(정부지원금 60,000원 + 자기부담금 40,000원)

- <1형>
  - 사업주 : 훈련기관에 자기부담금 40,000원 납부
  - 훈련기관 : 정부지원금 60,000원을 신청하여 수령
- <2형>
  - 사업주 : 훈련기관에 훈련비 100,000원을 납부
  - 훈련기관 : 정부지원금 60,000원을 신청하여 수령 후 사업주에게 환급

그림 2 교육비 환급신청 절차[3]

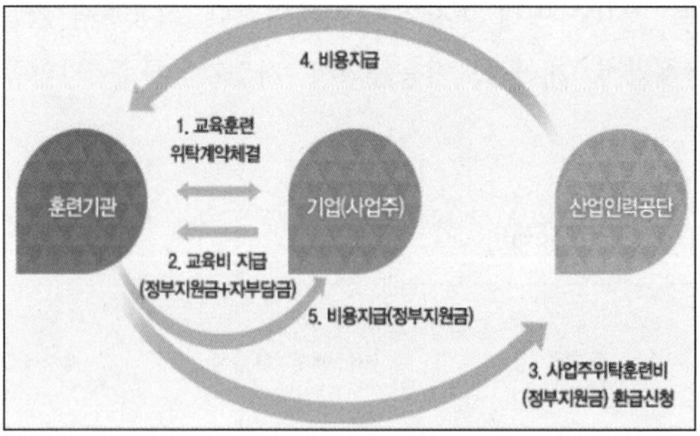

이와 별도로 고용보험에 가입되어 있는 사업장에 근무 중인 재직근무자가 직무수행 능력 향상을 위해 자비로 훈련을 수강한 경우, 수강료의 100% 또는 일부를 환급해주기도 하는데 이를 「근로자수강지원금제도」[4]라고 한다. 이 제도의 혜택을 받기 위해서는 고용보험에 가입되어 있는 사업장에 근무 중인 재직근무자 중 ① 이직예정자로서 훈련 중이거나 훈련 수료 후 1개월 이내에 이직된 자 ② 40세 이상인 자 ③ 우선지원 대상기업에 고용된 자 ④ 「기간제 및 단시간근로자 보호 등에 관한 법률」 제2조 제1호에 따른 기간제근로자 ⑤ 「근로기준법」 제2조 제1항 제8호에 따른 단시간근로자 ⑥ 「파견근로자보호 등에 관한 법률」에 따른 파견근로자 ⑦ 일용근로자 중 한 가지만 만족하면 된다. 훈련비 지원 내용은 1인당 연간 100만원까지 환급을 받을 수 있으나 단, 1인당 지원받을 수 있는 총금액은 재직기간 5년간 300만원을 초과하지 못한다. 훈련비를 환급받기 위해서는 훈련과정의 출석률이 80% 이상이어야 하며 훈련 종료일로부터 30일 이내에 지방고용노동관서에 증빙서류(근로자수강지원금 지급신청서, 수강증 사본 및 자비수강 증명서류)를 제출하면 지방고용노동관서에서 개인계좌로 환급금액을 입금시켜준다.

---

3 GSBC 홈페이지(www.gbedu.or.kr)에서 발췌.
4 무역협회 무역아카데미 홈페이지(www.tradeaampus.com)에서 발췌.

※ 위탁계약서는 직인날인하여, 개인정보이용동의서, 사업자등록증, 기업통장사본과 함께 팩스(031－259－6171)으로 교육사전에 필히 제출하셔야 정상적으로 교육 신청이 가능하십니다.

GSBC 양식

교육훈련 위탁계약서

제1조(계약의 범위)

교육과정명			훈련일수	
교육기간	201 . . - 201 . .		훈련시간	
계산서발행	회사명(법인명)			
	사업장주소		우편번호	
	① 비용수급(훈련실시)사업장번호 [교육비납입 & 환급신청사업장 보험관리번호]		사업자등록번호	
	업태		사업주 계좌번호	
	종업원수	명		

훈련생이력사항	구분	1인	2인	3인
	참가자성명			
	주민등록번호			
	①번 사업장과의 관계	□ 자사근로자 □ 타사근로자 □ 취득예정자	□ 자사근로자 □ 타사근로자 □ 취득예정자	□ 자사근로자 □ 타사근로자 □ 취득예정자
	부서			
	비정규직 구분	□ 정규직 □ 비정규직	□ 정규직 □ 비정규직	□ 정규직 □ 비정규직
	직위			
	이동전화번호			
	- 사업주(담당부서장) 정보 - 이동전화번호를 반드시 기입해 주시기 바랍니다.			
	회사전화번호		사업주(담당부서장) 휴대번호	
	E-Mail			
	최종학력			

귀사담당	교육담당성명		교육담당자 부서		교육담당자 직위	
	전화번호		E-Mail			
	계산서담당성명		전화번호		E-mail	
	교육비		송금은행	은행	송금예정일	년 월 일

제2조(계약기간 및 인원)

가. 계약기간은 훈련을 수행하는 기간으로 훈련이 종료되는 시점까지를 의미한다.

나. 위탁계약 인원에 대한 훈련생은 갑이 을에게 제출한 훈련생명단을 을이 훈련 개시일까지 직업훈련정보망(www.hrd.go.kr)에 보고한 훈련생으로 본다.

제3조(계약금액 및 지급)

가. 총 계약금액은 아래로 지정하여, 이는 정부지원금과 자비부담금으로 구분한다.
- 2일 과정 : 320,000원 / - 3일 과정 : 390,000원
본 계약금액은 정부지원금은 훈련인원 및 교육직종에 따라 자동 조정된다.

나. 총 계약금액은 훈련개시일로부터 3일전까지 "갑"이 "을"에게 지급하여야 한다.

다. 총 계약금액 중 정부지원금은 "을"이 교육수료 후 한국산업인력공단에 신청하여 수령한 뒤, 교육수료 사업장인 "갑"에 지급한다.

라. "갑"은 가항 및 나항에 따른 정부지원금을 "을"이 고용보험법 시행령 및 시행규칙에 따라 지원받는 것에 동의한다.

제4조(훈련진행에 관한 사항)

갑은 을이 정하는 훈련시간에 위탁훈련생들이 성실히 훈련을 받을 수 있도록 하여야 하고 다만, 부득이한 사유로 훈련을 받을 수 없을 경우 을과 사전협의를 하여야 한다.

제5조(수료)

을은 훈련과정 인정상의 훈련수료기준을 통과한 훈련생에 대해서는 수료처리하고 수료증을 발급한다.

제6조(성실의무)

가. 갑과 을은 본 계약서에 의거 훈련목표가 이루어질 수 있도록 상호 협력하여 제반사항을 성실히 이행하여야 한다.

나. 허위·부정한 방법으로 훈련을 실시하는 등 을의 귀책사유로 인정 관할지방노동관서의 장에 의해 당해 훈련과정이 취소되어 갑이 고용보험법 및 근로자직업능력개발법에 의한 훈련비용을 지원받을 수 없는 경우에 을이 책임을 진다.

제7조(개인정보동의) 계약서상의 교육생 개인 및 교육관련은 정보의 교육실시신고, 환급금 및 지원금 신청 등을 위하여 정부 또는 공공기관 등에 제공됨을 동의한다.

제8조(통보의무) 갑은 훈련생의 변동사항(휴직, 퇴직, 전보 등)발생 시 즉시 을에게 통보하여야 한다.

제9조(해석 및 합의) 본 계약서상에 명시 되지 아니한 사항은 쌍방이 협의한 바에 따른다.

년 월 일

"갑"		"을"	
회사명		훈련기관명 : 경기도경제과학진흥원	
주 소		주 소 : 경기도 수원시 영통구 광교로 107	
대표자	(인)	대표자 : 한 의 녕	(인)

개인정보의 수집·이용에 관한 동의서

1. 고용노동부와 한국산업인력공단에서는 사업주 직업능력개발훈련 운영에 있어 개인을 고유하게 구별하기 위해 부여된 식별정보(주민등록번호 등)를 포함한 개인정보를 다음과 같이 직업능력개발정보망(HRD－Net)에 수집·관리하고 있습니다.
   ㅇ 개인정보의 수집·이용 목적 : 훈련비용 지원, 개인별 훈련이력 관리, 정부의 직업능력개발훈련제도 실적·성과 평가 등에 활용
   ㅇ 수집하는 개인정보 항목 : 성명, 주민등록번호(필수)/지문(선택), 차량번호
   ㅇ 개인정보의 보유 및 이용기간 : 직업능력개발정보망(HRD－Net)에서 수집, 계속 관리
2. 사업주 직업능력개발훈련 운영을 위해서는 개인을 고유하게 구별하기 위해 부여된 식별정보(주민등록번호 등)를 포함한 개인정보가 필요하며, 고용노동부와 한국산업인력공단은 「개인정보 보호법」에 따라 훈련생으로부터 제공받는 개인정보를 보호하여야 합니다.
3. 고용노동부와 한국산업인력공단은 개인정보를 처리 목적에 필요한 범위에서 적합하게 처리하고 그 목적 외의 용도로 사용하지 않으며 개인정보를 제공한 훈련생은 언제나 자신이 입력한 개인정보의 열람·수정을 신청할 수 있습니다.
4. 본인은 위 1~3의 내용에 따른 사업주 직업능력개발훈련 운영을 위해 개인식별정보(주민등록번호 등)를 제공할 것을 동의합니다.

훈련과정명 :	
훈련기간 : 201 년 월 일 ~ 201 년 월 일	
성 명	
생년월일	
차량번호	차종 : 차량번호 : ※ 개인차량으로 교육에 참여하는 교육생만 기재
HRD사이트 상의 본인 ID(출결관리 시 필요)	

※ 개인차량으로 교육에 참여하는 교육생만 기재하시고 광교테크노밸리 입주업체 등록차량은 기입 불필요

※ 차량번호는 예) 25야 1234처럼 모두 기입하기 바람(1234는 잘못됨)

년 월 일

신청인 (서명 또는 인)

2 Kotra 아카데미 연수프로그램(www.kotraacademy.com)

Kotra 아카데미에서는 산업별 해외시장개척 과정, 기업 역량별 맞춤 과정, 국가별 해외시장 개척 과정, 글로벌 비즈니스 과정, 주재원 사관학교 과정, FTA활용 실무 교육과정, 외국인 투자유치 교육 과정 및 해외연수 과정 등 다양한 연수 프로그램을 운영하고 있다.[5] 강사진들은 해외무역관 경험이 풍부한 Kotra 직원들로 구성된 내부강사진과 해당 분야 전문가인 변호사, 변리사, 노무사, 회계사, 컨설턴트 및 현지진출기업인 등 외부강사진으로 이루어져 있다.

표 2 Kotra 아카데미 교육과정

과정명	주요 내용
산업별 해외시장개척 과정	- 산업 품목별 수출 마케팅 역량강화 과정 * 기계류, 자동차부품, 전기전자, 의료의약, 패션의류, 식품 등
기업 역량별 맞춤형 과정	- 수출초보, 유망, 중견기업 대상의 역량별 맞춤형 교육 과정 * 수출첫걸음과정, 해외시장 진출전략 수립 과정, 해외투자 진출 실무
국가별 해외시장 개척 과정 (구: 글로벌 지역전문인력 육성 과정)	- 유망시장 중심의 해외마케팅 전문 인력 육성을 위한 지역별 진출 전략 과정 * 중국, 미얀마, 베트남, 인도, 인도네시아, 캄보디아, 이란 등
글로벌 비즈니스 과정	- 해외시장 진출을 위한 실무역량 배양 과정 * 국제 비즈니스 계약, 협상, 해외 파트너쉽 제휴, 해외 전시마케팅 등
주재원 사관학교 과정	- 중소·중견기업 해외 주재원 파견자 역량 강화 과정 * 현지 경제·문화 이해, 노무·세무, 통관절차 등 실무교육 중심
FTA활용 실무 교육 과정 (구: FTA활용 업종별 교육 과정)	- 중소기업의 FTA활용 인력양성을 위한 업종별 맞춤형 교육과정 * 전기전자, 자동차, 기계, 섬유, 화학, 농수산, 디스플레이, 화장품, 의료기기
외국인 투자유치 교육 과정	- 중앙정부, 기초자치단체, 기타 공공기관 임직원 등 투자유치업무 담당자들의 외국인 투자유치성과 제고 과정
해외연수 과정	- 글로벌 기업 탐방 및 현지 경제 인프라 체험을 통한 중소기업의 역량 강화 * 슈퍼차이나 연수, 일본 히든챔피언 벤치마킹 연수, 유럽 Industry4.0 연수 등

(1) 산업별 해외시장개척 과정

산업 품목별로 특정지역(국가)을 정하거나 또는 전 세계 시장에 공통 적용되는

5 수강을 원하는 사람은 www.global－bizcyleam.co.kr 회원가입과 로그인 한 후 과정별 기한 내 수강신청을 해야 하며 참가비는 신청 접수 후 일주일 안에 납입해야 한다. 신청한 교육과정 강의 개시일을 포함하여 강의시작 이후에는 취소 및 환불이 되지 않는다.

시장정보 제공을 통해 해외시장 진출을 위한 마케팅 전략과 기법을 소개하는 과정이다. 보통 이틀 과정으로 개설되며 유료 강좌이다.

표 3 북미 자동차 시장개척과정

일자	시간	교육내용	
6/22 (목)	10:00-10:15	수강생 네트워킹 및 지원사업 소개	▪ 수강생 네트워킹 ▪ 관련 교육 및 지원사업 소개
	10:15-12:00	자동차 부품 해외시장 동향 및 진출 전략	▪ 자동차부품 해외시장 동향 ▪ 완성차 메이커의 OEM 참여 ▪ After Market 진출 방안
	13:00-15:00	자동차 부품 FTA활용 실무	▪ 자동차 부품 품목분류이론 ▪ 자동차 부품 원산지 결정기준 이해 ▪ 자동차 부품 원산지 증명서 발급절차 이해
	15:00-16:00	자동차 부품 시장 바이어 발굴 방안	▪ KOTRA사업 활용 바이어 발굴 방안
	16:00-17:00	자동차 부품 관련 지원 정책 활용	▪ KOTRA 소재부품팀 지원 정책 ▪ 기타 지원 정책 활용 방안
6/23 (금)	10:00-12:00	자동차 부품 해외시장 진출 실무 프로세스	▪ 업체별 아웃소싱 참여 프로세스 ▪ 업체별 아웃소싱 요구사항 등
	13:00-15:00	시장 진출 성공 사례 (1)	▪ 자동차 부품 시장 진출 사례 발표
	15:00-17:00	시장 진출 성공 사례 (2)	▪ 자동차 부품 시장 진출 사례 발표

(2) 기업 역량별 맞춤형 과정

수출초보, 유망, 중견기업을 대상으로 각 기업의 역량에 부합하는 맞춤형 교육과정을 제공한다. 수출 첫걸음 과정, 스타트업 해외진출 과정, 해외시장 진출전략수립 과정, 해외투자 실무과정, 해외프로젝트 수주 실무핵심 과정 등 다양한 프로그램이 하루 또는 이틀 과정으로 개설된다.

표 4 수출 첫걸음 과정

일자	시간	강의주제	교육내용
11/18 (금)	10:00-11:00 [1H]	수출을 위한 사전 준비	▪ 해외시장진출의 필요성 인식 ▪ 홈페이지, 카탈로그 준비방법 ▪ 해외시장정보 입수방법 등
	11:00-12:00 [1H]	해외시장 진출전략 수립	▪ 해외시장 환경분석 ▪ 해외마케팅역량평가 ▪ 목표시장의 선정 등
	13:00-15:00	수출 절차의 이해	▪ 단계별 무역실무

	[2H]		- 거래제의, 바이어 상담, 신용장 네고 통관 및 발송, 대금결제 등 무역 전반
	15:00-17:00 [2H]	성공적인 바이어 발굴 전략	▪ 해외시장조사방법, 통계활용법 ▪ 온라인활용 바이어 발굴법 ▪ 해외전시회 참가 ▪ 지사화사업 참가 ▪ 수출상담회 및 시장개척단 참가
	17:00-18:00 [1H]	수출 첫걸음 성공 사례	▪ 수출 첫걸음 성공 사례 공유

(3) 국가별 해외시장 개척 과정

신흥유망시장(주로 중국, 미얀마, 베트남, 인도, 인도네시아, 캄보디아, 이란 등)을 대상으로 해당 국가의 경제 및 산업동향 파악, 시장 진출 관련 법률 가이드, 진출기업 성공사례 및 맞춤형 컨설팅을 제공하기 위한 프로그램이다. 이 과정은 하루 또는 이틀 일정으로 실시되며 해당 국가 수출마케팅 분야 전문가, 투자 및 법률분야 상담 전문변호사, 진출성공기업인들이 강사로 나선다.

표 5 Kotra 아카데미 2017년도 국가별 해외시장 개척 과정 일정

과정명	교육기간	시간	정원	수강료(원)	강의장	문의
미얀마 지역	01.18~01.19	12	30	330,000	IKP 3층 중강의실	02-3497-1187
	11.02~11.03	12	30	330,000	본사 B1층 세미나실	
베트남 지역	02.27~02.28	12	30	330,000	IKP 3층 중강의실	02-3497-1187
	11.15~11.16	12	30	330,000	본사 B1층 세미나실	
이란 지역	04.07	7	30	165,000	IKP 3층 대강의실	02-3497-1187
	09.26	7	30	165,000	IKP 3층 중강의실	
인도 지역	07.03~07.04	12	30	330,000	IKP 3층 중강의실	02-3497-1187
인도네시아 지역	03.09~03.10	12	30	330,000	IKP 3층 대강의실	02-3497-1187
	10.12~10.13	12	30	330,000	IKP 3층 중강의실	
중국 지역	05.11~05.12	12	30	330,000	IKP 3층 중강의실	02-3497-1187
	08.24~08.25	12	30	330,000	IKP 3층 대강의실	
캄보디아 지역	06.14~06.15	12	30	330,000	본사 B1층 세미나실	02-3497-1187

표 6 Kotra 아카데미 「인도 지역 과정」 교육일정 <2일 과정>

일자	시간	비고	강의주제
7/3 (월)	10:00-12:00	2H	인도 시장의 기회와 도전 - 인도 지역 시장개관 및 이문화 이해 - 인도 지역 정보 수집 및 활용방안
	13:00-15:00	2H	현장에서 본 인도 리스크 분석 - 인사, 노무, 세무, 법률 등 현장사례 중심의 리스크 분석
	15:00-17:00	2H	성공 스토리 in India - 시장진출 관련 핵심 정보공유 및 성공사례 전달
7/4 (화)	10:00-12:00	2H	비즈니스 성공을 위한 계약실무 - 비즈니스 계약의 진행 및 종류 - 유의할 조항들 및 용어의 이해
	13:00-15:00	2H	인도 투자진출 유망분야 및 유의사항 - 인토 투자진출 및 애로사항 - 진출 유망 산업 및 품목
	15:00-17:00	2H	인도 시장 진출 전략 - 사업전략 수립을 위한 가이드라인 제시 - 인도 시장 진출 체크포인트 수립 및 맞춤 컨설팅

(4) 글로벌 비즈니스 과정

해외사업 실행을 위해 기업에서 필요로 하는 핵심 7대 이슈로 구성되며 최소비용, 최단기간, 현업활동이 가능하도록 설계되어 있다.

표 7 글로벌 비즈니스 7개 과정 핵심 Key Word

과정명	주요 강의내용
계약	영문 계약서, 계약 유형별 유의사항, 국제법 이해
영업 역량 향상	영업사원의 필수 역량, 가치기반 전략영업, 세일즈 트랜드
협상	국제협상, 협상사례, 사례 Case Study, 협상 프로세스 및 기술
해외전시마케팅	성공 vs 실패 사례, 교육참여 업체 전시부스 컨설팅, 성과 측정 및 평가방법
계약실무	계약과정 심화이론, 계약 유형별 계약서 작성 실습
MTI 강의로 배우는 글로벌 신사업 기획	MIT 모델의 핵심가치 및 전략수립, 사업성 측정법 이해, 실습형 워크샵
해외 비관세 대응	지재권/인증제도/통관제도의 이해, 비관세 장벽의 현황 및 사례공유

(5) 주재원 사관학교 과정

Kotra 아카데미에서는 고용노동부 국가인적자원개발컨소시움 사업의 일환으로 중소·중견기업 해외 주재원 파견자 역량강화를 위한 『주재원 사관학교 과정』을 운영하고 있다. 주재원 사관학교 프로그램 대상국들은 중국, 베트남, 미국, 인도, 인도네시아, 미얀마, 중남미, 러시아, 중동 및 유럽 등 이며 해당 국가의 주재원 파견자 대상으로 현지 경제·문화 이해, 노무·세무·통관 절차 등 실무 교육에 중점을 두고 있다. 이 과정은 현지 법률과 정책 등 이론적인 부분뿐만 아니라 해외주재원 생활을 했던 강사들이 실제 사례를 중심으로 실무와 직결되는 부분을 다룬다는 점에서 매우 흥미롭고 효과적인 과정으로 평가 받고 있다. 신청자격은 고용보험피보험자이면서 참여기관 신청서를 제출한 재직근로자이며 교육비용은 전액 무료이다. Kotra 아카데미 대전 분원에서도 글로벌 지역전문인력 양성과정, 글로벌 비즈니스 향상과정 및 기업역량별 맞춤교육 프로그램을 운영하고 있다.

표 8 Kotra 아카데미 주재원 사관학교 과정 커리큘럼

일자	분류	과목	학습내용
1일 (6H)	현지국의 이해	현지국의 현 주소(2H)	▪ 현지국의 정치, 경제, 사회, 주요 이슈 사항
		조직관리 리더십(2H)	▪ 효과적 조직관리 위한 리더십 전략수립 ▪ 현지직원 관리 방법 (이문화의 이해)
		현지 채용 프로세스 이해(2H)	▪ 효과적인 채용 프로세스와 주의사항 ▪ 효과적인 현지인 채용, 면접방법
2일 (6H)	현지업무 실무역량 I	인사 노무 관리(2H)	▪ 현지 노동법 특성 ▪ 노사관리 상황별 대응 방안
		재무와 세무(2H)	▪ 현지 재무 및 세무 특성 ▪ 한국 재무시스템과의 차이
		투자계약(2H)	▪ 현지 외자투자법 ▪ 투자계약 프로세스와 계약서 작성법
3일 (6H)	현지업무 실무역량 II	통관관세(2H)	▪ 현지 세관 통관절차 ▪ 통관 시 신고서류 및 주의사항
		마케팅, 세일즈 사례(2H)	▪ 시장특성 및 진출현황 ▪ 마케팅, 세일즈 사례
		의전 등 행사준비 방법과 매너(2H)	▪ 글로벌 에티켓과 상황별 매너 ▪ 현지 임원 의전행사 주의사항

(6) FTA활용 실무교육 과정

이 과정은 2일 및 3일 과정이 있으며 고용보험가입자는 무료로 수강이 가능하다.

표 9 Kotra 아카데미 FTA활용 실무 교육과정(3일/2일)

차수	시간	과목명	내용		
1일차	10:00 ~ 11:00	FTA 개요 및 활용	- FTA활용 요건 - 업종별 FTA활용 현황	1H	7H
	11:00 ~ 15:00	품목분류이론 및 업종별 사례	- HS코드 분류 체계 및 분류이론(통칙) - 업종별 품목분류 사례 - 품목분류 방법, 유권해석 신청방법 등	3H	
	15:00 ~ 18:00	원산지결정기준의 이해	- 원산지결정기준 기본 이론	3H	
2일차	10:00 ~ 12:00	업종별원산지결정기준 판정연습	- 업종별 원산지결정기준 판정연습 - 사례를 통한 원산지결정기준	2H	7H
	13:00 ~ 16:00	증명서·소명자료 작성	- 원산지증빙서류(원산지소명서, 원산지확인서 등) 작성 실무 - 원산지증명서 작성 실무 - 업무매뉴얼작성 및 사례실무	3H	
	16:00 ~ 18:00	원산지인증수출자의 이해 및 실습	- 인증수출자 제도 개요 - 인증수출자 구비서류 작성 실무	2H	
3일차	10:00 ~ 12:00	원산지관리시스템 실무	- FTA KOREA 소개 - EXCEL Interface Data 작성 실무 - 타사 운영 사례	2H	6H
	13:00 ~ 15:00	원산지사후검증 실무	- 원산지검증 개요 및 절차 - 원산지검증 사례 - 원산지검증 대응 방안 모색	2H	
	15:00 ~ 17:00	품목별 심화학습	- 분임토의 및 개별 컨설팅 - 품목분류, 원산지결정기준, 소명자료 작성 등	2H	
차수	시간	과목명	내용		
1일차	10:00 ~ 11:00	FTA 개요 및 활용	- FTA활용 요건 - 업종별 FTA활용 현황	1H	7H
	11:00 ~ 12:00 13:00 ~ 16:00	원산지결정기준 및 판정연습	- 업종별 원산지결정기준 판정연습 - 사례를 통한 원산지결정기준	4H	
	16:00 ~ 18:00	증명서·소명자료 작성	- 원산지증빙서류(원산지소명서, 원산지확인서 등) 작성 실무 - 원산지증명서 작성 실무 - 업무매뉴얼작성 및 사례실무	2H	
2일차	10:00 ~ 12:00 13:00 ~ 14:00	원산지관리시스템 실무	- FTA KOREA 소개 - EXCEL Interface Data 작성 실무 - 타사 운영 사례	3H	7H

	14:00 ~ 16:00	원산지인증수출자 실무	- 인증수출자 제도 개요 - 인증수출자 구비서류 작성 실무	2H	
	16:00 ~ 18:00	원산지사후검증 실무	- 원산지검증 개요 및 절차 - 원산지검증 사례 - 원산지검증 대응 방안 모색	2H	

(7) 외국인 투자유치 교육 과정

해외투자진출에 관심이 있는 기업 및 유관기관 임직원을 대상으로 개설된 유료 과정이다.

표 10 Kotra 아카데미 외국인 투자유치 교육과정

일자	시간	교육내용	
첫날	10:00-12:00	해외투자 진출 개요	- 해외투자의 형태 및 수단 - 해외투자 법령
	13:00-15:00	해외직접투자 관련 외환제도	- 현지법인 금융 및 외환관리
	15:00-17:00	해외사업 관련 보험제도	- 국외기업 신용조사 - 해외투자보험 - 해외사업금융보험
둘째날	10:00-12:00	해외투자 관련 금융지원 제도	- 해외투자 자금 조달 지원제도 및 사례
	13:00-15:00	해외투자 분쟁 사례 및 대응 방안	- 해외투자 관련 계약서 주요 조항 - 소송사례별 계약서 작성시 유의사항
	15:00-17:00	해외투자 기업이 알아야 할 국제조세	- 국제조세 제도 이해 - 이중과세방지제도 및 조세조약 - 금융 정보 교환 협정 (FATCA)

(8) 해외연수 과정

직접 해외 소재 기업, 기관, 전시회 등을 방문하여 현지 실태 및 시장조사, 노하우 등을 취득하는 과정이다.

한편 Kotra 아카데미와 한국생산성본부(KPC)는 2017년 10월부터 공동으로 국내 최고의 글로벌 비즈니스 사이버 연수과정(http://e-kpc.or.kr/kotra/KOTRA-KPC 무역투자 온라인 연수원)을 개설 운영하고 있다. 교육과정은 정규과정, 무역실무, 마케팅/영업, 무역영어, FTA 무료교육, 글로벌 등으로 분류되어 다양한 프로그램이 있으며 대부분 1개월 과정이고 수강료는 무료부터 8만원까지로 책정되어 있다. 또한 고용보험이 적용되는 과정도 있다. 신규개설 이러닝 콘텐츠가 지속적으로 개발되고 있는데 2018년 1월 현재, 『한눈에 보는 7대 글로벌 시장 핵심가이드』, 『수출 첫걸음! 해외시장조사와 바이어 발굴』, 『무역전문가 양성코스 글로벌 시장과 수출 첫걸음』, 『수출입 통관절차와 관세의 부과/징수』 등이 개설 운영되고 있다.

그림 3 Kotra-KPC 무역투자 온라인연수원 메인 화면(http://e-kpc.or.kr/kotra/)

3 무협 무역아카데미 연수프로그램(www.tradecampus.com)

무역협회 무역아카데미에서는 무역실무, 국제마케팅, 외환금융, Biz외국어 등 4개 분야의 단기연수를 비롯하여 무역 및 ICT 전문 인력양성을 위한 장기과정인 '무역마스터과정'과 'SMART Cloud IT 마스터과정' '글로벌물류서비스 최고경영자과정(GLMP)' 등을 개설하고 있으며 이와 별도로 온라인 교육을 위해 250여 개의 컨텐츠로 구성된 'Cyber Trade Campus'도 운영하고 있다.[6] 또한 무역아카데미는 매월 발행하는 「무역아카데미 뉴스레터」를 통해 개설되는 과정을 홍보하고 있다.

6 무역아카데미 홈페이지 원장 인사말씀에서 인용.

표 11 무역협회 무역아카데미 개설 강좌

과정	세부과정
수출역량강화사업교육	
단기오프라인강좌	▪ 분야별 강좌 ▪ 기업체 위탁연수 ▪ 대학생 무역캠프 ▪ 특성화고 무역캠프
장기오프라인강좌	▪ 무역마스터과정 ▪ SMART Cloud IT 마스터 과정 ▪ 패션의류 섬유 무역 전문가 과정 ▪ 물류최고경영자과정 ▪ 글로벌 무역인턴쉽 ▪ GTEP ▪ 전자무역·물류마스터과정 ▪ 자동차부품 수출전문가과정
e-Learning/온라인강좌	▪ 분야별 강좌 ▪ 지역전문가 강좌 ▪ 패키지 강좌

(1) 수출역량강화사업교육

무역실무핵심역량강화, 무역실무 심화, 유통/물류전문가, 지역전문가, 중국시장 e러닝, K－Beauty, 비즈니스 영어로 구분하여 실시하는 온라인 교육이다. 학습기간 안에 각각의 진도율이 80% 이상 시 수료 가능하다.

(2) 단기오프라인강좌

1) 분야별 강좌

표 12 무역협회 무역아카데미 단기오프라인 분야별 강좌

무역실무	마케팅/외환금융	FTA실무	해외시장진출
무역실무입문 무역실무종합 부분별전문가 고급심화 무역업창업 자격증대비	마케팅 마케팅 인증과정 외환금융	FTA 실무초급 FTA 실무심화	해외주재원양성 서비스산업해외진출

단기오프라인강좌 중 해외주재원양성 과정은 중국(4일/28시간), 베트남(4일/24시간), 인도네시아(3일/24시간), 인도(3일/21시간) 등 세계 주요국의 주재원으로서 성공적

인 비즈니스 수행을 위해 필요한 커리큘럼으로 구성하여 지역별 최고 전문가들의 생생한 현지 정보를 제공하고 있다. 이 과정 중에는 수강료의 일부를 환불받을 수 있는 프로그램도 있다. 이들 과정의 정원은 50~60명이며 무역협회 회원, 비회원 모두 수강할 수 있으나 회원에게는 우대가가 적용된다.

표 13 베트남 주재원 양성과정 프로그램

■ 교육 커리큘럼

일정		과정	주요내용	시간
Module 1: 베트남 주재원 기본역량 교육				
9/15 (화)	10:00-13:00	베트남의 이해와 성공적인 베트남 주재원 생활을 위한 가이드	○ 베트남 역사, 경제, 문화, 산업의 이해 ○ 베트남-한국과의 경제/산업협력현황 ○ 베트남 조기정착을 위한 생활가이드	3
	14:00-17:00	베트남 무역실무 및 마케팅 사례	○ 베트남 무역거래 특성 및 바이어 발굴 기법 ○ 베트남 시장 마케팅 전략 및 사례	3
Module 2: 베트남 주재원 핵심실무(유통, 인사/노무) - 1				
9/16 (수)	10:00-13:00	베트남 소비자 및 유통시장 특성	○ 베트남의 유통구조 및 채널 ○ 베트남 유통채널을 활용한 시장진출 전략 ○ 주요 성공사례	3
	14:00-17:00	베트남 현채인 관리 및 인사제도 구축 노하우	○ 현채인과의 효과적인 커뮤니케이션 ○ 현채인 채용방법 및 인사, 조직관리 시스템 ○ 사회보장보험 주요 이슈 소개 등	3
Module 3: 베트남 주재원 핵심실무(세무회계, 금융/외환리스크 관리) - 2				
9/22 (화)	10:00-13:00	성공적 베트남 사업을 위한 세무회계 ABC	○ 베트남 사업시 알아야 할 세무 및 회계 핵심 포인트 및 사례	3
	14:00-17:00	베트남 금융 및 외환리스크 관리 포인트	○ 베트남 기업금융제도 및 환리스크이해 ○ 베트남 과실송금 방법 및 절차 등	3
Module 4: 베트남 주재원 핵심실무(물류/통관, 투자) - 3				
9/23 (수)	10:00-13:00	베트남 물류/통관	○ 베트남의 통관물류 제도 및 실제 ○ 주요 통관물류 애로 및 극복방안 ○ FTA 활용 방안 ○ 베트남의 경제발전 전략	3
	14:00-17:00	베트남 현지 법인 투자 실무	○ 법인설립 관련 준비절차 및 계약 주의사항	3
합 계				24

표 14 중국 주재원 양성과정 프로그램

교육 커리큘럼

일정		과정	주요내용
Module 1: 중국 주재원 기본역량 교육			
9/9 (수)	09:30-11:30	한중 FTA를 활용한 비즈니스 접근법	- 한중 FTA 협상 세부 내용 학습 - 한중 FTA를 활용한 비즈니스 접근 - 한중 FTA와 비즈니스 명과암 등
	12:30-14:30	중국 사업 계약서 작성요령 및 체크포인트	- 중국사업 계약서 작성요령 및 주의사항/체크포인트 - 분쟁시 대응방안 및 실패사례 학습
	14:30-17:30	중국 내수 시장 진출 실전사례 및 주재원 경험공유 (제조업종)	- 중국 주재원의 어려움과 준비전략 - 중국 가전/제조 시장의 변화와 전망 - 내가 경험한 중국 제조업 비즈니스 등
Module 2: 중국 주재원 비즈니스 기초실무 (물류/통관/바이어 발굴 등) 교육			
9/10 (목)	09:30-11:30	중국 내수확대를 위한 물류마케팅 전략	- 중국 내수 물류 인프라 현황 소개 - 물류 시뮬레이션 차별화 전략 - 중국 내 물류비 절감비법 소개 등
	12:30-14:30	사례로 배우는 중국 통관제도 핵심 포인트 및 활용기법	- 최근 급변하는 중국 무역/통관 이슈 - 중국 통관제도를 활용한 절세방안 - 한중 FTA를 활용한 무역 확대전략 등
	14:30-17:30	중국 비즈니스 핫 이슈 및 바이어 발굴기법/검증방법	- 중국 2015년 비즈니스 핫 이슈특강 - 중국 바이어/파트너 발굴기법 및 검증방법 등
Module 3: 중국 주재원 핵심실무 (세무/회계/인사노무/기업금융) 교육			
9/16 (수)	09:30-11:30	성공적 중국 사업을 위한 세무회계 ABC	- 중국사업시 알아야 할 세무 및 회계 핵심 포인트 교육 - 세무/회계 관련 실패사례 학습 등
	12:30-15:00	중국 현채인 관리 및 인사제도 구축 노하우	- 현채인과의 효과적인 커뮤니케이션 - 현채인 채용방법 및 인사, 조직관리 시스템 - 사회보장보험 주요 이슈 소개 등
	15:00-17:30	중국 기업금융 및 외환 리스크 관리 포인트	- 중국 기업금융제도 및 환리스크이해 - 중국 과실송금 방법 및 절차 - 위안화 직거래 방법 등
Module 4: 중국 진출 마케팅 실전사례 및 맞춤 컨설팅			
9/17 (목)	09:30-11:30	중국 온라인/모바일 마케팅 기법 활용사례	- 웨이보 마케팅의 특징과 활용방법 - 모바일(위챗)을 활용한 중국 비즈니스 접근 방법론
	12:30-14:30	중국 소비 시장 진출 실전사례 특강 2	- 중국 요우커 소비성향 분석 - 중국 유통시장진출 사례 - 마케팅 성공 사례 및 전략
	14:30-16:30	중국 비즈니스 코드 및 성공실패사례 분석	- 차이나 DNA를 활용한 중국 Biz 코드 분석 - 중국시장 진출 성공 및 실패사례분석 - 마케팅 프로세스 구축방법 등
	16:30-17:30	종합토론 및 맞춤 컨설팅	- 교육생 상호간 네트워킹 및 토론 - 맞춤 컨설팅

2) 기업체 위탁연수

기업의 인적자원개발(HRD) 계획 및 니즈에 맞는 맞춤형 교육 프로그램으로 구성되며 수요에 따라 학습자의 수준에 맞는 교육과정을 개발하여 현장중심/사례위주의 실무교육을 제공한다. 또한 필요한 분야만을 엄선하여 적합한 시간과 장소를 정해 효율적으로 실시한다. 위탁연수과정은 신청기업 직원들이 한 장소에 모여서 교육을 받는 오프라인 집합과정과 온라인을 활용한 e러닝/모바일과정으로 구성된다.

표 15 무역협회 무역아카데미 기업체 위탁연수 강좌(e-러닝과정)	
기본과정	무역실무기본(고급)과정, 외환금융과정, 자격증 대비과정, 무료강좌
기타과정	경영리더십, 전문직무, 외환/금융, 외국어, 인문교양/시사, 기타

표 16 무역협회 무역아카데미 기업체 위탁연수 강좌(집합과정)	
무역실무/외환	일반과정, 심화과정, 자격증 대비과정
FTA	FTA 종합실무과정, FTA 국가별 진출 전략과정, 업종별 FTA 활용 전략과정
전자무역	전자무역실무과정, 전자무역마케팅과정
마케팅	거래선발굴 전략과정, 국제비즈니스 실무과정, 해외시장 진출 전략과정
비즈니스외국어	외화과정, 심화과정, 전략과정

3) 장기오프라인강좌

장기오프라인강좌 중 무역마스터 과정이 가장 인기가 있는 프로그램으로 대학 졸업자(예정자)를 대상으로 무역실무, 해외마케팅, 외국어 및 직무소양 등 6개월간 수준 높은 교육으로 글로벌화된 무역전문기를 양성하는 국내 최고의 교육프로그램이다.

표 17 무역협회 무역아카데미 무역마스터 강좌
▪ 무역기본지식
무역실무개요, 대외무역법, 무역계약, 수출입대금결제, 무역운송, 해상보험, 무역영어, 수출보험, 전자무역, 상사중재제도, 통관관세환급, 무역서식작성실무, 외환거래법, 외환실무개요, 수출입절차시뮬레이션, 무역실무총정리, HS상품분류
▪ 무역실전심화교육
대금결제사례연구, 무역계약작성실습 및 사례연구, 무역클레임사례연구, 수입/국제조달실무, 무역영어 작성실습, 무역영어 실전연습
▪ 무역마케팅
무역마케팅, e-global Marketing, 전략시장진출(인도, 아시아 등), FTA활용마케팅 전략, 전시회참가 및 바이어 발굴, ITEM STUDY
▪ 외환/재무교육
재무회계기초, 세무실무기초, 환위험관리, 파생금융상품, 국제재무관리, 금융시장 예측
▪ OA교육
PPT, EXCEL, EDI 실습
▪ 비즈니스외국어
Biz English(매일 5시간 원어민 강사 교육) 중국어, 일본어, 스페인어 등 제2외국어 교육(영어능력 우수자) 외국어 특강(Biz 제2외국어, TOEIC/HSK 대비과정 등)
▪ 인재개발 및 특강 등
인성특강 취업전략 및 지원 단체훈련(워크샵, 등반대회, 산업시찰 등)

(3) e-Learning/온라인강좌(cyber.tradecampus.com)

1) 분야별 강좌

표 18 무역협회 무역아카데미 e-Learning 분야별 강좌	
무역실무	기초필수, 거래선 발굴, 계약체결/서식, 계약이행, 사례 및 실전
지역전문가	인도, 베트남, 인도네시아, 중국
비즈니스 외국어	비즈니스 영어, 비즈니스 일본어, 비즈니스 중국어, 외국어 기타, 외국어 자격증, 글로벌 에티켓
자격시험대비	국제무역사, 무역관리사
직무계발	창업/경영일반, 커뮤니케이션/리더십/혁신·변화, 마케팅/바이어발굴/정보보안, 유통/물류, 법무인사/재무회계, 스마트워크(OA)
패키지 강좌	실무자핵심역량강화, 중견직원역량강화, 직급별 승진자역량강화, 리더역량강화

2) 지역전문가 강좌

표 19 무역협회 무역아카데미 e-Learning 지역전문가 강좌	
인도 무역·투자	인도의 문화, 상관습, 경제 및 사회 구조, 비즈니스 기회 및 리스크 등 종합 정보 제공
베트남 무역·투자	베트남의 문화, 상관습, 경제 및 사회 구조, 비즈니스 기회 및 리스크 등 종합정보 제공
중국 무역·투자	중국 시장 구조, 비즈니스 문화, 중국 무역, 투자제도, 상관습 등 다양한 주제의 정보 제공
기타 지역 무역·투자	아세안, 아프리카 등의 상관습, 비즈니스 문화, 진출전략 등 다양한 주제를 다룸

3) 패키지 강좌

표 20 무역협회무역아카데미 e-Learning 패키지 강좌	
실무자 핵심역량강화	실무자 기본역량, 해외마케팅, 계약/서식/대금결제, 자격증 취득
중견직원 역량강화	종합 창의력/기획 설득
직급별 승진자 역량강화	신입사원 연수 과정, 대리승진자 마스터 과정, 과장승진자 마스터 과정, 차장승진자 마스터 과정
리더 역량강화	팀장 리더십 스쿨, 고급관리자 리더십 스쿨

그림 4 무역협회 무역아카데미 e-Learning 지역전문가 과정

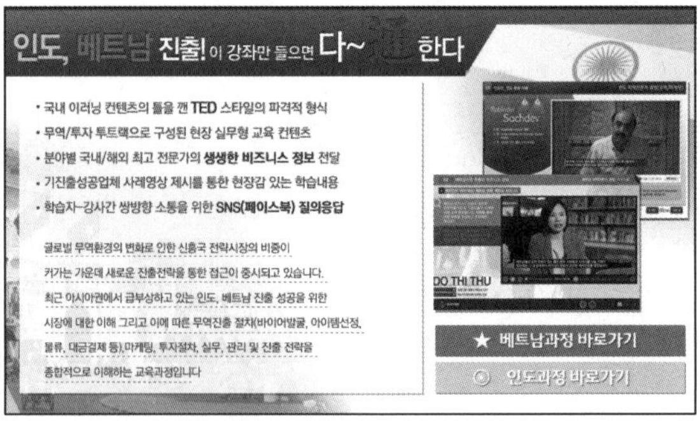

4 GSBC 아카데미 연수프로그램(www.gbedu.or.kr)

경기중소기업종합지원센터 GSBC 아카데미에서도 경기도의 지원을 받아 FTA 시대의 도래, 전자무역 활성화 등 급변하는 무역시장 변화에 적극 대응하여 경기도 내 중소기업 무역 인력의 글로벌 경쟁력을 강화시키기 위해 무역실무교육, 해외유망시장분석 등 다양한 무역전문 교육을 제공하고 있다. 교육대상은 경기도 내 사업장 또는 공장을 보유하고 있는 중소기업의 재직자들이고 강좌에 따라 유료 또는 무료로 진행되며 교육비 환불도 가능하다. 교육과정은 계층교육, 경영직무, 기술직무, 어학, 세미나 등으로 분류된다.

표 21 GSBC 아카데미 교육과정

계층교육	신입사원, 초급관리, 중급관리, 리더십
경영직무	전략/기획/CS, 경영혁신, 인사/총무, 재무/회계, 마케팅/영업, 글로벌/무역, 정보화/QA
기술직무	전기/전자/정보통신, 반도체/디스플레이, 메카트로닉스, 3D 설계, 생산/품질

경영직무 중 글로벌/무역과정 분야는 무역기본종합과정(초급), 무역실무실전연습(중급), 글로벌 지역전문가, 해외거래선 발굴 및 협상기법, 전시박람회참가기법, 해외마케팅 성공사례 세미나, 사례위주의 FTA 종합실무, 무역계약서 작성실습과 무역리스크 관리, 비즈니스영어 프리젠테이션 기법 및 협상스킬, 해외영업전문가과정 등으로 구성되어 있다. 참가신청은 온라인으로 하며 훈련 수료 후 수료증이 발급된다.

표 22 GSBC 아카데미 글로벌/무역 직무 과정 일정표

교육분류	과정명	기수	교육기간	교육시간	교육비	정원	신청
경영직무 - 글로벌/무역	글로벌 지역전문가	1	2017.08.31~2017.09.01	14시간	320,000	20	신청중
경영직무 - 글로벌/무역	수출마케팅 실전향상 (3차)	3	2017.09.07~2017.09.08	14시간	무료	15	신청중
경영직무 - 글로벌/무역	FTA 활용실무	1	2017.09.14~2017.09.14	8시간	150,000	20	신청중
경영직무 - 글로벌/무역	무역사기대응 및 계약서 작성실습 향상 (2차)	2	2017.09.18~2017.09.19	14시간	무료	15	신청중
경영직무 - 글로벌/무역	무역실무기초 (3차)	4	2017.09.25~2017.09.27	21시간	390,000	20	신청중
경영직무 - 글로벌/무역	관세절감 방안 및 관세환급향상 (3차)	3	2017.10.26~2017.10.27	14시간	무료	15	신청중
경영직무 - 글로벌/무역	[북부권역]수출마케팅 실전향상(4차)	4	2017.11.07~2017.11.08	14시간	무료	15	신청중

이외 대한상공회의소(www.korcham.net)에서는 FTA 원산지증명서 기초교육, ICC 국제무역규칙실무교육, 수출입회계와 세무처리 실무교육 등을 유료 또는 무료로 실시하고 있으며 서울산업진흥원(www.sba.seoul.kr)에서도 글로벌 비즈니스 경쟁력 강화를 위해 FTA 무역실무, FTA 원산지관리전담반과정, 중국 온라인시장진출세미나 등 해외시장 진출교육 및 세미나 등을 제공하고 있다. 또한 각 조합, 협회 등에서도 회원사를 중심으로 연간 사업계획에 따라 연수 강좌를 실시하고 있다.

그림 5 대한상공회의소 FTA 원산지증명서 기초교육 안내

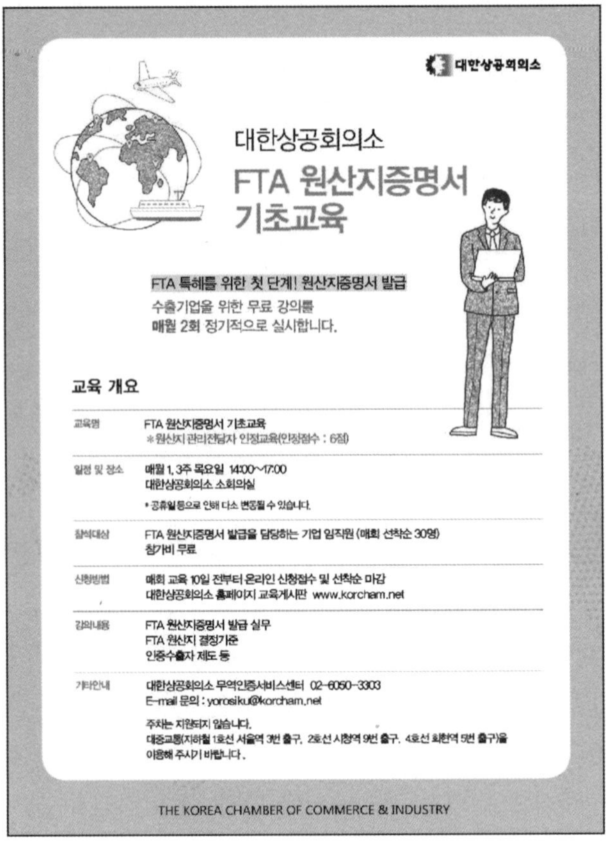

C•H•A•P•T•E•R

13

글 잘 쓰는 요령

실 무 해 외 시 장 조 사 론

CHAPTER

13

글 잘 쓰는 요령

1 작문 관련 최근 대학생, 신입직원들의 실태

일반적으로 최근 대학생들이나 신입직원들을 보면 외국어 구사능력은 물론이고 컴퓨터 다루는 실력, 기획력 및 발표력 등 거의 모든 면에서 기성세대들에 비해 훨씬 뛰어나다고 볼 수 있다. 그러나 대체적으로 이들의 글쓰기(작문) 능력만은 과거 선배들에 비해 현격히 떨어지는 듯하다. 학교 교육의 탓도 있겠지만 컴퓨터와 인터넷에 익숙하다 보니 스스로 글 쓰는 노력을 하지 않고 있을 뿐 아니라 글쓰는 기회조차도 가져 본 적이 없었던 것이 그 원인이라 하겠다. 여기서 말하는 글쓰기란 소설이나 논문 또는 논술과 같은 거창하고 미사여구(美辭麗句)를 사용하는 고급스러운 작문을 의미하는 것이 아니라 비즈니스에서 필요한 서신 또는 보고서와 같은 평범한 글쓰기를 의미한다.

표 1 알제무역관 초보 인턴이 번역한 현지 언론 기사
2015년 9월 14일 주요 뉴스(Kotra) □ 석유 매상의 하락에도 불구하고, 큰 구조개혁 프로젝트는 계속 될 것(Transaction) • 2014년 이후로 지속되는 석유 가격의 하락의 세계 경제의 영향에도 불구하고 현지 개발의 큰 개발 프로젝트는 지속된다고 함. • 프로젝트는 사회 문제, 교육, 복지, 교통과 주거, 특히 Alger(알제리의 수도)의 wilaya(알제리의 행정 구분단)에 치중한다고 함. • 이 권고는, 8월 말 수도에서 열린 알제리 공무원 모임에서, wilaya의 전체적으로 75,752명이 집계되고 관련된 가족들을 수용할 수 있는 건물의 테라스, 빈민촌, 임시 거처를 마련하는 프로그램을

추진했다고 함.

□ 알제리 정보 통신산업장관의 Ooredoo(원거리통신 회사) 본사 방문(Aquarev)
- 방문 중, 성공적인 4G폰의 성능을 각료들과 주 미디어 매체에 증명함.
- 알제리 정보 통신산업장관은 알제리의 원거리통신의 발전을 위해, M. Joesph Ged(DG의 회장)과 계속 일을 하였다고 함.
- 성공적인 테스트는 4G폰의 내력과 성능, 사회적인 진출, 이 분야의 전문성과 가능성을 증명함.

표 2 이해하기 쉽게 수정 번역한 현지 언론 기사

2015년 9월 14일 주요 뉴스(Kotra)

□ 유가 하락에도 불구, 국민편의를 위한 대형 프로젝트는 지속 추진 전망(Transaction)
- 2014년 이래, 지속적인 유가 하락으로 경제 상황이 어렵지만 국민생활개선을 위한 대형 프로젝트는 계속 추진될 것으로 전망됨.
- 특히, 수도 Alger와 wilaya (우리나라 道와 같은 개념의 알제리의 행정 단위)를 중심으로 사회, 교육, 복지, 교통과 주거분야 프로젝트가 중점추진될 것이라고 함.
- 한편 정부 관계자에 의하면, 알제리 전체 wilaya를 대상으로 총 75,752명이 주거할 수 있는 영구 가옥을 비롯하여 임시 거처를 제공하는 프로젝트 추진이 완료되었다고 함.

□ 알제리 통신사 성공적인 4G폰 시현, 관계 장관 전폭적인 정부 지원 약속(Aquarev)
- 알제리 원거리 통신회사인 Ooredoo사는 자사를 방문한 정보통신산업부 장관을 비롯한 주요 각료들과 언론들에게 4G폰의 성능을 선보임.
- 정보통신산업부 장관은 원거리통신의 발전을 위해, 지금까지 협력해 왔고 앞으로도 정부 지원을 아끼지 않겠다고 약속함.
- 성공적인 이번 시현을 통해 향후 4G폰의 성장가능성이 증명되었다고 할 수 있음.

비즈니스에서도 예외가 아니다. 바이어와 소통을 말로만 하는 것이 아니라 필요에 따라 서신, 이메일을 주고받아야만 하는 경우도 있다. 당연히 자신의 의견과 생각을 글로 표현하여 전달해야 하는 경우도 많이 생긴다. 그러나 아무리 외국어 실력이 뛰어나다 하더라도 글쓰기에 익숙하지 않다 보니 본인이 글로 표현한 내용을 자신은 이해할지 모르겠으나 제3자가 받아보면 도통 무슨 내용을 전달하려고 하는 것인지 의미 파악이 안 되는 경우가 자주 있다. 특히 우리말 작문에서 보면 문장은 꼬여 이해하기가 어렵고 주어가 없거나 능동과 수동문이 혼재되어 있고 불필요한 조사가 남발되며 또한 정작 해야 할 말은 생략되고 논리적으로도 상충되는 표현을 쉽게 찾아 볼 수 있다. 단순한 의사 전달 수단인 서신이나 이메일에서조차 이러할진데 요즘 젊은층에게 조사보고서를 작성하도록 지시하면 대부분 엄두를 내지 못하거나 많은 양질의 정보를 취득했다 하더라도 그 뜻을 제대로 표현하지 못해 보고서 작성은 이들이 가장 기피하는 업무들 중의 하나가 되어 버렸다.

2 작문 및 번역 시 유념해야 할 사항

글을 잘 쓰기 위해서는 남의 글을 자주 읽어야 한다. 신문, 잡지는 물론이고 무역 또는 경제 관련 각 사이트에 올라와 있는 보고서 등을 자주 읽고 좋은 표현은 모방하도록 한다. 또한 글을 자주 써보면 자연스레 문장력이 늘어나게 된다. 따라서 글 쓰는 습관을 갖도록 노력한다. 비즈니스에서 글을 쓰는 목적은 나의 생각과 계획, 새로운 정보 등을 남에게 전달 또는 제공함에 있다. 아무리 긴 장문의 글이라 하더라도 전하고자 하는 메시지가 없다면 무의미한 글이 되고 만다. 글을 쓰기 전에 전달하고자 하는 내용이 무엇인지 먼저 생각하고 정리한 후 글을 써나가도록 한다.

글을 쓸 때 초보자가 한 문장을 너무 길게 쓰게 되면 당초 전달하려고 했던 본류(本流)에서 벗어나 엉뚱한 방향으로 문장을 작성하게 된다. 이것은 문장이 꼬여 이해할 수 없는 글이 되고 마는 가장 큰 원인이 된다. 따라서 초보자일수록 문장을 최대한 간결하게 단문 위주로 짧게 잘라 작성하도록 한다. 비즈니스 글쓰기는 아름답고 박식한 표현이 아닌 내 생각을 제3자에게 명확히 전달함에 그 목적이 있다는 사실을 항상 염두에 두고 글을 쓴다.

한글로 작성하는 편지나 보고서에서 불필요한 조사가 남발되지 않도록 유념한다. 『귀하 요청에 따라』하면 될 것을 『귀하의 요청에 따라』와 같이 불필요한 소유격 '의'를 사용하지 않도록 한다. 글쓰기에서 했던 말이나 표현을 반복하는 것은 글의 의미 전달을 희석시킬 뿐 아니라 이해하는 데 결코 도움을 주지 않는다. 글을 쓸 때는 표현했던 말을 또다시 기술한다든가 군더더기와 같은 말과 표현은 과감히 제거하고 요점 위주로 작성토록 한다. 그리고 글이란 문어체이기 때문에 구어체와는 달리 가능한 주어를 분명히 밝힌다. 말로 의사를 전달 할 때는 상대방과 대화의 흐름이 있기 때문에 주어를 생략해도 의미 전달이 쉽게 되지만 글은 대면(對面) 의사 전달이 아닌 문어체이기 때문에 주어가 없으면 의미가 모호해질 수 있다.

아무리 긴 문단의 글이라도 궁극적으로 꼭 전달하고자 하는 핵심문장이 있게 된다. 상대방이 더 주의를 기울이고 읽을 수 있도록 핵심 문장이나 강조해야 할 부분은 고딕 처리를 하거나 밑줄을 친다. 그리고 작문이 완성되면 꼼꼼히 오탈자는 없는지, 문법에 맞게 작성되었는지, 전하고자 하는 내용이 모두 포함되었는지, 애매한 표현은 없는지 반드시 체크하고 동료에게 보여주어 내가 의도했던 내용을 이해했는지 확인한 후 발송하거나 상부에 보고한다.

표 3 글 잘 쓰기 위한 10계명
① 남의 글을 많이 읽고 모방하라. ② 서툴더라도 글쓰기를 생활화한다. ③ 항상 글에는 전하고자 하는 메시지가 있어야 함을 명심하라. ④ 초보자는 장문을 쓰지 말고 단문으로 써라. ⑤ 가급적 일본식 한자어를 피하고 쉬운 우리말을 사용한다. ⑥ 불필요한 조사를 남발하지 말라. 특히 소유격 '의'를 남용하지 말라. ⑦ 중언부언(重言復言)하지 말고 요점 위주로 작성하라. ⑧ 가능한 주어를 생략하지 않는다. ⑨ 강조해야 할 부분은 고딕이나 밑줄 처리를 한다. ⑩ 작문을 마친 후, 남의 입장에서 이해가 되는지 면밀히 검토한다. - 여러 번 읽어보면 어색하거나 모호한 표현이 발견된다. - 동료에게 보여주고 이해를 했는지 확인한다.

일반 기업체는 공공기관과는 달리 보고서 쓸 일이 많지는 않겠지만 시장조사보고서, 출장결과보고서 등은 자주 작성하게 된다. 보고서도 유형과 목적, 주제 및 비중에 따라 보고서 전개방법이 달라질 수는 있으나 보고서를 읽는 사람이 이해하기 쉽게 작성하는 것이 가장 중요하다. 따라서 짧은 시간에 보고서 핵심을 파악할 수 있도록 쉬운 단어를 선택하여 이해하기 용이하게 작성하면서도 내용이 충실하고 구성도 짜임새가 있어야 한다(가급적 일본식 한자어를 피하고 쉬운 우리말을 사용한다. 예: 동사(同社) → 이 회사, 아국 → 우리나라/한국, 금번 → 이번, 익년 → 다음 해, 공히 → 모두). 다음으로 보고서 그 자체가 완결성을 가질 수 있도록 해야 한다. 분량은 가능한 작을수록 좋으며 필요 시 별첨 참고자료를 활용토록 한다. 아울러 보고서를 받아보는 사람이 추가 질문사항이 발생하지 않도록 명확히 서술한다. 마지막으로 표준화된 양식에 따라 간결, 명료, 효율적으로 작성한다. 특히 보고서 작성 목적, 경위 및 쟁점, 대안, 추진계획 등을 명확하게 기술하며 간략한 보고서의 경우, 시작하는 문단에 가장 중요한 내용이 들어가도록 하고 이어 그것을 뒷받침하는 내용을 배치한다. [표 4]는 Kotra가 제시한 문제 있는 보고서의 특징을 나열한 것이다.[1]

표 4 문제 있는 보고서의 특징
■ 기본적인 틀이 갖춰져 있지 않다. • 보고서 양식조차 제대로 갖추지 않은 것 • 제목이나 목차에 보고서 내용이 제대로 드러나지 않는 것 • 누가, 언제, 어떤 목적으로 썼는지가 없는 것 • 오탈자나 맞춤법, 시제 등이 틀린 것

1 Kotra 스타일북, p. 6, 19 인용.

- 기승전결 논리체계를 갖추지 않았거나 논리전개가 뒤바뀐 것

■ 내용이 장황하고 초점이 없다.
- 표현이 모호하여 명확한 내용을 알 수 없는 것
- 자기 주장 없이 다양한 견해 소개에 그치는 것
- 너무 깊이 다루다 불필요하게 내용이 길어진 것
- 논점과 무관한 것을 상세히 설명하거나 유사한 내용을 다시 설명하는 것

■ 읽을수록 오히려 궁금한 점이 생긴다.
- 지나치게 압축적으로 설명한 것
- 보고 취지나 배경, 추진 경위나 정책 이력을 제대로 안 쓴 것
- 출처가 불분명한 자료를 인용하거나 주장을 뒷받침할 근거가 부족한 것
- 종합적이고 균형되게 썼는지 의문이 드는 것
- 전문용어, 약어 등을 설명 없이 쓰는 것

■ 근본적인 문제의식이 안 보인다.
- 기존 관행을 답습해 구태의연한 방식으로 문제에 접근하는 것
- 현황과 문제점, 원인 등을 보고 이슈에 대한 분석이 부족한 것
- 대안 나열에 그쳐 실현 가능성이 없고 계획이 불확실한 것
- 보고서 수요자가 읽고 무엇을 해야 할지 명확하지 않은 것

해외시장조사를 하다보면 외국어로 작성된 자료를 번역해야 하는 경우가 많이 생긴다. 번역을 잘하려면 해당 외국어에도 능숙해야 할 뿐만 아니라 한국어 구사 및 문장력도 뒷받침되어야 한다. 외국어로 작성된 기사나 보고서 등을 번역할 때 전체적으로 통독(通讀)을 하여 대략적인 요지를 먼저 파악하고 정독(精讀)을 하도록 한다. 번역문에서도 궁극적으로 전달하고자 하는 핵심 내용 파악이 중요하다. 신문기사의 경우, 제목을 먼저 보며 대부분 결론은 기사 앞부분에 있거나 뒷부분에 있으므로 이 부분을 세밀하게 읽어본다. 번역에서 무엇보다 중요한 것은 한국말답게 번역해야 한다는 점이다. 직역을 하다보면 어색한 번역이 되기 쉽다(예 : 그 사람이 나로 하여금 화나게 했다. → 그 사람이 나를 화나게 했다. 또는 나는 그 사람 때문에 화가 났다.). 특히 영어의 경우, 원문에 수동태 문장이 자주 나오는데 이를 수동태 그대로 번역하게 되면 어색한 표현이 되기 쉽다(예 : 이 기사는 그에 의해 작성되어졌다. → 그가 이 기사를 작성하였다.). 문장이 서로 매끄럽게 연결될 수 있도록 필요하다면 적절한 접속어를 삽입한다. 번역은 논리적으로 기술되어야 한다. 번역한 문장 하나하나는 의미 전달이 되나 문장이 모여서 이루어진 문단으로 묶어 읽게 되면 의미 전달이 안 되는 경우가 많이 있다. 하나의 문장을 잘 번역하는 것도 중요하지만 문단 또는 전체 번역문에 대한 의미 전달이 이루어져야 한다. 번역을 하다보면 기사나 조사보고서를 모두 번역하는 것이 불필요한 경우도 있다. 이 경우, 번역문을 이해하는 데 오히려 방해 요인

이 될 수도 있으므로 이런 부분은 과감히 번역에서 제외한다. 또한 필요한 경우 원문 순서대로 번역문을 작성할 것이 아니라 이해나 논리전개에 도움이 된다면 문단 자체의 순서를 변경시키는 것이 오히려 더 나을 때도 있다.

모든 외국어 단어들을 우리 단어로 100% 전환시킬 수는 없다. 단어에 따라 미묘한 차이가 있을 수 있기 때문에 이런 단어는 가장 가까운 한국어로 번역하되 원어를 동시에 표시해둔다. 같은 보고서에서 도량이나 화폐단위가 일치하지 않으면 이해에 방해가 된다. 예를 들어 m, yard, km, mile 등 도량형을 하나로 일치시키고 US$, $, USD, 미화 달러, 달러, 불 등 화폐단위도 일관성을 갖고 작성한다. 아무리 외국어 원문을 매끄럽고 우리말답게 번역했다 하더라도 이해하기 어려운 부분도 생긴다. 이 경우 관련 사진, 도표 등을 삽입하면 이해하기가 훨씬 용이해진다. 또한 미국신문 기사에서는 인터뷰 등 인용기사가 많이 나오는데 이를 직접화법으로 번역하는 것보다는 간접화법으로 번역하는 것이 훨씬 우리말다운 경우가 많이 있다. 어려운 용어는 본문 해석과 관계없이 각주(脚註)로 별도 설명을 달아준다.[2]

그리고 전문을 번역 또는 이해한 후에는 그 자료가 제시하는 정보를 요약하여 여러 사람과 그 정보를 공유하거나 자료로 축적해둔다.

표 5 외국어 번역 시 유의사항
① 먼저 숲을 보고 <통독(通讀)> 다음 나무를 본다. <정독(精讀)> ② 번역문에서도 궁극적으로 전달하고자 하는 핵심 내용 파악이 중요하다. ③ 한국말답게 번역한다. 필요에 따라서는 접속어를 첨가한다. ④ 기승전결(起承轉結) 논리적으로 번역한다. ⑤ 불필요한 부분은 과감히 번역에서 제외한다. ⑥ 필요한 경우, 번역문의 문단 순서를 이동시킨다. ⑦ 의미 전달이 미묘한 단어는 원어문을 그대로 인용한다. ⑧ 도량 및 화폐 단위를 일치시킨다. ⑨ 가능한 사진, 도표 등을 삽입한다. ⑩ 신문기사 번역 시 직접화법보다는 간접화법으로 전환시켜 번역한다.

2 예: the government's cash－for－clunkers program－노후차량 보상프로그램. 노후 된 차량에 대해 탄소배출권(pollution credit)과 교환해 주거나 연비가 높은 신형 차량에 대한 할인 혜택을 주는 등의 정부 지원 프로그램. 1990년대에 사용되다가 2009년에 다시 등장한 어휘.

표 6 뉴욕타임즈 현대자동차 관련 기사 전문

New York Times 원문	번역문
With Low Prices, Hyundai Builds Market Share	현대자동차, 저가정책으로 시장점유율 구축
① It was not exactly a planned strategy, but the recession, particularly in the United States, has been very good for Hyundai, the South Korean automaker.	① 한국 자동차 제조사인 현대자동차가 미국에서 매우 잘 나가고 있는 것은 정교하게 계획된 전략에 기인하기보다는 미국의 경기침체 덕분이었다.
② After years of struggling to prove to consumers than it was more than a second-tier brand, Hyundai Motor America and its affiliate, Kia Motor America, accounted for 8 percent of the new-vehicle market in the United States in August, more than Chrysler's 7.4 percent.	② 현대차는 더 이상 두 번째 차로 보유하는 이등급 차량이 아니라는 점을 소비자들에게 입증하기 위해 여러 해 동안 공을 들인 결과 현대아메리카자동차와 그 자회사인 기아아메리카자동차는 미국 신차 시장에서 8월, 크라이슬러의 7.4%를 제치고 8%의 시장점유율을 기록하였다.
③ The company sold more than 60,000 vehicles last month as buyers rushed to take advantage of the government's cash-for-clunkers program before its end.	③ 현대아메리카자동차는 정부의 노후차량 보상 프로그램이 종료되기 전에 이 제도를 활용하여 차량을 구입하려는 소비자들의 욕구에 힘입어 지난 달 6만대 이상의 차량을 판매했다.
④ The carmaker's sales topped August 2008 by 47 percent — total industry sales were up only 1 percent.	④ 지난 8월 미국 자동차 판매량은 겨우 1% 신장에 그쳤으나 현대차는 47% 증가로 수위를 차지하였다.
⑤ "They have a tremendous amount of momentum right now, and I don't see that stopping," said Erich Merkle, an analyst who founded the Web site Autoconomy.com in Grand Rapids, Mich. "Hyundai is a competitive threat not just to the Big Three but for the first time to the Japanese automakers as well."	⑤ 미시건주 그랜드 래피즈에서 Autoconomy.com 웹사이트를 운영하고 있는 시장분석가 에리히 머클씨는 현대자동차가 현재 엄청난 탄력을 받고 있다며 이런 현상은 (쉽게) 사그러들지 않을 것으로 전망하면서 급기야 현대차가 미국의 빅3사뿐 아니라 처음으로 일본차 까지도 위협하는 경쟁사로 성장하였다고 평가하고 있다.
⑥ Globally, the Hyundai-Kia Automotive Group, which owns the Hyundai Motor Company and about 39 percent of Kia Motors, passed Honda last year and the Ford Motor Company this year. It became the fourth-largest automaker, behind Toyota, General Motors and Volkswagen (it is seventh in the United States). It was in 11th place worldwide less than a decade ago.	⑥ 기아자동차 지분 39%와 현대자동차를 보유하고 있는 현대기아자동차그룹은 작년 전 세계적으로 혼다를 제쳤으며 금년에는 포드사를 추월하였다. 현대기아자동차그룹은 (전 세계에서) 토요타, GM, 폭스바겐에 이어 4번째 자동차 제조사로 자리매김하게 되었다. (미국에서는 7번째) 이 그룹은 불과 10년 전만 해도 전 세계에서 11번째 자동차 제조사였다.

New York Times 원문	번역문
① Hyundai and Kia both expect to sell more vehicles in the United States this year than they did in 2008, a claim that only one other automaker, Subaru, can make. Sales by all of Hyundai's bigger competitors have fallen by more than 20 percent so far this year.	① 현대와 기아 양사는 미국에서 2008년보다 금년, 또 다른 자동차 제조사인 수바루(Subaru)를 제외하고 더 많은 차량을 판매할 것으로 예상된다. (한편) 현대차보다 큰 다른 경쟁사들의 판매는 금년 들어 20% 이상 떨어졌다.
② "There's a great spot for a brand like ours, particularly in a recessionlike environment," John Krafcik, the chief executive of Hyundai Motor America, said. "Consumers are beginning to question the value of a premium brand — is it worth an extra $5,000?"	② 현대아메리카자동차사 최고 책임자인 존 크라프킥 회장은 특히 경기침체기는 현대와 같은 브랜드에게 (판매 확대면에서) 최적의 시점이며 소비자들은 최고등급의 브랜드 차량을 구입해야 하는지 - 과연 5천 달러나 더 주고 살 가치가 있을까? - 의문을 갖기 시작했다고 말했다.
③ Hyundai's Exhibit A is the Genesis, a luxury sedan that was named North American car of the year at the Detroit auto show in January. Part of the appeal of the Genesis, in addition to a price tag that is thousands less than that of its chief rivals, may be that hardly anyone associates Hyundai with the word "luxury."	③ 현대의 대표 차량은 1월, 디트로이트 자동차박람회에서 금년도 북미차로 선정된 최고급 세단 제네시스이다. 주요 경쟁차들에 비해 수천 달러 저렴한 가격과 함께 제네시스가 주목을 끌게 된 또 다른 이유는 어느 누구도 '현대차'와 '최고급'이라는 단어를 서로 연상하지 않았을지도 모른다는 점이다.
④ Its lowest-priced model, the Accent, sells for just under $10,000 for the base package. The Genesis, its most expensive model, starts at $32,250 — by comparison, the Lexus ES 350 costs $34,470, and the Cadillac CTS costs $36,560.	④ 가장 저렴한 모델인 액센트는 기본모델의 경우 불과 1만 달러 이하로 판매되고 있다. 렉서스 ES 350이 34,470달러, 캐딜락 CTS가 36,560 달러와 비교하여 가장 비싼 모델인 제네시스는 32,250달러부터 시작된다.
⑤ John Krafcik, head of Hyundai Motor America, said, the brand was well placed, "particularly in a recessionlike environment." Credit Charles Rex Arbogast/Associated Press Several dealers have said that they are selling the Genesis to business owners who, after laying off some employees, want to project an image that they, too, are cutting back.	⑤ 현대아메리카자동차사 존 크라프킥 수석회장은 불황기에 특히 제네시스 브랜드가 자리를 잘 잡아가고 있다고 평가하고 있다. 또한 Credit Charles Rex Arbogast/Associate Press의 몇몇 딜러들에 따르면 인력해고라는 구조조정하에서 자신들도 절약하고 있다는 이미지를 부각시키려고 하는 회사 오너들을 타깃으로 제네시스를 판매하고 있다고 한다.

New York Times 원문	번역문
① "The current economic climate really places an emphasis on people spending their money wisely," said George Glassman, a Hyundai and Kia dealer in suburban Detroit who sold Oldsmobiles until G.M. eliminated that brand in 2004.	① 디트로이트 외곽에서 현대기아차 딜러로 활동하고 있는 조지 그라스만 씨는 현재와 같은 경기상황에서 정말로 사람들이 현명하게 돈을 쓰는 것이 강조되고 있다고 말한다. 그는 2004년 GM이 업계를 떠날 때 까지 올스모빌을 판매했었다.
② "They're appealing to people's desires to spend reasonably and to get great value for your dollar," Mr. Glassman said. "Twenty years ago, Hyundai was a reasonable alternative to purchasing a used car. Now they are attracting consumers from all ages and all walks of life."	② 자동차 회사들은 소비자들이 합리적으로 소비하고 그들이 지불한 화폐에서 큰 가치를 얻도록 유인하고 있다며 20년 전만 해도 현대차는 중고차 대신 구입하는 합리적인 또 다른 방안이었으나 이제 모든 연령층과 직업군의 소비자들을 끌어들이고 있다고 그는 해석하고 있다.
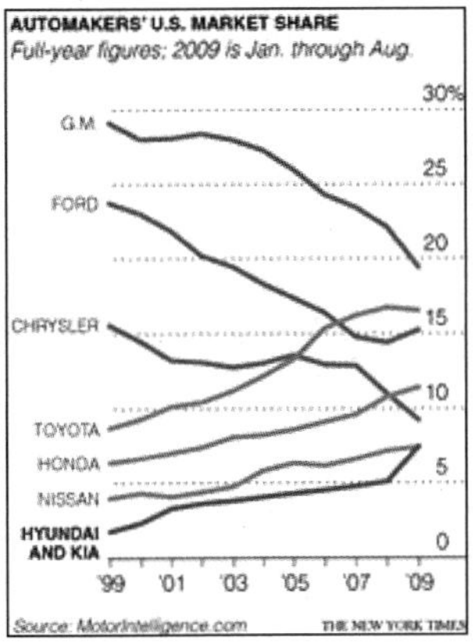 	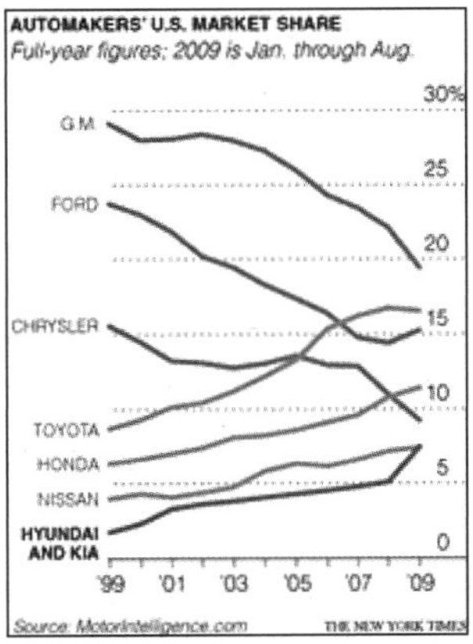 미국내 자동차 시장점유율
③ Mr. Glassman's recent customers include Joe Randazzo, who had considered the Chevrolet Malibu sedan because his son works for G.M. Despite the family connection and his past preference for Cadillacs, Mr. Randazzo chose to buy a Hyundai Sonata.	③ 그라스만 씨의 최근 고객들 중에는 아들이 GM 디트로이트에서 일하고 있고 종전에 캐딜락을 구입해 본 적이 있어 Chevrolet Malibu 세단 구입을 고려했던 조 란다조 씨도 있는데 결국 그는 현대 소나타 구입을 선택했다.
④ George Glassman, a Hyundai and Kia dealer in suburban Detroit, is seeing customers of various ages and income brackets. Credit Fabrizio Costantini for The New York Times "It's a very good ride, and I really enjoy driving it,"	④ 조지 그라스만 씨는 다양한 연령과 소득 계층의 고객들을 찾고 있다. 세라믹 타일 사업을 하다가 은퇴한 79세 란다조 씨는 현대차 승차감이 매우 좋고 현대차 운전을 즐기고 있다며 전에는 늘 캐딜락을 몰았으나 더 이상 그와 같은 대형차를 운전할 필요가 없다고 말한다. 그리고 GM이나 다른 차에 대해 불만은 없지만 다음 구입할 차도 역시 현대차라고 말한다.

New York Times 원문	번역문
said Mr. Randazzo, 79, who is retired from running a ceramic tile business. "I used to drive Cadillacs all the time. I don't need to drive a heavy car like that anymore. No disrespect to G.M. or anybody, but my next car will be a Hyundai, too."	
① Hyundai's research indicates that 30 percent of consumers now consider the brand when shopping for a new vehicle, nearly triple the number who did about five years ago. "They went from the perception of cheap to an excellent value," said Mr. Merkle, the analyst. "I think that this will stick even after we come out of this environment, because people are becoming better acquainted with the product."	① 현대차 관계자들은 소비자들이 쇼핑용으로 신차를 구입할 때 현대차를 고려하는 비율이 30% 정도 되는 것으로 추정하고 있는데 이는 5년 전에 비해 거의 3배나 늘어난 수치이다. 시장분석가 머클 씨는 소비자들이 (현대차에 대해) 싸다는 인식에서 아주 우수한 가치를 가진 차라는 인식으로 바뀌었다고 말하고 사람들이 현대차에 대해 더 친숙해지고 있기 때문에 이러한 인식은 더욱 견고해질 것으로 내다보고 있다.
② Aggressive marketing is another reason Hyundai's sales are surging. The automaker introduced a first-of-its-kind offer early this year that lets customers who find themselves without work return their car with no penalty for up to a year. It later expanded the offer to include up to three months of payment relief.	② 공격적인 마케팅은 현대차 판매가 급증하고 있는 또 다른 요인이기도 하다. 현대차는 금년 초 차량 구입자가 실직을 하게 되면 구입 시점에서 최고 1년까지 벌칙금 없이 구입 차량을 회수 조치 시킬 수 있는 first-of-its-kind 제도를 도입하였다. 그리고 뒤이어 이 오퍼에 최대 3달까지 할부 납부를 유예시켜주는 제도도 포함시켰다.
③ G.M. and Ford briefly offered similar programs after the Hyundai program helped increase sales. Hyundai also jumped ahead of competitors this summer, by inviting customers to turn in old, inefficient vehicles under the cash-for-clunkers program three weeks before its official start.	③ GM과 포드는 현대차에게 매출 증가를 가져다 준 (이와 같은) 프로그램이 도입된 이후에야 유사 프로그램을 시작하였다. 현대차는 또한 자동차 구입 보조 프로그램이 공식 시작되기 3주 전에 노후되고 비효율적인 차량을 교체하려는 고객들을 초빙함으로써 (선제 공약함으로써) 올 여름 다른 경쟁사들을 앞지르고 선두로 도약하였다.
④ "They're really trying to use this recession as an opportunity to take market share, which they have," Jessica Caldwell, director of industry analysis at Edmunds.com.	④ Edomunds.com을 운영하고 있는 제시카 골드웰 씨는 현대자동차야 말로 이 불황을 시장 확대의 기회로 활용하고 있다고 분석하였다.

New York Times 원문	번역문
① Hyundai and Kia are pushing for more. In November, Kia plans to open a new assembly plant in West Point, Ga., its first in the United States. (Hyundai has a plant in Alabama).	① 현대와 기아차는 (앞으로) 더 오랫동안 (미국 시장에서) 치고 나갈 것으로 보인다. 11월 기아는 미국에서 처음으로 조지아주 웨스트포인트에 새로운 조립 공장을 건설할 계획이다(현대는 이미 알라바마주에 생산공장을 가동중이다).

② Several new models are coming soon, including the compact Kia Forte this fall and revamped versions of the Hyundai Sonata and Tucson next year. The company's goal is to have the industry's highest fuel economy by 2015; it is currently third, behind Toyota and Honda, even with no hybrid in its lineup. "We may do that a couple of years earlier if you look at the trajectory we're in," said Mr. Krafcik.	② 이번 가을 기아는 소형자인 포르테를 포함하여 몇몇 신형모델을 선보일 것이며 내년에는 현대 소나타와 투손의 새로운 버전이 출시될 예정이다. 현대차의 목표는 2015년까지 자동차 업계에서 가장 우수한 연비의 차량을 생산하는 것이다. 현대차는 하이브리드 생산을 하고 있지 않지만 토요타와 혼다에 이어 연비면에서 현재 3위를 달리고 있다. 크라프킥 씨는 사람들이 (잘 나가고 있는) 우리의 걸어왔던 길을 본다면 2년을 당겨 이 목표를 달성할 수 있을지도 모른다고 말했다.

[표 6]은 뉴욕타임즈에 게재된 바 있는『현대자동차, 저가정책으로 시장점유율 구축』이라는 제목의 기사 전문과 번역문이다. 그러나 기사 전체를 읽어보면 현대자동차가 저가정책을 활용하여 미국 내에서 시장점유율을 끌어올리고 있다기보다는 공격적인 마케팅 덕분이라는 점에서『현대자동차, 불황 속에서 공격적인 마케팅으로 시장점유율 확대』라는 제목이 더 적절한 표현이라 할 수 있다. 장문의 이 기사는 [표 7]과 같이 요약할 수 있다.

표 7 현대자동차 관련 뉴욕타임즈 기사 번역문 요약

『현대차, 불황 속에서 공격적인 마케팅으로 시장점유율 확대』

- 8월, 현대차 미국에서 전년 동월 대비 47% 증가한 6만대 판매
  - 시장점유율 8%로 크라이슬러(7.4%) 앞질러
  - 미국의 Big 3뿐 아니라 일본차까지도 위협
  - 세계 4위, 미국 내 7위 자동차 제조업체로 부상
- 종전 저가, second car라는 이미지 탈피 성공
- 최고급 세단 제네시스를 타사 경쟁차들과 비슷한 가격으로 판매
- 경기불황을 맞이하여 소비자들 실속 위주로 차량 구입
  - 현대차가 최적 모델로 부상
- 실직 시 차량 무상반납(first-of-its-kind) 및 할부유예제도 도입 등 공격적 마케팅으로 경쟁사 따돌리고 시장 선점
  - 경쟁사들도 뒤늦게 유사 판매촉진 프로그램 도입
- 미국에서의 현대차 호조는 앞으로도 지속될 듯
- 미국 현지생산 체제 구축 및 5년 내 최고 연비 차량 생산이 목표

[표 8]은 Kotra 표기의 기본 원칙을 나열한 것이다.

표 8 Kotra 표기의 기본 원칙

- 한글맞춤법과 표준어 규정, 외래어 표기법을 기본 원칙으로 삼고, 각각의 정보작성지침을 따른다.
- 타인의 명예를 훼손하거나 특정 직업이나 특정인, 특정 민족이나 국가에 불쾌감을 일으킬 수 있는 단어나 표현은 삼간다.
- 인용한 자료나 주장의 출처를 명확히 밝혀 저작권을 침범하지 않도록 주의한다.
- 본문의 설명 및 용어, 수치가 그림이나 도표상의 수치 및 용어와 일치하도록 확인하다.
- 간결하고 정확히 하며, 문장의 말미를 흐리지 않는다.
  ~인 것 같다. ~고 볼 수 있다. ~인 듯하다. ~로 사료된다.
- 너무, 매우, 절대로, 결코 등 정도를 나타내는 부사나 불필요한 수식어를 남발하지 않는다.
- 아무튼, 그러니까, 하여간 등 구어체 표현은 삼가고 공공언어로서의 품위를 지킨다.
- 일어 투, 직역 투와 같은 외국식 표현은 가능한 한 우리말로 옮겨 쓴다.
  소위, ~이 아닐 수 없다. ~으로부터의, ~에 있어서, ~에 의하여
- 중복된 표현은 간결하게 수정하고 한 문단이 지나치게 길어지지 않도록 한다.
  각 회사별, 매 분기마다, 많은 기업들이, 과반수 이상, 이 기간 동안에

❶ Kotra 우수보고서 사례

TPP 협상이 전자산업에 미치는 영향

국가명 : 베트남 무역관명 : 하노이

□ 전자산업 동향 및 특성

○ 전자산업 일반현황

- 베트남 전자산업은 1994년부터 베트남 정부의 경제개발 정책 및 외국기업투자유치를 통하여 성장하고 있으며, 베트남은 글로벌 제조기지로서의 역할뿐 아니라 현지 내수시장으로도 잠재력을 가지고 있음

- 베트남은 2014년 전 세계 12위의 전자제품 수출국으로 부상하고 있으며, 스마트폰, 태블릿PC, TV, 냉장고, 에어컨, 전기밥솥, 전자레인지 등 전자제품 생산은 '07년 US$ 26억 달러에서 '13년 US$ 170억 달러로 동 기간 연평균 36.2%의 고속 성장률을 기록하였으며, 그 결과 세계 전자생산에서 차지하는 베트남의 비중은 '07년 0.2%에서 '13년 0.9%로 상승함

- 500여 개의 베트남 국영기업, 사기업 및 외국인투자기업들이 존재하고 있으며, 이 중 외국인 투자기업의 수는 전체의 25%에 불과하지만, 전자분야 베트남 시장점유율의 80%, 수출액의 90%를 차지하고 있음

- 베트남 정부는 자국 전자산업 육성을 위하여 전자산업 분야의 외국인투자기업이 베트남 내 법인설립 시, 15년간 법인세율을 10%로 적용하는 등 High Tech 분야 외국인투자유치를 위하여 인센티브를 부여하고 있음

베트남의 법인세율 적용				
법인세율	대 상	우대세율적용기간 (우대기간종료 후 22% 적용)	완전 면제기간	50% 감면기간
22% 표준세율	우대세율 미적용 법인	전 사업기간	제조법인에 대해 소득발생연도부터 2년	면제기간종료 후 2년 (신설 또는 지방이전하는 기존법인)
20%	일반우대지역	전 사업기간	소득발생연도부터 2년	면제기간종료 후 6년 (신설 또는 지방이전하는 기존법인)
10%	High Tech 분야, 특별우대지역, 경제특구	사업개시연도로부터 15년	소득발생연도부터 4년	면제기간종료 후 9년

* 출처 : 베트남 투자법(Law on Investment)

– 수출주도형 외국인투자기업으로는 Fujitsu, Canon, Intel, Foxconn 등이 있으며, 수출·내수형 기업으로는 Samsung, LG, Panasonic, JVC, Toshiba, TCL 등의 한국 및 일본계 기업들이 진출해 있음

– 외국인투자기업으로 가장 규모가 큰 삼성전자는 베트남 박닌성, 타이응웬성, 호치민시 등 총 US$ 112억 달러의 투자를 단행하고 있음. 2014년에는 베트남 북부 타이응웬 지역에 US$ 30억 달러 규모의 스마트폰 공장에 투자하였음

* 베트남 경제 연구소 Tran Dinh Thien 소장은 베트남 현지 기업들이 단순 부품 조립·가공뿐 아니라 삼성의 글로벌 가치사슬에 적극적으로 참여하여 베트남 전자산업을 육성하는 계기가 되어야 한다고 언급

– Panasonic(일본)사는 빈즈엉 지역에 US$ 40억 달러 투자, Intel사는 호치민 지역에 US$ 10억 달러를 투자, 프린터, 복사기 전문제조업체인 Fuji Xerox사는 US$ 0.9억 달러를 투자하는 등 글로벌기업들의 진출이 활발함

주요 외국투자기업의 전자산업 분야 투자진출 타임라인	
1990년대 중반	호치민 지역 중심으로 가전기기 제품의 외국인 투자가 시작되었음
2000년대 초	베트남 남부지역뿐 아니라 북부지역에 가전기기 제품·부품 투자진행
2006 -2007년	Canon, Fujitsu, Jabil, Foxconn, Compal 등 글로벌기업들이 1억 달러 규모의 조립 생산라인을 투자함
2008년	삼성, Canon, Bosch등 외국인 투자가 급증하였음. 특히 삼성은 25억 달러 규모의 휴대폰 부품 조립·설비 공장을 베트남 북부 박닝성 옌퐁공단에 설립함
2010 -2012년	Intel사의 1억 달러 규모의 조립 및 시험설비 공장의 투자뿐 아니라 Nokia, Panasonic 및 Fuji Xerox사도 투자를 단행하였음
2013년	삼성은 베트남 북부 타이응웬 지역에 30억 달러 규모의 스마트폰 공장투자 승인을 받음 LG전자는 베트남 북부 항구도시 하이퐁에 15억 달러 규모의 생산기지(TV, 휴대폰, 세탁기, 청소기, 에어컨 등)를 투자키로 결정
2014년	삼성은 베트남 북부 타이응웬 지역에서 시작하는 12.3억 달러 규모의 전자기계 프로젝트, 10억 달러 규모의 박닌성 지역의 디스플레이 프로젝트 진행

– 이처럼 글로벌기업들은 베트남 내 전자산업 분야 제조기반·시설에 대규모 투자를 하고 있지만, 대부분의 베트남 현지기업들은 아직 자금여건 등이 미약하여 복합 산업단지 또는 R&D센터 설립에 어려움을 겪고 있는 실정임

○ 전자제품 교역 현황

2014년 전자제품 분야 베트남의 주요 수출입국

(단위 : US$ 백만 달러)

연번	국가명	수출액	국가명	수입액
	총계	35,730	총계	27,350
1	아랍에미리트	3,908	중국	11,606
2	미국	3,672	한국	7,055
3	홍콩	3,492	일본	2,005
4	중국	2,366	싱가포르	2,397
5	독일	1,701	대만	1,899
6	오스트리아	1,730	말레이시아	870
7	영국	1,127	미국	872
8	이탈리아	1,063	이스라엘	426
9	프랑스	933	필리핀	325
10	인도	890	태국	245

주) 전자제품 : 컴퓨터 및 관련 부품, 전기제품 및 관련부품, 전화기·휴대폰 및 관련부품
* 출처 : 베트남 통계청(GSO)

– (수출) 베트남의 전자제품 수출액은 2011년 US$ 110.5억 달러에서 2014년 US$ 357.3억 달러로 최근 3년간 약 3배 상승하였음

2011-2014년 베트남의 전자제품 수출액

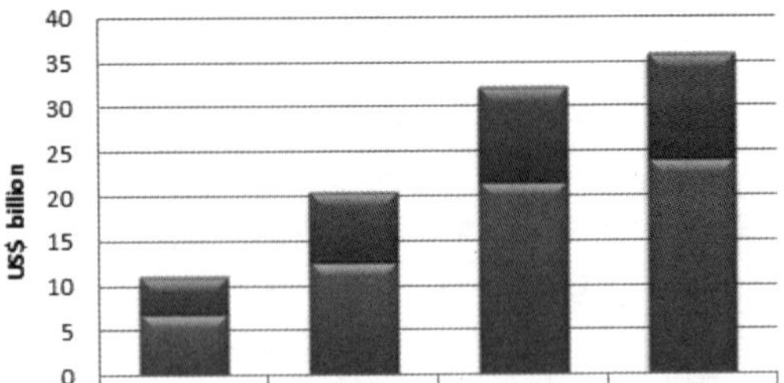

	2011	2012	2013	2014
Computers, electrical products, components	4.19	7.88	10.67	11.65
Telephones, Mobile phones and parts	6.86	12.64	21.51	24.08

* 출처 : 베트남 통계청(GSO)

– (수입) 베트남은 대부분 전자부품을 수입하여 현지공장에서 조립 후 수출하고 있는 실정이며, 주로 냉장고, 에어컨, 전기밥솥 등 백색가전류임

– 2014년 베트남의 전자제품·부품의 수입액 US$ 273.5억 달러 중 외국인투자 기업이 차지하는 비중은 89%로 FDI에 의한 수입비중이 매우 높은 실정임

2011-2014년 베트남의 전자제품 수입액

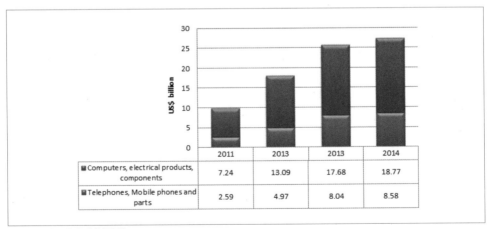

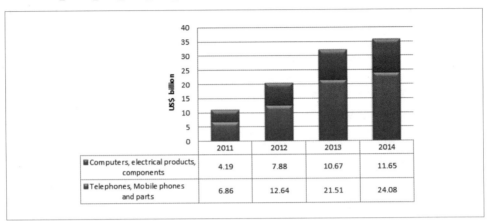

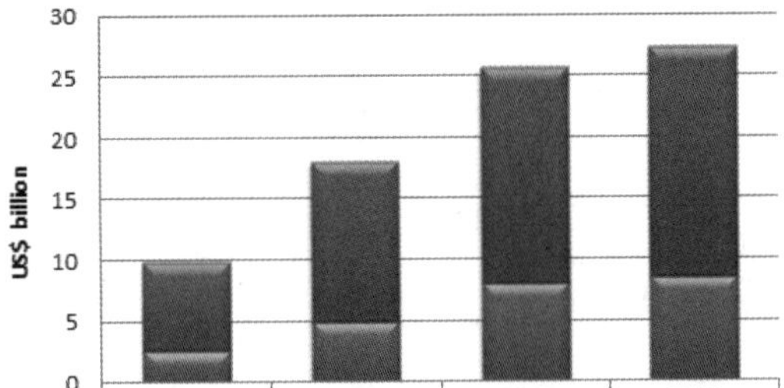

	2011	2013	2013	2014
Computers, electrical products, components	7.24	13.09	17.68	18.77
Telephones, Mobile phones and parts	2.59	4.97	8.04	8.58

* 출처 : 베트남 통계청(GSO)

□ TPP 추진 관련 정부의 입장

○ (기본입장) 베트남 시장에서는 TPP효과를 선점하기 위한 한국을 포함한 많은 해외기업들이 원사·직물 부문뿐 아니라 전자산업 부문에서도 투자진출을 확대하고 있어 베트남 정부는 TPP에 대한 긍정적인 입장을 표명

○ (전자산업 영향) 최근 전자산업의 글로벌 체인 벨류가 아시아·태평양 지역으로 빠르게 이동 중에 있으며, TPP참여국인 베트남은 글로벌기업들의 가치사슬에 적극적으로 참여하여, 기존의 단순 부품 조립·가공을 넘어서 핵심 부품 및 소재 산업 육성 발판의 계기로 삼고 있음

- 베트남 전자부품산업의 경쟁력은 아직 취약한 실정으로 외국인투자기업이 현지 부품 조달에 애로를 겪고 있음. 이로 인해 전자제품 수출이 늘어날수록 관련 부품 수입도 같이 증가하고 있는 실정이며 대부분의 베트남 전자부품기업은 영세한 규모로서, 연구개발력 및 기술 동향 정보가 부족하여 수요기업과의 기술력 격차가 발생하고 있음
- 삼성전자의 경우, 동반 진출한 협력업체들로부터 대부분의 부품을 공급받고 있는 실정임

○ (전문 인력 양성) 베트남 정부가 산업의 구조고도화 추진을 목적으로 제정한 첨단기술 법(High Technology Law)에 따르면, 베트남에 투자하는 외국기업이 첨단기술 업종으로 인정받아 투자 인센티브를 받기 위해서는 전체 고용인력 대비 연구개발 인력 비중이 5% 이상의 조건 충족이 필요하지만 실제 베트남 전자산업 분야의 숙련 및 전문 인력 부족은 심각한 수준임

- 이에 베트남 정부는 삼성전자, LG전자 등과의 전략적 파트너십을 통하여 한국의 효과적인 인적자원 정책과 경험을 전수받아 벤치마킹 모델로 삼을 필요성이 있음

□ TPP 추진 관련 전자업계 반응

○ (전자업계 반응) 베트남 투자진출 글로벌기업들은 베트남의 풍부한 천연자원 및 저렴한 노동력을 활용할 수 있으며, 베트남은 고용창출 및 우수한 인재를 육성할 수 있을 뿐 아니라 베트남 현지 기업들은 글로벌기업으로부터 기술이전 및 기술표준 구축 등의 긍정적인 효과를 기대. 하지만 글로벌기업들의 지속적인 투자진출로 인하여 베트남 내 시장을 빼앗겨 많은 현지 영세 기업들의 불가피한 도산위기 가능성을 우려함

○ (원산지 기준) TPP 원산지 기준을 통한 역내 권 전자부품 조달 시, 관세인하 등으로 인한 가격·제품경쟁력을 제고할 수 있는 효과를 기대

○ (생산성 향상) IAA(Research Institute of Economy, Trade & Industry) 연구소에 따르면 TPP참여국인 베트남은 12.78%의 생산성이 향상될 것으로 조사됨

TPP가 전자산업에 미치는 주요 국가별 영향			
수혜국	생산성(%)	피해국	생산성(%)
TPP 참여국			
1. 베트남	12.78	1. 페루	-4.24
2. 멕시코	0.83	2. 뉴질랜드	-2.51
3. 캐나다	0.81	3. 싱가포르	-1.44
4. 말레이시아	0.67	4. 칠레	-1.3
TPP 미 참여국			
인도네시아	10.77	캄보디아	-6.17
한국	3.43	라오스	-3.48

* 출처 : IAA(Research Institute of Economy, Trade & Industry)

□ 주요 기업의 전략

기업명	주요 전략
Viettronics Corporation (현지)	- 가전기기, 정보통신기기 현지 제조사인 Viettronics Corporation 사는 1970년 국영 기업으로 설립 후 2006년부터 민영화됨 - 베트남 정부는 전자산업 육성 차원에서 동 기업의 기술 및 인력개발에 대한 적극적인 투자를 지원하고 있음 - 동 기업은 TPP에 대비하여 R&D투자뿐 아니라 글로벌기업의 가치사슬 진입을 통하여 유통·물류·마케팅 전략을 강화 계획
Microsoft Mobile Vietnam (해외)	- Microsoft Mobile Vietnam사는 2011년에 설립되었으며, Microsoft사와 Nokia Vietnam사의 합작 법인 - 동 기업은 대부분의 부품·소재를 해외에서 소싱하여 베트남 공장에서 조립·제조 후 전 세계 100여 개국에 수출하고 있음 - 동 기업은 일부 중국의 생산기지를 베트남으로 이전하는 등 TPP를 계기로 베트남을 생산 거점 글로벌 기지로 추진할 계획 - 또한 부품 현지 생산비율을 4년 안에 30-50%까지 올릴 계획이며 고용창출을 대폭 늘리어 인재 역량개발에도 힘쓸 예정 - 2015년 3월 24일, 동 기업은 청년창업 육성사업인 'YouthSpark' 프로그램에 300만 달러의 자금을 베트남에 3년간 투자키로 결정함
Samsung Electronics (국내)	- 삼성전자는 베트남을 수출 생산기지로 활용하는 전략을 가속화하고 있음 - 특히 휴대폰은 전체 생산량의 절반 이상을 베트남에서 생산하고 있음 - 지난 2008년 25억 달러를 들여 베트남 북부 박닝성 옌퐁공단에 휴대폰 생산1공장을 세운 데 이어, 2013년에는 타이응웬성에 휴대폰 생산설비 확충을 위한 30억 달러 규모의 추가 투자계획도 베트남 정부의 승인을 받았으며, '15년 4월중 출시예정인 갤럭시 S6와 갤럭시 S6 엣지도 베트남에서 생산함 - 삼성전자는 이와 함께 2017년까지 5억 6,000만 달러를 투자해 베트남 호치민에 위치한 사이공 하이테크파크(SHTP)에 TV 중심의 소비자가전(CE) 복합단지 건설도 추진 중에 있음 - 삼성전자는 베트남의 풍부한 노동력을 비교적 저렴한 비용으로 이용할 수 있어 세계 시장 공략을 위한 생산거점으로 활용 중 * 최근 영국공인회계사협회(ICAEW)가 1991년부터 2012년까지 동남아국가연합(ASEAN) 주요 회원국의 노동생산성 증가율을 조사한 결과 베트남이 184%로 1위를 기록하였으며, 태국(85%), 싱가포르(81%), 말레이시아(80%) 등 보다 월등히 높음

□ 우리 전자기업의 TPP 활용 전략 및 당부사항

○ 우리 전자기업의 TPP 활용 전략

– (글로벌 아웃소싱의 다변화) 베트남은 여전히 사회간접자본(SOC) 부문이 열악하여 반도체, 센서, 휴대폰 부품 등 전자제품의 일부 부품은 베트남에 비해 상대적으로 생산성이 높은 태국, 말레이시아 등의 TPP 참여국으로부터 아웃소싱을 하는 다변화 전략 필요. TPP 발효 시, 역내 권 국가 간 관세/무관세 장벽이 완화되어 가격 및 제품 경쟁력 확대 전망

– (양국 간 상생협력 전략) 베트남은 TPP뿐 아니라 우리나라와의 FTA 발효를 앞두고 있는 상황에서 양국 간 정부차원의 상생협력 전략을 구성하여 한국기업은 전략적인 투자진출 확대를 통한 글로벌 시장 점유율 확대 및 토지세·법인세 감면의 혜택을, 베트남 측은 고용창출, 인재육성, 기술이전 및 하이테크 산업을 육성할 수 있는 윈-윈 전략을 활용할 필요성이 있음

– (한국 전용공단) 베트남에 투자 진출하는 한국 중소기업들의 원활한 현지 안착을 위해 베트남에 전용공단을 설립할 필요성이 있음. 일본기업 전용공단은 이미 10여 곳 조성되어 있으나, 한국기업 전용공단은 아직 없는 실정임

– 전용공단의 이점으로는 토지보상 등 행정절차상의 비용과 시간이 대폭 절약되고, 인프라 조성과 기업 간 협력 네트워크 구축이 용이함. 수요 측면에서 베트남 정부는 소재부품산업 육성 의지를 가지고 있고, 공급측면에서는 베트남에 투자하는 한국 중소기업들이 대부분 소재부품 업종이므로 양국 간 전용공단 설립에 대한 협력 여건은 충분함

– (공적개발원조) 對베트남 공적개발원조(ODA) 확대로 베트남의 인프라 구축을 지원하면서 우리 기업의 애로사항 해소와 진출 기회로 활용 필요. 베트남의 사회간접자본(SOC)은 아직 열악하며 대규모 투자를 필요로 함

– 일본의 경우, 對베트남 공적개발원조 프로젝트 등으로 도로 등 사회간접자본 투자를 통해 일본기업들에 새로운 사업 기회를 제공하면서 베트남 투자진출이 증가하였고, 이는 일본의 對베트남 수출 증가에 실질적인 기여를 하였다고 평가되고 있음

– (한-베 FTA활용 전략) 한-베트남 FTA는 2012년 9월부터 추진되어 왔으며, 2014년 12월 타결 후 2015년 3월 가서명되어, 우리기업들은 동 FTA를 활용한 對베트남 시장진출 전략을 구성할 필요가 있음

– 베트남에는 한국의 섬유의류 및 전기전자 기업이 많이 진출해 있으며, 핵심 생산기지로 각광받고 있음. 특히 삼성전자는 베트남 수출 1위 품목인 휴대전

화·부품의 수출에 있어 98%에 가까운 점유율을 보이고 있는데, 이는 베트남 전체 수출의 18%를 차지함

– 우리기업은 주요 소재 부품의 관세 철폐로 중간재 수출 증가효과를 누릴 수 있으며, 섬유, 자동차 부품, 화장품, 가전제품 등 우리 중소기업이 경쟁력을 갖추고 있는 품목을 통하여 베트남을 거점으로 한 동남아 시장 진출을 확대할 필요성이 있음

– 무선통신기기부품, 항공기부품, 등은 관세 철폐에 5년이 걸리고, 대부분의 전자제품 및 부품은 10년이 걸림. 그 외에도 지재권, SPS, 전자상거래, 금융을 통한 서비스, 투자 자유화와 보호 규범 등에 대한 포괄적 명시로 베트남 내수시장에 대한 진출 여건이 개선되었음

* 첨부파일 '주요 품목별 관세양허' 참조

– (핀 포인트 전략 I) 베트남에 진출한 전자제품 분야의 글로벌기업과 경쟁력을 갖춘 우리 중소기업과의 협력을 통하여 다양하고 안정적인 거래선 발굴이 필요

– 'Outsourcing Fair'(가칭) 핀 포인트 구매상담회 등을 개최하여 MS 노키아, 파나소닉, 캐논, 도시바, 인텔, 후지스 등 베트남에 진출한 주요 글로벌기업과의 아웃소싱·R&D·기술협력의 상담회를 개최하여 우리 진출기업들의 기술 및 제품경쟁력 제고 가능

– (핀 포인트 전략 II) 베트남의 주요 전자제품 및 부품·소재 제조사를 초청하여 기술이전 및 아웃소싱 세미나 및 비즈니스 상담회를 개최

– 베트남 정부는 자국 산업육성을 위하여 한국진출 기업에게 베트남 자국기업 물자를 일정부분 구매하도록 강하게 요청하고 있는 실정

– 이에, 적정가격, 우수품질의 부품소재에 대한 베트남 현지 조달에 애로를 겪고 있는 우리 투자진출 기업의 애로사항 실질적 해결 및 양국 동반성장 이미지 제고 가능

주요 품목별 한-베트남 관세양허				
우리 양허		양허 단계	베트남 양허	
주요 품목	품목수		품목수	주요 품목
실뱀장어, 치어, 종패용 등	4	즉시 철폐 (무관세)	65	화물자동차, 펌프, 철근, 공기조절기, 기타정밀화학원료, 기타철강금속제품, 냉연강판, 복합비료, 봉강, 사료, 아연도강판, 열연강판, 의약품, 원유 등
면사, 모사, 남성바지/셔츠, 방모사, 방모직물, 브라우스, 생지, 섬유판, 양말, 신사복, 순면사, 언더셔츠, 여성정장, 잠옷, 장갑, 코트 및 자켓, 파티클보드, 합판 등	87	즉시 철폐 (유관세)	-	-
가자미, 갯장어, 건전지, 건조어란, 경유, 곡류가공품, 기타고무제품, 기타농산가공품, 석유제품, 시멘트, 난류, 넙치, 발효유, 방어, 자전거, 자전거부품, 제트유, 피조개, 헤어린스, 필름 등	216	3년 철폐	14	기타영사기, 나일론직물, 부직포, 순면직물, 재생단섬유직물, 편직물, 포리에스터단섬유직물, 혼방면직물
가오리(냉동), 간장, 조제 감자, 고구마, 과일주스, 기타과실, 잼, 두부, 향미용조제품, 조제소라, 조제오징어, 기타소스류, 정밀화학원료, 기타주류, 기타조개, 섬유, 복어, 먹장어, 당면, 쌀과자, 생선묵, 선박용 부품, 성게, 에틸렌초산비닐, 위스키, 인삼음료, 저밀도에틸렌, 조제문어, 피조개, 캐슈넛, 파티클보드 등	134	5년 철폐	47	음극선관모니터, VCR, 계전기, 골판지원지, 기타생활용품, 기타식탁용구, 기타유리제품, 기타직물, 유아용조제식료품, 무선통신기기부품, 믹서, 변압기, 순면직물, 스위치, 신발부분품, 자동차부품, 전동기, 전선, 전신기기, 카스테레오, 컴포넌트, 편직물, 합성수지, 항공기부품, 혼방면직물 등
기타전선, 통신용전선, 합판	7	7년 철폐	30	가열난방기(철강제 조리기구), 커피탕기, 비금속제 경첩, 보온밥통, 변압기, 볼트/너트, 선재, 원동기, 의약품, 자전거부품, 전동기, 철도차량부품, 항공기부품
열대과일(구아바/망고/망고스틴/바나나/파인애플 등), 기타 과일주스, 기타 돔, 난초/국화 등 화훼, 마늘(건조/냉동), 생강(건조/기타), 섬유판, 베어링, 기타어류(냉동), 기타게(냉동), 기타해조류, 호도(탈각/신선·건조), 전갱이, 틸라피아 등	48	10년 철폐	106	화장품(스킨로션/파우더 등), 가열난방기, 가청주파증폭기, 건축용목제품, 계전기, 스위치, 모니터, 기타고무제품, 전기밥솥, 냉장고, 라디오, 동조가공품, 복합비료, 세탁기, 순면직물, 승용차(3,000cc 초과), 화물자동차(5~20톤), 안전유리, 아연도강판, 에어컨, 원동기, 자동차부품, 전선, 전자레인지, 식기

				세척기, 축전지, 컬러TV, 크라프트지, 타이어, 펌프, 토스터기, 필름, 폴리에스터단섬유직물, 합성수지
고구마전분, 천연꿀, 팥(종자용외)	3	15년 철폐	3	자동차부품(기어박스)
새우(냉동/가공)	7	TRQ	-	-
	506	총합계	265	

* 출처 : 산업통상자원부

❷ Kotra 우수보고서 사례

주제	유럽 주요국 실버시장 현황 및 진출방안-스웨덴

Ⅰ. 스웨덴 고령화 현황 및 시사점

1. 고령화 현황

□ 인구분포로 본 고령화 현황

○ 스웨덴의 실버세대

– 스웨덴 통계청에 따르면 2014년 기준, 스웨덴 인구의 19.6%인 191만 명이 65세 이상인 고령인구로 집계됨.

– 65세 이상 여자는 전체인구의 21.25%인 1,036천명이며, 남자는 17.99%인 876천명임.

– 특히, 초고령자인 100세 이상 노인만도 전체 970만 인구 중 0.02%인 1,953명에 이름.

– 의학의 발달로 인간의 수명이 늘어나면서 2020년에는 초고령 사회로 진입하고 2050년에는 실버세대 비율이 26%대에 육박할 것으로 예상됨.

* 65세 이상을 기준으로 노인인구가 7%를 넘으면 고령화사회, 14%를 넘으면 고령사회, 20%가 넘으면 초고령사회라고 함.

– 스웨덴의 공식 정년연령은 65세이며, 정년이 시작되는 65세부터를 실버세대로 간주함.

– 현재 스웨덴에서는 65세 정년을 67세로 늘리려는 논의가 활발히 진행되는 가운데, 본인이 희망할 경우에는 67세까지 일할 수 있도록 되어 있음.

– 또한, 고용인과 고용주가 상호 합의할 경우에는 67세 이후에도 일할 수 있는 시스템이 마련되어 있음.

2014년 연령대별 인구수

(단위 : 명)

연령	여자	남자	총계
0-9	508,148	593,939	1,102,087
10-19	510,025	543,473	1,053,498
20-29	647,463	679,315	1,326,778
30-39	534,095	620,469	1,154,564
40-49	650,210	670,648	1,320,858
50-59	594,518	606,834	1,201,352
60-69	584,539	576,561	1,161,100
70-79	424,216	390,122	814,338
80-89	241,949	162,463	404,412
90-99	65,454	27,589	93,043
100+	1,632	321	1,953
Total	4,875,115	4,872,240	9,747,355

자료원 : 스웨덴 통계청

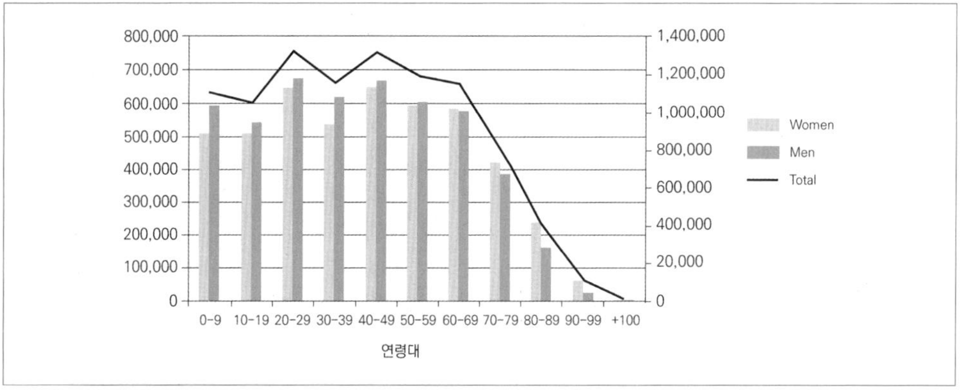

자료원 : 스웨덴 통계청

2014년 연령대별 비율

(단위 : %)

연령	여자	남자	총계
0-9	10.4	12.2	11.3
10-19	10.5	11.1	10.8
20-29	13.3	13.9	13.6
30-39	11.0	12.7	11.8
40-49	13.3	13.8	13.6
50-59	12.2	12.5	12.3
60-69	12.0	11.8	11.9

70-79	8.7	8.0	8.3
80-89	5.0	3.3	4.1
90-99	1.3	1.0	1.0
+100	0.03	0.01	0.02

자료원 : 스웨덴 통계청

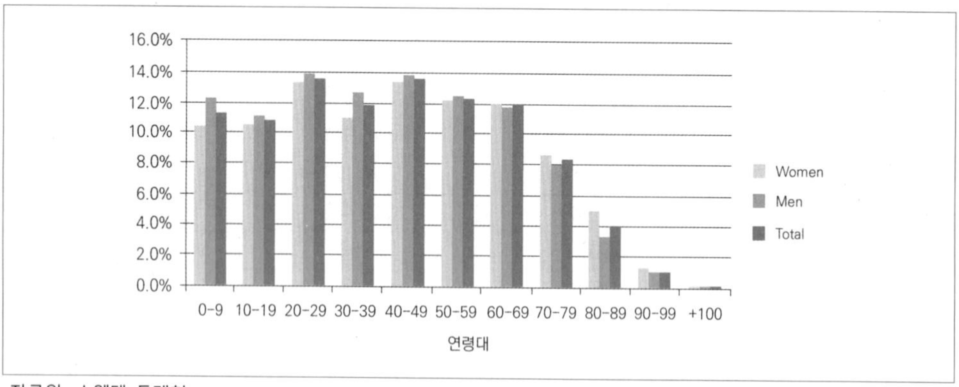

자료원 : 스웨덴 통계청

최근 5년간 65세이상 인구수

(단위 : 명)

연도	여자	남자	총계
2010	957,468	779,778	1,737,246
2011	978,639	806,029	1,784,668
2012	997,925	830,358	1,828,283
2013	1,017,700	854,507	1,872,207
2014	1,036,200	876,684	1,912,884

자료원 : 스웨덴 통계청

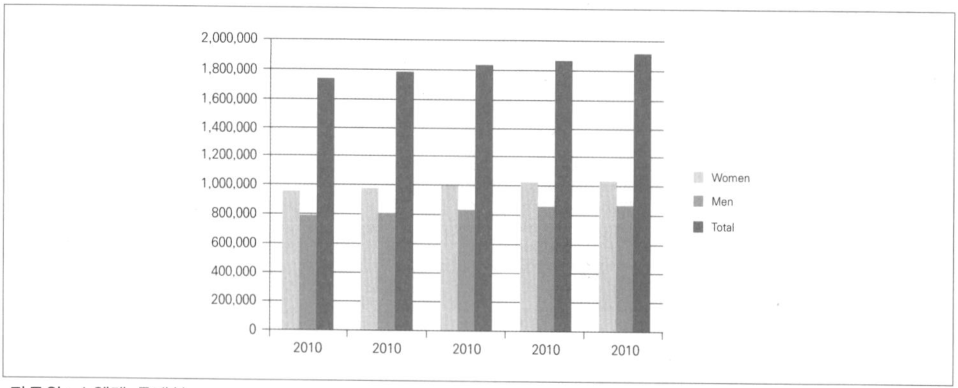

자료원 : 스웨덴 통계청

□ 고령화 전망

○ 2014년 기준, 스웨덴은 인구의 19.6%(191만명)가 65세 이상인 고령사회임. 2020년에는 65세 이상이 전체 인구의 20%를 넘는 초고령 사회로 진입하고, 2050년에는 고령인구 비율이 26%까지 늘어날 전망임.

스웨덴 주요 경제지표					
구분	2010년	2011년	2012년	2013년	2014년
GDP 규모(US$억)	4,886	5,640	5,433	5,799	5,697
GDP 성장률(%)	5.7	2.7	0.0	1.3	2.3
1인당 GDP (US$ at PPP)	41,560	43,611	43,622	44,457	45,895
실업률(%)	8.6	7.8	8.0	8.0	7.9
물가상승률(%)	1.2	3.0	0.9	-0.1	-0.2
수출(규모/증가율) (US$십억/%)	167,2 /11.4	197.3 6.2	185.2 /1.5	180.9 /-0.1	179.2 /3.5
수입(규모/증가율) (US$십억/%)	148.1 /12.3	177.1 /7.4	164.7 /1.1	160.7 /-0.5	161.9 /6.5

자료원 : E.I.U(2015.4.2 기준)

2. 고령화에 따른 경제/사회/문화적 이슈 및 트렌드

□ 경제적 이슈

○ 노동력 부족

- 스웨덴은 현재 전체 인구의 19.6%가 고령인구이며, 2020년에는 초고령사회로 진입하고, 2050년에는 고령인구 비율이 26%까지 늘어날 것으로 추산됨.
- 2050년에는 노동인구 감소로 경제활력이 저하되면서 젊은 층의 부담이 커질 것으로 예상됨.

○ 정년연장 움직임

- 연금 수령자 증가에 따른 국가재정 부족으로 정년연장 추진 가능성이 대두되고 있음.
- 2050년에는 정년이 70.5세로 늘어날 가능성이 높음.

○ 노년층의 구매력 증가로 실버시장 확대

– 연금수급으로 노년층이 청장년층보다 소비력이 높기 때문에 실버시장 확대가 기대됨.

□ 사회적 이슈

○ 연금 재원 고갈에 따른 사회안전망 저하

– 노령인구는 증가하는 반면. 저출산으로 노동인구가 감소하고 있어 연금재원 고갈에 따른 사회안전망 저하가 우려됨.

– 특히, 앞으로 연금재원 충당을 위한 청장년층의 세금 부담이 커질 것으로 예상되고 있어 세대간 갈등이 심화될 것으로 추정됨.

○ 고실업에 시달리는 젊은 층 대비 풍족한 노년층 간의 갈등

– 노령인구는 연금 수령으로 왕성한 소비활동을 하는 반면, 고실업에 시달리는 젊은 층은 상대적 빈곤상태를 겪으면서 세대 간 갈등이 나타날 가능성이 높음.

○ 수요 증가를 따라가지 못하는 공급체계

– 노인층을 대상으로 한 복지서비스(health care & elderly care 포함) 수요는 지속 증가하고 있으나, 노동인구 감소로 동 서비스를 제공할 수 있는 추가 인력과 서비스 보충이 쉽지 않을 것으로 예상됨.

– 특히, 알츠하이머와 같은 노인성 질환 발생이 증가하면서 노인복지비용이 상승하는 등 복지재원 고갈도 심각한 실정임.

· 전 세계적으로 심장마비와 같은 급성 질환보다 알츠하이머처럼 노인성 만성질환이 늘어나면서 진료 및 예방재원이 가파르게 증가하고 있음.

· 2010년 스웨덴이 알츠하이머 등 만성질환 치료와 예방을 위해 투입한 복지지출은 총 USD 583백만임.

· 2030년에는 노인성 만성질환 치료 및 예방에 약 73억 스웨덴크로나(USD 10억/2014년 환율계산)가 투입될 것으로 추산됨.

□ 문화적 이슈

○ 원거리 서비스 증가

- 노령인구 증가로 도시락 배달 등 원거리 서비스 수요가 늘어나고 있음.
- 스웨덴 지방정부에서는 65세 이상 노령자들로부터 신청을 받아 매일 음식을 배달하는 서비스를 실시함.

○ 요양원보다는 자신의 집에서 생활하는 것을 선호

- 대부분의 실버세대들은 요양시설 보다는 자신의 집에서 가능한 오래 사는 것을 희망함.
- 각 지방정부에서는 노령자를 위한 home－help 도우미를 주선해줌으로써 가족과의 기억이 남아있는 자신의 집에서 가능한 오래 살 수 있도록 지원해주고 있음.

○ e－헬스 서비스 확대

- 노인들이 다른 사람의 도움 없이 좀 더 독립적으로 집안생활을 할 수 있도록 다양한 e－헬스 서비스가 제공됨.

□ 시사점

○ 실버시장 확대

- 2020년에는 노령인구 비율이 20%를 넘는 초고령사회로 진입하면서 실버시장이 더욱 확대될 전망임.

○ 시장진출 방안

- 실버세대를 겨냥한 제품은 높은 품질과 내구성을 유지해야 하며 기본 기능에 충실한 제품으로 승부해야 함.
- 치장이나 과시를 위한 것 보다는 실제적인 생활을 더 편리하게 할 수 있는 제품의 개발과 마케팅에 집중할 필요가 있음.

II. (고령화에 따른) 유망산업/서비스 혹은 틈새시장 및 유망품목

1. 실버상품

□ 성장 배경

○ 스웨덴 실버산업

- 전체 인구의 19.6%를 차지하는 실버세대는 매우 매력적인 마케팅 대상으로, 최근 들어 실버산업이 신종 유망산업으로 강력히 부상하고 있음.
- 스웨덴은 사회보장이 잘된 국가로 노인과 지체 부자유자에 대한 정부지출이 높은 편이며, 이와 더불어 개인연금의 지출규모 또한 높아서 실버제품에 대한 시장규모가 큰 편임.

○ 노령화로 시각, 청각, 촉각 등 각종 감각이 둔해지면서 그동안 일상생활에서 사용하던 제품 사용에 애로 빌생

- 이를 해결하기 위해 새로운 제품의 개발은 물론 기존의 제품을 실버세대가 쉽게 이용할 수 있도록 개선한 제품들이 쏟아져 나오고 있음.

□ 해당 제품 틈새시장 현황

○ 기존상품을 실버상품으로 개선한 제품

○ 실버세대를 타깃으로 한 신개발 제품

○ 이동이 불편한 실버세대를 위한 보행보조기 등의 수요가 지속 증가하고 있어 우리 기업의 틈새시장 진출 가능성은 충분한 것으로 판단됨.

□ 유망품목

○ 기존상품을 실버상품으로 개선한 제품

구분	용도	제품사진
컵	입술이 닿는 부분이 움푹 패여 있어 쉽게 물을 쏟지 않도록 개선	
집게 막대	쓰레기 줍는 막대를 개량하여 멀리 떨어져 있는 물건(안경 등)을 쉽게 집을 수 있는 막대로 개선	

지팡이	등산용 막대를 지팡이로 개량하여 사용	
칼	손잡이가 하늘을 보도록 하여 톱처럼 쉽게 음식물을 자를 수 있도록 개선	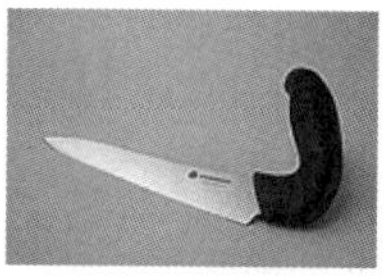
가위	손잡이 중간에 스프링이 달려 있어 항상 사용이 가능한 상태로 복원	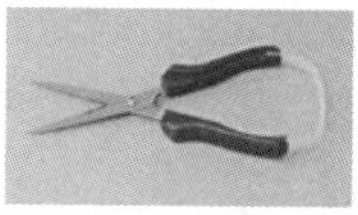
돋보기	돋보기를 안경이 아니라 얇고 투명한 자처럼 만들어 책 위에 직접 올려놓고 사용할 수 있도록 개선	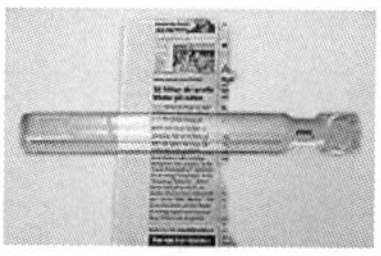
필기구	류머티즘 환자들이 펜을 쉽게 잡을 수 있도록 손잡이 부분을 매우 두껍게 만들었음	
침대 매트리스	사람이 가장 편안한 자세로 누울 수 있도록 매트리스 윗면에 사람 모양의 홈을 파 놓음	
카드홀더	게임용 카드를 끼워 세울 수 있는 홀더	
숟가락	입에 넣기 좋은 각도로 휘어진 숟가락	
양말신기 도구	양말을 쉽게 신을 수 있도록 도와주는 도구	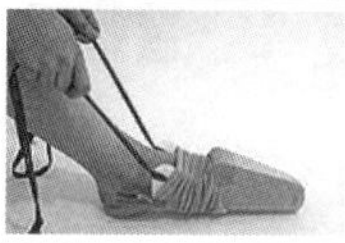
머리 감겨주는 도구	머리 감을 때 머릿속에 넣어 문질러 주는 도구 손을 세워 문지르는 효과	

○ 실버세대를 타깃으로 신규 개발한 제품

구분	용도	제품사진
실과 바늘세트	실과 바늘은 눈이 잘 보이지 않아도 쉽게 결합 할 수 있는 도구	
약 빼내는 도구	약과같이 필름 속에 들어있는 조그만 알맹이를 쉽게 눌러 빼내는 도구	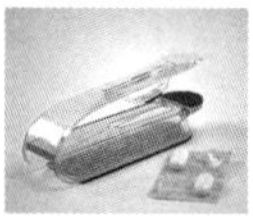
휴대폰	기능을 단순화하여 사용을 편리하게 하고 다이얼판과 벨소리를 크게 만들어 통화를 놓치지 않도록 개선한 제품. 만약의 사태대비 응급버튼 기능도 장착	

자료원 : URI Form, ETAC, SAM, Doro

○ 이동이 불편한 실버세대를 위한 보행보조기(수동 및 전동제품), 휠체어, 욕실과 화장실 등에서 사용하는 지지대 등

휠체어	욕실 샤워의자	보행보조기
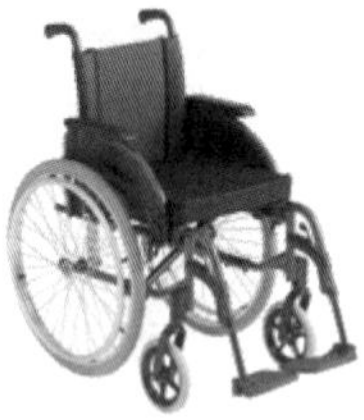		

자료원 : URI Form, ETAC, SAM

2. 홈헬프 서비스(Home Help 서비스)

□ 성장 배경

○ 스웨덴인들은 요양원에 들어가는 것보다는 가능한 자신이 그동안 살아왔던 집에서 여생을 보내는 것을 선호하는 추세임.

– 요양시설이 아닌 자신의 주택에서 가능한 오래 살 수 있도록 지방정부로부터 home–help 도우미 등 각종 서비스가 지원됨.

– 홈헬프 도우미들은 음식 준비, 청소, 세탁과 같은 집안일 이외에도 노인을 보살피는 일도 하며, 월 서비스 비용은 1,760SEK임(USD 207).

– 2011년 기준, 스웨덴의 홈헬프 도우미 수는 약 21만 1천명로 집계됨.

- 대부분의 노인복지 서비스는 지방정부에서 운영하는데, 노약자를 위한 주택 개조지원금 BAB(Bostadsanpassningsbidrag) 제도도 시행함.
- 주택개조지원금은 거동이 불편한 사람을 위해 화장실이나 주방, 실내를 개조해주고, 이층집의 경우 상하층을 오르내릴 수 있는 미니 승강기도 설치해줌.

□ 향후 전망

○ 홈헬프 도우미, 음식 배달서비스, 주택 개보수 수요의 증가가 전망됨.

3. e-헬스 서비스

□ 성장 배경

○ e-헬스 서비스 확대

- IT기술의 발달로 e-헬스 시장이 확대되고, 현재 다양한 e-헬스 프로젝트가 실시되고 있음.
- Push the line! 프로젝트
    - 지방정부, 대학, 노인 요양원과 IT업체가 공동으로 실행하는 프로젝트로 노인들이 다른 사람의 도움없이 좀 더 독립적으로 집안생활을 할 수 있도록 여러 가지 IT정보를 제공하는 프로젝트임.
    - Linnaeus대학, Växjö 코뮨, Mönsterås 코뮨, Kronoberg 란드스팅(주정부), Växjöhem(요양원) 및 Sigma IT사와 Wexnet사가 공동 협력함.
    - 정보통신 기술(Information and Communication Technologies)을 이용해 리마인드 기능, 텔레 모니터링, 재활운동을 도와줌.

○ 스마트폰 원격 실버케어 서비스

- 스마트폰을 이용한 원격관리 서비스로 응급호출기, 동작감지센서 등을 이용해 고령자의 활동상황을 원격으로 확인 가능함.
- 응급호출기는 손목형과 목걸이형 등이 있으며, 노령자의 안전과 건강관리를 도와주며, 응급상황 발생 시에는 보호자나 병원에 연락해 신속한 조치가 가능하게 함.

○ 위치추적 서비스

– GSM(유럽식 디지털 이동통신 방식) 방식을 이용한 위치 추적기를 노인들이 사용토록하여 이를 경보/안전시스템과 연계시킴.

– 스웨덴 정부에서는 노인들의 위치 추적장치 개발비용의 일부를 지원하고 있음.

○ IT 앱(커뮤니케이션 및 일상생활 지원 앱)

– 다양한 IT기기를 통해 노인들의 건강상태나 투약정보를 원거리에서 체크하고 관련정보를 담당의사에게 직접 전달하는 원거리 건강관리 서비스 앱이 잘 발달되어 있음.

– 투약시간, 혈압이나 맥박체크시간 등을 알려주는 알람 앱을 비롯 일상생활 및 커뮤니케이션을 지원하는 다양한 앱들이 있음.

– 스웨덴 보조기기협회(Swedish Institute of Assistive Technology)에서는 노약자 지원을 위한 여러 가지 인식 앱과 커뮤니케이션 앱 등을 유/무료로 다운받을 수 있음.

Ⅲ. 우리기업에의 시사점 및 진출확대 방안

□ 실버세대의 구매성향

○ 실버세대 특유의 제품 선호도나 구매성향을 설명하기는 어려우나 스웨덴인들의 일반적인 소비성향과 유사한 것으로 나타나고 있음. 다만, 연금수급으로 여유로운 생활을 즐기기 때문에 비싼 제품의 가치와 좋은 제품의 기준을 누구보다도 더 잘 알고 있어 젊은 층에 비해 다채로운 소비를 즐기는 편임.

○ 자국산 제품에 대한 깊은 신뢰 의식을 가지고 있으며 충성도가 높은 편으로, 가격과 품질에 대한 비교에 매우 민감하여 품질과 가격을 비교한 후 구입하는 경향이 있음.

○ 충동구매를 하지 않으며 내구성이 강한 제품을 선호하고 제품의 A/S에 대해서도 매우 철저히 따지는 편임.

○ 특히, 각각의 제품이 기본기능에 충실한 것을 좋아하며 다양한 기능을 가진 것을 꼭 선호하지는 않음.

□ 시사점 및 실버상품 마케팅 시 유의사항

○ 실버세대를 겨냥한 제품은 높은 품질수준을 유지해야 하며 현란한 제품광고나 이벤트보다는 기능에 충실한 제품으로 승부해야 함.

- 실버세대들은 자신들에게 적합한 상품을 자존심이 상하지 않는 방식으로 편리하게 받아들이고 싶어 함.
- 따라서 제품 광고 시에는 사용자군의 연령을 노골적으로 드러내지 않도록 주의해야 함(예, 60대 여성을 위한 수분크림 문구 지양).

○ 다양한 기능보다는 기본기능에 충실해야 하며 불필요한 기능에 대해서는 약간의 거부감을 가지고 있으므로 차후 품질문제 발생에 유의해야 함.

○ 오래된 제품에 대한 거부감이 없으며 오히려 강한 자부심을 가지고 있으므로 내구성이 뛰어나야 함.

○ 치장이나 과시를 위한 것보다는 현재의 실생활에 유익한 것을 선호하므로 실제적인 생활을 더 편리하게 할 수 있는 제품의 개발과 마케팅에 집중해야 함.

□ 관련바이어 인터뷰(U사)

○ 업체명 : URI Form

- 휠체어, 보행기 등 안전이 우선시 되는 보행장비의 경우, 구매검토시 품질과 A/S를 우선적으로 고려하고, 그 다음에 가격과 공급자와의 신뢰관계를 중요시함.
- 주로 품질이 우수한 스웨덴산과 유럽산을 선호하나, 한국산의 품질과 가격경쟁력이 우수할 경우 검토해볼 용의가 있음.
- 안전을 중시하는 실버제품의 경우 CE인증이 필수임을 감안, 스웨덴 시장진출을 위해서는 관련인증의 사전획득이 필요함.
- 대부분의 스웨덴 바이어들이 관련 전시회(시니어박람회, 건강박람회)에 정기적으로 참석하여 공급업체를 물색하거나 거래관계를 개설하기도 함. 따라서 관련 전시회 참가를 통하여 스웨덴 바이어들을 접촉하는 방법이 효과적임.

참고문헌

1. Kotra 스타일북(정보조사 매뉴얼)
2. 한눈에 보는 2015 Kotra 서비스
3. Kotra 국가정보
4. 해외시장조사론(도서출판 두남)
5. 시장조사론(계명대학교 출판부)
6. 해외전시회, 이것만을 알고가자(한국학술정보)
7. Kotra 홈페이지(www.Kotra.or.kr)
8. 글로벌윈도운(www.globalwindow.org)
9. 무역협회 홈페이지(www.kita.net)
10. 한국무역보험공사 홈페이지(www.ksure.or.kr)
11. 한국수출입은행 홈페이지(www.koreaexim.go.kr)
12. EIU 홈페이지(www.eir.com)
13. IHS 홈페이지(www.ihs.com)
14. GTA 홈페이지(www.gtis.com/gts/)
15. STAT-USA 홈페이지(www.export.gov)
16. IMF 홈페이지(www.imf.org)
17. World Bank 홈페이지(www.worldbank.org)
18. OECD 홈페이지(www.oecd.org)
19. World Economic Forum 홈페이지(www.weforum.org)
20. 대외경제정책연구원 홈페이지(www.kiep.go.kr)
21. 삼성경제연구소 홈페이지(www.seri.org)
22. Kotra GEP(www.gep.or.kr)
23. 중소기업중앙회 홈페이지(www.sme-expo.go.kr)
24. 한국투자진출정보포털(www.ois.go.kr)
25. 한국기업데이터 홈페이지(www.kedkorea.com)
26. (주)나이스디앤비 홈페이지(www.dnbkorea.com)
27. 한국수입협회 홈페이지(www.koima.or.kr)
28. 트레이드내비 홈페이지(www.tradenavi.or.kr)

29. 주간무역 홈페이지(http://weeklytracde.co.kr)
30. 중소기업진흥공단 홈페이지(www.sbc.or.kr)
31. GSBC 홈페이지(www.gbedu.or.kr)
32. 산업연구원 홈페이지(www.kiet.re.go)
33. Heritage 홈페이지(www.heritage.org)
34. EC21홈페이지(www.ec21.com)
35. ITC TradeMap 홈페이지(www.trademap.org.Kotra)
36. 관세청 세계 HS 정보시스템 홈페이지(www.customs.go.kr/kcshome/wtm_index.po)
37. Kotra 연수원『수출 첫걸음 과정』교재
38. Trade Map 100% 활용하기(코트라)

저자소개

조기창

필자는 서강대학교 경제학과와 동 대학 경제대학원을 졸업하였다. Kotra에 입사한 이래 부산국제전시장(현 BEXCO) 건립추진전담반 과장, 전시산업팀 차장, 해외전시협력팀과 전시컨벤션총괄팀 팀장을 역임하면서 주로 전시·마케팅 분야에서 근무하였으며 특히 2002년 한국전시산업진흥회 창설에 실무자로 산파 역할을 하였다. 「서울국제식품산업대전」, 「서울국제생활용품박람회」 및 「Preview in New York」, 「한중일산업교류전」을 비롯하여 다수의 국내외전시회를 개최하였다.

런던(1991~1994), 이스탄불(1997~2001), 뉴욕(2003~2007, 부관장), 암만무역관(2009~2012, 관장) 및 알제무역관장(2015~2018, 관장)을 거쳐 현재는 Kotra아카데미에서 강사 겸 연구위원으로 재직하고 있다. 15년이 넘는 해외무역관 근무기간 동안 조사, 마케팅, 투자 등 다양한 분야를 두루 섭렵하였으며 많은 저서 출간과 함께 활발한 대내외 기고를 통해 우리 기업들의 해외마케팅 노하우를 전파하면서 또한 Kotra 아카데미와 여러 대학 등에서 「해외전시 참가전략 수립방법 및 사후관리」, 「전시기획론」 및 「해외시장조사기법」 등을 강의하고 있다.

이와 함께 필자는 해외파견 청년 인턴 면접위원으로도 수차례 참가하였고 해외무역관 근무 기간 중에는 많은 대학생들을 인턴으로 받아 훈련과 지도로 이들의 취업에 도움을 주었으며 월드잡플러스 K-Move 멘토링 프로그램에도 참여하여 고용노동부장관이 임명한 멘토로 활약하고 있다.

저서

요르단 비즈니스 세계로 들어가기(2011)
전시기획론(2012)
전시마케팅기법(2013)
각국별 전시산업환경 및 참가기법(2013)
해외전시회 전시품 선정 및 운송 노하우(2014)
수출로 이어지는 해외전시회 사후관리 요령(2014)
해외전시회, 이것만은 알고가자(2014)
실전취업론(2018)
걸음마 실무해외마케팅(2018)

실무해외시장조사론

초판발행 2018년 4월 20일

지은이 조기창
펴낸이 안종만

편 집 전채린
기획/마케팅 정연환
표지디자인 조아라
제 작 우인도 · 고철민

펴낸곳 (주)박영사
서울특별시 종로구 새문안로3길 36, 1601
등록 1959. 3. 11. 제300-1959-1호(倫)
전 화 02)733-6771
f a x 02)736-4818
e-mail pys@pybook.co.kr
homepage www.pybook.co.kr
ISBN 979-11-303-0573-8 93320

정 가 26,000원